REGIME DIFERENCIADO DE CONTRATAÇÃO – RDC

BENJAMIN ZYMLER
LAUREANO CANABARRO DIOS

REGIME DIFERENCIADO DE CONTRATAÇÃO – RDC

3ª edição revista, atualizada e ampliada

Belo Horizonte

2014

© 2013 Editora Fórum Ltda.
2013 2ª edição Editora Fórum Ltda.
2014 Reimpressão
2014 3ª edição Editora Fórum Ltda.

É proibida a reprodução total ou parcial desta obra, por qualquer meio eletrônico, inclusive por processos xerográficos, sem autorização expressa do Editor.

Conselho Editorial

Adilson Abreu Dallari
Alécia Paolucci Nogueira Bicalho
Alexandre Coutinho Pagliarini
André Ramos Tavares
Carlos Ayres Britto
Carlos Mário da Silva Velloso
Cármen Lúcia Antunes Rocha
Cesar Augusto Guimarães Pereira
Clovis Beznos
Cristiana Fortini
Dinorá Adelaide Musetti Grotti
Diogo de Figueiredo Moreira Neto
Egon Bockmann Moreira
Emerson Gabardo
Fabrício Motta
Fernando Rossi

Flávio Henrique Unes Pereira
Floriano de Azevedo Marques Neto
Gustavo Justino de Oliveira
Inês Virgínia Prado Soares
Jorge Ulisses Jacoby Fernandes
Juarez Freitas
Luciano Ferraz
Lúcio Delfino
Marcia Carla Pereira Ribeiro
Márcio Cammarosano
Marcos Ehrhardt Jr.
Maria Sylvia Zanella Di Pietro
Ney José de Freitas
Oswaldo Othon de Pontes Saraiva Filho
Paulo Modesto
Romeu Felipe Bacellar Filho
Sérgio Guerra

Luís Cláudio Rodrigues Ferreira
Presidente e Editor

Revisão: Marcelo Belico
Bibliotecária: Tatiana Augusta Duarte – CRB 2842 – 6ª Região
Capa, projeto gráfico e diagramação: Walter Santos

Av. Afonso Pena, 2770 – 16º andar – Funcionários – CEP 30130-007
Belo Horizonte – Minas Gerais – Tel.: (31) 2121.4900 / 2121.4949
www.editoraforum.com.br – editoraforum@editoraforum.com.br

Z99r   Zymler, Benjamin

        Regime Diferenciado de Contratação – RDC / Benjamin Zymler ; Laureano Canabarro Dios. – 3ª edição revista, atualizada e ampliada. – Belo Horizonte : Fórum, 2014.

        348 p.

        ISBN 978-85-7700-942-8

        1. Direito administrativo. 2. Direito público. I. Dios, Laureano Canabarro. II. Título.

        CDD: 341.3
        CDU: 342.9

Informação bibliográfica deste livro, conforme a NBR 6023:2002 da Associação Brasileira de Normas Técnicas (ABNT):

ZYMLER, Benjamin; DIOS, Laureano Canabarro. *Regime Diferenciado de Contratação – RDC*. 3. ed. rev. atual. e ampl. Belo Horizonte: Fórum, 2014. 348 p. ISBN 978-85-7700-942-8.

Agradecemos às nossas famílias e aos colegas do Tribunal de Contas da União pelo inestimável apoio na elaboração desta obra.

Os autores

SUMÁRIO

APRESENTAÇÃO...11

INTRODUÇÃO 13

CAPÍTULO 1
OBJETO E ALCANCE DO REGIME DIFERENCIADO DE CONTRATAÇÕES PÚBLICAS...17
1.1 Aplicabilidade 18
1.2 Normas infralegais...25

CAPÍTULO 2
FUNDAMENTOS CONSTITUCIONAIS DO NOVO REGIME 29
2.1 Caráter de generalidade...30
2.2 Abrangência subjetiva e objetiva 31
2.3 Implantação do RDC em outras unidades da Federação.....................35

CAPÍTULO 3
OBJETIVOS E PRINCÍPIOS 37
3.1 Objetivos..37
3.2 Princípios..38

CAPÍTULO 4
DIRETRIZES..43
4.1 Padronização do procedimento 44
4.2 Instrumento indutor do desenvolvimento econômico, social e ambiental...44
4.3 Custos indiretos...46
4.4 Condições compatíveis com as do setor privado 46
4.5 Parcelamento do objeto 47

CAPÍTULO 5
FASES DO REGIME DIFERENCIADO DE CONTRATAÇÕES PÚBLICAS...51
5.1 Preparatória 51
5.1.1 Justificativa da contratação e da adoção do RDC....................52
5.1.2 Caracterização do objeto 53

5.1.3 Especificação de garantias 58
5.1.4 Estimativa do valor pecuniário 65
5.1.5 Análise da compatibilidade orçamentária 68
5.1.6 Definição do procedimento da licitação 70
5.1.7 Minuta contratual 73
5.1.8 Minuta do instrumento convocatório 75
5.1.9 Comissão de licitação 80
5.1.10 Pareceres jurídicos 84
5.2 Publicação 90
5.3 Apresentação das propostas 99
5.3.1 Modo de disputa aberto 100
5.3.2 Modo de disputa fechado 106
5.3.3 Combinação dos modos de disputa 107
5.4 Julgamento 108
5.4.1 Análise do valor ofertado 111
5.4.2 Divulgação do orçamento 116
5.4.3 Menor preço ou maior desconto 122
5.4.4 Técnica e preço 124
5.4.5 Melhor técnica ou conteúdo artístico 130
5.4.6 Maior oferta de preço 134
5.4.7 Maior retorno econômico 135
5.4.8 Preferência e desempate 137
5.4.9 Negociação 143
5.5 Habilitação 145
5.5.1 Documentos exigíveis 146
5.5.3 Dispensa de alguns dos requisitos de habilitação 153
5.5.4 Consórcios 156
5.5.5 Habilitação posterior ao julgamento das propostas 163
5.6 Dos pedidos de esclarecimento e impugnações 166
5.6.1 Recursos e representações 166
5.6.2 Pedidos de esclarecimento e impugnações ao instrumento
convocatório 172
5.6.3 Prazos 174
5.6.4 Provocação dos órgãos de controle 175
5.7 Encerramento 177

CAPÍTULO 6
CONTRATOS 183
6.1 Aditivos contratuais 184
6.1.1 Limites de alteração do objeto contratual 186
6.1.2 Manutenção do equilíbrio econômico-financeiro 192

6.2	Remuneração variável	195
6.3	Contratação simultânea	199
6.4	Contrato de eficiência	200
6.5	Vigência contratual	201
6.6	Rescisão e inexecução contratual	206
6.7	Alteração da configuração jurídica da contratada	206
6.8	Subcontratação	208

CAPÍTULO 7
OBRAS OU SERVIÇOS DE ENGENHARIA 215

7.1	Orçamento e avaliação das propostas	218
7.2	Empreitada por preço unitário versus empreitada por preço global	227
7.3	Aditivos em empreitada por preço global e empreitada integral	229
7.4	Contratação integrada	231

CAPÍTULO 8
DISPENSA E INEXIGIBILIDADE 249

8.1	Responsabilização	251

CAPÍTULO 9
PROCEDIMENTOS AUXILIARES 255

9.1	Cadastramento	255
9.2	Catálogo eletrônico de padronização de compras, serviços e obras	257
9.3	Pré-qualificação permanente	258
9.3.1	Objetivo	259
9.3.2	Licitação restrita aos pré-qualificados	262
9.4	Registro de preços	264
9.4.1	Aplicabilidade	266
9.4.2	Licitação	270
9.4.3	Ata de Registro de Preços	274
9.4.4	Contratos	276
9.4.5	Gerenciamento	277
9.4.6	Revogação	283

CAPÍTULO 10
SANÇÕES 285

10.1	Dosimetria da pena	286
10.2	Âmbito de abrangência	287
10.3	Sanções previstas na Lei nº 8.666/1993	288

10.4   Consequências acessórias da aplicação das sanções 290
10.5   Sanções de natureza penal 290

CAPÍTULO 11
IMPEDIMENTOS 293

CONCLUSÃO 299

REFERÊNCIAS 301

ANEXOS
ANEXO A – Lei nº 12.462, de 04 de agosto de 2011 305
ANEXO B – Decreto nº 7.581, de 11 de outubro de 2011 325

APRESENTAÇÃO

O presente livro decorre de reflexão dos autores acerca do novo regime jurídico de licitação e contratos introduzidos em nosso ordenamento jurídico.

O Regime Diferenciado de Contratações Públicas (RDC), concebido inicialmente para a licitação de objetos vinculados à Copa do Mundo de 2014 e às Olimpíadas de 2016, vai, aos poucos, alargando seus limites de aplicação em razão da necessidade simplificar e conferir maior rapidez na conclusão dos processos licitatórios.

Falta ainda ao RDC maior experimentação para que possa ser avaliado no teste prático a que qualquer lei é submetida. Entretanto, os resultados até então verificados são animadores, principalmente no que se refere à diminuição do lapso temporal das licitações.

O Regime Diferenciado, ao mesmo tempo em que sedimenta práticas aplicadas sob a égide da Lei nº 8.666/1993, apresenta novos institutos que permitem a elaboração de um prognóstico positivo. Afinal, não é um regime simplista, criado apenas para lidar com as necessidades relacionadas aos grandes eventos esportivos que o motivaram.

Decorre o RDC de um trabalho sistêmico interessante, decantado ao longo de considerável tempo de amadurecimento e que contou com a colaboração de diversos agentes.

Os autores são testemunhas e participantes desse esforço de consecução do novo regime. Representando o Tribunal de Contas da União, eles participaram de discussões técnicas com representantes do governo e do parlamento, que contribuíram para a criação do novo sistema.

Este livro tem por finalidade a análise crítica do Regime Diferenciado de Contratações sob a perspectiva daqueles que vivenciaram seu processo de gestação e acompanham de perto a utilização do novo regime pelos órgãos públicos federais.

Os autores

INTRODUÇÃO

Para a administração pública exercer as suas diversas atribuições, é necessária a participação de particulares que, mediante um procedimento de contratação pública, fornecerão os bens e/ou prestarão os serviços indispensáveis à atuação da máquina administrativa.

Esse procedimento de contratação pública, a teor do art. 37, inciso XXI, da Constituição Federal,[1] deve ser precedido de licitação pública que assegure *igualdade de condições a todos os concorrentes*. Somente em situações excepcionais, devidamente previstas na legislação, é permitida a realização de contratações públicas sem a ocorrência de procedimento licitatório prévio.

Ou seja, a *licitação é a regra para a administração pública quando compra bens ou contrata obras e serviços.* Busca a Constituição Federal garantir que as contratações efetuadas pela administração pública ocorram de acordo com os princípios da moralidade, igualdade, impessoalidade e economicidade, dentre outros. Trata-se, pois, de instituto que dá concreção ao princípio republicano, inerente aos regimes democráticos.

De acordo com o art. 22, inciso XXVII, da Constituição Federal, é competência privativa da União legislar sobre normas gerais de licitação e contratação administrativa, em todas as modalidades, para as administrações públicas diretas, autárquicas e fundacionais de todos os entes da Federação.[2]

---

[1] "Art. 37. [...] XXI - Ressalvados os casos especificados na legislação, *as obras, serviços, compras* e *alienações* serão contratados mediante *processo de licitação pública* que assegure igualdade de condições a todos os, com cláusulas que estabeleçam obrigações de pagamento, mantidas as condições efetivas da proposta, nos termos da lei, o qual somente permitirá as exigências de qualificação técnica e econômica indispensáveis à garantia do cumprimento das obrigações" (grifos nossos).

[2] "Art. 22 Compete privativamente à União legislar sobre: [...] XXVII - Normas gerais de licitação e contratação, em todas as modalidades, para as administrações públicas diretas, autárquicas e fundacionais da União, Estados, Distrito Federal e Municípios, obedecido o disposto no art. 37, XXI, e para as empresas públicas e sociedades de economia mista, nos termos do art. 173, §1º, III".

Com base nesses dispositivos constitucionais, foram elaboradas as seguintes normas de âmbito nacional:

- Lei nº 8.666, de 21 de junho de 1993 – que institui normas gerais para licitações e contratos da administração pública;
- Lei nº 10.520, de 17 de julho de 2002 – que institui, no âmbito da União, Estados, Distrito Federal e Municípios, a modalidade de licitação denominada pregão;
- Lei nº 12.232, de 29 de abril de 2010 – que dispõe sobre as normas gerais para licitação e contratação pela administração pública de serviços de publicidade prestados por intermédio de agências de propaganda e dá outras providências.

Diante da necessidade de agilizar as contratações necessárias à realização da Copa do Mundo de 2014 e dos Jogos Olímpicos de 2016, foi aprovada a Lei nº 12.462, de 05 de agosto de 2011, instituidora do Regime Diferenciado de Contratações Públicas (RDC), posteriormente regulamentada pelo Decreto nº 7.581, de 11 de outubro de 2011.

A Lei nº 12.462/2011 prevê uma nova sistemática para as contratações públicas.

Trata-se de uma *modalidade licitatória única*, afastando-se, pois, a divisão do procedimento em diversas modalidades licitatórias definidas exclusivamente em função do valor da contratação (*v.g.*, as seguintes modalidades previstas na Lei nº 8.666/1993: convite, tomada de preços e concorrência). Essa unicidade de modalidades afasta inúmeras controvérsias acerca de qual teria sido a modalidade licitatória adequada para determinada contratação[3] e permite maior assimilação do procedimento como um todo pela sociedade e pelos agentes públicos, o que potencialmente contribui para a diminuição de erros quando da realização das contratações públicas.

Ainda com o objetivo de dotar o regime de contratações de mais eficácia, ocorreu a incorporação de diversos *procedimentos bem-sucedidos quando da instituição da modalidade pregão*, bem como a utilização das *oportunidades propiciadas pelo uso de tecnologia da informação*.

Como exemplos de comparação do RDC com o pregão, observa-se que ambas as modalidades licitatórias incorporaram as *funcionalidades dos meios eletrônicos* de comunicação e adotaram a possibilidade

---

[3] Veja-se a respeito a discussão acerca de qual seria a modalidade licitatória adequada para a contratação de serviços continuados. Discutiu-se se deveria considerar o valor referente à contratação pelo prazo inicialmente fixado ou o valor total decorrente das potenciais prorrogações de prazo (*v.g.*, Acórdão do Tribunal de Contas da União – TCU nº 1.339/2010 - 1ª Câmara, Rel. Min. Augusto Nardes, Sessão 16.03.2010).

de *apresentação das propostas por meio de lances*. Ademais, no regime diferenciado, como regra geral, *a fase de julgamento das propostas deve preceder a fase de habilitação dos licitantes*. Trata-se de procedimento diverso daquele tradicional que está previsto na Lei nº 8.666/1993 — quando a habilitação sempre precede o julgamento — e *similar ao adotado na modalidade pregão* — quando o julgamento sempre precede a habilitação.

Outra característica importante desse novo regime são os diversos instrumentos disponibilizados para que o interesse público seja mais bem atendido. Cabe ao gestor público, dentro de seu poder discricionário, em cada caso concreto, adotar o melhor caminho dentre os previstos na norma. A seguir, seguem alguns exemplos de escolhas postas pela norma do RDC e que serão trabalhadas no decorrer desta obra:

- inversão e desinversão de fases;
- divulgação do orçamento;
- ambiente eletrônico ou presencial;
- regimes de execução de obras, inclusive a contratação integrada;
- fase de lances: aberta, fechada ou híbrida;
- contrato de eficiência;
- remuneração variável;
- apropriação de custos indiretos.

Trata-se, pois, de uma das maiores homenagens à discricionariedade daqueles responsáveis pela condução das licitações. Contudo, para aplicar o RDC e até para que ele se mostre uma boa norma, o gestor público deve, hoje, estar muito mais qualificado do que no passado, pois deverá realizar opções que nunca fez. Para isso, terá que fazer análises técnicas e de razoabilidade, fundamentar e insculpir nos processos de contratação a sua motivação.

Em outras palavras, como bem destacou o Tribunal de Contas da União (TCU), a contrapartida a essa maior discricionariedade é um maior dever de motivação das opções escolhidas:

> Quero deixar claro que entendo ser o RDC um avanço histórico em matéria licitatória. Contratos por desempenho, inversão de fases, fase recursal única, disputa aberta, pré-qualificação permanente, sustentabilidade... Incluiu-se um arsenal de mecanismos para melhor dotar os gestores de instrumentos para contratações que mais atendam o interesse público. Delinearam-se outros meios para objetivar o que vem a ser a melhor proposta. Nessa miríade de possibilidades, entretanto, com incremento na discricionariedade aos gestores, o contraponto é um maior dever motivador. Com mais caminhos, aumenta-se a necessidade

de transparência quanto à escolha da trilha mais adequada a ser seguida. (Voto condutor do Acórdão TCU nº 306/2013 - Plenário, Rel. Min. Valmir Campelo, Sessão 27.02.2013)

Não se pode também deixar de registrar que o novo regime estimula que a busca por resultados seja o norte dos procedimentos de contratações públicas. Diminui-se, pois, a ênfase nos meios utilizados e aumenta-se a ênfase nos fins almejados pelas contratações.

CAPÍTULO 1

OBJETO E ALCANCE DO REGIME DIFERENCIADO DE CONTRATAÇÕES PÚBLICAS

A adoção do Regime Diferenciado será opcional e, quando ocorrer, deverá constar de forma expressa do instrumento convocatório. Essa opção resultará no afastamento das normas contidas na Lei nº 8.666/1993, exceto nos casos expressamente previstos no diploma do RDC.[4] Assim, ao contrário do que ocorre com a modalidade pregão, a Lei nº 8.666/1993 não terá aplicação subsidiária ao novo regime.

Entretanto, o art. 4º da Lei de Introdução às Normas do Direito Brasileiro[5] estabelece: "Quando a lei for omissa, o juiz decidirá o caso de acordo com a analogia, os costumes e os princípios gerais de direito".

Ou seja, na eventual constatação de lacuna jurídica quando da aplicação do Regime Diferenciado, não se pode descartar a aplicação da Lei nº 8.666/1993 de forma analógica.[6]

---

[4] "Art. 1º [...] §2º A opção pelo RDC deverá constar de forma expressa do instrumento convocatório e resultará no afastamento das normas contidas na Lei nº 8.666, de 21 de junho de 1993, exceto nos casos expressamente previstos nesta Lei".

[5] Decreto-Lei nº 4.657/1942, com a redação dada pela Lei nº 12.376/2010.

[6] Consoante Maria Helena Diniz, "a analogia consiste em aplicar, a um caso não contemplado de modo direto ou específico por uma norma jurídica, uma lei prevista para uma hipótese distinta, mas semelhante ao fato não previsto" (*Lei de Introdução ao Código Civil brasileiro interpretada*, p. 133-134).

1.1 Aplicabilidade

O Regime Diferenciado poderá ser aplicável a licitações e contratos necessários à realização:[7]

I - dos Jogos Olímpicos e Paraolímpicos de 2016, constantes da Carteira de Projetos Olímpicos a ser definida pela Autoridade Pública Olímpica (consórcio público sob a forma de autarquia em regime especial instituído pela Lei 12.396/2011);[8]

II - da Copa das Confederações da Federação Internacional de Futebol Associação – FIFA 2013 e da Copa do Mundo – FIFA 2014, de acordo com os critérios definidos pelo Grupo Executivo – GECOPA 2014, restringindo-se, no caso de obras públicas, àquelas constantes da matriz de responsabilidades celebrada entre a União, Estados, Distrito Federal e Municípios;

III - de obras de infraestrutura e de contratação de serviços para os aeroportos das capitais dos estados da Federação distantes até 350 quilômetros das cidades-sede dos eventos antes mencionados;

IV - das ações integrantes do Programa de Aceleração do Crescimento (PAC);

V - de obras e serviços de engenharia no âmbito dos sistemas públicos de ensino;

VI - das obras e serviços de engenharia no âmbito do Sistema Único de Saúde (SUS);

VII - das ações de modernização, construção, ampliação ou reforma de aeródromos públicos;

VIII - das ações de modernização, construção, ampliação ou reforma de armazéns destinados às atividades de guarda e conservação de produtos agropecuários;

IX - das obras e serviços no âmbito do Programa Nacional de Dragagem Portuária e Hidroviária II;

X - das obras e serviços de engenharia para construção, ampliação e reforma de estabelecimentos penais e unidades de atendimento socioeducativo.

---

[7] Artigos 1º e 63-A da Lei nº 12.462/2011; artigos 1º e 2º da Lei nº 12.873/2013; e art. 54, §4º, da Lei nº 12.815/2013.

[8] "Art. 1º Ficam ratificados, na forma do Anexo, os termos do Protocolo de Intenções celebrado entre a União, o Estado do Rio de Janeiro e o Município do Rio de Janeiro para criação de consórcio público, sob a forma de autarquia em regime especial, denominado Autoridade Pública Olímpica – APO".

As sete últimas aplicações, cabe destacar, não constaram da versão inicial do RDC, pois foram incluídas por leis posteriores[9] em razão das vantagens verificadas nas aplicações iniciais no novo regime.

Essas contínuas ampliações do escopo do RDC visam precipuamente a execução de obras de engenharia. Trata-se de uma opção pragmática do legislador, pois, como visto, o novo regime incorpora, em boa medida, os institutos da modalidade pregão, o qual não é aplicável a obras de engenharia, consoante o disposto no art. 1º da Lei nº 10.520/2002:[10]

> Art. 1º *Para aquisição de bens e serviços comuns, poderá ser adotada a licitação na modalidade de pregão, que será regida por esta Lei.*
>
> Parágrafo único. Consideram-se bens e serviços comuns, para os fins e efeitos deste artigo, aqueles cujos padrões de desempenho e qualidade possam ser objetivamente definidos pelo edital, por meio de especificações usuais no mercado. (grifos nossos)

Assim, preenchendo o vazio deixado pela norma do pregão, direciona-se a aplicação do RDC para as hipóteses em que o novo regime pode fazer maior diferença.

Sob essa ótica, em linhas simples, pode-se afirmar que uma das principais características do Regime Diferenciado de Contratação é permitir a aplicação de diversos procedimentos instituídos pela Lei nº 10.520/2002 à contratação de obras de engenharia.

a) Grandes eventos esportivos

Quando se trata de contratações necessárias à realização dos Jogos Olímpicos, da Copa das Confederações e da Copa do Mundo, podem utilizar-se do Regime Diferenciado:

- a União;
- os Estados, Distrito Federal e Municípios que abrigarão alguns dos referidos eventos esportivos;
- os Municípios que sejam capitais de Estado e que distem até 350km de alguma das cidades-sede;
- Estados cujas capitais estejam até 350km de distância das cidades-sede;

---

[9] Art. 28 da Lei nº 12.688/2012; art. 14 da Lei nº 12.722/2012; art. 4º da Lei nº 12.745/2012; art. 5º da Lei nº 12.833/2013; artigos 1º e 2º da Lei nº 12.873/2013; art. 54, §4º, da Lei nº 12.815/2013; e art. 1º da Lei nº 12.980/2014.

[10] Acórdão TCU nº 2.312/2012 - Plenário, Rel. Min. José Jorge, Sessão 29.08.2012.

- a administração indireta desses entes;
- a Autoridade Pública Olímpica.

Além dessa limitação subjetiva, o próprio objeto da lei não deixa também de explicitar uma limitação temporal para a aplicação do novo regime nessas situações, pois, salvo a vigência residual de alguma avença, não haveria que se falar na aplicação da nova lei depois de realizados os jogos olímpicos de 2016.

Há ainda uma limitação espacial representada pelas cidades-sede dos grandes eventos esportivos e pelas capitais de Estado distantes até 350km dessas cidades-sede.

Mediante o Acórdão nº 1.036/2012 – Plenário,[11] o TCU ressaltou a necessidade de ser observado o âmbito de aplicação da Lei nº 12.462/2011:

> 9.1. alertar o Ministério do Esporte, o Ministério das Cidades, a Infraero, a Secretaria dos Portos, o Grupo Executivo da Copa do Mundo FIFA 2014 (GECOPA) e o Comitê Gestor da Copa do Mundo FIFA 2014 (CGCOPA) que a utilização do Regime Diferenciado de Contratação Pública (RDC) envolve, como pré-requisito, *a necessidade de as ações objeto dos certames estarem concluídas anteriormente à Copa do Mundo de 2014*, tal qual expressamente previsto no art. 1º da Lei nº 12.462/2011 [...]. (grifos nossos)

b) Programa de Aceleração do Crescimento

O Programa de Aceleração do Crescimento (PAC) foi lançado pelo Poder Executivo em 22 de janeiro de 2007, mediante o Decreto nº 6.025/2007,[12] e compreende um *conjunto de ações com vistas a promover o crescimento econômico brasileiro*. Essa norma estabeleceu que o programa será constituído de:
- medidas de estímulo ao investimento privado;
- ampliação dos investimentos públicos em infraestrutura;
- melhoria da qualidade do gasto público;
- controle da expansão dos gastos correntes no âmbito da administração pública federal.

Inicialmente, a Lei nº 12.462/2011 foi editada com escopo limitado às contratações referentes aos grandes eventos esportivos que o Brasil brevemente sediará. Entretanto, de acordo com os resultados iniciais

---

[11] Rel. Min. Valmir Campelo, Sessão 02.05.2012.
[12] Institui o Programa de Aceleração do Crescimento (PAC), o seu Comitê Gestor, e dá outras providências.

da aplicação do novo regime, o legislador optou por estendê-lo às ações integrantes do PAC. Assim, mediante a Lei nº 12.688/2012, foi inserido novo dispositivo no art. 1º da Lei nº 12.462/2011 de forma a ampliar o âmbito de aplicação do novo regime.

As ações do PAC não estão limitadas temporalmente. Assim, foi afastado o caráter de transitoriedade de aplicação da Lei nº 12.462/2011, pois ela deixa de estar limitada à execução de determinados eventos. Deixa também de haver limitação espacial para a aplicação da norma, pois as ações do PAC não estão restritas de tal maneira.

Embora as ações do PAC sejam em regra suportadas por recursos financeiros de origem federal, não há óbices para que esses recursos sejam repassados para as demais unidades da Federação, de modo que é bastante amplo o espectro daqueles que podem utilizar-se do novo regime nessa situação. Ou seja, em se tratando de realização de ações do PAC, União, Estados, Municípios e o Distrito Federal podem aplicar o Regime Diferenciado de uma forma geral.

c) Obras e serviços de engenharia no âmbito dos sistemas públicos de ensino e do Sistema Único de Saúde (SUS)

Consoante o inciso V e o §3º do art. 1º da Lei nº 12.462/2011,[13] o RDC é também aplicável às obras e serviços de engenharia no âmbito dos sistemas públicos de ensino e do Sistema Único de Saúde.[14]

Com esses dispositivos, confirma-se o afastamento do caráter de transitoriedade do Regime Diferenciado. Também se confirma a ampliação do espectro daqueles que podem dele se utilizar, pois todos os entes da Federação — União, Estados, Distrito Federal e Municípios — são responsáveis por organizar e manter os sistemas públicos de ensino e de saúde.[15]

---

[13] Inseridos pelo art. 14 da Lei nº 12.722/2012 e art. 4º da Lei nº 12.745/2012.

[14] Constituição Federal: "Art. 198. As ações e serviços públicos de saúde integram uma rede regionalizada e hierarquizada e constituem um sistema único, organizado de acordo com as seguintes diretrizes: I - descentralização, com direção única em cada esfera de governo; II - atendimento integral, com prioridade para as atividades preventivas, sem prejuízo dos serviços assistenciais; III - participação da comunidade".

[15] Constituição Federal: "Art. 198. [...] §1º O sistema único de saúde será financiado, nos termos do art. 195, com recursos do orçamento da seguridade social, da União, dos Estados, do Distrito Federal e dos Municípios, além de outras fontes. [...] Art. 211. A União, os Estados, o Distrito Federal e os Municípios organizarão em regime de colaboração seus sistemas de ensino".

d) Ações de modernização, construção, ampliação ou reforma de aeródromos públicos

De forma a estimular o desenvolvimento do transporte aéreo nacional, foi instituído o Fundo Nacional de Aviação Civil (FNAC), composto, em geral, de recursos oriundos de tarifas aeroportuárias e dos valores devidos como contrapartida à União em razão das outorgas de infraestrutura aeroportuária.[16]

Além dos aeroportos/aeródromos públicos[17] administrados diretamente pela administração pública federal, os recursos do FNAC também poderão ser aplicados no desenvolvimento, na ampliação e na reestruturação de aeroportos concedidos, desde que tais ações não constituam obrigação do concessionário, conforme estabelecido no contrato de concessão e nos termos das normas expedidas pela Agência Nacional de Aviação Civil (ANAC) e pela Secretaria de Aviação Civil da Presidência da República (SAC).

Está ainda inserido no âmbito de finalidade do Fundo, o Programa Federal de Auxílio a Aeroportos (PROFAA), o qual tem por objetivo aplicar recursos em construção, reforma e reaparelhamento dos aeródromos públicos de interesse regional e estadual.[18]

Os recursos do FNAC serão geridos e administrados pela Secretaria de Aviação Civil da Presidência da República ou, a seu critério, por instituição financeira pública federal, podendo ser utilizado o Regime Diferenciado de Contratações Públicas (RDC).[19]

Em suma, a possibilidade de utilização do RDC na hipótese aqui tratada é bastante limitada, pois restrita a determinado órgão da União (SAC) e para fim bastante específico.

Mesmo que os recursos do FNAC sejam repassados a outro ente da Federação, mediante convênio para a realização de obras em aeródromos de interesse regional/local, o procedimento licitatório deverá ser realizado pela União, a qual poderá fazer contratações em nome próprio ou de terceiros.[20]

---

[16] Art. 63 da Lei nº 12.462/2011.

[17] A Lei nº 12.725/2012, em seu art. 2º, faz a seguinte distinção entre aeródromo e aeroporto: (a) aeródromo – toda área destinada ao pouso, à decolagem e à movimentação de aeronaves; (b) aeroporto – todo aeródromo público dotado de instalações e facilidades para apoio a aeronaves e ao embarque e desembarque de pessoas e cargas.

[18] Parágrafos 2º e 3º do art. 1º da Lei nº 8.399/1992, com a redação dada pelo art. 7º da Lei nº 12.833/2013.

[19] Art. 63-A da Lei nº 12.462/2011.

[20] Art. 63-A, §1º, da Lei nº 12.462/2011: "Para a consecução dos objetivos previstos no *caput*, a Secretaria de Aviação Civil da Presidência da República, diretamente ou, a seu

e) Ações de modernização, construção, ampliação ou reforma de armazéns destinados às atividades de guarda e conservação de produtos agropecuários

Mediante o art. 1º da Lei nº 12.873/2013, a Companhia Nacional de Abastecimento (Conab) foi autorizada a utilizar o Regime Diferenciado de Contratação para a contratação de ações relacionadas à reforma, modernização, ampliação ou construção de unidades armazenadoras próprias destinadas às atividades de guarda e conservação de produtos agropecuários em ambiente natural.

Por conveniência administrativa, a Conab poderá contratar instituição financeira federal para realizar as referidas ações, a qual, para executar o objeto do pacto firmado com a Conab, também fica autorizada a utilizar o RDC (art. 2º da Lei nº 12.873/2013).

Trata-se, pois, igualmente de hipótese de utilização do RDC bastante limitada, quer objetiva quer subjetivamente.

f) Obras e serviços no âmbito do Programa Nacional de Dragagem Portuária e Hidroviária II

O Programa Nacional de Dragagem Portuária e Hidroviária II foi instituído pelo art. 53 da Lei nº 12.815/2013 — a qual dispõe sobre a exploração direta e indireta pela União de portos e instalações portuárias e sobre as atividades desempenhadas pelos operadores portuários.

O programa, implantado pela Secretaria de Portos da Presidência da República e pelo Ministério dos Transportes, abrange as atividades de:[21]

a) obras e serviços de engenharia de dragagem para manutenção ou ampliação de áreas portuárias e de hidrovias, inclusive canais de navegação, bacias de evolução e de fundeio, e berços de atracação, compreendendo a remoção do material submerso e a escavação ou derrocamento do leito,

b) serviços de sinalização e balizamento, incluindo a aquisição, instalação, reposição, manutenção e modernização de sinais náuticos e equipamentos necessários às hidrovias e ao acesso aos portos e terminais portuários;

---

critério, por intermédio de instituição financeira pública federal, realizará procedimento licitatório, podendo, em nome próprio ou de terceiros, adquirir bens, contratar obras e serviços de engenharia e de técnicos especializados e utilizar-se do Regime Diferenciado de Contratações Públicas – RDC".

[21] Art. 53, §1º, da Lei nº 12.815/2013.

c) monitoramento ambiental;

d) gerenciamento da execução dos serviços e obras.

As contratações no âmbito desse programa poderão ser feitas por meio de licitações internacionais e utilizar o Regime Diferenciado de Contratação.

Entretanto, o RDC não trata de licitações internacionais — essa é a primeira previsão legal nesse sentido. Assim, cabe a aplicação das disposições pertinentes da Lei nº 8.666/1993 de forma analógica, em especial o seu art. 42.[22]

De forma compatível com a ênfase mais finalística assumida pelo novo regime, a Lei nº 12.815/2013, em seu art. 54, permite *a contratação de obras de dragagem por resultados em contratos com duração de até dez anos*. Ou seja, a contratada será remunerada não necessariamente pelo volume de material retirado, mas, por exemplo, pelo nível de aprofundamento da área portuária que ela consegue atingir e manter.

Subjetivamente, somente a União pode se utilizar do RDC nessa hipótese, por meio da Secretaria de Portos da Presidência da República e do Ministério dos Transportes.

g) Obras e serviços de engenharia para construção, ampliação e reforma de estabelecimentos penais e unidades de atendimento socioeducativo

Trata-se, como se percebe, de mais uma hipótese de aplicação do RDC para obras e serviços de engenharia, confirmando a vocação do novo regime para essa espécie de contratação.

Estabelecimentos penais

De acordo com o Título IV da Lei nº 7.210/1984,[23] são *estabelecimentos penais*: as penitenciárias; as colônias agrícolas, industriais ou similares; as casas dos albergados; os centros de observação; os hospitais de custódia e tratamento psiquiátrico e as cadeias públicas.

---

[22] "Art. 42. Nas concorrências de âmbito internacional o edital deverá ajustar-se às diretrizes da política monetária e do comércio exterior e atender às exigências dos órgãos competentes. §1º Quando for permitido ao licitante estrangeiro cotar preço em moeda estrangeira, igualmente o poderá fazer o licitante brasileiro. §2º O pagamento feito ao licitante brasileiro eventualmente contratado em virtude da licitação de que trata o parágrafo anterior será efetuado em moeda brasileira, à taxa de câmbio vigente no dia útil imediatamente anterior à data do efetivo pagamento. §3º As garantias de pagamento ao licitante brasileiro serão equivalentes àquelas oferecidas ao licitante estrangeiro. §4º Para fins de julgamento da licitação, as propostas apresentadas por licitantes estrangeiros serão acrescidas dos gravames conseqüentes dos mesmos tributos que oneram exclusivamente os licitantes brasileiros quanto à operação final de venda".

[23] Institui a Lei de Execução Penal.

Esses estabelecimentos destinam-se aos condenados penalmente, aos submetidos à medida de segurança, aos presos provisórios e aos egressos.[24]

A contratação de obras referentes a estabelecimentos penais está a cargo da União, Estados e Distrito Federal, os quais são responsáveis pela operação desses estabelecimentos de acordo com a natureza de cada um (federal, estadual ou distrital).[25]

Unidades de atendimento socioeducativo

Já quando se trata de menores infratores, a execução das *medidas socioeducativas* ocorre em unidades específicas, as quais consistem na base física necessária para a organização e o funcionamento dos programas de atendimento.[26]

A competência para financiar e operar essas unidades de atendimento socioeducativo é da União, dos Estados, do Distrito Federal e dos Municípios,[27] de forma que todos esses entes podem aplicar o RDC nesse caso.

h) Aplicação subsidiária do RDC

O art. 66 da Lei nº 12.815/2013 estabelece que o RDC terá aplicabilidade subsidiária às licitações de concessão de porto organizado e de arrendamento de instalação portuária.[28]

Como as concessões e arrendamentos são matérias significativamente diversas daquelas do objeto do Regime Diferenciado de Contratação, vislumbra-se que somente em algumas poucas questões pontuais haverá a aplicação subsidiária da Lei nº 12.462/2011 nessa situação.

1.2 Normas infralegais

Para serem capazes de se adaptarem às mudanças da realidade em uma sociedade cada vez mais dinâmica, as leis editadas pelo Congresso Nacional tendem a adotar um maior grau de imprecisão.

---

[24] Art. 82 da Lei nº 7.210/1984.

[25] Arts. 72, parágrafo único, e 74 da Lei nº 7.210/1984.

[26] Art. 1º, §4º, da Lei nº 12.594/2012 – que Institui o Sistema Nacional de Atendimento Socioeducativo (Sinase).

[27] Arts. 3º, 4º, 5º e 6º da Lei nº 12.594/2012.

[28] "Art. 66. Aplica-se subsidiariamente às licitações de concessão de porto organizado e de arrendamento de instalação portuária o disposto nas Leis nºs 12.462, de 4 de agosto de 2011, 8.987, de 13 de fevereiro de 1995, e 8.666, de 21 de junho de 1993".

Esse surgimento de normas legais com maior grau de abstração provoca enorme ampliação dos espaços de regulamentação. Ou seja, *leis mais abstratas fortalecem o poder de regulamentar* — que é o poder de expedir instruções para a operacionalização das leis.

As normas infralegais servem, portanto, para preencher esse espaço, permitindo aos aplicadores das leis que atuem com menos imprecisão.

No caso da Lei nº 12.462/2011, por exemplo, são remetidas aos regulamentos as disposições de algumas matérias de forma quase que integral (*v.g.*, o regramento do Sistema de Registro de Preços do RDC – art. 32; a participação de licitantes em consórcio – art. 14, parágrafo único, inciso I; e a combinação dos modos de disputa aberto e fechado – art. 16).[29]

Limites do poder regulamentar

Não se pode, contudo, perder de vista os limites do decreto regulamentar, pois, considerando o disposto no inciso II do art. 5º da Constituição Federal, "ninguém será obrigado a fazer ou deixar de fazer alguma coisa senão em virtude de lei". Ou seja, não cabe ao decreto inovar em relação à lei, muito menos contrariá-la, e tampouco alterar a situação jurídica anterior. São precisas, a respeito, as lições de Seabra Fagundes:

> É certo que como a lei, reveste o aspecto de norma geral, abstrata e obrigatória. Mas não acarreta, e aqui dela se distancia, modificação à ordem jurídica vigente. *Não lhe cabe alterar situação jurídica anterior, mas apenas pormenorizar as condições de modificação originária de outro ato (a lei).* Se o fizer, exorbitará, significando uma invasão pelo Poder Executivo da competência legislativa do Congresso.[30] (grifos nossos)

Ou, consoante Maria Sylvia Zanella Di Pietro, trata-se de regulamento de execução, ao qual não cabe "contrariar a lei, nem criar direitos, impor obrigações, proibições, penalidades que nela não estejam

---

[29] Lei nº 12.462/2011: "Art. 14. [...] Parágrafo único. Nas licitações disciplinadas pelo RDC: I - será admitida a participação de licitantes sob a forma de consórcio, *conforme estabelecido em regulamento*; [...] Art. 16. Nas licitações, poderão ser adotados os modos de disputa aberto e fechado, que poderão ser combinados *na forma do regulamento*. [...] Art. 32. O Sistema de Registro de Preços, especificamente destinado às licitações de que trata esta Lei, reger-se-á pelo *disposto em regulamento*" (grifos nossos).

[30] SEABRA FAGUNDES. *O controle dos atos administrativos pelo Poder Judiciário*, p. 26.

previstos, sob pena de ofensa ao princípio da legalidade"[31] (artigos 5º, II, e 37, *caput*, da Constituição).

Não há óbices, porém, para a administração estabelecer critérios *dentro de seu poder discricionário* com o intuito de padronizar determinados procedimentos em que a lei reserva mais de uma opção possível. Assim, por exemplo, poderia ser objeto de regulamentação as hipóteses em que seria utilizado o critério de julgamento pelo menor preço em detrimento daquele de maior desconto. Veja-se a respeito o disposto no voto condutor da Decisão TCU nº 141/2001 - Plenário:[32]

> *Se é possível ao administrador fixar esses critérios em edital*, com mais razão pode o Presidente da República, na esfera do Poder Executivo, definir quais os critérios a serem utilizados, dentro das diretrizes legais, de modo a uniformizar os procedimentos administrativos. Essa uniformização é altamente salutar, pois evita que os particulares que contratam ou pretendam contratar com o Poder Público recebam tratamento desigual, pelo fato de o bem ou serviço se direcionar a esse ou aquele órgão. (grifos nossos)

Nessa linha e como antes exposto, com fulcro no art. 84, inciso IV, da Constituição Federal, o RDC foi regulamentado pelo Decreto nº 7.581/2011.

Saliente-se tratar-se aqui de decreto regulamentador de lei editado com base no art. 84, IV, da Constituição Federal e não da espécie a que se refere o inciso VI do mesmo artigo,[33] a qual não tem a função de regulamentar norma legal, mas de dispor originariamente sobre específicas matérias internas da administração.

Normas editadas para regulamentar contratações públicas em geral

Cabe, ainda, indagar a aplicabilidade ao RDC das diversas normas infralegais que regulam as contratações efetuadas pela administração pública e foram editadas para serem aplicadas no bojo do procedimento previsto na Lei nº 8.666/1993. Citem-se como exemplo as Instruções Normativas nº 01/2010, a qual dispõe sobre os critérios de sustentabilidade ambiental, e nº 02/2008, que dispõe sobre regras e diretrizes para a contratação de serviços, ambas do Ministério do Planejamento, Orçamento e Gestão.

---

[31] DI PIETRO. *Direito administrativo*, p. 93.

[32] Rel. Min. Benjamin Zymler, Sessão 21.03.2001.

[33] "VI - Dispor, mediante decreto, sobre: a) organização e funcionamento da administração federal, quando não implicar aumento de despesa nem criação ou extinção de órgãos públicos; b) extinção de funções ou cargos públicos, quando vagos; [...]".

Ora, como visto, tanto a Lei nº 8.666/1993 quanto o RDC tratam de normas gerais de licitação, de forma que se pode compreender a intenção do legislador em individualizar esses procedimentos e torná-los independentes entre si, vedando a aplicação subsidiária de um ao outro. Entretanto, determinadas normas infralegais, como as antes mencionadas, *não dizem respeito à realização do procedimento propriamente dito, mas a critérios de definição do objeto da contratação.*

Ora, o procedimento licitatório possui apenas caráter instrumental com o intuito de viabilizar o preenchimento de determinada necessidade da administração. Se for assim, a escolha de um regime ou outro não deve interferir na caracterização do objeto a ser contratado e que preencherá essa necessidade. Seria desarrazoado e ilógico que a especificação de determinado equipamento necessário à administração variasse em função da modalidade licitatória escolhida.

Em suma, normas como as antes citadas, referentes à especificação de determinado objeto, são aplicáveis indistintamente ao Regime Diferenciado e àquele da Lei nº 8.666/1993.

Situação diversa ocorre com as normas infralegais que *disciplinam o próprio procedimento licitatório,* como o Decreto nº 7.892/2013, o qual regulamenta o sistema de registro de preços previsto no art. 15 da Lei nº 8.666/1993. Nessa situação, até pelo fato de o RDC disciplinar de forma diversa o instituto do registro de preços, esse Decreto não se aplica ao novo regime.

CAPÍTULO 2

FUNDAMENTOS CONSTITUCIONAIS DO NOVO REGIME

Diferentemente do disposto nas Leis nº 8.666/1993 (regime geral de licitação) e nº 10.520/2002 (modalidade pregão), a lei instituidora do Regime Diferenciado não consignou expressamente a extensão de sua aplicabilidade aos Estados, Distrito Federal e Municípios.

Contudo, diversos dispositivos da Lei nº 12.462/2011 permitem antever que a intenção do legislador foi editar uma norma de caráter nacional, ou seja, aplicável a todos os entes da Federação nela enquadráveis.[34]

Para tanto, o RDC deve ter sido editado com fundamento no art. 22, inciso XXVII, da Constituição Federal, o qual, além de exigir o *caráter de generalidade da norma*, fornece o necessário substrato constitucional para que leis da espécie *sejam aplicáveis a diversos entes da Federação*.

Cabe, pois, apreciar o preenchimento pela norma do RDC desses dois requisitos principais — caráter de generalidade e abrangência — para verificar sua compatibilidade com a norma constitucional.

---

[34] A título de exemplo: o inciso II do art. 1º impõe como requisito à aplicação do RDC que determinadas obras constem de matriz de responsabilidade a ser celebrada entre os entes federativos; o §1º do art. 15 estabelece regras de publicidade aplicáveis a cada ente; e o §6º do art. 8º possibilita a adoção pelos demais entes da Federação de sistemas de referência de preços diversos daqueles adotados pela União.

2.1 Caráter de generalidade

Consoante o referido dispositivo constitucional, a competência da União restringe-se a legislar sobre "normas gerais".

O termo "norma geral" refere-se primordialmente ao conteúdo da norma. Da própria acepção da expressão, verifica-se tratar de um regramento mais amplo e genérico, razão pela qual não deve descer aos detalhes de aplicação. A matéria não deve ser esgotada na norma geral, pois estará sujeita a uma regulamentação mais detalhada, até mesmo em razão do disposto no §2º do art. 24 da Constituição Federal, o qual estabelece que a competência da União para dispor sobre normas gerais não exclui a competência suplementar dos Estados.

Não se olvida que, no mais das vezes, é árdua a tarefa de distinguir o que é norma geral ou não em determinado diploma legislativo. São raras as normas que distinguem de forma expressa as disposições de caráter geral, aplicáveis a todos os entes federativos, daquelas aplicáveis somente à União (*v.g.*, Capítulo VI da Lei nº 11.079/2004, a qual institui normas gerais para licitação e contratação de parceria público-privada no âmbito da administração pública).

A questão foi inclusive judicializada quando o Supremo Tribunal Federal afastou o caráter geral de alguns dispositivos da Lei nº 8.666/1993, em que pese seu art. 1º considerar como normas gerais todas as suas disposições.[35] Nas palavras de Marçal Justen Filho:

> [...] a fórmula "normas gerais", utilizada pela Constituição no tocante a licitação e contrato administrativo, não permite uma interpretação de natureza "aritmética". Ou seja, não é possível formular uma solução precisa e exata destinada a identificar critérios abstratos e gerais para diferenciar normas gerais de não gerais.[36]

Em relação ao RDC, entretanto, entende-se não ter havido excesso de detalhamento que retiraria o caráter de generalidade da lei. Tanto é assim que diversos dispositivos da norma mencionam explicitamente a

---

[35] Em seu art. 17, a Lei nº 8.666/1993 previu a possibilidade de contratação direta — sem licitação prévia — para a alienação de bens pela administração em determinadas condições. Entretanto, o Supremo Tribunal Federal afastou o caráter geral de alguns dispositivos dessa modalidade de contratação direta, de forma que determinadas restrições somente possuem aplicação no âmbito da União e demais entidades por ela controladas (alíneas "b" e "c" do inciso I, alínea "b" do inciso II e §1º do art. 17 da Lei nº 8.666/1993) (ADI 927-MC, em 03.11.1993).

[36] JUSTEN FILHO. *Comentários à Lei de Licitações e Contratos Administrativos*, p. 15.

necessidade de posterior regulamentação.[37] A extensão e o detalhamento do próprio regulamento, aliás, estaria a indicar que a lei não exauriu a matéria e permitiu o pleno exercício da competência legislativa suplementar pelos Estados e Municípios.

Aplicabilidade das normas infralegais federais aos demais entes da Federação

Pelo fato de a competência da União se limitar à edição de normas gerais, a regulamentação da lei efetuada pela Presidência da República mediante o Decreto nº 7.581/2011 possui aplicabilidade restrita à administração pública federal. Ou seja, os Estados e Municípios, no bojo de sua competência suplementar, detêm a prerrogativa de regulamentar o RDC de acordo com suas peculiaridades.

Há, contudo, normas infralegais federais que são de observância obrigatória pelos demais entes da federação *quando da utilização de recursos federais*. Veja-se a respeito o art. 16 do Decreto nº 7.983/2013 — que estabelece regras e critérios para elaboração do orçamento de referência de obras e serviços de engenharia:

> Art. 16. Para a realização de transferências a Estados, Distrito Federal e Municípios, os órgãos e entidades da administração pública federal somente poderão celebrar convênios, contratos de repasse, termos de compromisso ou instrumentos congêneres que contenham *cláusula que obrigue o beneficiário ao cumprimento das normas deste Decreto nas licitações que realizar para a contratação de obras ou serviços de engenharia com os recursos transferidos*. (grifos nossos)

2.2 Abrangência subjetiva e objetiva

O RDC possui sua abrangência restrita objetiva e subjetivamente. Cabe, portanto, avaliar se essa característica da norma infirma o seu fundamento no referido dispositivo constitucional.

Abrangência subjetiva

Em alguns casos, quando a Constituição Federal refere-se a "normas gerais" de competência legislativa da União, não são explicitados quais entes federativos estão submetidos à norma. O objeto de cada norma é que define seu âmbito subjetivo de aplicação.

---

[37] Veja-se, por exemplo, a participação de licitantes em consórcio (art. 14, parágrafo único, inciso I) e a combinação dos modos de disputa aberto e fechado (art. 16).

Assim, por exemplo, quando se trata de normas gerais de organização das polícias militares e corpo de bombeiros militares (art. 22, inciso XXI, da Constituição Federal), não há maiores dúvidas acerca do não direcionamento da norma aos Municípios, pelo fato de não possuírem eles a atribuição de organizarem e manterem essas corporações.

Em outras situações, a Constituição Federal explicita quais entes da Federação estão submetidos a determinada norma geral. Tal ocorre com o dispositivo que prevê a regulamentação das defensorias públicas dos Estados por norma geral (alínea "d" do inciso II do §1º do art. 61 da Constituição Federal).

Dessas considerações, verifica-se *não ser requisito intrínseco* das "normas gerais" editadas pela União que elas *se refiram a todos os entes federativos*. A abrangência subjetiva de cada norma geral ou é definida em razão de seu objeto ou é explicitada pela própria Constituição.

Quando se trata de normas gerais referentes a licitações e contratos, aplica-se essa última hipótese, pois o art. 22, inciso XXVII, da Constituição Federal estabelece expressamente a aplicabilidade a todos os entes federativos, inclusive suas autarquias, fundações, empresas públicas e sociedades de economia mista.

A análise literal dessa norma constitucional indica que o legislador constituinte quis, em princípio, que as contratações de todos os entes da Federação obedecessem a um mesmo conjunto uniforme de normas gerais. Vislumbrou-se aqui a necessidade de integração nacional em torno desse importante tema.

Entretanto, em uma interpretação teleológica, a consideração das diversas diferenças socioeconômicas dos milhares de entes políticos integrantes da República Federativa do Brasil leva a concluir que a abrangência dessa norma é apenas potencial. Ou seja, não deve haver, em princípio, a exclusão de nenhum ente, mas, na prática, poder-se-ia verificar a não aplicabilidade da norma a todos. Desde, é certo, que essa exclusão potencial decorra da individualidade de cada ente e não caracterize uma discriminação injustificada e desarrazoada.

Veja-se, tomando-se um exemplo hipotético, uma norma que estabeleça regras gerais para contratações de grandes obras públicas de alta complexidade. Na prática, ela não seria aplicável à maioria dos Municípios brasileiros, os quais não possuem recursos financeiros ou mesmo atribuições para tanto.

Entretanto, apesar de se afastar da literalidade do art. 22, inciso XXVII, da Constituição Federal, entende-se que a hipotética lei ordinária seria com ele compatível, pois, nessas circunstâncias, a restrição subjetiva estaria justificada.

CAPÍTULO 2
FUNDAMENTOS CONSTITUCIONAIS DO NOVO REGIME | 33

Raciocínio em sentido contrário levaria a uma situação indesejável, qual seja, importante matéria de interesse de todos os Estados da Federação não poderia ser regulada como norma geral, porque ela não alcançaria alguns Municípios de pequeno porte. Em outras palavras, determinado objeto que, pelo espírito integrador da Constituição Federal, demandaria uma regra geral, deveria ser objeto de legislação por parte de cada um dos Estados da Federação, com todas as desvantagens daí decorrentes.

Na verdade, é desnecessário lançar mão de exemplos hipotéticos para ilustrar o raciocínio. Veja-se a modalidade licitatória denominada consulta, instituída pelo art. 54 da Lei nº 9.472/1997,[38] cuja aplicação está restrita às agências reguladoras de serviços públicos, nos termos do art. 37 da Lei nº 9.986/2000.[39]

O objeto da norma — instituição de modalidade licitatória — está expressamente abrangido no conceito de norma geral de que trata o art. 22, inciso XXVII, da Constituição Federal. Entretanto, sua aplicabilidade está restrita às agências reguladoras, de forma que a administração direta dos entes federativos e as demais entidades autárquicas e fundacionais estariam alijadas da aplicação dessa lei.

Ocorre que o legislador entendeu que as agências reguladoras possuem peculiaridades próprias a exigir que determinadas contratações ocorram mediante uma modalidade licitatória específica. Esse entendimento não parece incompatível com a multicitada norma constitucional, pois, além de dotado de razoabilidade, busca dar concreção a outras normas constitucionais, tal como o art. 175 da Constituição Federal, que prevê a concessão ou permissão de serviços públicos.

Conclui-se, pois, que o art. 22, inciso XXVII, da Constituição Federal busca, dentro dos *limites do razoável e na medida do possível*,

---

[38] Lei nº 9.472, de 16 de julho de 1997 – Dispõe sobre a organização dos serviços de telecomunicações, a criação e funcionamento de um órgão regulador e outros aspectos institucionais, nos termos da Emenda Constitucional nº 8, de 1995: "Art. 54. A contratação de obras e serviços de engenharia civil está sujeita ao procedimento das licitações previsto em lei geral para a administração pública. Parágrafo único. Para os casos não previstos no *caput*, a Agência poderá utilizar procedimentos próprios de contratação, nas modalidades de consulta e pregão".

[39] Lei nº 9.986, de 18 de julho de 2000 – Dispõe sobre a gestão de recursos humanos das Agências Reguladoras e dá outras providências: "Art. 37. A aquisição de bens e a contratação de serviços pelas Agências Reguladoras poderá se dar nas modalidades de consulta e pregão, observado o disposto nos arts. 55 a 58 da Lei nº 9.472, de 1997, e nos termos de regulamento próprio. Parágrafo único. O disposto no *caput* não se aplica às contratações referentes a obras e serviços de engenharia, cujos procedimentos deverão observar as normas gerais de licitação e contratação para a administração pública".

estabelecer regras uniformes de licitações e contratações para todos os entes da Federação. Ou seja, *a abrangência subjetiva desse inciso constitucional não é absoluta, mas pode acontecer que determinada norma, em razão das especificidades de seu objeto, não seja aplicável a todos os entes federativos.* Cabe, sim, aferir a legitimidade dos fundamentos que levam a não aplicação de determinada norma a todas as pessoas jurídicas de direito público (União, Estados, Distrito Federal, Municípios e respectivas autarquias e fundações).

Sob essa ótica, o Regime Diferenciado de Contratações Públicas, mesmo em sua redação original, não padece de inconstitucionalidade, pois parece plausível e razoável o intento do legislador de estabelecer um regime próprio de licitações para as contratações necessárias aos grandes eventos esportivos que o País se comprometeu a realizar. A data premente e a consequente necessidade de agilizar essas contratações justificariam a antecipação de diversas discussões acerca da modernização da Lei nº 8.666/1993 que ocorrem há anos no Congresso Nacional.[40]

Não se vislumbra, pois, que a lei possa constituir ofensa ao pacto federativo ou discriminação injustificada pelo fato de nem todos os Estados e Municípios terem sido abrangidos pelo RDC *em sua versão inicial*, pois isso é mera consequência lógica do fato de que nem todos esses entes sediarão ou tomarão parte direta ou indireta desses grandes eventos esportivos. Questionável, como exposto anteriormente, seria deixar de atender a determinada necessidade de alguns entes da Federação pelo fato de essa necessidade não ser comum a todos esses entes.

Com a ampliação do objeto do Regime Diferenciado para ações do PAC e obras dos sistemas público de ensino, saúde e atendimento socioeducativo, mitigaram-se as restrições subjetivas de aplicação da lei, pois, nessas hipóteses, o RDC é potencialmente utilizável por todos os entes federativos.

Abrangência objetiva

Outro aspecto a ser observado no conceito constitucional de "normas gerais" seria a sua abrangência objetiva. Em outras palavras, caberia indagar se a norma deve abranger todo o universo de

---

[40] Por iniciativa do Governo Federal, está em tramitação no Senado Federal o Projeto de Lei nº 32/2007, que objetiva promover alterações na Lei nº 8.666/1993. Esse projeto originou-se do PL nº 7.709/2007, da Câmara dos Deputados, como parte das medidas que integram o denominado Programa de Aceleração do Crescimento (PAC).

contratações efetuadas pelo Poder Público ou poderia estar restrita a específicas contratações.

Ora, pela dicção da Constituição Federal, todas as contratações efetuadas pela administração devem estar abrangidas por uma norma geral. Não há, contudo, a exigência de que essa norma seja única. Ou seja, inexistem óbices para que determinadas contratações estejam disciplinadas em determinada norma geral e outras espécies de contratações estejam disciplinadas em outra norma geral.

Nesse sentido, a lei instituidora da modalidade pregão — aplicável a bens e serviços comuns —, a lei instituidora do regime de contratação para serviços de publicidade e as leis instituidoras da modalidade consulta — aplicável às agências reguladoras. As duas primeiras normas, reconheça-se, definiram o seu objeto em razão de sua natureza, enquanto a última, tal qual o Regime Diferenciado de Contratação, definiu seu objeto de acordo com sua finalidade ou destinação.

2.3 Implantação do RDC em outras unidades da Federação

Em algumas unidades da Federação, houve a elaboração de leis regionais com o objetivo de permitir a implantação do Regime Diferenciado nesses entes.[41]

De acordo com essas normas, contratações efetuadas por essas unidades da Federação poderiam ser com base no RDC, *mesmo que não se trate dos casos de aplicabilidade do novo regime previstos na norma federal.* Ou seja, houve, mediante essas leis regionais, a instituição de novas hipóteses de aplicação do regime diferenciado.

Ora, como visto, em se tratando de licitações e contratações públicas, a competência legislativa da União se limita à edição de normas gerais. Em sendo assim, as referidas leis (estadual e distrital) estarão de acordo com a Constituição Federal caso se restrinjam a regular situações de caráter específico do tema.

A respeito, observa-se que, tal qual verificado na Lei nº 8.666/1993, mesmo considerando o caráter de generalidade da Lei nº 12.462/2011, é possível que alguns desses dispositivos não possuam essa característica de generalidade. Assim, em relação a esses específicos dispositivos,

---

[41] O Estado de Santa Catarina (Lei Estadual nº 16.020/2013) e o Distrito Federal (Lei Distrital nº 5.254/2013) implantaram o RDC para determinados objetos não contemplados na lei nacional.

haveria espaço para o exercício da competência suplementar por parte dos estados e Distrito Federal.

Isto posto, essas normas regionais poderão ser consideradas constitucionais, *caso se entenda que o âmbito de aplicação do RDC previsto em lei instituída pela União não se trata de norma geral.*

Trata-se, sem dúvida de questão controversa que deverá ser dirimida pelos Tribunais de Contas e pelo Poder Judiciário.[42]

---

[42] O Conselho Especial do Tribunal de Justiça do Distrito Federal e Territórios deferiu liminar para suspender a eficácia do art. 1º, inciso V e parágrafo único, e art. 3º da Lei Distrital nº 5.254/2013 por inconstitucionalidade da lei em face à lei orgânica do DF. Isso porque a norma acrescentou nova hipótese de submissão ao RDC, não prevista na norma geral. Constou do voto condutor da decisão que: "A lei distrital dispõe sobre regime diferenciado e cria nova hipótese não prevista na legislação federal para aplicação do RDC, o que contraria a Constituição Federal e a Lei Orgânica do Distrito Federal. É competência privativa da União legislar sobre normas gerais de licitação e contratos e a competência do DF é para suplementar. O Distrito Federal carece de competência para estabelecer normas gerais" (Processo 2014.00.2.001581-6).

CAPÍTULO 3

OBJETIVOS E PRINCÍPIOS

Os objetivos e princípios a serem observados quando da aplicação do RDC foram estabelecidos nos artigos 1º, parágrafos 1º, 3º e 4º da Lei nº 12.462/2011.

3.1 Objetivos

Os objetivos estabelecidos foram:

I - ampliar a eficiência nas contratações públicas e a competitividade entre os licitantes;

II - assegurar tratamento isonômico entre os licitantes e a seleção da proposta mais vantajosa para a administração pública.

III - promover a troca de experiências e tecnologias em busca da melhor relação entre custos e benefícios para o setor público;

IV - incentivar a inovação tecnológica.

Apesar do inter-relacionamento entre esses objetivos, pode se evidenciar três grupos de finalidades maiores do novo regime.

O primeiro deles refere-se ao inciso I e deve ser entendido em comparação com o regime da Lei nº 8.666/1993, pois a acepção do verbo "ampliar" pressupõe algo anterior a ser objeto da ação verbal. Assim, quando se coloca como objetivo do novo regime a ampliação da eficiência nas contratações e da competitividade entre os licitantes, verifica-se a nítida intenção de aprimorar os procedimentos de contratação até então existentes.

O segundo grupo refere-se ao inciso II e trada das finalidades precípuas do procedimento licitatório (busca da proposta mais vantajosa para a Administração e a concessão de tratamento isonômico aos licitantes). Não há aqui maiores inovações em relação ao anterior regime de contratação. A novidade talvez consista na explicitação de que a busca da proposta mais vantajosa deve considerar a melhor relação entre custos e benefícios do objeto contratado.

O terceiro grupo refere-se aos incisos III e IV e estabelece que a Administração Pública deve atuar como indutor do desenvolvimento econômico e social, no sentido de desenvolver e disseminar experiências e tecnologias, tanto no seio da própria Administração quanto no setor privado.

De se ver que não há uma nítida distinção entre princípios e objetivos. Enquanto, os objetivos podem ser considerados como as razões de ser da norma, os princípios, nas lições de Celso Antônio Bandeira de Mello, são:

> [...] por definição, mandamento nuclear de um sistema, verdadeiro alicerce dele, *disposição fundamental que se irradia sobre diferentes normas*, compondo-lhes o espírito e servindo de critério para a sua exata compreensão e inteligência, exatamente por definir a lógica e a racionalidade do sistema normativo, conferindo a tônica que lhe dá sentido harmônico.[43] (grifos nossos)

Há, entretanto, uma zona cinzenta que faz com que determinada disposição seja enquadrável em ambos os conceitos. Por exemplo, as disposições referentes à busca da melhor proposta para a administração e ao tratamento isonômico entre os licitantes são consideradas como objetivos pelo RDC e como princípios pelo art. 3º da Lei nº 8.666/1993.

O objetivo de tratamento isonômico, aliás, se identifica em grande parte com um dos princípios albergados pela Lei nº 12.462/2011 — o da igualdade. Ou seja, a própria norma do RDC alberga em seu corpo a ambivalência de determinados institutos.

3.2 Princípios

Tal qual nas demais modalidades licitatórias já estabelecidas, são aplicáveis ao Regime Diferenciado os seguintes princípios:

---

[43] BANDEIRA DE MELLO. *Curso de direito administrativo*, p. 53.

- legalidade;
- impessoalidade;
- moralidade;
- igualdade;
- publicidade;
- eficiência;
- probidade administrativa;
- economicidade;
- vinculação ao instrumento convocatório;
- julgamento objetivo;
- desenvolvimento nacional sustentável.

Esses princípios são compatíveis ou se identificam com os princípios gerais regedores da administração pública como um todo, em especial aqueles previstos no *caput* do art. 37 da Constituição Federal.

Haverá situações de contraposição entre eles, cuja solução consiste, não na exclusão de nenhum deles da ordem jurídica, mas de um adequado procedimento de ponderação, segundo o peso e importância de cada um.[44] Ou seja, a solução será dada pelo caso concreto de acordo com as suas circunstâncias e com a máxima compatibilização possível dos valores envolvidos.

Embora esses princípios sejam inter-relacionados e aplicáveis a diversas situações e momentos do procedimento licitatório, pode-se, em linhas gerais, afirmar que as contratações devem ocorrer:
- em um ambiente em que sejam fornecidas iguais condições para todos quantos quiserem participar (princípio da igualdade);
- consoante os procedimentos previstos na norma e no instrumento convocatório (princípios da legalidade e da vinculação ao instrumento convocatório);
- de forma a serem evitados quaisquer favorecimentos ou preferências pessoais por parte dos administradores públicos (princípios da impessoalidade e do julgamento objetivo);
- buscando-se a proposta mais vantajosa para a administração e que melhor atenda o interesse público (princípios da moralidade, da probidade administrativa, da eficiência e da economicidade).

Destaque-se, ainda, o princípio da publicidade, de acordo com o qual deve ser dado a todos o conhecimento da existência do certame

---

[44] ESPÍNDOLA. *Conceito de princípios constitucionais*: elementos teóricos para uma formulação dogmática constitucionalmente adequada, p. 69-70.

e dos atos da administração. Assim, com essa necessária transparência nas contratações públicas, visa-se primordialmente:

- divulgar o certame a todos os possíveis interessados, de forma a propiciar melhores propostas pra a administração e garantir a isonomia de tratamento;
- possibilitar aos atores sociais, incluindo os órgãos de controle, a verificação da regularidade dos atos praticados.

O acesso a informação de interesse particular ou de interesse coletivo ou geral, cabe ressaltar, está alçado à condição de direito fundamental (art. 5º, inciso XXXIII, da Constituição Federal)[45] e foi regulamentado pela Lei nº 12.527/2011.[46]

Desenvolvimento nacional sustentável

O direito ao meio ambiente ecologicamente equilibrado está expressamente previsto no texto constitucional, segundo o qual compete ao Poder Público, além da coletividade, defendê-lo e preservá-lo para as presentes e futuras gerações. De forma a assegurar a efetividade desse direito, a Constituição atribui ao Poder Público diferentes obrigações e erigiu a defesa do meio ambiente como um dos princípios de orientação da atividade econômica nacional (artigos 170 e 225).[47]

A leitura desses dispositivos indica que o Estado não só pode como deve fomentar a adoção de tecnologias e procedimentos

---

[45] "XXXIII - todos têm direito a receber dos órgãos públicos informações de seu interesse particular, ou de interesse coletivo ou geral, que serão prestadas no prazo da lei, sob pena de responsabilidade, ressalvadas aquelas cujo sigilo seja imprescindível à segurança da sociedade e do Estado; [...]."

[46] Regula o acesso a informações previsto no inciso XXXIII do art. 5º, no inciso II do §3º do art. 37 e no §2º do art. 216 da Constituição Federal.

[47] "Art. 170. A ordem econômica, fundada na valorização do trabalho humano e na livre iniciativa, tem por fim assegurar a todos existência digna, conforme os ditames da justiça social, observados os seguintes princípios: [...] VI - defesa do meio ambiente, inclusive mediante *tratamento diferenciado conforme o impacto ambiental dos produtos e serviços* e de seus processos de elaboração e prestação; [...]. Art. 225. Todos têm direito ao meio ambiente ecologicamente equilibrado, bem de uso comum do povo e essencial à sadia qualidade de vida, impondo-se ao Poder Público e à coletividade o dever de defendê-lo e preservá-lo para as presentes e futuras gerações. §1º Para assegurar a efetividade desse direito, incumbe ao Poder Público: [...] IV - exigir, na forma da lei, para instalação de obra ou atividade potencialmente causadora de significativa degradação do meio ambiente, estudo prévio de impacto ambiental, a que se dará publicidade; V - controlar a produção, a comercialização e o emprego de técnicas, métodos e substâncias que comportem risco para a vida, a qualidade de vida e o meio ambiente; VI - promover a educação ambiental em todos os níveis de ensino e a conscientização pública para a preservação do meio ambiente; VII - proteger a fauna e a flora, vedadas, na forma da lei, as práticas que coloquem em risco sua função ecológica, provoquem a extinção de espécies ou submetam os animais a crueldade" (grifos nossos).

ambientalmente sustentáveis. Para tanto, o próprio texto constitucional estabelece a possibilidade de se conceder *tratamento diferenciado a produtos e serviços em função do impacto ambiental gerado.*

Assim, revela-se plenamente possível que o Poder Público, ante os comandos constitucionais mencionados, estabeleça critérios de sustentabilidade nas contratações que realizar, com os objetivos de reduzir o impacto ambiental gerado pela máquina pública e induzir mudanças no setor produtivo.

Nesse sentido, tal qual a atual redação do *caput* do art. 3º da Lei nº 8.666/1993, a Lei nº 12.462/2011 alçou à condição de princípio o desenvolvimento nacional sustentável.

Dando concreção a esse princípio, o inciso III do art. 4º da Lei nº 12.462/2011 e o art. 5º do Decreto regulamentador estabelecem a possibilidade de exigência de requisitos de sustentabilidade ambiental na forma da legislação aplicável.

Atualmente, os requisitos de sustentabilidade ambiental a serem observados nas contratações públicas da administração federal estão dispostos na já mencionada IN nº 01/2010 do Ministério do Planejamento, Orçamento e Gestão. Como norma infralegal, a instrução não pode inovar originariamente na ordem jurídica, mas sim orientar o gestor de forma a compatibilizar a definição do objeto a ser licitado com a política ambiental do País.

Cabe, contudo, agir de forma proporcional, evitando-se atingir o núcleo essencial dos demais princípios da administração pública. Por exemplo, poderia não ser adequada, porque poderia ferir os princípios da impessoalidade e/ou economicidade, a exigência de determinada condicionante ambiental preenchida por somente um fornecedor e excludente de todos os demais potenciais licitantes.

A preocupação com os impactos ambientais e sociais das contratações foi ainda reforçada mediante os parágrafos primeiro e segundo do art. 4º do RDC.[48] Essas disposições são, no entanto, de pouca de

---

[48] "§1º As contratações realizadas com base no RDC devem respeitar, especialmente, as normas relativas à: I - disposição final ambientalmente adequada dos resíduos sólidos gerados pelas obras contratadas; II - mitigação por condicionantes e compensação ambiental, que serão definidas no procedimento de licenciamento ambiental; III - utilização de produtos, equipamentos e serviços que, comprovadamente, reduzam o consumo de energia e recursos naturais; IV - avaliação de impactos de vizinhança, na forma da legislação urbanística; V - proteção do patrimônio cultural, histórico, arqueológico e imaterial, inclusive por meio da avaliação do impacto direto ou indireto causado pelas obras contratadas; e VI - acessibilidade para o uso por pessoas com deficiência ou com mobilidade reduzida. §2º O impacto negativo sobre os bens do patrimônio cultural, histórico, arqueológico e imaterial tombados deverá ser compensado por meio de medidas determinadas pela autoridade responsável, na forma da legislação aplicável."

utilidade prática, pois se limitam a dizer que as contratações realizadas com base no Regime Diferenciado devem respeitar a legislação ambiental, urbanística e aquela referente à proteção do patrimônio cultural, histórico, arqueológico e imaterial tombados. Ora, se essas normas citadas já são de natureza cogente independentemente de sua menção na Lei nº 12.462/2011, conclui-se que os parágrafos mencionados são desnecessários por pouco ou nada inovarem no mundo jurídico.

CAPÍTULO 4

DIRETRIZES

São aplicáveis ao Regime Diferenciado as seguintes diretrizes,[49] as quais se diferenciam dos princípios por possuírem maior densidade normativa:[50]
- padronização do objeto da contratação, relativamente às especificações técnicas e de desempenho, incluindo, quando for o caso, as condições de manutenção, assistência técnica e de garantia oferecidas;
- padronização de instrumentos convocatórios e minutas de contratos, previamente aprovados pelo órgão jurídico competente;
- busca da maior vantagem para a administração, considerando custos e benefícios, diretos e indiretos, de natureza econômica, social ou ambiental, inclusive os relativos à manutenção, desfazimento de bens e resíduos, índice de depreciação econômica e outros fatores de igual relevância;
- condições de aquisição, de seguros, de garantias e de pagamento compatíveis com as do setor privado, inclusive mediante pagamento de remuneração variável conforme desempenho;
- utilização, sempre que for possível, de mão de obra, materiais, tecnologias e matérias primas existentes no local da execução;
- parcelamento do objeto, visando à ampla participação de licitantes, sem perda de economia de escala.

---

[49] Art. 4º da Lei nº 12.462/2011.

[50] Além do grau de abstração, Inocêncio Mártires Coelho aponta que os princípios se diferenciam das regras por serem: a) mais vagos e indeterminados, b) dotados de importância fundamental no sistema jurídico, c) baseados na ideia de justiça e d) fundamentos das regras (*Interpretação constitucional*, p. 86-87).

4.1 Padronização do procedimento

Verifica-se uma nítida tendência de simplificar e agilizar o procedimento licitatório, mediante a busca de padronização dos instrumentos convocatórios, minutas de contratos e especificações dos objetos das contratações.

A Lei nº 8.666/1993 prevê disposições semelhantes ao dispor que:
- as obras e serviços destinados ao mesmo fim deverão ter projetos padronizados (art. 11 da Lei nº 8.666/1993);
- as compras deverão atender, sempre que possível, ao princípio da padronização (Lei nº 8.666/1993, art. 15, inciso I).

Entretanto, é inegável a maior ênfase à padronização no novo normativo.

4.2 Instrumento indutor do desenvolvimento econômico, social e ambiental

Foi estabelecida ainda a possibilidade de a administração utilizar seu poder de compra como instrumento indutor do desenvolvimento econômico, social e ambiental.

Situação similar verificou-se com a edição da Lei Complementar nº 123/2006, a qual concedeu determinados benefícios e prerrogativas às micro e pequenas empresas, quando da escolha de fornecedores de bens e serviços para a administração pública.[51] No mesmo sentido, a Lei nº 12.349/2010, a qual alterou a Lei nº 8.666/1993 e estabeleceu margens de preferência para determinados produtos nacionais com o intuito de incentivar a produção nacional,[52] e a Lei nº 8.248/1991, a qual estabeleceu preferências para produtos nacionais em aquisições de bens de informática.

---

[51] Em especial, destaca-se o art. 44 da norma: "Art. 44. Nas licitações será assegurada, como critério de desempate, preferência de contratação para as microempresas e empresas de pequeno porte. §1º Entende-se por empate aquelas situações em que as propostas apresentadas pelas microempresas e empresas de pequeno porte sejam iguais ou até 10% (dez por cento) superiores à proposta mais bem classificada. §2º Na modalidade de pregão, o intervalo percentual estabelecido no §1º deste artigo será de até 5% (cinco por cento) superior ao melhor preço".

[52] Art. 3º, §5º, da Lei nº 8.666/1993: "Nos processos de licitação previstos no *caput*, poderá ser estabelecido margem de preferência para produtos manufaturados e para serviços nacionais que atendam a normas técnicas brasileiras".

A Lei nº 12.462/2011[53] prevê a aplicação desses incentivos nas contratações efetuadas com fulcro no novo regime. Nem poderia ser diferente, aliás, pois, dada a necessidade de o Estado agir como indutor de desenvolvimento em determinada área, não faria sentido a ação de estímulo estatal depender da modalidade licitatória escolhida pelo gestor.

Entretanto, em relação à aplicação da Lei Complementar nº 123/2006, não havia sequer a necessidade de expressa previsão de sua aplicação ao novo regime. A razão para tanto reside no fato de essa lei complementar dar concreção direta a dispositivo constitucional[54] e se dirigir às contratações públicas em geral, não havendo motivos para se questionar sua aplicabilidade às contratações efetuadas com fulcro no RDC. De qualquer forma, a previsão na Lei nº 12.462/2011 é útil por afastar eventuais dúvidas interpretativas a respeito.

Esses estímulos a determinados setores da economia, cabe destacar, incluindo ainda aqueles referentes ao desenvolvimento sustentável e ao mercado local, ocorrem com a mitigação do princípio da economicidade, pois qualquer restrição do universo de fornecedores possui o condão de impactar negativamente nos preços. Trata-se de opção política cujos prós e contras devem ser devidamente sopesados pelo legislador.

De difícil operacionalização é a diretriz para se privilegiar as propostas com mão de obra, materiais, tecnologias e matérias primas do local da execução contratual. A dificuldade reside na exigência de que a aplicação da diretriz ocorra sem "prejuízo à eficiência na execução do respectivo objeto", pois não é trivial para o gestor avaliar em que medida a exigência de insumos locais impactará os custos da contratação. Apesar de a disposição não ser nova, pois já consta da Lei nº 8.666/1993 (art. 12, inciso IV), não se verifica ter sido aplicada de forma relevante. Possivelmente, a solução para a questão estaria na adoção da diretriz como critério de desempate, tal qual o modelo previsto na Lei Complementar nº 123/2006. De qualquer forma, a matéria carece de regulamentação ulterior e infelizmente não foi contemplada no Decreto regulamentador do RDC.

---

[53] "Art. 38. Nos processos de contratação abrangidos por esta Lei, aplicam-se as preferências para fornecedores ou tipos de bens, serviços e obras previstos na legislação, em especial as referidas: I - no art. 3º da Lei 8.248, de 23 de outubro de 1991; II - no art. 3º da Lei 8.666, de 21 de junho de 1993; e III - nos arts. 42 a 49 da Lei Complementar nº 123, de 14 de dezembro de 2006".

[54] Inciso IX do art. 170 da Constituição Federal, segundo o qual deve ser concedido "tratamento favorecido para as empresas de pequeno porte constituídas sob as leis brasileiras e que tenham sua sede e administração no País".

4.3 Custos indiretos

De acordo com o princípio constitucional da economicidade, há uma maior preocupação no sentido de que a aferição da vantagem para a administração seja apurada não somente pelo imediato conteúdo econômico da proposta inicial, mas também por diversos outros fatores de cunho econômico verificáveis no decorrer da execução contratual e/ou quando da utilização dos bens adquiridos.

Assim, desde que aferíveis de forma objetiva e previstos previamente no instrumento convocatório, podem, dentre outros fatores, ser considerados no julgamento das propostas:
- custos de manutenção;
- custos de desfazimento dos bens e resíduos;
- índice de depreciação econômica.

Trata-se de procedimento já adotado no setor privado, mas sem aplicação até agora no setor público diante da falta de previsão legal. Assim, quando da aquisição de determinado equipamento, poderão ser trazidos para o valor presente[55] os gastos estimados com manutenção e/ou operação — *v.g.*, consumo de combustível — durante determinado período de tempo e adicionados ao custo de aquisição. Ganhará a licitação pelo menor preço aquele produto que apresentar o menor resultado da soma do valor de aquisição e custos de manutenção/operação. Ou seja, paradoxalmente, aquele cujo custo de aquisição é menor poderá ser menos vantajoso economicamente em razão dos custos elevados de manutenção/operação.

4.4 Condições compatíveis com as do setor privado

A norma estabelece que as condições de aquisição de seguros, de garantia e de pagamento serão compatíveis com as do setor privado.

Com efeito, em estando consolidada determinada prática no mercado, poderia ir de encontro aos princípios da busca da proposta mais vantajosa e da economicidade a exigência de práticas ou procedimentos não praticados no setor privado. A razão para tanto é que a exigência de condições não usuais poderá acarretar custos adicionais aos licitantes e, por consequência, propostas menos vantajosas sob o ponto de vista da administração.

---

[55] Como os custos de operação/manutenção ocorrerão em data posterior àquela da aquisição, faz-se necessária a realização de uma operação matemático-financeira mediante o desconto de determinada taxa de juros para que se possa adequadamente comparar os valores.

Nesse sentido, insta mencionar o disposto no voto condutor do Acórdão TCU nº 2.745/2013 - Plenário:[56]

> O objetivo inscrito no art. 4º, inciso IV, da Lei 12.462/2011 — tido como uma das diretrizes do RDC — não é, outro, que não acautelar eventual prejuízo. Esse dispositivo, contudo, foi inserido em um contexto muito mais específico, relacionado à forma de entrega e pagamento do objeto (condições de aquisição, seguros e pagamento). *Essas condições hão de obedecer às práticas correntes do mercado, como requisito para a obtenção da melhor proposta (sob o risco de não tê-la).*
>
> Para explicar a situação, trago o assunto recorrente da viabilidade de se antecipar pagamentos. Via de regra, tal possibilidade se faz vedada. Para certos segmentos do mercado, contudo, tais antecipações são comuns. A própria Administração, se não se render as essas regras próprias de determinados segmentos do mercado, não conseguirá obter o produto almejado. (grifos nossos)

4.5 Parcelamento do objeto

Foi também, tal qual previsto no §1º do art. 23 da Lei nº 8.666/1993, estabelecida a obrigatoriedade, quando possível, do parcelamento do objeto com o intuito de ampliar a competitividade do certame. Isso porque, em princípio, com objetos menores haveria maior número de fornecedores aptos a fornecer o bem ou prestar o serviço, redundando em maior disputa na licitação e, consequentemente, menores preços.

O parcelamento, contudo, segundo o inciso VI do art. 4º do RDC, deve ocorrer sem perda da economia de escala. Ou seja, não pode o objeto ser parcelado de forma a prejudicar eventuais ganhos de eficiência que a futura contratada teria em razão da magnitude do objeto e que provocaria redução dos seus custos por unidade. Caso assim não fosse, o parcelamento resultaria em aumento de custos para a administração, em sentido diametralmente oposto a sua finalidade estabelecida em lei.

Trata-se sem dúvida de um desafio para os gestores públicos estimar em que medida o objeto licitado pode ser parcelado sem perda da economia de escala. Por vezes, a resposta não é fácil e vem do próprio conhecimento empírico dos administradores. De qualquer modo "a opção pela não divisão do objeto licitado, por se tratar de exceção, deve ser precedida de estudo técnico que comprove a inviabilidade

---

[56] Rel. Min. Valmir Campelo, Sessão 09.10.2013.

técnica e econômica da divisão do objeto em parcelas" (Acórdão nº 3.155/2011 - Plenário).[57]

Há, contudo, situações em que a própria natureza do objeto nos dá a solução. Veja-se, por exemplo, as situações retratadas nos Acórdãos do TCU nº 326/2010 - Plenário[58] e nº 3.013/2010 - 2ª Câmara,[59] em que foram indevidamente deflagrados processos licitatórios únicos cujos objetos deveriam ter sido parcelados. Ambos referiam-se a obras de expressivo valor de natureza diversificada e em localidades distintas (*v.g.*, construção de casas populares e pavimentação de vias).

O Decreto regulamentador do RDC estabelece em seu art. 4º, inciso IX, que, na fase interna da licitação, a administração deve apresentar: "justificativa da vantajosidade da divisão do objeto da licitação em lotes ou parcelas para aproveitar as peculiaridades do mercado e ampliar a competitividade, desde que a medida seja viável técnica e economicamente e não haja perda de economia de escala".

Da dicção dessa norma, vislumbra-se o intento de considerar a não divisão do objeto como regra, devendo o gestor apresentar justificativas demonstrando a pertinência do parcelamento. Entretanto, se o parcelamento está alçado à condição de diretriz, não se pode afastar o entendimento de que o parcelamento é a preferência e não o contrário. Até porque a divisão do objeto busca exatamente atender os objetivos primordiais da licitação, quais sejam, ampliar a competitividade e propiciar melhores propostas para a administração.

Isto posto, a interpretação do referido artigo infralegal que o compatibilizaria com a lei seria no sentido de que a administração deve apresentar *análise da vantajosidade ou não do parcelamento do objeto*. Em outras palavras, cada contratação deve ser precedida de justificativas para a opção adotada, quer essa opção seja pelo parcelamento quer pelo não parcelamento.

Por se tratar de modalidade licitatória única em função do valor da contratação, não se aplica ao RDC a problemática caracterizada pela *fuga à regular modalidade licitatória* que potencialmente ocorre quando se busca fazer uso do parcelamento e não se preserva a modalidade pertinente à totalidade do objeto. Por exemplo, se o valor das parcelas

---

[57] Rel. Min. José Jorge, Sessão 30.11.2011.

[58] "Sobressaem dos autos como indicativos da viabilidade de parcelamento do objeto o valor expressivo da contratação, a natureza diversificada dos serviços e das obras, além do fato de as obras e serviços virem a ser executados em localidades distintas" (Voto condutor do Acórdão TCU nº 326/2010 - Plenário, Rel. Min. Benjamin Zymler, Sessão 03.03.2010).

[59] Rel. Min. Aroldo Cedraz, Sessão 15.06.2010.

de determinado objeto se enquadra na modalidade convite, mas o objeto com um todo se enquadra na modalidade concorrência, deve-se contratar cada parcela mediante concorrência e não convite, sob pena de se violar o disposto no §2º do art. 23 da Lei nº 8.666/1993.

Contratação sem licitação em razão do baixo valor

Permanece, contudo, a problemática pertinente à fuga à realização de licitação pelo fato de não se respeitar o valor do objeto com um todo, pois a hipótese de dispensa de licitação por valor se aplica ao RDC, como será visto posteriormente.

No bojo do Acórdão TCU nº 1.620/2010 - Plenário,[60] por exemplo, constatou-se contratações sem licitação em razão do valor[61] de uma mesma empresa para execução de obras e serviços de engenharia em uma única unidade de determinado órgão envolvendo valores de R$4.569,80, R$11.052,86 e R$26.595,93. Essas obras e serviços de mesma natureza e realizadas no mesmo local eram parcelas de um mesmo objeto e deveriam ter ocorrido por meio de licitação na modalidade convite, em razão de seu somatório superar o valor limite de R$30.000,00 para a dispensa de licitação por valor.

---

[60] Rel. Min. Raimundo Carreiro, Sessão 07.07.2010.
[61] Art. 24, inciso I e §1º, da Lei nº 8.666/1993.

CAPÍTULO 5

FASES DO REGIME DIFERENCIADO DE CONTRATAÇÕES PÚBLICAS

O procedimento de licitação deverá observar as seguintes fases, nesta ordem (art. 12 da Lei nº 12.462/2011):

    I - preparatória;
    II - de publicação;
    III - de apresentação das propostas ou lances;
    IV - de julgamento;
    V - de habilitação;
    VI - recursal;
    VII - de encerramento.

5.1 Preparatória

A fase preparatória, também denominada doutrinariamente de fase interna da licitação,[62] é aquela em que são realizados os atos da administração antes da abertura do certame, ou seja, da convocação dos interessados mediante chamamento público. Nessa fase, a administração pública elaborará os atos e expedirá os documentos necessários para a caracterização do objeto a ser licitado e definição dos parâmetros do certame (art. 4º do Decreto nº 7.581/2011). Essa etapa de preparação deve ocorrer com a devida atenção, pois a sua boa elaboração é pressuposto para que o procedimento de contratação seja bem-sucedido.

---

[62] BANDEIRA DE MELLO. *Curso de direito administrativo*, p. 567.

5.1.1 Justificativa da contratação e da adoção do RDC

O procedimento licitatório tem caráter instrumental. Seu objetivo é atender determinada necessidade da administração mediante a contratação de terceiros. Assim, a gênese de todo o procedimento ocorre quando surge essa necessidade e o gestor público aciona a máquina administrativa para supri-la.

Como antes exposto, a Lei nº 12.462/2011 estabeleceu que a adoção do Regime Diferenciado é opcional. O exercício dessa opção, de acordo com a lei, não está condicionado a nenhum evento ou requisito adicional além do enquadramento do objeto no âmbito de aplicação da norma.

O inciso I do art. 4º do Decreto nº 7.581/2011 impõe que o administrador justifique a opção pelo RDC. Entretanto, pode-se vislumbrar inúmeras dificuldades práticas para que o gestor realize estudos justificando cada contratação pelo RDC.

Caso se deseje realizar uma justificativa consistente, podem ser necessários estudos que, além de potencialmente burocratizar o procedimento, serão provavelmente baseados em dados empíricos decorrentes da experiência dos gestores. Dado o alto grau de subjetivismo dessa metodologia, ela pode estar sujeita a diversos questionamentos. Ademais, esses estudos, além de retardarem o procedimento de contratação, podem não chegar a uma conclusão satisfatória pelo fato de não necessariamente resultarem em uma resposta precisa do tipo "esse regime é melhor para esse caso" ou "nessa situação o Regime Diferenciado não é adequado". Vislumbra-se, pois, mais ônus do que bônus na exigência de elaboração de uma justificativa pormenorizada para cada opção de contratação pelo Regime Diferenciado.

Outra hipótese seria a realização de estudos desprovidos de maiores justificativas, contendo meras declarações de que se utilizou o RDC por "ser mais célere" ou "mais vantajoso para a administração". Essas declarações, por nada acrescentarem em concreto e por poderem caracterizar o descumprimento da norma infralegal, também estarão sujeitas a questionamentos quanto a sua licitude, com as consequências daí decorrentes.

Isto posto, considerando o objetivo da própria lei de simplificar o procedimento de contratação pública, a interpretação conciliadora desse dispositivo infralegal é de que a justificativa a que ele se refere é a demonstração do enquadramento da contratação no âmbito de aplicação da Lei nº 12.462/2011.

5.1.2 Caracterização do objeto

O art. 5º da Lei nº 12.462/2011 estabelece que o objeto da licitação deverá ser definido de forma clara e precisa no instrumento convocatório, vedadas especificações excessivas, irrelevantes ou desnecessárias.

O cumprimento dessa disposição é de crucial importância, pois nesse momento são descritas e definidas as necessidades da administração, com base nas quais todo o procedimento licitatório vai se desenrolar.

Ademais, somente com uma definição adequada do objeto, os particulares podem verificar se possuem interesse ou não em participar da licitação. Nesse sentido, o seguinte trecho do voto condutor do Acórdão TCU nº 477/08 - Plenário:[63]

> [...] é imprescindível que o objeto esteja adequadamente definido para que os potenciais licitantes possam definir o seu interesse em participar do certame. Viola o princípio da publicidade e transparência exigir que os licitantes acudam a habilitação sem que eles sequer possam, ante a imprecisão do objeto, avaliar a adequação da futura contratação a sua atuação no mercado. Tal incerteza redundaria em afastar eventuais fornecedores e poderia comprometer a busca pela proposta mais vantajosa para a administração. (grifos nossos)

a) Exigências técnicas

Na aquisição de bens e serviços, o grau de exigência técnica em relação ao produto repercute no seu valor e no universo de futuros fornecedores. Maiores exigências acarretam menos competição e maiores preços, menores exigências, por sua vez, podem acarretar a contratação de produtos com qualidade insuficiente para atender a administração.

Ou seja, caso não exponha bem as suas necessidades, a administração pode contratar produtos que são inadequados para seus propósitos. Podem eles ser inservíveis por não preencherem as necessidades do contratante ou se prestarem a essas necessidades de forma superlativa, hipótese em que os custos incorridos serão maiores do que o necessário.

Em outras palavras, exigências irrelevantes ou excessivas atentam contra a busca da melhor proposta pela administração, pois essas exigências potencialmente afastarão licitantes cujos produtos estariam aptos a preencherem as necessidades públicas.

---

[63] Rel. Min. Benjamin Zymler, Sessão 26.03.2008.

Em hipóteses extremas, o grau de exigência serve até como instrumento de direcionamento da licitação para determinado produto ou fornecedor. Assim, sem maiores esforços, conclui-se ir de encontro aos princípios da impessoalidade, economicidade e da moralidade, dentre outros, a elaboração de exigências exacerbadas. Ilustrativo, a respeito, é o seguinte trecho do voto condutor do Acórdão TCU nº 1.147/2010 - Plenário:[64]

> A caracterização da antieconomicidade da aquisição pode ocorrer quando se verifica que, não fosse a precariedade dos estudos supostamente realizados para especificação do objeto, os quais conduziram à escolha de características presentes em um único equipamento, *haveria possibilidade de a licitação realizada ter previsto características mínimas, presentes em outros modelos, que, assim especificadas, resultariam na ampliação da competição, com o comparecimento de mais de um licitante e com o efetivo oferecimento de lances,* em legítimo ambiente concorrencial, visando à contratação mais vantajosa, conforme objetivado na modalidade pregão. (grifos nossos)

Já exigências excessivamente brandas ou insuficientes, podem levar a contratação de produtos de qualidade inferior que comprometam o preenchimento das necessidades da administração.

b) Definição do objeto

A descrição do objeto deve ser clara e precisa para que não pairem dúvidas sobre os potenciais licitantes acerca da necessidade da administração. Descrições dúbias ou obscuras comprometem a lisura do certame, pois a subjetividade exigida para o saneamento dessas questões, quando da análise das propostas, pode dar azo a favorecimentos indevidos.

Os quantitativos envolvidos na contratação também devem ser adequadamente expostos e justificados. Consoante jurisprudência do TCU, sempre que possível, as compras devem ser planejadas com base nos registros de consumo da entidade ao longo do tempo.[65] Devem também ser definidos os prazos e condições para a entrega do objeto, tal qual previsto no inciso XI do art. 8º do Decreto regulamentador.

---

[64] Rel. Min. Substituto Augusto Sherman Cavalcanti, Sessão 19.05.2010.

[65] "Uma instituição dotada de mínima organização gerencial deveria possuir controles estatísticos de utilização dos materiais necessários à execução de suas atividades quotidianas, utilizando como referência, por exemplo, registros de consumo desses materiais ao longo de períodos de tempo determinados" (Acórdão TCU nº 1.380/2011 - Plenário, Rel. Min. José Múcio, Sessão 25.05.2011).

Na definição do objeto, devem também ser atendidas as diretrizes de padronização do objeto da contratação e utilização de insumos e de mão de obra locais, bem como serem definidos os requisitos de sustentabilidade ambiental.[66]

A definição do objeto a ser contratado deve englobar ainda os estudos acerca do parcelamento do objeto com vistas à ampla participação de licitantes (inciso IX do art. 4º do Decreto nº 7.581/2011).

Bens e serviços em geral

Quando se trata da contratação de bens e /ou serviços em geral, a definição do objeto deve ocorrer mediante termo de referência, contendo "conjunto de elementos necessários e suficientes, com nível de precisão adequado, para caracterizar os serviços a serem contratados ou os bens a serem fornecidos" (inciso VII do art. 4º do Decreto nº 7.581/2011).

Por ser compatível com o termo de referência especificado no RDC, embora contenha também termos mais ligados à minuta contratual, merece destaque por sua completude a descrição de termo de referência constante do §2º do art. 9º do Decreto nº 5.450/2005:

> [...] *é o documento que deverá conter elementos capazes de propiciar avaliação do custo pela administração diante de orçamento detalhado, definição dos métodos, estratégia de suprimento, valor estimado em planilhas de acordo com o preço de mercado, cronograma físico-financeiro, se for o caso, critério de aceitação do objeto,* deveres do contratado e do contratante, procedimentos de fiscalização e gerenciamento do contrato, *prazo de execução* e sanções, *de forma clara, concisa e objetiva.* (grifos nossos)

Aquisição de bens

Quando da *aquisição de bens*, a administração poderá (art. 7º da Lei nº 12.462/2011):[67]

- *indicar a marca ou modelo* do produto nas seguintes hipóteses:
  - - em decorrência da necessidade de padronização do objeto;
  - - quando determinadas marcas ou modelos comercializados por mais de um fornecedor forem os únicos capazes de atender às necessidades da entidade contratante;

---

[66] Incisos I, III e V do art. 4º da Lei nº 12.462/2011.

[67] O art. 7º da Lei nº 12.462/2011 também se refere à carta de solidariedade, a qual se enquadra mais nos requisitos de habilitação, por dizer respeito à capacidade técnico-operacional do licitante em fornecer o objeto a ser contratado.

- - quando a descrição do objeto a ser licitado puder ser mais bem compreendida pela identificação de determinada marca ou modelo aptos a *servir como referência*, situação em que será obrigatório o acréscimo da expressão "ou similar ou de melhor qualidade".

- exigir:
- - *amostra do bem* no procedimento de pré-qualificação, na fase de julgamento das propostas ou de lances;
- - *certificação da qualidade do produto ou do processo de fabricação*, inclusive sob o aspecto ambiental, por qualquer instituição oficial competente ou por entidade credenciada.

Há precedentes do TCU contrários à aceitação de alguns desses requisitos para a aquisição de bens.[68] Porém, essas decisões foram prolatadas em contexto normativo diverso, sob a égide da Lei nº 8.666/1993. De qualquer forma, a análise de cada caso concreto permitirá avaliar o fundamento de cada exigência e verificar se atende o interesse público e não representa restrição indevida à competitividade do certame.

Vislumbra-se, contudo, dificuldades na utilização da especificação de marca ou modelo, quando tiver por finalidade apenas melhor identificar o objeto, ou seja, servir como referência. Isso porque não será tarefa fácil para a comissão de licitação definir quais marcas ou modelos se enquadram no conceito editalício de ser "similar ou de melhor qualidade". Trata-se de uma valoração altamente subjetiva e que possivelmente dará margem a diversos questionamentos por parte dos licitantes, seja qual for a decisão da comissão de licitação.

Obras e serviços de engenharia

Consoante o inciso VIII do art. 4º do Decreto do RDC, quando se trata de obras ou serviços de engenharia, o termo de referência dá lugar ao projeto básico ou executivo, mais apropriados para esse tipo de objeto. Deve-se acrescentar, contudo, a hipótese de descrição dessa espécie de objeto mediante *anteprojeto de engenharia* (§2º do art. 9º da Lei nº 12.462/2011).

---

[68] Em relação à especificação de marca, o entendimento do TCU é de que ela pode ser exigida quando técnica e juridicamente justificada. Contudo, a jurisprudência do TCU se mostra mais restritiva do que as disposições da Lei nº 12.462/2011 (*v.g.*, Acórdão TCU nº 860/2011 - Plenário, Rel. Min. Ubiratan Aguiar, Sessão 06.04.2011).
Em relação à amostra e aos certificados de qualidade do produto, há entendimentos do TCU considerando a possibilidade de tais exigências (*v.g.*, Acórdão TCU nº 1.291/2011 - Plenário, Rel. Min. Substituto Augusto Sherman Cavalcanti, Sessão 18.05.2011; e Acórdão TCU nº 1.008/2011 - Plenário, Rel. Min. Ubiratan Aguiar, Sessão 20.04.2011).

A Lei nº 8.666/1993 prevê a aplicação do projeto básico a obras e serviços, não fazendo distinção entre serviços de engenharia ou não. De forma diversa, o RDC prevê a aplicação do projeto básico somente a obras e serviços de engenharia. Como o próprio conceito de projeto básico, quer da Lei nº 8.666/1993 quer do RDC, é mais aplicável a obras e serviços de engenharia, entende-se pertinente a alteração do Regime Diferenciado.

Tanto a Lei nº 8.666/1993 (art. 6º, inciso X) quanto a Lei nº 12.462/2011 (art. 2º, inciso V) estabelecem a aplicação do projeto executivo somente a obras. Entretanto, há serviços de engenharia, que devido a sua complexidade, necessitam de projeto executivo. Como não se vislumbra razões para esse procedimento do legislador, parece tratar-se aqui de situação em que o legislador aparentemente disse menos do que sua intenção. Assim, mediante interpretação extensiva,[69] resta permitida a conclusão de que a elaboração de projeto executivo pode ser requisito para a execução de determinados serviços de engenharia cuja complexidade o exija.

De se ver que a distinção entre obras e serviços de engenharia é por vezes polêmica, pois as definições legais podem dar margem a dúvidas, principalmente nas situações em que há similaridade entre os dois tipos de atividades.[70]

Cremos que o melhor fator de diferenciação é se a ação agregará de forma significativa algum elemento novo ao meio físico.

Caso positivo, tratar-se-á de obra. Como exemplo, podemos citar a construção de uma edificação ou o aumento da capacidade física de determinada instalação.

Caso negativo, caso não agregue nada significativo ao meio físico, tratar-se-á de serviço. Como exemplo, podemos citar as ações de pintura e de manutenção em geral.

---

[69] Consoante Maria Helena Diniz: "Há hipóteses em que o jurista, ou o aplicador, deve lançar mão da interpretação extensiva para completar uma norma, ao admitir que ela abrange certos fatos-tipos, implicitamente. Com isso, ultrapassa o núcleo do sentido normativo, avançando até o sentido literal possível da norma. A interpretação extensiva desenvolve-se em torno de um preceito normativo, para ele compreender casos que não estão expressos em sua letra, mas que nela se encontram, virtualmente, incluídos, conferindo, assim, à norma o mais amplo raio de ação possível, todavia, sempre dentro do seu sentido literal" (*Lei de Introdução ao Código Civil brasileiro interpretada*, p. 195).

[70] A Lei nº 8.666/1993 não define, de forma precisa, o conceito de obra, mas relaciona de forma exaustiva, quais atividades podem ser caracterizadas como tal. No caso de serviços, a definição legal também indica diversas atividades, porém de forma apenas exemplificativa.

Ainda exemplificando, caso uma reforma de imóvel busque meramente a troca de materiais seria serviço (*v.g.*, troca de pisos). Caso nessa reforma predominem ações de demolição e reconstrução de estruturas, seria obra (*v.g.*, derrubada e levantamento de paredes).

Indicação de marca ou modelo

As disposições normativas acerca da indicação de marca ou modelo destinam-se a contratações para a aquisição de bens. Entretanto, por analogia, não se vislumbra óbices para que ocorram essas indicações em outras modalidades de contratações que, de forma indireta ou minoritária, envolvam o fornecimento de bens para a administração.

Obras de engenharia, por exemplo, envolvem um elevado quantitativo de bens e/ou produtos a serem adquiridos pela contratada para posteriormente serem empregados na obra. Dependendo do porte do empreendimento, pode-se falar em milhares de itens que necessitam ser adequadamente especificados.

A elaboração de definição técnica para todos esses itens constituiria um trabalho extremamente difícil, oneroso e com razoável possibilidade de erros. Nesse panorama, mostra-se positiva a possibilidade de especificação dos diversos produtos a serem empregados nas obras de engenharia mediante a indicação de marca ou modelo de referência.

Ademais, não se terá os inconvenientes já mencionados da definição do produto durante o transcorrer do procedimento licitatório, pois, a aceitabilidade ou não de determinado produto será definida durante a execução contratual e dependerá, em regra, somente do parecer do representante da administração responsável pela fiscalização do contrato.

5.1.3 Especificação de garantias

A exigência de garantias em processos licitatórios, em regra, tem por escopo estabelecer condições para que a demanda da administração seja adequadamente atendida de modo a preservar o interesse público buscado com a contratação. As garantias abrangem três aspectos. O primeiro, referente à garantia técnica do produto entregue à administração. O segundo, referente ao compromisso do licitante vencedor em honrar sua proposta. O terceiro, referente a prevenir desvios na execução contratual.

Antes de se adentrar nas espécies de garantias, cabe ressaltar que nem todas foram explicitadas na legislação instituidora do Regime

Diferenciado, pois algumas constam somente da Lei nº 8.666/1993 nas disposições referentes à habilitação e contratos. Ou seja, a aplicabilidade dessas últimas ao Regime Diferenciado ocorre por força dos artigos 14 e 39 da Lei nº 12.462/2011, os quais incorporam ao novo regime essas disposições da Lei nº 8.666/1993.

a) Garantia técnica do produto

A garantia do objeto licitado é um dos componentes de sua descrição e deve ser estabelecida no termo de referência. Sua aplicação, no mais das vezes, é pós-contratual, pois sua aplicabilidade advirá de eventuais falhas verificadas na utilização do bem fornecido. Ou seja, de acordo com essa garantia, o fornecedor do bem ou serviço deverá, dentro de determinado espaço de tempo, repor o produto ou sanar eventuais falhas nele verificadas sem qualquer ônus para o contratante.

Na medida do possível, o edital deve prever condições seme-lhantes àquelas praticadas no setor privado (art. 4, inciso IV, da Lei nº 12.462/2011). Isso porque o fornecimento de garantias constitui um ônus para o fornecedor, de forma que a exigência de garantias não usuais ou atípicas podem onerar excessivamente o licitante e resultar no aumento dos preços ofertados, indo contra o princípio da economicidade. Uma possibilidade de se exigir garantias compatíveis com aquelas do mercado é adotar as prescrições legais previstas para o setor privado (*v.g.*, as disposições do Código de Defesa do Consumidor e do Código Civil).[71]

Não cabe, ainda, fazer exigências que restrinjam indevidamente a competitividade do certame e, portanto, comprometam a busca pela proposta mais vantajosa. Assim, por exemplo, se somente um fabricante de determinado produto oferece garantia de quatros anos e os demais oferecem apenas três, não caberia à administração, em princípio, exigir quatro anos. Nessa situação, poderia até mesmo estar caracterizado o

---

[71] Dentre as disposições do Código de Defesa do Consumidor (Lei nº 8.078/1990), destaque-se aquela constante de seu art. 18: "Os fornecedores de produtos de consumo duráveis ou não duráveis respondem solidariamente pelos vícios de qualidade ou quantidade que os tornem impróprios ou inadequados ao consumo a que se destinam ou lhes diminuam o valor, assim como por aqueles decorrentes da disparidade, com a indicações constantes do recipiente, da embalagem, rotulagem ou mensagem publicitária, respeitadas as variações decorrentes de sua natureza, podendo o consumidor exigir a substituição das partes viciadas".

Já do Código Civil destaca-se aquela constante de seu art. 618: "Nos contratos de empreitada de edifícios ou outras construções consideráveis, o empreiteiro de materiais e execução responderá, durante o prazo irredutível de cinco anos, pela solidez e segurança do trabalho, assim em razão dos materiais, como do solo".

direcionamento do certame e a consequente violação do princípio da impessoalidade.

A preservação da garantia conferida pelo fornecedor de determinado equipamento é inclusive fundamento para a aquisição, por dispensa de licitação,[72] dos componentes ou peças necessários à manutenção do bem. O mesmo fundamento justifica também a especificação de marca em processos licitatórios.[73]

O explanado até aqui a respeito da garantia aplica-se, *mutatis mutandis*, ao estabelecimento das condições de manutenção e assistência técnica e das exigências pertinentes aos seguros.

Consoante diretriz constante do inciso I do art. 4º da Lei nº 12.462/2011, deve haver a padronização do objeto da contratação relativamente às condições de manutenção, assistência técnica e de garantia oferecidas.

b) Garantia como requisito de habilitação econômico-financeira

A segunda espécie de garantias constitui naquelas utilizadas como requisito adicional de habilitação econômico-financeira.

Contratações em geral

Nas contratações em geral, cabe a exigência da garantia prevista no inciso III do art. 31 c/c o art. 56, ambos da Lei nº 8.666/1993, a qual é limitada a um por cento do valor estimado da contratação. Ela pode ocorrer mediante caução em dinheiro ou títulos da dívida pública, seguro-garantia[74] ou fiança bancária:

> Art. 31. A documentação relativa à qualificação econômico-financeira limitar-se-á a: [...]

---

[72] Lei nº 8.666/1993: "Art. 24. [...]XVII - Para a aquisição de componentes ou peças de origem nacional ou estrangeira, necessários à manutenção de equipamentos durante o período de garantia técnica, junto ao fornecedor original desses equipamentos, quando tal condição de exclusividade for indispensável para a vigência da garantia".

[73] "Admite-se como legal cláusula editalícia que exija que suprimentos e/ou peças de reposição de equipamentos de informática sejam da mesma marca dos equipamentos originais, quando esses se encontrarem no prazo de garantia e os termos da garantia expressamente consignarem que ela não cobrirá defeitos ocasionados pela utilização de suprimentos e/ou peças de outras marcas" (Ementa do Acórdão nº 860/2011 - Plenário, Rel. Min. Ubiratan Aguiar, Sessão 06.04.2011).

[74] Consoante o art. 6º, inciso VI, da Lei nº 8.666/1993, considera-se "Seguro-Garantia – o seguro que garante o fiel cumprimento das obrigações assumidas por empresas em licitações e contratos".

III - garantia, nas mesmas modalidades e critérios previstos no *caput* e §1º do art. 56 desta Lei, limitada a 1% (um por cento) do valor estimado do objeto da contratação.

Compras para entrega futura e execução de obras e serviços

Quando se trata de compras para entrega futura e execução de obras e serviços, cabe a exigência da garantia prevista no §2º do art. 31 c/c o art. 56, ambos da Lei nº 8.666/1993.

O valor dessa garantia está limitado a cinco por cento do objeto da contratação e também pode ocorrer mediante caução em dinheiro ou títulos da dívida pública, seguro-garantia ou fiança bancária.

Maior oferta de preço

O diploma do Regime Diferenciado prevê o estabelecimento de *garantia específica às hipóteses de julgamento pela maior oferta de preço,*[75] quando o certame propiciará receita para a administração.

Nessas situações, permite-se à administração exigir o recolhimento de quantia a título de garantia, como requisito de habilitação técnico-financeira, limitada a cinco por cento do valor ofertado. Esse valor será considerado como entrada do total pactuado e o licitante vencedor perderá essa entrada caso não efetue o restante do pagamento no prazo devido (§2º do art. 22 da Lei nº 12.462/2011).

Observa-se que, em diferença às garantias tratadas anteriormente, esta deverá ocorrer em espécie e tem *como base o valor ofertado e não o estimado pela administração.*[76]

Em não se tratando da alienação de bens e direitos, tanto a Lei nº 12.462/2011 (§1º do art. 22) quanto o Decreto regulamentador (§1º do art. 33) estabelecem que os demais requisitos de habilitação econômico-financeira *podem* ser dispensados, independentemente da exigência da referida garantia.

Entretanto, caso seja exigida a garantia, entende-se que os demais requisitos de qualificação econômico-financeira *devem*, em princípio, ser dispensados, sob pena de restrição excessiva à participação no certame. Assim, em que pese a faculdade conferida pela norma, somente em hipóteses excepcionais, devidamente justificadas, poderiam ser cumuladas as exigências.

---

[75] No bojo da Lei nº 8.666/1993 (art. 18), a exigência é restrita às concorrências para a venda de imóveis por parte da administração.

[76] Entretanto, de forma contrária à lei, os artigos 33 e 48 do Decreto nº 7.581/2011 estabelecem que a base de cálculo da garantia será *o valor mínimo de arrematação estimado pela administração.*

Alienação de bens ou direitos

Caso se trate da alienação de bens ou direitos, o recolhimento de quantia a título de garantia é *obrigatório* caso se deseje dispensar os licitantes dos demais requisitos de habilitação econômico-financeira (art. 48 do Decreto nº 7.581/2011).

Cumulação da exigência de garantias

O §2º do art. 31 da Lei nº 8.666/1993 estabelece que a garantia nele prevista tem por *objetivo comprovar a qualificação econômico-financeira dos licitantes e de garantir o cumprimento do contrato a ser ulteriormente celebrado*. Embora não haja disposição normativa expressa em relação às demais garantias exigíveis na fase de habilitação, não há como se afastar do entendimento de que esses objetivos também a elas se aplicam. Ou seja, *as garantias previstas como condição de habilitação também se prestam à garantia da regular execução contratual*.

A garantia prevista no inciso III do art. 31 da Lei nº 8.666/1993 é aplicável a todos os processos licitatórios. Aquela prevista no §2º desse artigo é aplicável a compras para entrega futura e para execução de obras e serviços. Já a prevista no Regime Diferenciado é aplicável às licitações cujo critério de julgamento seja a melhor oferta de preço.

Da análise do espectro de aplicabilidades, seria possível a cumulação da primeira garantia com alguma das demais. Entretanto, por terem os mesmos objetivos e serem da mesma natureza, não se vislumbra possibilidade para a cumulação dessas garantias, pois isso acabaria por acarretar excesso de exigências, com as consequências daí decorrentes. Até considerando o reduzido valor da primeira garantia em relação às demais, há de se concluir que ela já estará considerada ao se aplicar qualquer uma das demais de forma que a aplicação cumulativa caracterizaria *bis in idem*.

Afasta-se esse raciocínio, porque, na prática, não estará havendo exigência excessiva, quando as garantias não são exigíveis em seu valor máximo e a cumulação de garantia não redunde em exigência superior àquela que ocorreria caso fosse exigida somente uma pelo seu valor máximo.

c) Garantia da regular execução contratual

A terceira espécie de garantia tem por objeto o fiel cumprimento das obrigações assumidas nas contratações de obras, serviços e compras. Ela está prevista no art. 56 da Lei nº 8.666/1993 e é exigível depois da habilitação como requisito para a assinatura contratual:

Art. 56. A critério da autoridade competente, em cada caso, e desde que prevista no instrumento convocatório, poderá ser exigida prestação de garantia nas contratações de obras, serviços e compras.

O contratado pode optar por uma das seguintes modalidades: caução em dinheiro ou título da dívida pública, seguro-garantia ou fiança-bancária (§1º do art. 56 da Lei nº 8.666/1993).

Como regra, a garantia prestada pelo contratado deverá ser liberada ou restituída após a execução do contrato e, quando em dinheiro, atualizada monetariamente (§4º do art. 56 da Lei nº 8.666/1993).

Aplicando-se o raciocínio anterior, entende-se que essa garantia não é acumulável com as garantias exigíveis na fase de habilitação. Ao menos não quando se tratar dos limites máximos dessas garantias. Não haveria óbices, portanto, para que o limite de cinco por cento restasse distribuído entre as garantias da fase de habilitação e a de que aqui se trata. Poder-se-ia, por exemplo, estipular 2% na garantia de habilitação e 3% para a da fase de contratação, pois na prática, estar-se-ia respeitando a não acumulação.

Consoante o §3º do art. 56 da Lei nº 8.666/1993, o limite dessa garantia poderá chegar a 10% para obras, serviços e fornecimentos de grande vulto envolvendo alta complexidade técnica e riscos financeiros consideráveis, demonstrados através de parecer tecnicamente aprovado pela autoridade competente. Quando se trata de contratações integradas, entretanto, a jurisprudência do TCU aceita valores maiores.[77]

A imposição do fornecimento de garantais e seguros, cabe lembrar, implica ônus para os contratados com a consequente repercussão financeira em suas propostas. Assim, a fixação legal dos limites desses institutos tem por objetivo evitar que se onere por demais os contratos em prejuízo do princípio da economicidade. São pertinentes, a respeito, as seguintes ponderações constantes do voto condutor do mencionado Acórdão nº 2.745/2013 - Plenário:

> O intuito da instituição das garantias contratuais na Lei de Licitações, logicamente, é resguardar a Administração de eventual prejuízo ou inadimplemento do objeto, fruto de responsabilidade da contratada. Os limites estabelecidos, nesse norte, seriam os necessários e suficientes para cumprir esse desiderato, sem, todavia, onerar desnecessariamente o contrato de tal forma a restringir, em demasiado, a participação de potenciais concorrentes. Prêmios muito altos de seguros tendem a ser

---

[77] Acórdão TCU nº 2.745/2013 - Plenário, Rel. Min. Valmir Campelo, Sessão 09.10.2013.

por demais custosos. Em verdade, a fixação de um valor estabelece um limite de cobertura; institui um limite de riscos e, em consequência, um "custo padrão" que viabilize a ampla participação de interessados no certame.

d) Garantias excepcionais

A Lei nº 8.666/1993 estabelece situações especialíssimas que justificam a exigência de *garantias adicionais ante os maiores riscos sofridos pela administração*. Essas situações demandam a garantia por si só, de forma que não há redundância com as demais garantias. Nesse sentido, entende-se ser possível a exigência cumulativa dessas garantias excepcionais entre si e com as demais garantias já examinadas.

A primeira está prevista no parágrafo quinto do art. 56 da Lei nº 8.666/1993 e se refere aos casos de contratos que importem na entrega de bens pela administração:

§5º Nos casos de contratos que importem na entrega de bens pela Administração, dos quais o contratado ficará depositário, ao valor da garantia deverá ser acrescido o valor desses bens.

Situação análoga ocorre quando há pagamento antecipado, hipótese em que a jurisprudência do TCU indica a necessidade desse pagamento ser coberto por garantia.[78]

Diferentemente do que ocorre com as modalidades de garantias até então apreciadas, aqui não se trata de uma opção ao gestor a ser apreciada de acordo com o caso concreto, pois a norma estabelece a obrigatoriedade de sua exigência. Isso porque o adiantamento de numerário e/ou empréstimo de bens representam, segundo o legislador, um risco excessivo para a administração a ser mitigado com a exigência de garantia. Trata-se de elogiável medida adotada com o intuito de salvaguardar o interesse público.

Outra hipótese de garantia está prevista no parágrafo segundo do art. 48 da Lei nº 8.666/1993 e é aplicável às contratações de obras e

---

[78] "A realização de pagamentos antecipados aos contratados somente poderá ocorrer com a conjunção dos seguintes requisitos: I) previsão no ato convocatório; II) existência, no processo licitatório, de estudo fundamentado comprovando a real necessidade e economicidade da medida; e III) *estabelecimento de garantias específicas e suficientes, que resguardem a administração dos riscos inerentes à operação*. Considerando que tais requisitos não se fizeram presentes no caso examinado, o relator propôs e o Plenário decidiu expedir determinação corretiva à municipalidade" (Voto condutor do Acórdão nº 1.341/2010 - Plenário, Rel. Min. Substituto Marcos Bemquerer Costa, Sessão 09.06.2010, grifos nossos).

serviços de engenharia quando a proposta vencedora apresentar valor global inferior a 80% do menor valor a que se referem as alíneas "a" e "b" do §1º desse artigo.[79]

O valor a ser garantido deve ser a diferença entre o valor resultante do cálculo mencionado no parágrafo anterior e o valor da correspondente proposta. Trata-se de situação em que o valor da proposta apresenta relevantes indícios de inexequibilidade, provocando riscos adicionais para a administração ante as maiores chances de inadimplemento contratual. De forma a salvaguardar o interesse público, a exigência dessa garantia pelo gestor da coisa pública também é obrigatória.

5.1.4 Estimativa do valor pecuniário

Não só na administração pública, mas em qualquer negócio no setor privado, aquele que vai contratar deve adequadamente estimar o valor do bem a ser adquirido ou do serviço a ser prestado, de forma a realizar a contratação em bons termos.

Nas contratações públicas, a referência de preço é essencial para que se garanta o cumprimento do princípio constitucional da economicidade (*caput* do art. 70 da Constituição Federal). Nessa linha, tanto a Lei nº 8.666/1993 (art. 48, inciso II) quanto a Lei nº 12.462/2011 (art. 24, inciso III) impõem a desclassificação das propostas que apresentem preços superiores ao orçamento estimado e, logicamente, vedam a contratação do interessado detentor de tal proposta.

A estimativa de preço nem sempre é tarefa fácil para os gestores, pois são diversos os fatores que podem interferir na formação de preço por parte dos licitantes. Circunstâncias como quantitativos envolvidos, prazos de entrega dos bens ou prestação dos serviços, local da execução contratual, dentre outros, devem ser considerados por interferirem nos custos do objeto a ser contratado.

De acordo com o critério de julgamento adotado, a orçamentação do objeto deve redundar na estimativa de:

- remuneração, quando utilizado o critério de melhor técnica;
- prêmio, quando utilizado o critério de melhor conteúdo artístico;
- preço, quando utilizados os demais critérios de julgamento.

---

[79] "§1º Para os efeitos do disposto no inciso II deste artigo, consideram-se manifestamente inexequíveis, no caso de licitações de menor preço para obras e serviços de engenharia, as propostas cujos valores sejam inferiores a 70% (setenta por cento) do menor dos seguintes valores: a) média aritmética dos valores das propostas superiores a 50% (cinquenta por cento) do valor orçado pela administração, ou b) valor orçado pela administração".

Obras ou serviços de engenharia

Quando se trata de *obras ou serviços de engenharia*, o preço global deverá ser obtido a partir de custos unitários de *sistemas oficiais de referência* e, na sua inviabilidade, mediante a utilização de dados contidos em (parágrafos 3º, 4º e 6º do art. 8º da Lei nº 12.462/2011):

- tabela formalmente aprovada por órgãos ou entidades da administração pública federal;
- publicações técnicas especializadas;
- sistema específico instituído para o setor;
- pesquisa de mercado.

Dada a mobilidade dos preços de mercado, a atualização permanente desses sistemas se faz necessária para que a administração possa estimar o seu orçamento e avaliar a economicidade das propostas.

Contratações em geral

No caso de *contratações em geral*, na impossibilidade de cotação de preços referenciais via sistemas oficiais, a jurisprudência do TCU estabelece a necessidade de fazer pesquisa de preço para obtenção de no mínimo três orçamentos de fornecedores distintos.[80] Ademais, "o preço de mercado é mais bem representado pela média ou mediana uma vez que constituem medidas de tendência central e, dessa forma, representam de uma forma mais robusta os preços praticados no mercado".[81]

Entretanto, embora essas cotações de preços junto ao mercado sejam uma forma direta e objetiva de justificar os preços nas contratações, poderá haver casos em que a adoção desse procedimento não seja possível ou não seja a mais adequada. O mercado, por exemplo, pode ser de tal forma restrito que não permite a obtenção de tais cotações.

Ao se defrontar com situações da espécie, a jurisprudência do Tribunal de Contas da União reconhece que a apresentação de cotações junto ao mercado é apenas a forma preferencial de se justificar o preço, podendo, caso não seja aplicável tal procedimento, serem utilizados outros meios. Veja, a respeito, o seguinte trecho do voto condutor do Acórdão nº 1.266/2011 - Plenário:[82]

---

[80] Acórdão TCU nº 3.026/2010 - Plenário, Rel. Min. Raimundo Carreiro, Sessão 10.11.2010.

[81] Voto condutor do Acórdão TCU nº 3.068/2010 - Plenário, Rel. Min. Benjamin Zymler, Sessão 17.11.2010.

[82] Rel. Min. Ubiratan Aguiar, Sessão 18.05.2011.

O entendimento é no sentido de que, no caso de não ser possível obter preços referenciais nos sistemas oficiais para a estimativa de custos que antecederem os processos licitatórios, deve ser realizada pesquisa de preços contendo o mínimo de três cotações de empresas/fornecedores distintos, fazendo constar do respectivo processo a documentação comprobatória pertinente aos levantamentos e estudos que fundamentaram o preço estimado. *E que, caso não seja possível obter esse número de cotações, deve ser elaborada justificativa circunstanciada.* (grifos nossos)

Fontes de preços

Os sistemas oficiais e as fontes de pesquisa de preços em geral gozam de uma *presunção relativa*, podendo a situação fática demonstrar que essas cotações não espelham a realidade. Nesses casos, impõe-se ao gestor a contratação por valores em desacordo com as fontes de referência. Trata-se, é bem verdade, de situação excepcionalíssima a ser devidamente justificada, sob pena de o administrador público ser responsabilizado pela prática de ato antieconômico.

Tal excepcionalidade foi verificada mediante o Acórdão TCU nº 267/2012 - Plenário,[83] quando, após diversas tentativas frustradas, a contratação de serviços de vigilância por órgão federal no Estado de Roraima teve que ocorrer por valores acima daqueles preconizados na Portaria nº 4/2009.[84] Assim constou do voto condutor desse acórdão:

> Trata-se, a meu ver, de caso típico de inexigibilidade de conduta diversa, haja vista que *os órgãos/entidades sediados no Estado de Roraima não podem prescindir de tais serviços de natureza contínua, vendo-se, assim, obrigados a contratá-los pelos preços efetivamente praticados no mercado local, ainda que estes estejam superiores aos consignados na portaria da SLTI/MP.*
>
> Como bem assinalado pelo titular da Secex-RR, há *que se ressaltar "o princípio da continuidade do serviço público", aparentemente conflitante com o da legalidade no caso concreto.* Nesse ponto, nos parece razoável que um gestor de média diligência, responsável por entidade cujos serviços prestados são indispensáveis à população, tenha escolhido por garantir a continuidade dos serviços, em detrimento do mandamento proferido pelo TCU. (grifos nossos)

---

[83] Rel. Min. José Jorge, Sessão 08.02.2012.

[84] Emitida pela Secretaria de Logística e Tecnologia da Informação do Ministério de Planejamento, Orçamento e Gestão com a função de atualizar os valores limites para contratação de serviços de vigilância.

Não se deve olvidar, contudo, que os valores oficiais de referência e/ou resultados de outras pesquisas de mercado, depois de tratamento estatístico, indicam apenas o preço máximo a ser praticado, pois não existe *"um preço único de mercado"*. Nesse aspecto, é fundamental a realização de licitação, a qual deverá fornecer o melhor preço para a administração em determinado momento e de acordo com as específicas circunstâncias ínsitas a cada contratação. O resultado dessa licitação, portanto, é apenas uma fotografia do mercado que, embora possa ser utilizada como baliza de contratações futuras, não necessariamente será nelas reproduzida. Daí decorre a *necessidade de se avaliar a economicidade dos valores praticados em cada contratação.*

5.1.5 Análise da compatibilidade orçamentária

Nas palavras de Aliomar Baleeiro, o orçamento público "é o ato pelo qual o Poder Legislativo prevê e autoriza o Poder Executivo, por certo período e em pormenor, as despesas destinadas ao funcionamento dos serviços públicos e outros fins adotados pela política econômica ou geral do país, assim como a arrecadação das receitas já criadas em lei".[85]

Ou seja, o *orçamento público* consiste na decisão acerca do destino a ser dado às receitas públicas. Trata-se de importante mecanismo concretizador das mais diversas políticas públicas, merecedor de especial atenção de nossa Constituição Federal em seção específica de capítulo que trata das finanças públicas.

Dentre os princípios constitucionais a respeito do tema, encontra-se no §5º do art. 165 e no inciso II do art. 167 o princípio da universalidade orçamentária, segundo o qual devem ser incluídas na lei orçamentária todas as despesas e receitas do ente federado, de forma a proporcionar maior clareza ao orçamento, facilitar a sua compreensão e possibilitar que retrate fielmente as finanças do Estado.[86]

Nesse sentido, o Orçamento Geral da União deve abranger todas as despesas pertinentes à União, seus fundos, órgãos e entidades da administração direta e indireta, sendo vedada a realização de despesas ou a assunção de obrigações diretas que excedam os créditos orçamentários ou adicionais.

De forma consentânea com esse entendimento, não deve a administração assumir obrigações que envolvam dispêndio de recursos públicos sem a devida previsão orçamentária.

---

[85] BALEEIRO. *Uma introdução à ciência das finanças*, p. 411.

[86] ROSA JUNIOR. *Manual de direito financeiro & direito tributário*, p. 86.

Na busca de um planejamento adequado da execução das despesas públicas, a Constituição Federal também instituiu em seu art. 165, inciso I e §1º, o plano plurianual, o qual estabelecerá, de forma regionalizada, as diretrizes, objetivos e metas da administração pública federal para as despesas de capital e outras delas decorrentes e para as relativas aos programas de duração continuada.

Ao contrário do que acontece com a Lei nº 8.666/1993 (incisos III e IV do §2º do art. 7º), a Lei nº 12.462/2011 não incorporou expressamente essas exigências de caráter orçamentário, sendo a matéria regulada mediante os incisos V e VI do art. 4º do Decreto nº 7.581/2011, os quais estabelecem que o gestor deve, na fase preparatória da contratação:

- indicar a fonte de recursos suficiente para a contratação;
- declarar a compatibilidade com o plano plurianual, no caso de investimento cuja execução ultrapasse um exercício financeiro.

Entretanto, mesmo no novo regime, essas exigências de caráter orçamentário possuem, ao menos parcialmente, estatura legal. A razão para tanto é que se aplica ao RDC, por força do art. 39 da sua lei, o disposto no *caput* do art. 57 da Lei nº 8.666/1993: "A duração dos contratos regidos por esta Lei ficará adstrita à vigência dos respectivos créditos orçamentários".

De qualquer forma, não se vislumbra maiores problemas na regulamentação da matéria por norma infralegal pelo fato de não se estar criando direitos e/ou obrigações para terceiros, mas simplesmente estabelecendo a forma de a administração atuar de acordo com os princípios orçamentários estabelecidos na Constituição Federal.

Ressalte-se que esses dispositivos normativos fazem referência à previsão orçamentária, não mencionando a existência de recursos financeiros. Assim, mesmo que o ente público ainda não disponha desses recursos, pode-se levar a efeito o procedimento licitatório desde que haja previsão orçamentária.

Por não envolverem o dispêndio de recursos públicos, a exigência de prévia dotação orçamentária, por óbvio, não se aplica às licitações decorrentes de critério de julgamento pela maior oferta ou maior retorno econômico.

Nas licitações para registro de preços, também não é necessária a prévia dotação orçamentária, a qual somente será necessária quando da formalização do contrato ou instrumento equivalente (art. 91 do Decreto nº 7.581/2011).

5.1.6 Definição do procedimento da licitação

A forma de execução poderá ser eletrônica ou presencial. Como o art. 13 da Lei nº 12.462/2011 estabelece a preferência pela forma eletrônica, a definição da forma de execução deverá ser acompanhada de justificativa caso se opte pela presencial.

No âmbito federal, as licitações sob a forma eletrônica poderão ser processadas por meio do sistema eletrônico utilizado para a modalidade pregão de que trata o Decreto nº 5.450/2005 (§2º do art. 13 do Decreto do RDC).

Na esteira do sucesso da instituição do pregão eletrônico, o qual foi amplamente assimilado na administração pública, o legislador optou pela preferência dessa forma de execução.

A vantagem da utilização da forma eletrônica reside na expectativa de aumento da competitividade, pois, quando se trata de disputa presencial, nem todos os potenciais licitantes estão dispostos ou detêm condições de enviar um representante para a sessão de julgamento.

Foi possibilitada, ainda, a exigência de que os licitantes pratiquem seus atos em formato eletrônico, como condição de validade e eficácia desses atos.[87] A adoção do processo eletrônico, em substituição à formalização em papel dos atos praticados na licitação, contribui com o objetivo do RDC de dar mais eficiência aos procedimentos de contratações públicas e constitui uma tendência verificada não somente em procedimentos administrativos, mas também em processos judiciais.[88]

Modos de disputa

O modo de disputa poderá ser aberto, fechado ou combinado.

O modo aberto é aquele utilizado tradicionalmente na modalidade pregão, quando os licitantes apresentam propostas sucessivas e públicas, com o intuito de superar as propostas já divulgadas dos outros proponentes.

O modo fechado ocorre tradicionalmente nas licitações efetuadas com bojo na Lei nº 8.666/1993, quando os licitantes apresentam suas propostas sem terem conhecimento das propostas dos demais licitantes.

O modo combinado consiste no início da disputa por um dos modos, a seleção das três melhores propostas e a continuação da disputa

---

[87] Parágrafo único do art. 13 da Lei nº 12.462/2011.

[88] Cite-se como exemplo o Supremo Tribunal Federal, o qual, mediante a Resolução nº 427, de 20 de abril de 2010, regulamentou o processo eletrônico no âmbito daquela Corte.

pelo outro modo. Esse último, embora seja novidade nas contratações públicas em geral, já vem sendo adotado pela administração quando dos leilões para a concessão de serviços públicos, nos termos da Lei nº 8.987/1995.[89]

Critérios de julgamento

Poderão ser utilizados os seguintes critérios de julgamento (artigos 18 da Lei nº 12.462/2011 e 25 do Decreto nº 7.581/2011):

- *menor preço ou maior desconto*, em que poderá se considerar os custos indiretos, relacionados com as despesas de manutenção, utilização, reposição, depreciação e impacto ambiental, dentre outros fatores, para a definição do menor dispêndio;
- *melhor combinação de técnica e preço*, em que será permitida a atribuição de fatores de ponderação distintos para valorar as propostas técnicas e de preço, não devendo o percentual de ponderação mais relevante ser superior a 70%;
- *melhor técnica ou conteúdo artístico*, em que, fixado o orçamento por parte da administração, serão consideradas exclusivamente as propostas técnicas ou artísticas apresentadas pelos licitantes com base em critérios objetivos previamente estabelecidos no instrumento convocatório;
- *maior oferta*, em que se buscará a geração de receita para a administração pública;
- *maior retorno econômico*, em que se selecionará a proposta geradora de maior economia decorrente da execução do contrato para a administração pública.

Das definições legais, verifica-se ser a *definição do critério de julgamento vinculada ao objeto a ser licitado*. Somente há juízo discricionário para o administrador público na opção entre o menor preço ou maior desconto, hipóteses possíveis de serem aplicadas ao mesmo objeto.

Licitações restritas

Poderão ser realizadas licitações restritas a determinados fornecedores de bens ou serviços.

O §12º do art. 3º da Lei nº 8.666/1993[90] prevê a restrição a bens e serviços com tecnologia desenvolvida no País e produzidos de acordo

---

[89] Dispõe sobre o regime de concessão e permissão da prestação de serviços públicos, previsto no art. 175 da Constituição Federal.

[90] Aplicável ao RDC por força do art. 38, inciso II, da Lei nº 12.462/2011.

com o processo produtivo básico de que trata a Lei nº 10.176/2011, nas contratações destinadas à implantação, manutenção e ao aperfeiçoamento dos sistemas de tecnologia de informação e comunicação, considerados estratégicos em ato do Poder Executivo Federal.

Já o art. 48, inciso I, da Lei Complementar nº 123/2006 prevê a realização de licitação exclusiva para microempresas e empresas de pequeno porte em determinadas situações.[91]

Há ainda a hipótese de licitação restrita àqueles previamente pré-qualificados, nos termos do §2º do art. 30 da Lei nº 12.462/2011.

Adoção da inversão das fases de habilitação e julgamento

Por força do art. 12 da Lei nº 12.462/2011, como regra geral, a fase de julgamento das propostas deve preceder a fase de habilitação dos licitantes. Trata-se de procedimento diverso daquele tradicional previsto na Lei nº 8.666/1993 — quando a habilitação sempre precede o julgamento — e similar ao adotado na modalidade pregão — quando o julgamento sempre precede a habilitação.

No procedimento tradicional da Lei nº 8.666/1993, analisa-se na fase de habilitação os diversos documentos de todos os licitantes. O resultado dessa análise efetuada pela comissão de licitação, quer aprovando quer rejeitando um documento, pode levar a instauração de um contencioso administrativo com dois recursos previstos em lei (art. 109, incisos I e IIII da Lei nº 8.666/1993). A decisão do recurso deve ser precedida da concessão de oportunidade de manifestação aos demais licitantes que não os autores da impugnação inicial. Há ainda a razoável possibilidade de judicialização da contenda.

Entretanto, tanto a análise da administração quanto a impugnação por parte dos licitantes poderá ocorrer, e no mais das vezes efetivamente ocorre, em cima de documentos de licitantes cujas propostas de preços não seriam vencedoras do certame. Isso porque, por não se saber quem vencerá o certame, a comissão deve se debruçar sobre os documentos de todos os licitantes, os quais, por sua vez, ao não saber da situação de sua proposta financeira em relação às demais, buscam impugnar os documentos de habilitação de todos os demais na expectativa de afastar aqueles que eventualmente tenham uma proposta melhor que a sua.

Ou seja, em se tratando desses documentos não relacionados à melhor proposta, os esforços da administração e dos licitantes em

---

[91] "Art. 48. [...] I - Destinado exclusivamente à participação de microempresas e empresas de pequeno porte nas contratações cujo valor seja de até R$80.000,00 (oitenta mil reais); [...]."

suas eventuais impugnações e manifestações são inúteis, pois não contribuem para o desenvolvimento regular do certame e apenas o procrastinam.

Dessa forma, a sistemática do novo regime é positiva, pois os esforços referentes à fase de habilitação estarão concentrados somente nos documentos do licitante com a melhor proposta. Ou seja, em havendo, por exemplo, cinco licitantes, em vez de serem submetidos à comissão de licitação os documentos de todos eles, somente o serão aqueles cuja proposta está classificada em primeiro lugar. Somente em eventual desclassificação desse licitante, passar-se-ia a apreciar os documentos do segundo colocado.[92] É, pois, inegável a simplificação do procedimento de contratação e a maior celeridade daí decorrente.

A Lei nº 12.462/2011 faculta, em seu parágrafo único do art. 12, ao gestor a opção pela inversão de fases, ou seja, que a habilitação preceda a fase de apresentação das propostas e julgamento. Essa opção deve ser devidamente justificada e constar do instrumento convocatório. Embora, de antemão, não se vislumbre quais situações demandariam a aplicação dessa opção conferida pelo legislador, considera-se razoável a sua existência ante a multiplicidade dos possíveis objetos de contratação por parte do Poder Público, cujas especificidades podem impor a necessidade ou conveniência da inversão de fases. A Lei nº 8.987/1995,[93] em seu art. 18-A, por sua vez, também prevê a faculdade de o administrador optar nesse sentido. Registre-se, porém, que a lei do pregão não faculta essa opção ao gestor, o que, diante da bem sucedida experiência com essa modalidade, indica não ser comum a necessidade de inversão de fase.

O Decreto regulamentador estabelece ainda que a justificativa técnica deve ser aprovada pela autoridade competente (art. 4º, inciso III). Não há, contudo, indicação de quem seria essa autoridade, devendo a matéria ser objeto de ulterior regulamentação infralegal. Entretanto, é razoável o entendimento de que essa autoridade coincida com aquela responsável por adjudicar e homologar o procedimento.

5.1.7 Minuta contratual

Como já exposto, de acordo com o art. 39 da Lei nº 12.462/2011, salvo eventuais exceções previstas em lei, os contratos administrativos

---

[92] Decreto nº 7.581/2011: "Art. 45. [...] §2º Em caso de inabilitação, serão requeridos e avaliados os documentos de habilitação dos licitantes subsequentes, por ordem de classificação".

[93] Dispõe sobre o regime de concessão e permissão da prestação de serviços públicos.

celebrados com base no Regime Diferenciado reger-se-ão pelas normas da Lei nº 8.666/1993. Desta feita, aplicam-se ao RDC, como regra geral, as disposições do Capítulo III da Lei nº 8.666/1993 (artigos 54 a 80 que tratam dos contratos).

Assim, os instrumentos contratuais devem estabelecer com clareza e precisão as condições para sua execução, expressas em cláusulas que definam os direitos, obrigações e responsabilidades das partes, em conformidade com os termos da licitação a que se vinculam ou com os termos do ato que autorizou a contratação sem licitação. (§1º e 2º do art. 54 da Lei nº 8.666/1993)

Devem constar dos instrumentos as cláusulas constantes do art. 55 da Lei nº 8.666/1993, dentre as quais se destacam:[94]

- o objeto e seus elementos característicos;
- o preço e as condições de pagamento, os critérios, data-base e periodicidade do reajustamento de preços, os critérios de atualização monetária entre a data do adimplemento das obrigações e a do efetivo pagamento;
- os direitos e as responsabilidades das partes e as sanções cabíveis;
- a exigência de garantias e seguros, quando for o caso;
- os casos de rescisão e o reconhecimento dos direitos da administração, em caso de rescisão administrativa;
- a vinculação ao edital de licitação ou ao termo que a afastou;
- a obrigação de o contratado manter, durante toda a execução do contrato, as condições de habilitação e qualificação exigidas na licitação.

O estabelecimento prévio dessas cláusulas — que devem estar inseridas em todos os instrumentos contratuais — vai ao encontro do princípio da padronização. Possibilita-se também a necessária transparência na relação entre a administração e os administrados, pois a explicitação das regras que regerão a execução contratual reduz a insegurança jurídica decorrente da não normatização contratual de possível ocorrência, cuja solução demandaria a aplicação de normas diversas — que não o instrumento de contrato — sujeitas a um espectro maior de interpretações e soluções.

---

[94] Consoante os incisos I, XII, XIII e XV do art. 8º do Decreto regulamentador, as informações referentes ao objeto, condições de pagamento, garantias e sanções também devem constar do instrumento convocatório.

Nas hipóteses de compra com entrega imediata e integral dos bens adquiridos, dos quais não resultem obrigações futuras para qualquer das partes, o termo de contrato pode ser substituído por instrumentos mais simples como a nota de empenho da despesa (art. 62, *caput* e §4º, da Lei nº 8.666/1993). Já o contrato verbal é admitido para compras não superiores a quatro mil reais (art. 60, parágrafo único c/c o art. 23, II, "a", ambos da Lei nº 8.666/1993). Nessas situações, a simplificação do procedimento é plenamente justificada, pois a pronta entrega dos bens, em regra,[95] afasta a necessidade de regulamentação de situações futuras, sendo desnecessária a formalização da contratação em instrumento.

A ausência de instrumento contratual, destaque-se, não significa a ausência da relação contratual. Consoante Celso Antônio Bandeira de Mello, "entende-se por contrato a relação jurídica formada por um acordo de vontades, em que as partes obrigam-se reciprocamente".[96] O instrumento contratual, embora em algumas situações possa ser requisito de validade da contratação (art. 104, III, do Código Civil – Lei nº 10.406/2002),[97] é apenas uma das formas possíveis de formalizar esse acordo de vontades. Em outras situações, como aquelas tratadas no parágrafo anterior, o contrato ou acordo de vontades subsiste mesmo sem a sua formalização mediante instrumento.

5.1.8 Minuta do instrumento convocatório

No decorrer da fase interna da licitação, o administrador deve justificar a necessidade do objeto a ser contratado, especificar adequadamente esse objeto, estabelecer as exigências a serem feitas aos licitantes e definir como deverá ocorrer o procedimento. Há, pois, a necessidade de se estabelecer diversos juízos de valor acerca das opções discricionárias dadas pela norma. O resultado dessas decisões deve constar do edital.[98]

---

[95] De caráter exemplificativo e não exaustivo, a própria lei explicita uma hipótese em que a pronta entrega dos bens não afasta a necessidade do instrumento contratual. Trata-se da situação em que o bem entregue estará sujeito à assistência técnica por parte do fornecedor.

[96] BANDEIRA DE MELLO. *Curso de direito administrativo*, p. 608.

[97] "Art. 104. A validade do negócio jurídico requer: [...] III - forma prescrita ou não defesa em lei".

[98] O RDC não prevê a substituição do edital por outro instrumento, como acontece com a Lei nº 8.666/1993, quando prevê a expedição de cartas-convite em substituição ao edital na modalidade licitatória denominada convite.

De acordo com a norma legal de regência, devem também constar do edital algumas disposições que não são fruto de decisões do gestor, mas basicamente reprodução de alguma disposição legal. Trata-se de regra com o intuito de possibilitar aos administrados uma maior compreensão do procedimento licitatório, pois nem sempre eles estão familiarizados com o ambiente de contratações públicas. Como exemplo, consoante os incisos X e XV do art. 8º do Decreto nº 7.581/2011, cabe citar a necessidade de constar do edital as sanções possíveis de serem aplicadas e os prazos e meios para a apresentação de pedidos de esclarecimentos, impugnações e recursos.

Do exposto, resta evidente a importância de uma correta elaboração do ato convocatório do certame. Isso porque grande parte dos problemas práticos ocorridos em licitações deriva da equivocada elaboração de seu instrumento de convocação. De mencionar que, além de trazer problemas para o próprio curso da licitação, a redação defeituosa de editais também pode refletir negativamente na execução do futuro contrato, espelho do ato convocatório que o precede. Logo, se o ato convocatório for mal elaborado, o contrato provavelmente padecerá dos mesmos vícios.

Com regras claras e precisas previamente fixadas não há oportunidade para que seja privilegiada alguma licitante mais afinada com determinado administrador público. Trata-se, pois, de preceito ínsito aos princípios da impessoalidade e isonomia.

De acordo com o parágrafo único do art. 4º do Decreto nº 3.555/2000[99] e parágrafo único do art. 5º do Decreto nº 5.450/2005,[100] as normas que disciplinam o pregão devem ser sempre interpretadas em favor da ampliação da disputa entre os interessados, desde que não comprometam o interesse da administração, o princípio da isonomia, a finalidade e a segurança da contratação. Por estarem de acordo com os princípios que regem as licitações públicas, não se vislumbra óbices para a aplicação do entendimento desses dispositivos no âmbito do RDC.

O instrumento convocatório será a norma que regerá a licitação, de acordo com o princípio da vinculação ao instrumento convocatório.

---

[99] Aprova o regulamento para a modalidade de licitação denominada pregão, para aquisição de bens e serviços comuns.

[100] Regulamenta o pregão na forma eletrônica, para aquisição de bens e serviços comuns.

Na lição de Marçal Justen Filho:

> [...] *nascido tal ato, a própria autoridade fica subordinada ao conteúdo dele.* Editado o ato convocatório, o administrado e o interessado submetem-se a um modelo norteador de sua conduta. Tornam-se previsíveis, com segurança, os atos a serem praticados e as regras que o regerão.[101] (grifos nossos)

O art. 7º do Decreto regulamentador prevê, quando possível, a utilização de minuta padrão elaborada pela comissão do catálogo eletrônico de padronização.

Requisitos mínimos

A Lei nº 12.462/2011 não definiu os requisitos mínimos do edital, sendo a matéria objeto dos incisos I a XVII do art. 8º do Decreto regulamentador. Dentre essas condições, merecem destaque, por estarem diretamente vinculadas à elaboração da proposta pelos interessados, aquelas relacionadas aos critérios de aceitabilidade de preços e às condições de pagamento.

Anexos

Conforme o caso, devem constar como anexos ao edital (§1º do art. 8º do Decreto nº 7.581/2011):
- termo de referência, anteprojeto de engenharia, projeto básico ou executivo;
- minuta do contrato;
- acordo de nível de serviço;
- especificações complementares e normas de execução.

Trata-se de documentos de maior porte cuja decisão para não constarem do corpo do edital pode ser justificada de forma a não tornar sua leitura e/ou manuseio excessivamente difícil. Em relação à Lei nº 8.666/1993, a inovação consiste na inclusão como anexos ao edital do "acordo de nível de serviço",[102] anteprojeto de engenharia;[103] "termo de referência" e na exclusão da obrigatoriedade de sempre o orçamento constar como anexo ao edital.

---

[101] JUSTEN FILHO. *Comentários à Lei de Licitações e Contratos Administrativos*, p. 73.

[102] O acordo de nível de serviço é aplicável também às contratações de serviços, consoante o inciso XVII do art. 15 da Instrução Normativa nº 02/2008 do Ministério do Planejamento, Orçamento e Gestão (IN/MPOG-02/2008).

[103] Aplicáveis às contratações integradas, nos termos do §2º do art. 9º da Lei nº 12.462/2011.

Alterações do instrumento convocatório

De forma semelhante ao disposto na Lei nº 8.666/1993 (§4º do art. 21), as eventuais modificações no instrumento convocatório serão divulgadas nas mesmas condições dos atos originais, reabrindo-se os prazos para a apresentação das propostas (§4º do art. 15 da Lei nº 12.462/2011 e §5º do art.11 do Decreto nº 7.581/2011).

Com a reabertura de prazos, garante-se a todos a oportunidade de readequarem suas propostas às novas disposições do edital. Inclusive, pode-se atrair para o certame aqueles que por ele não se interessaram em seus termos originais, mas podem ter mudado de posição com as novas disposições editalícias.[104] Desta feita, em assim ocorrendo, amplia-se a competitividade e dá-se concretude aos princípios constitucionais da impessoalidade e publicidade. Elucidativo a respeito é o seguinte trecho do Voto condutor do Acórdão TCU nº 2.179/2011 - Plenário:

> [...] a supressão de exigências de habilitação, pode-se afirmar, não afetaria o conteúdo das propostas já formuladas ou na iminência de serem apresentadas, mas, como entende o pregoeiro, facilitaria a entrada de mais fornecedores. Exatamente por isso, *deveria o edital ser republicado, de forma a permitir a "formulação de propostas" por empresas que não intencionavam fazê-lo por serem afetadas por exigência constante do edital e que veio a ser suprimida na véspera da apresentação*, modificação a qual não foi dada a devida divulgação, em correto cumprimento ao que dispõem o art. 21, §4º, da Lei nº 8.666/1993 e o art. 20 do Decreto nº 5.450/2005. (grifos nossos)

Os dispositivos normativos em questão fazem exceção à necessidade de nova publicação quando "a alteração não comprometer a formulação das propostas".

A alteração que exige nova publicação deve, pois, ter o condão de afetar o julgamento das propostas. Em regra, pela ausência de potencial repercussão nas propostas, não demandariam nova publicação as alterações referentes a procedimentos posteriores à apresentação das propostas, tal qual as disposições referentes aos recursos administrativos e às sanções contratuais.

Já as alterações do objeto e a supressão de exigências técnicas demandariam em princípio a republicação do edital.[105] É certo, de

---

[104] Rel. Min. Substituto Weder de Oliveira, Sessão 17.08.2011.

[105] Acórdão TCU nº 2.179/2011 - Plenário, Rel. Min. Substituto Weder de Oliveira, Sessão 17.08.2011.

acordo com o princípio da proporcionalidade, que as alterações devem possuir alguma significância material para efetivamente repercutir nas propostas. Assim, por exemplo, em uma obra complexa de mais de dois mil itens, não teria repercussão a alteração de um item sem complexidade técnica de pequeníssimo valor relativo.

No mesmo sentido, correções pouco relevantes de ortografia ou de forma do edital.

São pertinentes a respeito a seguintes colocações do Ministério Público junto ao TCU:[106]

> De fato, *a alteração de projeto* ainda na fase da licitação, *em dimensão que modifique a substância do objeto a ser contratado e por isso necessite de alterar propostas técnicas e de preço, requer nova divulgação* pelos mesmos meios e renovação dos prazos de elaboração das propostas, de forma a atingir a todo o universo de interessados na licitação, sob pena de privilegiar apenas as empresas que participam do certame ou a empresa a que supostamente seria adjudicado o *objeto*, em infringência dos princípios da publicidade, isonomia, competitividade e da obtenção da proposta mais vantajosa para a administração pública. (grifos nossos)

Descumprimento de disposição editalícia

Por vezes, quando da condução do certame, a comissão de licitação adota conduta não prevista ou contrária ao disposto no edital. Em situações da espécie, frequentemente se depara com o confronto entre os princípios da vinculação ao instrumento convocatório e do formalismo moderado,[107] esse último associado aos princípios da eficiência e da vedação à restrição injustificada da competitividade.

Nessas situações, deve-se ter em mente que o edital do certame não constitui um fim em si mesmo, pois visa proporcionar a consecução da finalidade precípua das licitações, que é assegurar a contratação mais vantajosa e a igualdade entre os participantes. Ou seja, sendo respeitados esses valores, pode-se preservar o certame mesmo com a ocorrência da falha no cumprimento do edital.

---

[106] Acórdão TCU nº 6.575/2009 - 2ª Câmara, Rel. Min. Benjamin Zymler, Sessão 1º.12.2009.

[107] "Consiste, em primeiro lugar, na previsão de ritos e formas simples, suficientes para propiciar um grau de certeza, segurança, respeito aos direitos dos sujeitos, o contraditório e a ampla defesa. Em segundo lugar, se traduz na exigência de interpretação flexível e razoável quanto a formas, para evitar que estas sejam vistas como fim em si mesmas, desligadas das verdadeiras finalidades do processo" (MEDAUAR. *Direito administrativo moderno*, p. 176).

Por meio do Acórdão nº 92/2008 - Plenário,[108] o TCU examinou possível inobservância de regra editalícia que não contemplava a possibilidade de prorrogação do prazo para apresentação da proposta comercial definitiva por parte do vencedor do certame. No caso, o órgão contratante concedeu à empresa declarada vencedora do certame o prazo de 3 horas, além dos 120 minutos permitidos no edital, para o envio, por fax, de nova proposta, adequada ao valor final do lance oferecido. Assim, considerando que a licitação atingiu seus objetivos, considerou-se lícito o procedimento adotado pelo órgão.

5.1.9 Comissão de licitação

O RDC não adotou a figura do pregoeiro como responsável único pelas licitações, afastando-se nesse caso do disposto na modalidade pregão e aproximando-se do modelo da Lei nº 8.666/1993 ao prever as comissões de licitação.

Desta feita, as licitações serão processadas e julgadas por *comissão de licitação permanente ou especial*. Os atos praticados pelos integrantes dessas comissões são de relevância tal que eventuais falhas por eles praticadas podem resultar na imputação de pesados débitos ou imputação de penalidades pelos órgãos de controle e pelo Poder Judiciário. Veja-se que eles respondem solidariamente por todos os atos praticados pela comissão, salvo se ressalvarem sua posição divergente (§2º do art. 34 da Lei nº 12.462/2011).

As comissões de licitação permanentes e especiais diferem entre si porque essas últimas possuem um caráter de transitoriedade vinculado à realização de determinadas licitações que demandem conhecimentos especializados por parte dos membros da comissão. Não há que se confundir com a comissão especial de que trata o art. 32 do Decreto nº 7.581/2011, que tem a função de *auxiliar a comissão de licitação* quando ocorrer julgamento pelo critério de melhor conteúdo artístico.

De forma salutar, pois a lei deve tratar de normas gerais, as regras relativas ao funcionamento das comissões de licitação e da comissão de cadastramento foram remetidas para o regulamento (§1º do art. 34 da Lei nº 12.462/2011). Entretanto, em que pese a menção legal à comissão de cadastramento, o Decreto regulamentador limitou-se às comissões de licitação. O funcionamento das comissões de cadastramento deverá ser, pois, extraído analogicamente das normas que tratam das comissões de licitação.

---

[108] Rel. Min. Valmir Campelo, Sessão 30.01.2008.

Composição das comissões

As comissões de licitação serão compostas majoritariamente por servidores ou empregados públicos pertencentes aos quadros permanentes dos órgãos ou entidades da administração pública responsáveis pela licitação (art. 34 da Lei nº 12.462/2011). Ou seja, os servidores contratados temporariamente, os servidores não ocupantes de cargo efetivo, terceiros que não sejam agentes públicos e agentes públicos pertencentes a outros órgãos ou entidades que não aqueles responsáveis pela licitação somente podem compor as comissões de licitação quando não representarem em seu conjunto a maioria de seus membros.[109]

O número mínimo de três participantes da comissão somente foi previsto no regulamento, o que, por ser ele aplicável somente à União, abre espaço para que os demais entes da Federação disponham de forma diversa (§1º do art. 6º do Decreto nº 7.581/2011).

Rodízio dos membros da comissão

Ao contrário do previsto na Lei nº 8.666/1993, não foi estabelecido prazo máximo para a duração da investidura dos membros das comissões permanentes de licitação. Afastou-se, pois, ao menos no âmbito federal, a obrigatoriedade de rodízio entre os membros das comissões, o que, de acordo com a jurisprudência do TCU não seria adequado:

> [...] ao prever a rotatividade da composição da comissão permanente de licitação, a lei intenta preservar a administração da "perpetuação de falhas cometidas por determinados integrantes, sejam decorrentes de má-fé ou de deficiência técnica". Além disso, essa alternância "busca reduzir a margem para fraudes, decorrentes da ingerência de licitantes junto aos trabalhos da Comissão".[110]

A obrigatoriedade do rodízio entre servidores, por outro lado, pode ir de encontro à realidade fática vivenciada pelos órgãos menores da administração. Isso porque a complexidade da legislação e dos objetos licitados estão a exigir dos integrantes das comissões de licitações cada vez mais o aprofundamento de conhecimentos técnicos e jurídicos. Assim, pode ocorrer que determinadas unidades

---

[109] O art. 51 da Lei nº 8.666/1993 contém disposição semelhante.

[110] Voto condutor do Acórdão nº 1.281/2010 - Plenário, Rel. Min. Substituto Augusto Sherman Cavalcanti, Sessão 02.06.2010.

administrativas não disponham de servidores capacitados em número suficiente para propiciar a necessária alternância dentre os membros das comissões de licitação.

Dessa feita, considerando ser salutar o rodízio aventado e a impossibilidade de alguns órgãos o fazerem com a frequência desejada, melhor seria que o legislador em vez de extirpar de vez a menção ao rodízio, estabelecesse a sua realização na medida do possível, cabendo ao órgão justificar eventuais obstáculos para efetuá-lo.

De se registrar que as normas do pregão permitem a recondução do pregoeiro e não se tem verificado maiores problemas na não realização de alternância obrigatória dentre os detentores de tais responsabilidades (§3º do art. 10 do Decreto nº 5.450/2005).

Atribuições

O art. 7º do Decreto nº 7.581/2011 estabelece de forma sistematizada as atribuições da comissão de licitação, o que não ocorre na Lei nº 8.666/1993. Além das tarefas tradicionais referentes à condução do procedimento licitatório, como julgar as propostas e examinar os documentos de habilitação, foi atribuída à comissão a responsabilidade pela *elaboração das minutas dos editais e dos contratos*.

Em entendimento adotado sob a égide da Lei nº 8.666/1993, o TCU não considerou adequada a atribuição à comissão de licitação das tarefas de elaborar as minutas do edital e do contrato.[111] O motivo para tanto seria a violação do princípio da segregação de funções,[112] pois, para dificultar a ocorrência de atos ilícitos, não poderia o responsável pela elaboração do edital também participar do julgamento das propostas.

A segregação de funções, contudo, deve ocorrer com razoabilidade, de forma a não comprometer o próprio desenrolar do procedimento administrativo. Até porque a desconcentração excessiva de tarefas dificulta a atribuição de responsabilidades, incentivando as fraudes e indo de encontro ao próprio objetivo da separação de funções. Entende-se que os atos mais relevantes de um procedimento administrativo devem, de acordo com esse princípio, somente ser praticados por

---

[111] Acórdão nº 686/2011 - Plenário, Rel. Min. Substituto André Luís de Carvalho, Sessão 23.03.2011.

[112] Embora não positivado, a jurisprudência do TCU o acolheu como derivado do princípio da moralidade, no sentido de ser evitado, para dificultar a ocorrência de atos ilícitos, que um mesmo servidor concentre em demasia as etapas de determinado procedimento administrativo (*v.g.*, item 9.3.2. do Acórdão nº 95/2005 - Plenário, Rel. Min. Ubiratan Aguiar, Sessão de 16.02.2005).

servidores diversos quando a prática do ato subsequente constitui elemento hábil para evitar a concretização dos efeitos de eventual ilicitude praticada mediante o ato antecedente. Ou seja, quando, por decorrência lógica ou imposição legal, o agente público deva verificar a licitude do ato anteriormente praticado por outro agente.

Nesse sentido, embora ponderáveis as críticas ao acúmulo das funções de elaboração das minutas do edital e contrato com as de julgamento, não se vislumbra razões suficientes para a conclusão de que há violação ao princípio da moralidade do qual o da segregação das funções é derivado. A função primordial da comissão é conduzir e processar o procedimento licitatório e não verificar a regularidade do edital ou supervisionar os responsáveis pela sua elaboração.[113] Se for assim, a atribuição à comissão da responsabilidade de também elaborar as minutas de editais ou contratos não constitui, em princípio, elemento incentivador de fraude ou enfraquecimento da estrutura de controle da administração pública. Aliás, considerando que a comissão deve aplicar o edital na condução da licitação, mostra-se até desejável que ela tenha elaborado sua minuta, pois assim o aplicaria com maior conhecimento e evitaria ser pega de surpresa em decorrência da introdução de dispositivos desnecessários e/ou ilegais.

Por outro lado, verifica-se que a elaboração pela comissão das minutas do edital e contrato pode encontrar um empecilho de ordem técnica. Como visto, deve constar como anexo ao edital a definição do objeto a ser contratado e, conforme o caso, o termo de referência ou projetos de engenharia. Essa tarefa, por vezes, pode demandar o conhecimento de assuntos técnicos e a avaliação das necessidades da administração em termos qualitativos e quantitativos.

Entretanto, os integrantes das comissões de licitação devem possuir conhecimentos técnicos adequados sobre a condução do certame, mas não, por extrapolar as raias do razoável e ao menos não de forma aprofundada, sobre toda a extensa gama de objetos licitados e tampouco sobre os quantitativos necessários de serem contratados. O

---

[113] Ilustrativo, a respeito, é o seguinte trecho do voto condutor do Acórdão nº 1.685/2007 - 2ª Câmara: "Da sucessão dos atos e das circunstâncias em que ocorreram, observo que a Comissão de Licitação agiu com arrimo na credibilidade do setor especializado em assuntos relativos à informática do próprio Ministério, qual seja, a Coordenação Geral de Modernização e Informática. Se aludido setor cometeu algum equívoco na elaboração da estimativa de custos, no dimensionamento do equipamento a ser licitado ou no atesto da compatibilidade dos preços das propostas, cabe responsabilizar seu dirigente. Não parece razoável exigir que a Comissão devesse rever ou questionar os atos praticados pelo referido setor" (Rel. Min. Benjamin Zymler, Sessão 26.06.2007).

esperado é que o agente demandante dos serviços e/ou produtos e não a comissão detenha o conhecimento dessas informações.

Se for assim, deve ser afastada uma interpretação literal do inciso I do art. 7 do Decreto nº 7.581/2011, a qual indicaria que caberia à comissão a elaboração desses documentos referentes à definição do objeto. Em uma interpretação lógico-sistemática, entende-se que a definição do objeto deve estar a cargo do agente público que está a demandar a contratação, o que não impede, é certo, que ele eventualmente componha a comissão de licitação.

Pelo reverso da medalha, em regra, os demandantes da contratação não possuem conhecimentos especializados em licitação, o que não recomenda comporem as comissões e tampouco elaborarem as minutas de editais e contratos.

5.1.10 Pareceres jurídicos

Como já explanado, a Lei nº 12.462/2011 estabeleceu como diretriz a padronização de instrumentos convocatórios e minutas de contratos. A utilização desses documentos padronizados foi condicionada à aprovação prévia pelo órgão jurídico competente. Essa menção à atuação do órgão jurídico é a única existente na lei, provocando a necessidade de alguns esforços interpretativos para verificar a atuação desse órgão em situações que não de padronização.

Contratos

Quando se trata de contratos, a resposta é mais simples, pois o art. 39 da Lei nº 12.462/2011[114] estabelece como regra geral que as avenças celebradas com base no RDC reger-se-ão pelo disposto na Lei nº 8.666/1993. Assim, aplica-se à espécie o art. 38 dessa última lei, o qual estabelece a obrigatoriedade de aprovação das minutas contratuais pela assessoria jurídica da administração.

Caso as contratações não sejam efetuadas mediante minuta de contratos (carta-contrato, nota de empenho de despesa, autorização de compra ou ordem de execução de serviço),[115] não há a obrigatoriedade de submissão do instrumento à assessoria jurídica.

---

[114] "Art. 39. Os contratos administrativos celebrados com base no RDC reger-se-ão pelas normas da Lei nº 8.666, de 21 de junho de 1993, com exceção das regras específicas previstas nesta Lei".

[115] Hipóteses previstas no art. 62 da Lei nº 8.666/1993.

Instrumentos convocatórios

Igual tratamento não se aplica às minutas dos instrumentos convocatórios não padronizados, ante o silêncio da lei a respeito.

No âmbito federal, o Decreto regulamentador nos dá a solução ao estabelecer que a comissão de licitação deve submeter as minutas dos editais e contratos ao órgão jurídico (art. 7º, inciso I). Esse entendimento é reforçado pelo disposto no art. 11, inciso VI, alínea "a" da Lei Complementar nº 73/1993 (Lei Orgânica da Advocacia Geral da União), o qual atribui às consultorias jurídicas competência para examinar, prévia e conclusivamente, os textos de edital de licitação, como os dos respectivos contratos ou instrumentos congêneres, a serem publicados e celebrados.[116]

Em relação aos demais entes da Federação, poder-se-ia simplesmente remeter a matéria à legislação local, assumindo a possibilidade de lançamento de editais sem a manifestação prévia da consultoria jurídica. Entretanto, esse não parece ser o caminho mais adequado.

A manifestação das consultorias jurídicas não é um mero ato burocrático de rotina, pelo contrário, é um ato de verificação da conformidade do procedimento licitatório com os princípios da legalidade e da moralidade. Embora todos os demais agentes atuantes no processo licitatório devam seguir esses princípios, eles o fazem sob um prisma mais administrativo e menos jurídico. Ou seja, todos os quais, consultores jurídicos e demais agentes públicos, agem de acordo com sua esfera de atribuições e conhecimentos. Essa composição de visões e entendimentos — a jurídica e a administrativa — é salutar e possibilita o desenvolvimento do procedimento licitatório de acordo com seus princípios norteadores.

Se for assim, arrisca-se a dizer ser inerente às licitações a manifestação da consultoria jurídica, de forma que, mesmo que a Lei nº 12.462/2011 nada previsse, caberia a aplicação analógica do art. 38 da Lei nº 8.666/1993 no sentido da necessidade dessa manifestação.

Entretanto, não se precisa chegar a tanto, pois quando a norma fez somente referência à necessidade de manifestação jurídica nos instrumentos padronizados, a toda evidência, implicitamente quis

---

[116] É bem verdade que o referido dispositivo está a estabelecer as atribuições das Consultorias Jurídicas dos órgãos federais e não o regime a que devem ser submetidos os editais de licitação. Assim, uma interpretação razoável da norma seria de que, sendo necessário o parecer jurídico, é competente a Consultoria Jurídica, não impondo essa norma óbices para que a obrigatoriedade do parecer seja afastada em determinadas situações de acordo com a legislação pertinente.

se referir a todos os instrumentos e não somente aquele objeto de padronização. Seria ilógico e desarrazoado entendimento contrário.

Desta feita, em decorrência da lei, entende-se ser necessária a aprovação prévia pelos órgãos jurídicos competentes de todas as minutas de editais, independentemente do ente da Federação responsável pela contratação. Como consequência dessa conclusão, a legislação local não poderia dispor de forma contrária.

Documentos padronizados

Quando se trata de instrumentos padronizados, contudo, não se vislumbra a necessidade de que em cada utilização desses documentos deva ocorrer a manifestação do órgão jurídico. A própria dicção do inciso II do art. 4º da Lei nº 12.462/2011 nos leva a esse entendimento. Ora, se em cada utilização padronizada devesse ocorrer a manifestação jurídica, não faria sentido condicionar a padronização à prévia manifestação jurídica. Seria uma exigência de esforços dúplices em contraposição ao espírito da norma de simplificar e dar celeridade ao procedimento de contratação. Mesmo sob a égide da Lei nº 8.666/1993, o TCU já se manifestou nesse sentido:

> [...] ao aprovar minutas-padrão de editais e/ou contratos, a assessoria jurídica mantém sua responsabilidade normativa sobre procedimentos licitatórios em que tenham sido utilizadas. Ao gestor caberá a responsabilidade da verificação da conformidade entre a licitação que pretende realizar e a minuta-padrão previamente examinada e aprovada pela assessoria jurídica. Por prudência, havendo dúvida da perfeita identidade, deve-se requerer a manifestação da assessoria jurídica, em vista das peculiaridades de cada caso concreto. A despeito de haver decisões do TCU que determinam a atuação da assessoria jurídica em cada procedimento licitatório, o texto legal — parágrafo único do art. 38 da Lei nº 8.666/1993 — não é expresso quanto a essa obrigatoriedade.[117] (grifos nossos)

Contratações diretas

Em relação aos procedimentos de dispensa e inexigibilidade de licitação,[118] a Lei nº 12.462/2011 e tampouco o Decreto regulamentador nada dispõem acerca da obrigatoriedade ou não de manifestação da

---

[117] Voto condutor do Acórdão nº 392/2006 - Plenário, Rel. Min. Walton Alencar Rodrigues, Sessão 29.03.2006.

[118] Trata-se das chamadas contratações diretas, ou seja, efetuadas sem a realização de prévia licitação.

consultoria jurídica acerca da possibilidade de realização da contratação sem licitação prévia.[119]

Quando regula a matéria sobre contratação direta, o parágrafo único do art. 35 da Lei nº 12.462/2011 estabelece que o processo de contratação por dispensa ou inexigibilidade deverá seguir o procedimento previsto no art. 26 da Lei nº 8.666/1993. Entretanto, a manifestação das consultorias jurídicas nessas contratações é tratada no art. 38 da Lei nº 8.666/1993.

Esse silêncio das normas não parece ser eloquente no sentido de ser a intenção do legislador que não haja a manifestação da consultoria jurídica nesses casos. Pelo contrário, embora não tenha sido feita expressa menção ao dispositivo que trata da manifestação jurídica, pode-se concluir ter sido a intenção do legislador de ser adotado o *rito estabelecido na Lei nº 8.666/1993 como um todo*.

Em assim sendo, até mesmo considerando-se a importância da manifestação jurídica no sentido de dar concreção a princípios que regem os procedimentos licitatórios, entende-se que deve haver a manifestação do órgão jurídico também nas contratações diretas. Aplicar-se-ia, pois, analogicamente o disposto no inciso VI do art. 38 da Lei nº 8.666/1993, o qual dispõe sobre a *necessidade de haver pareceres jurídicos emitidos sobre a dispensa ou inexigibilidade de licitação*.

Contratações diretas em função do pequeno valor

Excepciona-se do entendimento anterior as contratações diretas de pequeno valor com fundamento nos incisos I e II do art. 24 da Lei nº 8.666/1993 ou com fundamento no art. 25 da Lei nº 8.666/1993, mas se tratando desses valores.

Nesses casos, de acordo com o princípio da racionalidade administrativas, a manifestação da assessoria jurídica somente deve ocorrer se houver minuta de contrato não padronizada — o que deve ser raro, pois para contratações de pequeno valor não é exigido minuta contratual — ou se o administrador suscitar dúvida jurídica sobre tal contratação.

Nesse sentido, cabe observar a Orientação Normativa nº 46/2014 da Advocacia Geral da União:

---

[119] Na mesma linha do antes exposto acerca da Lei Orgânica da Advocacia Geral da União, ressalte-se que o art. 11, inciso, VI, alínea "b", da Lei Complementar nº 73/1993 estabelece ser competência das Consultorias Jurídicas examinar, prévia e conclusivamente os atos pelos quais se var reconhecer a inexigibilidade, ou decidir a dispensa, de licitação.

Somente é obrigatória a manifestação jurídica nas contratações de pequeno valor com fundamento no art. 24, I ou II, da lei nº 8.666, de 21 de junho de 1993, quando houver minuta de contrato não padronizada ou haja, o administrador, suscitado dúvida jurídica sobre tal contratação. Aplica-se o mesmo entendimento às contratações fundadas no art. 25 da lei nº 8.666, de 1993, desde que seus valores subsumam-se aos limites previstos nos incisos I e II do art. 24 da lei nº 8.666, de 1993.

Efeitos da manifestação da consultoria jurídica

Tratou-se até agora da necessidade de atuação do órgão jurídico, mas não dos efeitos dessa atuação no procedimento licitatório.

Em relação à apreciação das *minutas dos editais e contratos*, tanto o parágrafo único do art. 38 da Lei nº 8.666/1993 quanto o inciso II do art. 4º da Lei nº 12.462/2011 estabelecem a necessidade de que os instrumentos sejam previamente aprovados pelo órgão jurídico. Ou seja, nas hipóteses de realização de licitação o parecer jurídico vincula o administrador. Trata-se de situação assim delineada pelo Supremo Tribunal Federal: "a lei estabelece a obrigação de decidir à luz de parecer vinculante, essa manifestação de teor jurídico deixa de ser meramente opinativa e *o administrador não poderá decidir senão nos termos da conclusão do parecer ou, então, não decidir*"[120] (grifos nossos).

Não pode, pois, o administrador contrariar a manifestação jurídica. Desta feita, enquanto não saneadas as eventuais questões apontadas pelo órgão jurídico, a licitação não pode se desenrolar.

Nas *contratações diretas*, a disposição legal é diversa, pois o art. 38 da Lei nº 8.666/1993, *caput* e inciso VI, estabelece apenas que o procedimento de contratação será instruído com pareceres técnicos e jurídicos sobre a dispensa ou inexigibilidade de licitação. Não há disposição da necessidade de "aprovação prévia" pelos pareceristas jurídicos, permitindo a conclusão de que esses pareceres não seriam vinculantes. Ou seja, poderia o gestor providenciar a contratação em desacordo com a manifestação jurídica.

Veja-se a respeito o seguinte do voto condutor do Acórdão TCU nº 2.121/2010 - Plenário:[121]

13. A compulsoriedade legal, no entanto, não alcança os atos de dispensa e de inexigibilidade de licitação. Em que pese esteja prevista, no art. 38, inciso VI, da Lei nº 8.666/93, a juntada oportuna ao processo

---

[120] MS nº 24.631, Min. Joaquim Barbosa, Tribunal Pleno, Sessão 09.08.2007.
[121] Rel. Min. Benjamin Zymler, Sessão 25.02.2010.

administrativo de pareceres técnicos ou jurídicos emitidos, a LLC não exige expressamente que se submeta a matéria à apreciação e à aprovação dos assessores jurídicos. Assim, apesar de bastante recomendável que a decisão pela dispensa ou pela inexigibilidade esteja respaldada em parecer jurídico, *em não havendo exigência legal para a consulta, a manifestação do parecerista jurídico não se reveste de caráter vinculante, mas opinativo*. (grifos nossos)

Tratar-se-ia, reconheça-se, de uma conduta temerária, pois o gestor poderia ser responsabilizado caso a contratação direta fosse considerada indevida pelos órgãos de controle.[122] Isso porque, ao agir de forma contrária, o gestor ficaria em posição muito frágil caso a contratação seja considerada indevida, pois o grau de reprovabilidade de sua conduta seria exacerbado por ter contrariado o parecer jurídico.

É bem verdade que até mesmo quando amparado em parecer jurídico, pode o administrador ser responsabilizado por contratações diretas indevidas.[123] O voto condutor do Acórdão TCU nº 19/2002 - Plenário é esclarecedor nesse sentido:

> *Tem o administrador obrigação de examinar a correção dos pareceres, até mesmo para corrigir eventuais disfunções na administração.* Este dever exsurge *com maior intensidade nas situações em que se está a excepcionar princípio (impessoalidade) e regra (licitação) constitucional.* Deve agir com a máxima cautela possível ao examinar peças técnicas que concluam pela inviabilidade ou pela inconveniência da licitação. (grifos nossos)

Entretanto, nessa hipótese de o gestor ter se apoiado em parecer jurídico, sua conduta é menos gravosa do que aquela verificada em desrespeito do parecer. Pode-se até considerar justificada a conduta do gestor e do parecerista quando a manifestação jurídica está devidamente fundamentada, defende tese aceitável e/ou está alicerçada em lição de doutrina ou de jurisprudência.[124]

---

[122] A não realização de licitação é a exceção e deve somente ocorrer nas estritas hipóteses taxativamente previstas em lei, sob pena de responsabilização do administrador público pela prática de ato ilícito.

[123] Rel. Min. Benjamin Zymler, Sessão 06.02.2002.

[124] *Vide* voto condutor do Acórdão nº 1.801/2007 - Plenário, Rel. Min. Raimundo Carreiro, Sessão 05.09.2007.

5.2 Publicação

A fase externa da licitação inicia-se com os procedimentos de publicação. É a partir desse momento que o procedimento licitatório é exteriorizado e os administrados passam a dele ter conhecimento formal. A publicação, destaque-se, é um procedimento inerente ao princípio da publicidade, mas com ele não se confunde, pois o atendimento ao princípio da publicidade envolve diversas outras ações no sentido de dar transparência ao trato da coisa pública.

Consoante o art. 15 da Lei nº 12.462/2011, será dada ampla publicidade aos procedimentos licitatórios e de pré-qualificação, ressalvadas as hipóteses de informações cujo sigilo seja imprescindível à segurança da sociedade e do Estado. Ou seja, como não poderia deixar de ser, a regra é a publicidade dos procedimentos. A exceção consiste nessa hipótese de necessidade de resguardo de determinadas informações.

De qualquer forma, o sigilo de informações, quando indispensável, não deve afetar os princípios nucleares das licitações. Não é compatível com o procedimento licitatório, por exemplo, o sigilo das características do objeto a ser licitado, pois, se o cerne da licitação é exatamente divulgar ao mercado determinada intenção de compra, não há como fazê-lo se as características de determinado objeto devem ser mantidas em sigilo. Assim, essa situação de segurança seria mais bem enquadrada nas contratações diretas — por inexigibilidade ou dispensa.

a) Publicação dos atos

A publicação deverá ocorrer nos seguintes termos (art. 15, §1º, da Lei nº 12.462/2011):
- publicação do extrato do edital no *Diário Oficial da União*, do Estado, do Distrito Federal ou do Município, ou do ente de maior nível entre eles, quando objeto de consórcio público,[125] sem prejuízo da possibilidade de publicação em jornal diário de grande circulação;
- divulgação do edital em sítio eletrônico oficial centralizado de divulgação de licitações ou mantido pelo ente encarregado do procedimento licitatório junto à rede mundial de computadores.

---

[125] Além da já mencionada Autoridade pública Olímpica, não resta afastada a formação de outros consórcios públicos, nos termos da Lei nº 11.107/2005, a qual dispõe sobre normas gerais de contratação de consórcios públicos e dá outras providências.

Na esteira do desenvolvimento da comunicação por meio eletrônico, o RDC elegeu essa forma como preferencial para a divulgação das licitações.

Afasta-se a obrigatoriedade de divulgação do certame na mídia impressa. Eventualmente restritiva da publicidade, essa disposição pode ser justificada ao se considerar que a utilização de mídia eletrônica possui um potencial maior de divulgação e apresenta custos menores tanto para a administração — que não necessita pagar pelos anúncios nos jornais — quanto para os potenciais licitantes — que se desobrigam por esse motivo de adquirir uma grande variedade de jornais diários.

Propicia-se também uma maior agilidade no procedimento ante a exclusão dos prazos necessários para a divulgação via mídia impressa.

Outro motivo para a preferência da divulgação mediante a mídia eletrônica reside no fato de ela poder ocorrer de forma contínua — enquanto a matéria estiver no sítio eletrônico e até o dia do recebimento das propostas, por exemplo. Ou seja, ocorre o contrário da divulgação pela mídia impressa, quando a publicidade possui um efeito mais instantâneo devido ao fato de estar restrita ao dia da circulação da mídia.

Tal qual na Lei nº 8.666/1993, *o extrato do edital* deve ser publicado no *Diário Oficial da União*, do Estado ou do Município, conforme o valor estimado do objeto. O §2º do art. 11 do Decreto nº 7.581/2011 permite a publicação em sítios eletrônicos oficiais da administração pública, desde que certificados digitalmente por autoridade certificadora credenciada no âmbito da Infraestrutura de Chaves Públicas Brasileira – ICP-Brasil.[126] Ou seja, acompanha-se a tendência atual de que a formalização de determinados documentos seja somente em meio eletrônico.

O extrato do instrumento convocatório deverá conter (§1º do art. 11 do Decreto nº 7.581/2011):

- a definição precisa, suficiente e clara do objeto;
- a indicação dos locais, dias e horários em que poderá ser consultada ou obtida a íntegra do instrumento convocatório;
- o endereço onde ocorrerá a sessão pública e a data e hora de sua realização;
- caso ocorra pela forma eletrônica, a indicação de que a licitação será realizada por meio da internet.

---

[126] Medida Provisória nº 2.200-2/2001: "Art. 1º Fica instituída a Infraestrutura de Chaves Públicas Brasileira – ICP-Brasil, para garantir a autenticidade, a integridade e a validade jurídica de documentos em forma eletrônica, das aplicações de suporte e das aplicações habilitadas que utilizem certificados digitais, bem como a realização de transações eletrônicas seguras".

Sem prejuízo das demais formas de divulgação, é possível o contato direto com fornecedores cadastrados ou não (§1º do art. 15 da Lei nº 12.462/2011).

No caso de licitações cujo valor não ultrapasse R$150.000,00 para obras ou R$80.000,00 para bens e serviços, inclusive de engenharia, fica *dispensada a publicação no Diário Oficial*. Adotou-se, pois, de forma analógica, os limites quantitativos aplicáveis à modalidade convite prevista na Lei nº 8.666/1993.

Entretanto, ao contrário do disposto no estatuto geral de licitações, as normas fizeram a distinção, nesse aspecto específico, entre serviços e obras de engenharia. Essa distinção pode ser justificada ao se perscrutar os motivos do legislador para tratar diversamente as obras de engenharia das demais contratações.

A simplificação do procedimento em função do valor decorre da necessidade, em uma análise de custo versus benefício, de a administração centrar seus esforços gerenciais e financeiros nas situações mais relevantes, em geral caracterizadas pelos valores envolvidos na contratação. Assim, como as obras envolvem valores muito significativos e bastante superiores aos verificados nas demais contratações, é natural que elas tenham tratamento diferenciado em função dos diferentes elementos da equação de custo versus benefício. Ou seja, as consideradas obras pequenas merecem um tratamento simplificado, mesmo que seus valores possam ser significativos em relação às demais contratações que não se refiram a obras de engenharia.

Entretanto, quando se trata de serviços de engenharia, verifica-se que eles envolvem custos muito mais próximos dos demais serviços contratados pela administração do que das obras de engenharia. Ressalte-se que meros serviços de apoio da administração são classificáveis como serviços de engenharia[127] (*v.g.*, manutenção de aparelhos

---

[127] A distinção entre obra e serviço de engenharia nem sempre é tranquila. Critério usualmente adotado para auxiliar na distinção refere-se à verificação da predominância do material sobre a atividade operativa. Nas hipóteses em que houver o predomínio do emprego de material em relação ao da mão de obra, caracterizada estaria a obra. Caso contrário, estaríamos diante de um serviço de engenharia.

Outro critério usualmente adotado para distinguir essas atividades é o da *verificação da tangibilidade ou materialidade do objeto* resultante da ação sob exame. *Se houver modificação corpórea no mundo físico*, configurada estaria a obra. Caso contrário, estaríamos diante de um serviço. Assim sendo, a substituição de paredes e outras inovações em um prédio configura uma obra. Já a pintura para restaurar o bem será um serviço. De mencionar que até o ano de 2001 a diferenciação precisa entre obras e serviços de engenharia não apresentava grande importância, visto que a Lei de Licitações tratava com as mesmas diretrizes os dois processos de contratação. A questão começou a ganhar relevância com o advento do pregão e a evolução da jurisprudência no sentido de aceitar a utilização desta modalidade para contratação de serviços comuns de engenharia.

de ar condicionado, troca de peças de elevadores, pintura de paredes, etc.). Desta feita, a distinção de tratamento feita pela lei entre obras e serviços de engenharia mostra-se positiva.

A dispensa de publicação nos diários oficiais mostra-se razoável quando tenta minimizar os custos decorrentes de publicação em mídia impressa. Entretanto, com a tendência de migração desses diários para sítios eletrônicos, a dispensa deixa de fazer sentido, podendo se tornar uma restrição não justificada à uma maior publicidade do certame.

No caso de parcelamento do objeto, para efeitos de aplicação do limite de dispensa da publicação nos diários oficiais, deve-se considerar a soma do valor de cada parcela, ou seja, do objeto como um todo (§3º do art. 15 da Lei nº 12.462/2011 e §4º do art. 11 do Decreto nº 7.581/2011).

A divulgação por meio eletrônico deve ocorrer em todas as licitações, mesmo aquelas cujos valores se enquadrariam na modalidade convite prevista na Lei nº 8.666/1993, a qual não estabelece a obrigatoriedade de publicação do instrumento convocatório para essas licitações de pequeno valor. Verifica-se, pois, nessa hipótese, uma sensível ampliação da publicidade.

Tabela 1 – Quadro comparativo entre as formas de publicação nos diferentes regimes de licitação

Diário Oficial	Jornal	Internet
Lei nº 8.666/1993 (art. 21) – Convite (até R$80.000 – compras e serviços – e até R$150.000,00 – obras e serviços de engenharia)		
Não	Não	Não
Lei nº 8.666/1993 (art. 21) – Concorrência e tomada de preços		
Sim	Sim (do estado e do município)	Não
Pregão Presencial (art. 11 do Decreto nº 3.555/2000)		
Sim	Acima de R$160.000,00 (jornal local) – acima de R$650.000,00 (jornal regional ou nacional)	Sim
Pregão Eletrônico (art. 17 do Decreto nº 5.450/2005)		
Sim	Acima de R$650.000,00 (local) – acima de R$1.300.000,00 (regional ou nacional)	Sim
Regime Diferenciado de Contratação (art. 15 da Lei nº 12.462/2011)		
Obras acima de R$150.000,00 – bens e serviços acima de R$80.000,00	Opcional	Sim

b) Prazos para a apresentação das propostas

Os prazos mínimos para a apresentação das propostas são contados a partir da data da publicação do instrumento convocatório. Como a lei não fala em qual publicação, se a do diário oficial ou a do sítio eletrônico, deve-se adotar a interpretação que melhor privilegia a busca pela maior competitividade, qual seja, considerar como termo *a quo* a mais recente dessas datas de publicação.[128]

Os *prazos mínimos* estão dispostos nos incisos I a IV do art. 15 da Lei nº 12.462/2011:

I - para aquisição de bens:
- cinco dias úteis, quando adotados os critérios de julgamento pelo menor preço ou pelo maior desconto (inciso I, alínea "a");
- dez dias úteis, nas demais situações (inciso I, alínea "b");

II - para a contratação de serviços e obras:
- quinze dias úteis, quando adotados os critérios de julgamento pelo menor preço ou pelo maior desconto (inciso II, alínea "a");
- trinta dias úteis, nas demais situações (inciso II, alínea "b");

III - para licitações em que se adote o critério de julgamento pela maior oferta:
- dez dias úteis (inciso III);

IV - para licitações em que se adote o critério de julgamento pela melhor combinação de técnica e preço, pela melhor técnica ou em razão do conteúdo artístico:
- trinta dias úteis (inciso IV).

Os prazos se iniciam e expiram exclusivamente em dia útil no âmbito do órgão ou entidade responsável pela licitação. Na sua contagem, exclui-se o dia do início e inclui-se o do vencimento (§4º e §5º do art. 45 da Lei nº 12.462/2011 e art. 112 do Decreto nº 7.581/2011).

Tal qual na modalidade pregão e ao contrário do disposto na Lei nº 8.666/1993,[129] adotou-se o critério de contagem por dias úteis e não dias corridos, garantindo-se um prazo mínimo real para a apresentação das propostas e evitando-se eventuais achatamentos de prazos em decorrência da existência de feriados no interstício legal.

---

[128] A Lei nº 8.666/1993 dispôs em sentido semelhante no §3º do seu art. 21: "Os prazos estabelecidos no parágrafo anterior serão contados a partir da última publicação do edital resumido ou da expedição do convite, ou ainda da efetiva disponibilidade do edital ou do convite e respectivos anexos, prevalecendo a data que ocorrer mais tarde".

[129] Excepciona-se a modalidade convite, cujo prazo mínimo para a apresentação das propostas é de cinco dias úteis (inciso IV do §2º do art. 21 da Lei nº 8.666/1993).

Prazos por demais exíguos, não é demais destacar, são restritivos da competitividade, pois somente aqueles com uma estrutura ágil o suficiente para atendê-lo podem participar. Por outro lado, prazos por demais dilatados podem comprometer o atendimento dos objetivos da administração. Desta feita, a fixação de prazos apelo legislador ocorre balanceando o princípio da busca da ampliação da competitividade e o da eficiência. No caso do Regime Diferenciado, o legislador optou por tender a balança mais para o princípio da eficiência quando se compara com os prazos da Lei nº 8.666/1993, pois houve uma sensível diminuição dos prazos mínimos.

De acordo com a sistemática já adotada na Lei nº 8.666/1993, eventuais modificações no instrumento convocatório devem ser divulgadas nas mesmas condições do instrumento original e com a reabertura dos prazos para a apresentação de propostas, exceto quando a alteração não comprometer a formulação dessas propostas.[130]

A diferenciação dos prazos *deixa de ter o valor como parâmetro e passa a ter o objeto contratado e/ou o tipo de julgamento como parâmetros.*

Adotou-se a *distinção entre aquisição de bens e prestação de serviços ou execução de obras.* A distinção é razoável, pois a preparação de propostas para a prestação de serviços ou execução de obras envolve a avaliação dos custos de diversos itens e o preenchimento de planilhas cuja tarefa nem sempre é simples.[131] Já a elaboração de uma proposta para a aquisição de bens não apresenta essas dificuldades.

Releva também o critério de julgamento utilizado. Caso a contratação ocorra mediante o critério de melhor técnica ou técnica e preço, vale a regra geral de trinta dias úteis para esse tipo de julgamento. Caso o critério de julgamento seja o do menor preço ou maior desconto, aplicam-se os menores prazos previstos nas alíneas "a" dos incisos I e II do art. 15 da Lei nº 12.462/2011.

---

[130] A matéria foi apreciada com mais profundidade no tópico da fase preparatória, na parte que tratou da minuta do instrumento convocatório.

[131] Por exemplo, a IN-02/2008, a qual dispõe sobre regras e diretrizes para a contratação de serviços, continuados ou não, estabelece que as propostas deverão ser apresentadas de forma clara e objetiva, em conformidade com o instrumento convocatório, devendo conter todos os elementos que influenciam no valor final da contratação, detalhando, dentre outras, quando for o caso:
I - os preços unitários, o valor mensal e o valor global da proposta;
II - os custos decorrentes da execução contratual, mediante o preenchimento do modelo de planilha de custos e formação de preços estabelecido no instrumento convocatório;
III - a indicação dos sindicatos, acordos coletivos, convenções coletivas ou sentenças normativas que regem as categorias profissionais que executarão o serviço e as respectivas datas bases e vigências;
IV - a relação dos materiais e equipamentos que serão utilizados na execução dos serviços, indicando o quantitativo e sua especificação.

Para os demais critérios de julgamento ainda não tratados, aplicam-se os prazos previstos nas alíneas "b" desses incisos. Como, o único critério de julgamento ainda não tratado é o de maior retorno econômico, que somente é aplicável a serviços (art. 23, §1º, da Lei nº 12.462/2011). Assim, como a alínea "b" do inciso I do art. 15 da Lei nº 12.462/2011 refere-se somente à aquisição de bens, não há aplicabilidade para esse dispositivo legal, pois todos os critérios de julgamento aplicáveis à aquisição de bens já estão enquadrados nos demais dispositivos legais.

Tabela 2 – Quadro comparativo entre os prazos mínimos de apresentação de propostas a partir da publicação do instrumento convocatório nos diferentes regimes de licitação

Lei nº 8.666/1993 (art. 21)		
Concorrência (empreitada integral, técnica e preço e melhor técnica) e concurso		45 dias
Concorrência em geral e tomada de preços (técnica e preço e melhor técnica)		30 dias
Tomada de preços em geral		15 dias
Convite		5 dias úteis
Pregão (Lei nº 10.520/2002 – art. 4º, inciso V)		
Eletrônico e presencial		8 dias úteis
Regime Diferenciado de Contratação (art. 15 da Lei nº 12.462/2011)		
Aquisição de bens	Menor preço ou maior desconto	5 dias úteis
	Demais casos	10 dias úteis
Contratação de serviços e obras	Menor preço ou maior desconto	15 dias úteis
	Demais casos	30 dias úteis
Maior oferta de preço		10 dias úteis
Técnica e preço, melhor técnica ou conteúdo artístico		30 dias úteis

CAPÍTULO 5
FASES DO REGIME DIFERENCIADO DE CONTRATAÇÕES PÚBLICAS | 97

c) Contratações diretas

Para as hipóteses de dispensa/inexigibilidade — excetuadas as contratações diretas efetuadas em razão do reduzido valor —, aplica-se o regramento previsto no art. 26 da Lei nº 8.666/1993, o qual estabelece que *os atos, como condição de sua eficácia, deverão ser publicados na imprensa oficial* (art. 35 da Lei nº 12.462/2011).[132]

O fundamento para a não publicação dos atos autorizadores das dispensas em razão do reduzido valor é o disposto no artigo 26 da Lei nº 8.666/1993, segundo o qual:

> [...] as dispensas previstas nos §§2º e 4º do art. 17 e no inciso III e seguintes do art. 24, as situações de inexigibilidade referidas no art. 25, necessariamente justificadas, e o retardamento previsto no final do parágrafo único do art. 8º desta Lei deverão ser comunicadas, dentro de 3 (três) dias, à autoridade superior, para ratificação e publicação na imprensa oficial, no prazo de 5 (cinco) dias, como condição para eficácia dos atos.

Ou seja, ao prever a obrigatoriedade de publicação de todos os atos que não os enquadrados no artigo 24, incisos I e II da Lei nº 8.666/1993 (contratações diretas em razão do baixo valor), permite-se a interpretação *a contrario sensu* de que esses atos teriam a sua publicação dispensada.

O Regime Diferenciado não estabelece expressamente que os atos de dispensa/inexigibilidade e os extratos dos instrumentos contratuais serão divulgados por meio eletrônico na mesma forma do instrumento convocatório. Ou seja, a publicação desses atos estaria limitada à imprensa oficial. Entretanto, como a norma do RDC privilegia esse tipo de divulgação, não resta afastada a possibilidade de assim se proceder por meio de interpretação extensiva, mormente porque essa forma de divulgação não acarreta despesa significativa para a administração.

Contratações de pequeno valor

O TCU já manifestou entendimento no sentido de que "as aquisições caracterizadas por dispensa ou inexigibilidade de licitação, previstas nos artigos 24, incisos III e seguintes, e 25, da Lei nº 8.666/1993, podem ser fundamentadas em dispensa de licitação, alicerçadas no

---

[132] Estabelece que se aplicam ao RDC as disposições dos artigos 24 a 26 da Lei nº 8.666/1993.

art. 24, incisos I e II, da referida Lei, quando os valores se enquadrarem nos limites estabelecidos neste dispositivo".[133]

Ou seja, havendo possibilidade de duplo enquadramento (pequeno valor e outra hipótese de dispensa ou inexigibilidade), o administrador estaria autorizado a adotar o fundamento legal que implique menor custo para a administração, em observância ao princípio da economicidade.

Com instrumento contratual

Entretanto, *caso haja instrumento contratual*, a escolha de fundamentação da contratação direta, quer na dispensa pelo menor preço quer nos demais dispositivos legais, é neutra sob o ponto de vista de custos para a administração.

Isso porque o parágrafo único do art. 61 da Lei nº 8.666/1993 assim dispõe:

> A publicação resumida do instrumento de contrato ou de seus aditamentos na Imprensa Oficial, que é condição indispensável para sua eficácia, será providenciada pela administração até o quinto dia útil do mês seguinte ao de sua assinatura, para ocorrer no prazo de vinte dias daquela data, qualquer que seja o seu valor, ainda que sem ônus, *ressalvado o disposto no art. 26 desta Lei.* (grifos nossos)

A regra é que, independentemente de seu valor, os contratos devem ter seu instrumento resumido publicado. Excetuam-se dessa regra as contratações diretas de que trata o art. 26 da Lei nº 8.666/1993, cujos atos de dispensa/inexigibilidade de contratação já foram objeto de publicação. A possível razão para tanto é evitar a duplicidade de publicações com o mesmo teor – uma para o ato autorizador da contratação direta e outra para o extrato do contrato. Entretanto, como visto, nos casos de contratação por baixo valor, não há a publicação do ato autorizador da contratação ante a não aplicabilidade do disposto no art. 26 da Lei nº 8.666/1993. Ou seja, essa hipótese não se enquadra na ressalva do parágrafo único do art. 61 da Lei nº 8.666/1993 e necessita da publicação do extrato contratual.

Em suma, na primeira hipótese — contratação direta em razão do baixo valor —, dispensa-se a publicação do ato de contratação direta, mas obriga-se a publicação do extrato do contrato. Na segunda hipótese

---

[133] Acórdão nº 1.336/2006 - Plenário, Rel. Min. Ubiratan Aguiar, Sessão 02.08.2006.

— demais situações de contratação direta —, obriga-se a publicação do ato de dispensa, mas dispensa-se a obrigatoriedade da publicação do extrato do contrato.

Sem instrumento contratual

Em não havendo instrumento contratual, o que no mais das vezes ocorre em contratações de baixo valor,[134] efetivamente se mostra vantajosa economicamente a adoção da primeira hipótese antes mencionada. Ou seja, enquadra-se a contratação direta como de baixo valor e não há a necessidade de qualquer publicação quer do ato de dispensa — por disposição legal — quer do extrato do instrumento contratual — ante a sua inexistência.

5.3 Apresentação das propostas

De acordo com as condições previstas no edital e adequadamente divulgadas por meio dos procedimentos de publicação, após a publicação do instrumento convocatório, inicia-se a etapa competitiva do certame com a apresentação de propostas ou lances (art. 14 do Decreto nº 7.581/2011).

Foi estabelecida a possibilidade de adoção de modos de disputa aberto, fechado ou combinado (art. 16 da Lei nº 12.462/2011 e art. 15 do Decreto nº 7.581/2011). Em princípio, não se pode afirmar qual modo de disputa é mais eficiente para ampliar a competitividade do certame. A experiência da apresentação de lances no modo de disputa aberto na modalidade pregão na forma eletrônica, além de amplamente disseminada na administração federal, vem apresentando bons resultados, no sentido de serem propiciadas ofertas mais vantajosas para a administração.[135] Assim, é positiva a ampliação do âmbito de

---

[134] Compras com entrega imediata e integral dos bens adquiridos, dos quais não resultem obrigações futuras para qualquer das partes (art. 62, *caput* e §4º, da Lei nº 8.666/1993).

[135] Segundo disponibilizado no Portal Brasil do Governo Federal: "Brasília, 10.02.2014 – O uso do pregão eletrônico nas compras e contratações públicas gerou uma economia de 18%, cerca de R$9,1 bilhões, ao governo federal em 2013. A modalidade licitatória foi utilizada em 37 mil processos e respondeu por 60% do total de aquisições realizadas no período. No último ano, as compras governamentais movimentaram R$68,4 bilhões na aquisição de bens e serviços por meio de 223,2 mil processos, levando-se em consideração todas as modalidades de contratação. Os dados foram extraídos do Portal de Compras do governo federal (Comprasnet) pelo Ministério do Planejamento (MP)" (Disponível em: <http://www.brasil.gov.br/economia-e-emprego/2014/02/uso-do-pregao-eletronico-gera-economia-de-r-9-1-bi-em-2013>. Acesso em: 02 jun. 2014).

aplicação desse procedimento, podendo-se combiná-lo ou não com a apresentação de propostas fechadas.

5.3.1 Modo de disputa aberto

No modo de disputa aberto, os licitantes apresentarão suas propostas por meio de lances públicos e sucessivos, crescentes ou decrescentes, conforme o critério de julgamento adotado.[136]

Forma eletrônica

O modo de disputa aberto é o procedimento usualmente utilizado quando os certames ocorrem sob a forma eletrônica.[137]

Quanto ao procedimento a ser adotado no âmbito do RDC, a licitação poderá ser processada por meio do sistema informatizado utilizado para a modalidade pregão de que trata o Decreto nº 5.450/2005.[138]

Ao contrário da forma presencial, não há ordem preferencial para a oferta dos lances. Ou seja, os licitantes podem apresentar suas propostas no momento em que entenderem conveniente. Entretanto, como o encerramento da fase de lances ocorre em período aleatoriamente determinado de até 30 minutos, os licitantes não podem procrastinar em excesso a apresentação de suas propostas, sob pena de perderem a oportunidade de fazê-lo, consoante procedimento previsto no (§7º do art. 24 do Decreto nº 5.450/2005):

> O sistema eletrônico encaminhará aviso de fechamento iminente dos lances, após o que transcorrerá período de tempo de até trinta minutos, aleatoriamente determinado, findo o qual será automaticamente encerrada a recepção de lances.

Em outras palavras, emitido pelo sistema o aviso de encerramento iminente dos lances, os licitantes que efetivamente quiserem ofertar propostas competitivas deverão fazê-lo de imediato.

---

[136] Art. 17, inciso I, da Lei nº 12.462/2011 e art. 18 do Decreto nº 7.581/2011.

[137] Quando da utilização da modalidade eletrônica do pregão, é prevista a utilização do modo de disputa aberto, consoante o art. 24 do Decreto nº 5.450/2002: "Classificadas as propostas, o pregoeiro dará início à fase competitiva, quando então os licitantes poderão encaminhar lances exclusivamente por meio do sistema eletrônico".

[138] Art. 13 da Lei nº 12.462/2011 e §2º do art. 13 do Decreto nº 7.581/2011.

Forma presencial

Caso a licitação seja realizada sob a *forma presencial*, os licitantes deverão ser previamente credenciados e serão adotados os seguintes procedimentos adicionais em relação à forma eletrônica (§3º do art. 16 e art. 19 do Decreto nº 7.581/2011):

I - as propostas iniciais serão classificadas de acordo com a ordem de vantajosidade;

II - a comissão de licitação convidará individual e sucessivamente os licitantes, de forma sequencial, a apresentar lances verbais, a partir do autor da proposta menos vantajosa, seguido dos demais; e

III - a desistência do licitante em apresentar lance verbal, quando convocado, implicará sua exclusão da etapa de lances verbais e a manutenção do último preço por ele apresentado, para efeito de ordenação das propostas *exceto no caso de ser o detentor da melhor proposta*, hipótese em que poderá apresentar novos lances sempre que esta for coberta.

Ou seja, há uma ordem estabelecida para a apresentação de lances e aquele que declina depois de convocado ficará impossibilitado de efetuar novos lances. A exceção a esse impedimento ocorre quando o declinante é o detentor da melhor proposta.

Ora, os licitantes, na busca de resultados que melhor atendam seus interesses econômicos, tendem a efetuar propostas com valores suficientes apenas para superar os seus oponentes. Assim, enquanto estiver com a melhor proposta, é esperado que esse licitante não busque aperfeiçoá-la quando convocado. Entretanto, caso essa proposta seja superada em momentos posteriores, é provável que esse licitante tenha a intenção de recuperar a sua posição anterior de primazia na competição, o que, caso ocorra, redundará em opção mais econômica para a contratante.

Desta feita, por ampliar a competitividade, a referida exceção é compatível com o princípio da busca da proposta mais vantajosa para a administração.

Cabe registrar que o procedimento aqui exposto é diverso daquele aplicável aos pregões presenciais,[139] os quais são comparáveis à forma de disputa combinada.

---

[139] Art. 4º, inciso VIII, da Lei nº 10.520/2002.

Lances intermediários

É permitida a apresentação de lances intermediários, assim definidos (parágrafos 1º e 2º do art. 17 da Lei nº 12.462/2011 e art. 20 do Decreto nº 7.581/2011):

- iguais ou inferiores ao maior já ofertado, mas superiores ao último lance dado pelo próprio licitante, quando adotado o julgamento pelo critério da maior oferta; ou
- iguais ou superiores ao menor já ofertado, mas inferiores ao último lance dado pelo próprio licitante, quando adotados os demais critérios de julgamento.

A possibilidade de apresentação de lances intermediários permite aos licitantes *disputar determinada posição classificatória na expectativa de que os licitantes com melhores propostas não preencham os requisitos de habilitação*. Caso não fossem permitidos os lances intermediários, o procedimento estaria sob a suspeita de que não foram atingidos os seus objetivos de busca pela proposta mais vantajosa e ampliação da competitividade, caso o primeiro classificado não venha a ser contratado por ser inabilitado ou por não honrar a sua proposta.[140] A razão para tanto é que, nessa situação, pode ocorrer a contratação do segundo colocado sem se saber a disposição ou não de os demais licitantes cobrirem a oferta desse segundo colocado.

Busca-se, ainda, com esses lances intermediários, inibir o chamado "efeito coelho", qual seja, que determinada empresa não apta a se habilitar ou que não tenha interesse na contratação, em combinação ou não com outra licitante, promova o *prematuro fim da competição ao elaborar proposta economicamente inviável para os demais licitantes*. Na hipótese de combinação, o esgotamento prematuro do certame ocorreria para beneficiar determinada empresa que estivesse classificada logo depois daquela que elaborou a proposta que não seria honrada.

Mesmo com a possibilidade de apresentação de lances intermediários durante a disputa inicial, é facultado ao gestor a utilização de procedimento adicional para buscar minimizar os inconvenientes que adviriam caso o primeiro classificado não honre sua proposta.

Assim, se a *diferença* entre o melhor lance e a proposta classificada em *segundo lugar for de pelo menos dez por cento*, a comissão de licitação poderá admitir o *reinício da disputa aberta*, nos termos estabelecidos no instrumento convocatório, para a definição das demais colocações que não aquela do primeiro lugar. Ou seja, estimula-se *uma nova disputa*

---

[140] Trata-se de hipótese justificadora da aplicação da penalidade de impedimento de licitar com a administração pública, nos termos do art. 47, inciso I e II, da Lei nº 12.462/2011.

pelo segundo lugar de forma a garantir que a segunda classificada seja, na eventual inabilitação ou desistência da primeira classificada, a melhor proposta para a administração (inciso II do §1º do art. 17 da Lei nº 12.462/2011 e art. 21 do Decreto nº 7.581/2011).

De destacar que o reinício da disputa é somente para a definição do segundo colocado. Assim, o reinício da disputa para a definição do primeiro colocado pode provocar a nulidade do certame. Tal situação foi retratada no bojo do Relatório que acompanha o Acórdão nº 2.224/2013 - Plenário:[141]

> O art. 21, cuja regra constou adequadamente do edital da licitação, estabelece que, na fase de lances sucessivos, "após a definição da melhor proposta, se a diferença em relação à proposta classificada em segundo lugar for de pelo menos dez por cento, a comissão de licitação poderá admitir o reinício da disputa aberta, nos termos estabelecidos no instrumento convocatório, para a definição das demais colocações". Ocorre que, por equívoco, a comissão informou aos licitantes, no início dos trabalhos, que na segunda fase de apresentação de lances - assim entendida aquela ocorrida após a definição do vencedor, ou seja, destinada à definição das demais colocações, nos termos do art. 21 — as licitantes poderiam ofertar lances inferiores ao lance vencedor da primeira fase. Nestas condições, o vencedor do certame não seria definido na primeira fase de apresentação de lances.
>
> Com base nessa informação, processou-se a oferta sucessiva de lances pelas licitantes, conforme regramento estipulado nos arts. 19 e 20 do Decreto 7.581/2011, na qual, em primeiro momento, a proposta mais vantajosa foi a oferecida pelo Consórcio Encalso – Kallas no valor de R$346.083.000,00.
>
> Entretanto, percebido o equívoco na informação prestada aos licitantes no início da disputa, valendo-se do princípio da autotutela, a comissão de licitação decidiu por anular os atos praticados em desacordo com a legislação.

Intervalo mínimo de diferença de valores entre os lances

O instrumento convocatório, no modo de disputa aberto, poderá estabelecer *intervalo mínimo de diferença de valores entre os lances* (parágrafo único do art. 18 do Decreto nº 7.581/2011). Assim, evita-se o oferecimento de lances praticamente indiferentes para a administração e permite que se desenvolva o procedimento de busca pela melhor proposta para a administração.

---

[141] Rel. Min. Valmir Campelo, Sessão 21.08.2013.

O intervalo mínimo, tanto para lances intermediários quanto para lances finais, pode ser estabelecido em relação:
- à própria proposta do licitante;
- às propostas dos demais licitantes.

Reconhecendo a importância da matéria, em situação que o limite mínimo somente foi estabelecido em relação à proposta anterior do próprio licitante, o TCU entendeu ser recomendável que *todos os licitantes estivessem sujeitos a oferta de lance com limite mínimo em relação à proposta melhor classificada*:

> 9.3. recomendar ao Ministério do Planejamento e à Casa Civil [...] que coíbam a possibilidade de eventual licitante [...] de cobrir o menor preço por desconto irrisório, como, por exemplo, obrigando a apresentação de lances com intervalo mínimo aplicado, tanto com relação às propostas de cada licitante, como também com relação à melhor proposta, no caso de o lance intentar cobrir o menor preço; [...]. (Acórdão nº 306/2013 - Plenário, Rel. Min. Valmir Campelo, Sessão 27.02.2013)

A situação verificada no bojo do referido acórdão foi assim delineada:

> Consoante parecer da unidade técnica, as disposições do edital estabeleceram intervalo mínimo de valor apenas entre os lances de um mesmo licitante, mas não entre determinado lance e a melhor proposta até o momento, quando ofertada por outro participante. Com isso, licitantes que se utilizassem da prerrogativa de apresentar lances intermediários (inferiores a sua proposta anterior mas superiores ao menor lance registrado) poderiam, como realmente veio a ocorrer, esperar o momento apropriado para cobrir o menor preço com diferença irrisória (R$0,01, no caso concreto), esperando que o concorrente superado desistisse da disputa, pois o novo lance a ser por este apresentado teria que respeitar o intervalo mínimo estabelecido pelo edital (R$368.189,12, no caso concreto), o que poderia não ser do seu interesse (como não foi).[142]

Ou seja, o então detentor do melhor lance somente poderia melhorar sua proposta caso a baixasse em 1%, enquanto os demais licitantes poderiam superar essa proposta caso apresentassem lances a elas inferiores por diferença de centavos. Verificou-se, pois, que a ausência de intervalo mínimo em relação à proposta melhor classificada iria de encontro ao princípio da isonomia.

---

[142] Informativo de Licitações e Contratos do Tribunal de Contas da União nº 141, Sessões 26 e 27 fev. 2013.

Quando da adoção da forma eletrônica, a fixação de intervalos mínimos entre os lances presta-se também a retirar parcialmente a eficácia da utilização dos programas de computadores denominados "robôs", cuja utilização acaba por afetar a isonomia dos pregões realizados com fulcro na Lei nº 10.520/2002.

Isso porque estaria suprimida uma das vantagens para os utilizadores desses programas, que é a possibilidade de apresentação, em tempo mínimo, de lances com vantagens irrisórias em relação à proposta então mais bem classificada. Ou seja, os detentores desses programas estariam em posição privilegiada em relação aos demais licitantes, pois, sem maiores ônus, estariam sempre liderando a disputa, inclusive na fase de encerramento iminente dos lances, a ocorrer em período de tempo aleatoriamente determinado (§7º do art. 24 do Decreto nº 5.450/2005).

Intervalo mínimo de tempo entre os lances

Seria interessante também o estabelecimento de um espaço de tempo mínimo compatível com a apresentação de lances manualmente. Assim, estaria mitigada ou afastada a principal vantagem dos programas robôs, consistente na apresentação de propostas em curtíssimo espaço de tempo de forma a permitir ao usuário do programa a possibilidade de sempre, ou quase sempre, ofertar a última proposta quando a licitação estiver na fase aleatória de encerramento.

A utilização desses programas foi bem delineada no seguinte trecho do voto condutor do Acórdão TCU nº 2.601/2011 - Plenário:[143]

> a) é possível aos usuários de dispositivos de envio automático de lances (robôs) a remessa de lances em frações de segundo após o lance anterior, o que ocorre durante todo o período de iminência do pregão;
>
> b) com a possibilidade de cobrir lances em frações de segundo, o usuário do robô pode ficar à frente do certame na maior parte do tempo, logrando assim probabilidade maior (e real) de ser o licitante com o lance vencedor no momento do encerramento do pregão, que é aleatório;
>
> c) ciente dessa probabilidade, que pode chegar a ser maior que 70%, o licitante usuário do robô pode simplesmente cobrir os lances dos concorrentes por alguns reais ou apenas centavos, não representando, portanto, vantagem de cunho econômico para a administração.

---

[143] Rel. Min. Valmir Campelo, Sessão 28.09.2011.

Possivelmente, tendo em conta essas considerações e com o intuito de inibir a utilização dos mencionados programas, o Ministério do Planejamento, Orçamento e Gestão elaborou as seguintes normas aplicáveis às compras mediante pregão eletrônico:

> Art. 1º-A O instrumento convocatório poderá estabelecer intervalo mínimo de diferença de valores entre os lances, que incidirá tanto em relação aos lances intermediários quanto em relação à proposta que cobrir a melhor oferta.
>
> Art. 2º Na fase competitiva do pregão, em sua forma eletrônica, o intervalo entre os lances enviados pelo mesmo licitante não poderá ser inferior a vinte (20) segundos e o intervalo entre lances não poderá ser inferior a três (3) segundos.[144]

5.3.2 Modo de disputa fechado

No modo de disputa fechado, as propostas apresentadas pelos licitantes serão sigilosas até a data e hora designadas para que sejam divulgadas. A utilização do modo de disputa fechado é o que mais se assemelha à sistemática tradicional da Lei nº 8.666/1993.

A vantagem desse método consiste no fato de forçar os licitantes a *apresentarem de pronto as suas propostas que considerem mais competitivas*, pois não haverá oportunidade de se realizar uma segunda proposta.

Não ocorrerá, pois, o que acontece no modo aberto, quando os licitantes podem guardam suas melhores propostas para apresentá-las somente na medida em que a concorrência com os demais licitantes o exigir. Assim, caso a concorrência não demande, o licitante pode vencer sem precisar lançar mão da proposta que seria mais vantajosa para a administração.

Por outro lado, por vezes, os licitantes não apresentam sua melhor proposta na esperança que aquela apresentada seja suficiente para bater os seus concorrentes. Nessa situação, a ausência de possibilidade de o licitante cobrir a proposta de seu concorrente, como ocorre no modo aberto, apresenta-se como uma desvantagem para a administração, pois o licitante, embora querendo, não poderá apresentar outra proposta escrita para cobrir a de seu oponente.

---

[144] Instrução Normativa SLTI nº 3/2011, que estabelece procedimentos para a operacionalização do pregão, na forma eletrônica, com a redação dada pela Instrução Normativa SLTI nº 3/2013.

5.3.3 Combinação dos modos de disputa

De acordo com os artigos 23 e 24 do Decreto nº 7.581/2011, os modos de disputa poderão ser combinados da seguinte forma:
- início pelo modo disputa fechado, com a classificação das três melhores propostas para a etapa subsequente de disputa aberta, quando devem ser apresentados lances sucessivos; ou
- início pelo modo disputa aberto, com a classificação das três melhores propostas para a etapa subsequente de disputa fechada, quando devem ser apresentadas as propostas finais.

Com a combinação dos modos, sopesa-se os prós e contras do sistema aberto e fechado. Isso porque, na fase fechada, estimula-se os licitantes a apresentarem desde logo as propostas mais competitivas e, na fase aberta, propicia-se aos licitantes a possibilidade de cobrirem as propostas de seus concorrentes. A desvantagem é que essas oportunidades somente estarão disponíveis aos que passarem para a segunda fase.

Não se trata, aliás, de novidade no ordenamento jurídico essa forma de disputa, pois, por exemplo, a Lei nº 10.520/2002[145] — utilização de pregão presencial — e a Lei nº 11.079/2004[146] — contratação de parcerias público-privadas (PPP) — já preveem o modelo de duas fases de apresentação de propostas. A diferença é que, nesses casos, há apenas a possibilidade de o certame iniciar com o modo de disputa fechado. Não há, pois, a possibilidade de se iniciar a disputa pelo modo aberto e depois se passar para o fechado, como acontece no RDC.

Outra diferença é que o RDC prevê que *as três melhores propostas passarão para a segunda etapa*, enquanto as normas do pregão e das PPP estabelecem um limite de corte em função do valor da proposta em relação àquela do primeiro colocado, não importando quantos licitantes

---

[145] Quando trata da utilização do pregão presencial: "Art. 4º A fase externa do pregão será iniciada com a convocação dos interessados e observará as seguintes regras: [...] VII - aberta a sessão, os interessados ou seus representantes, apresentarão declaração dando ciência de que cumprem plenamente os requisitos de habilitação e *entregarão os envelopes contendo a indicação do objeto e do preço oferecidos*, procedendo-se à sua imediata abertura e à verificação da conformidade das propostas com os requisitos estabelecidos no instrumento convocatório; VIII - no curso da sessão, *o autor da oferta de valor mais baixo e os das ofertas com preços até 10% (dez por cento) superiores àquela poderão fazer novos lances verbais* e sucessivos, até a proclamação do vencedor" (grifos nossos).

[146] Institui normas gerais para licitação e contratação de parceria público-privada no âmbito da administração pública: "Art. 12. [...] §1º [...] II - O edital poderá restringir a apresentação de lances em viva voz aos licitantes cuja proposta escrita for no máximo 20% (vinte por cento) maior que o valor da melhor proposta".

se enquadrem em tal situação (dependendo do caso, podem ser vários ou nenhum).

De acordo com a lei do pregão, por exemplo, além do então melhor classificado, somente passarão para a segunda etapa aqueles cujas propostas sejam até 10% superiores àquela desse primeiro classificado.

Tabela 3 – Forma de apresentação das propostas de acordo com a modalidade licitatória adotada

Possibilidades de apresentação das propostas			
	Forma aberta	Forma fechada	Mista iniciando pela fechada	Mista iniciando pela aberta
Lei nº 8.666/1993	Não	Sim	Não	Não
Pregão presencial	Não	Não	Sim	Não
Pregão eletrônico	Sim	Não	Não	Não
RDC	Sim	Sim	Sim	Sim

5.4 Julgamento

Apresentadas as propostas, cabe avaliá-las em relação ao cumprimento das disposições editalícias. O julgamento das propostas observará os parâmetros definidos no instrumento convocatório, sendo vedado computar vantagens não previstas, inclusive financiamentos subsidiados ou a fundo perdido (parágrafos 2° e 3° do art. 18 da Lei nº 12.462/2011).

Cabe à comissão de licitação verificar a conformidade das propostas com os requisitos estabelecidos no instrumento convocatório quanto ao objeto e ao preço (art. 17 do Decreto nº 7.581/2011).

De acordo com o princípio da eficiência, essa avaliação pode ser realizada *somente em relação à proposta mais bem classificada* ($\S1^\circ$ do art. 24 da Lei nº 12.462/2011). Com efeito, ofende o bom senso avaliar a documentação de empresas que se sabe de antemão não representar a proposta mais vantajosa para a administração. Somente na hipótese de desclassificação da proposta até então mais bem classificada, passar-se-á a analise da proposta seguinte.

Realização de diligências

Dando azo a um menor rigorismo na condução do procedimento licitatório, os parágrafos 1º e 2º do art. 7º do Decreto regulamentador facultaram à comissão de licitação promover as diligências que entender necessárias e, desde que *não seja alterada a substância da proposta*, adotar medidas de saneamento destinadas a esclarecer informações, corrigir impropriedades na documentação de habilitação ou complementar a instrução do processo.

Embora a norma não explicite o que seja "substância da proposta", entende-se que, pelo menos, ela se refira à necessidade de *preservação do objeto oferecido e de seu valor*. Assim, seria possível, por exemplo, o saneamento de erros ou omissões referentes à:
- validade;
- descrição incompleta do objeto;
- forma de apresentação;
- prazo de entrega do bem;
- erros aritméticos.

Não foi reproduzida, pois, a disposição da Lei nº 8.666/1993 (art. 43, §3º) que veda a inclusão posterior de documento ou informação que deveria constar originariamente da proposta.

O parágrafo único do art. 17 do Decreto nº 7.581/2011, estabelece que as propostas em desacordo com o edital devem, de forma motivada, ser, *imediatamente desclassificadas*. Esse dispositivo, contudo, deve ter sua interpretação harmonizada com as normas antes tratadas permissivas da realização de diligências. Assim, deve-se adotar o entendimento de que a desclassificação imediata das propostas deve ocorrer somente quando for evidente a sua inadequação, não havendo que se falar, por desnecessário ante a sua potencial ineficácia, da necessidade de se efetuar qualquer diligência para sanar dúvidas ou esclarecer a proposta.

Falhas sanáveis

Depois de realizadas as diligências ou ante a sua não aplicabilidade, serão desclassificadas as propostas que (artigos 24 da Lei nº 12.462/2011 e 40 do Decreto nº 7.581/2011):
- contenham vícios insanáveis;
- não obedeçam às especificações técnicas pormenorizadas no instrumento convocatório;
- apresentem preços manifestamente inexequíveis ou permaneçam acima do orçamento estimado para a contratação;
- não tenham sua exequibilidade demonstrada, quando exigido pela administração pública;

- apresentem desconformidade com quaisquer outras exigências do instrumento convocatório, desde que insanáveis.

Como se vê, a lei prevê a desclassificação de propostas que apresentem vícios insanáveis. Ou seja, a falha deve possuir relevância tal que afete os fundamentos do processo licitatório e comprometa o atingimento do interesse público. Nesse sentido, devem ser relevadas pequenas falhas não comprometedoras da lisura do certame e que não afetem na essência o interesse público. Veja-se o seguinte trecho do voto condutor do Acórdão TCU nº 1.758/2003 - Plenário:[147]

> Ressalto, preliminarmente, que *o edital não constitui um fim em si mesmo.* Trata-se de *instrumento para a consecução das finalidades do certame licitatório, que são assegurar a contratação da proposta mais vantajosa e a igualdade de oportunidade de participação dos interessados*, nos precisos termos do art. 3º, *caput*, da Lei nº 8.666/1993. Assim, a interpretação e aplicação das regras nele estabelecidas deve sempre ter por norte o atingimento das finalidades da licitação, *evitando-se o apego a formalismos exagerados, irrelevantes ou desarrazoados, que não contribuem para esse desiderato.* (grifos nossos)

Mediante o Acórdão nº 1.197/2014 - Plenário,[148] o TCU considerou falha sanável a não apresentação pelo licitante da composição de custos unitários em licitação realizada pela critério de julgamento do maior desconto. Isso porque se entendeu que a ausência de tais informações não impediu o exame da adequabilidade da proposta. Veja-se a respeito as seguintes considerações constantes de voto que acompanha esse acórdão:

> A partir do momento em que o Consórcio Fronteiras ofertou o desconto de 4% sobre o valor orçado pelo Dnocs, esse valor percentual, por absoluta imposição legal, incide sobre todos os preços unitários do orçamento estimado constante do instrumento convocatório, os quais, por simples juízo de subsunção, passam a constituir os preços unitários do proponente.

Especificações técnicas em desacordo com o edital

Em princípio, não se considera de pouca significância a falha consistente na incompatibilidade entre as especificações técnicas

---

[147] Rel. Min. Walton Alencar Rodrigues, Sessão 19.11.2003.
[148] Rel. Min. Substituto André Luís de Carvalho, Sessão 14.05.2014.

exigidas e aquelas apresentadas pelo objeto ofertado. Nesse caso, cabe um maior rigor por dois motivos principais.

Primeiro, porque, em constando a exigência do edital, presume-se ser ela necessária para o atendimento da necessidade da administração, a qual restaria não atendida caso se aceite um objeto que descumpra essa exigência. Depois, considere-se que a exigência afasta potenciais licitantes, de forma que comprometeria o princípio da isonomia e o da busca da proposta mais vantajosa aceitar determinada proposta que não preenche as exigências técnicas do edital. Em outras palavras, ou a especificação técnica constante do edital é necessária e ela deve ser exigida, ou ela é dispensável e o edital está eivado de vício.

Não se deve, outrossim, confundir a análise técnica do objeto ofertado, com a habilitação técnica do licitante. Na primeira, analisa-se a *capacidade do objeto* em atender adequadamente a administração. Na segunda, analisa-se a *capacidade técnica do licitante* em fornecer o objeto licitado. São institutos diversos e que não se confundem.

5.4.1 Análise do valor ofertado

Outro item de análise da proposta refere-se ao valor ofertado, o qual deve ser analisado sobre os prismas da *exequibilidade* e do *sobrepreço*. Na verdade, em regra, esse é o primeiro item a ser verificado, pois, de acordo com a vantajosidade de cada proposta, será efetuada uma classificação preliminar que direcionará os trabalhos da comissão de licitação. Assim, a análise da compatibilidade da proposta com o edital, tratada anteriormente, ocorrerá de acordo com essa ordem de classificação preliminar.

A análise de *exequibilidade* busca evitar que sejam contratadas empresas com propostas inviáveis economicamente e que acabariam por provocar a interrupção prematura do fornecimento de bens e serviços para a administração, com todas as indesejáveis consequências daí decorrentes. Trata-se de uma análise nem sempre fácil diante das dificuldades em se fixar critérios objetivos para tanto. Ademais, uma decisão equivocada pode afastar do certame a proposta mais vantajosa para a administração pública.

Nesse sentido e de forma compatível com a jurisprudência do TCU,[149] o §2º do art. 24 da Lei nº 12.462/2011 estabeleceu que

---

[149] "A conciliação do disposto no §3º do art. 44 da Lei n.º 8.666/1993 com o inciso X do art. 40 da mesma lei, para serviços outros que não os de engenharia, tratados nos §§1º e 2º do art. 48

a administração pública poderá realizar diligências para aferir a exequibilidade das propostas ou exigir dos licitantes que ela seja demonstrada.

A análise de *sobrepreço* busca garantir que seja dado cumprimento ao princípio da economicidade. Ou seja, depois de fixado na fase interna da licitação o preço máximo a que a administração está disposta a pagar, as propostas devem estar limitadas a esse valor, sob pena de desclassificação (art. 24, inciso III, da Lei nº 12.462/2011).

a) Serviços em geral e obras de engenharia

Quando se trata da contratação de serviços em geral ou obras de engenharia, a proposta vencedora é apresentada em valores globais. Entretanto, de acordo com o princípio da transparência e até mesmo para a administração avaliar a exequibilidade e/ou a existência de sobrepreços, as normas podem exigir a desagregação desse valor em seus custos unitários.

Para a contratação de serviços de duração continuada, por exemplo, a IN-02/2008-MPOG, estabelece em seu art. 21:

> Art. 21. As propostas deverão ser apresentadas de forma clara e objetiva, em conformidade com o instrumento convocatório, devendo conter todos os elementos que influenciam no valor final da contratação, detalhando, quando for o caso:
>
> I - os preços unitários, o valor mensal e o valor global da proposta, conforme o disposto no instrumento convocatório;
>
> II - os custos decorrentes da execução contratual, mediante o preenchimento do modelo de planilha de custos e formação de preços estabelecido no instrumento convocatório; [...].

Reelaboração das propostas

No modo de disputa aberto, quando não está definida de antemão a proposta final de cada licitante, essa desagregação, por óbvio, somente pode ocorrer após o conhecimento da proposta vencedora e de seu valor. Assim, deve ser concedido prazo razoável para o licitante vencedor elaborar a planilha com custos unitários.

---

da Lei nº 8.666/1993, impõe que a administração não fixe limites mínimos absolutos de aceitabilidade de preços unitários, mas que faculte aos licitantes a oportunidade de justificar situação peculiar que lhes permita ofertar preços aparentemente inexequíveis ou de questionar os valores orçados pela administração" (Ementa do Acórdão nº 363/2007 - Plenário, Rel. Min. Benjamin Zymler, Sessão 14.03.2007).

Nesse sentido, as normas do RDC dispõem que, nas *licitações de obras ou serviços de engenharia*, o licitante da melhor proposta apresentada deverá reelaborar e apresentar à comissão de licitação, por meio eletrônico, conforme prazo estabelecido no instrumento convocatório, planilha com os valores adequados ao lance vencedor, em que deverão constar (art. 17, inciso III, da Lei nº 12.462/2011 e §2º do art. 40 do Decreto nº 7.581/2011):

> I - indicação dos quantitativos e dos custos unitários, vedada a utilização de unidades genéricas ou indicadas como verba;
>
> II - composição dos custos unitários quando diferirem daqueles constantes dos sistemas de referências adotados nas licitações; e
>
> III - detalhamento das Bonificações e Despesas Indiretas (BDI)[150] e dos Encargos Sociais (ES).[151]

No sentido de que é desnecessária a apresentação pelo licitante de composições de custos que são idênticas àquelas utilizadas no procedimento licitatório, o TCU expediu a seguinte recomendação:

> 9.3. dar ciência ao Dnocs que, em licitações realizadas sob o Regime Diferenciado de Contratações, com critério de julgamento "maior desconto", a declaração do licitante no sentido de que "adota como suas as composições de custos unitários constantes dos sistemas de referências utilizados na licitação" torna dispensável a apresentação detalhada desses elementos, conforme o art. 40, §2º, alínea "b", do Decreto 7.581/2011;[152]

Para os serviços em geral, deverá ser aplicado analogicamente o §6º do art. 25 do Decreto nº 5.450/2005, o qual prevê a apresentação de planilha de composição de preços, com os respectivos valores readequados ao lance vencedor.

Orçamento sigiloso

Depois de elaborada essa planilha, pode ocorrer que alguns dos preços unitários sejam superiores ao do orçamento da administração.

Nesse caso, de forma a possibilitar a devida adequação, o Decreto nº 7.581/2011 (§3º do art. 43), estabelece que deve haver *a divulgação dos*

---

[150] Despesas indiretas e lucro expressos em porcentual sobre os custos diretos.

[151] Encargos de cunho social que incidem sobre o custo da mão de obra.

[152] Acórdão TCU nº 1.197/2014 - Plenário, Rel. Min. Substituto André Luís de Carvalho, Sessão 14.05.2014.

custos dos itens ou das etapas do orçamento estimado que estiverem abaixo dos custos ou das etapas ofertados pelo licitante da melhor proposta.

Trata-se, pois, de hipótese especial de divulgação do orçamento — mesmo que parcial — que foge à regra geral no sentido que esse procedimento somente deve ocorrer depois da adjudicação do objeto (art. 9º do Decreto nº 7.581/2011).

De se destacar que, sob pena de se violar o equilíbrio econômico-financeiro da proposta, não é exigível que seja alterado o valor global da proposta. Assim, ao se abaixar os valores dos custos unitários de alguns itens, é esperado que haja o aumento de outros.

Custos unitários incompatíveis

Dúvidas surgem acerca do tratamento a ser dado quando o preço global é aceitável, porém um ou mais dos seus custos unitários está incompatível com o de mercado, quer por ser inexequível quer por estar muito acima do valor de referência.[153] No Relatório que acompanha a Decisão nº 577/2001 - Plenário,[154] consta uma boa delineação da questão:

> Evidentemente espera-se não haver diferenças entre a informação posta na planilha e aquela exigida pela lei ou pelo acordo. Mas, e se houver? Só há duas alternativas, cuja validade cabe discutir:
>
> 1ª) acata-se a proposta, mas o proponente tem que suportar o ônus do seu erro (que resulta em uma oferta menos competitiva, se o valor informado for maior que o exigido, ou em uma redução da margem de lucro inicialmente esperada, na situação inversa); ou
>
> 2ª) desclassifica-se a proposta sumariamente, o que não deixa de ser uma medida drástica, se considerarmos que a licitação não é um fim em si mesma, mas meio para a administração selecionar a oferta que lhe for mais vantajosa, dentro dos limites de atuação estabelecidos pelo legislador.

A respeito, insta trazer à baila o seguinte trecho do voto condutor do Acórdão TCU nº 4.621/2009 - 2ª Câmara:[155]

---

[153] Com os procedimentos estabelecidos para a aceitabilidade de propostas para a execução de obras de engenharia, como será visto em tópico específico, a probabilidade de ocorrer situações da espécie restam bastante minoradas e restritas a contratações de outros tipos de objetos.

[154] Rel. Min. Iram Saraiva, Sessão 15.08.2001.

[155] Rel. Min. Benjamin Zymler, Sessão 1º.09.2009.

Não penso que o procedimento seja simplesmente desclassificar o licitante. Penso sim que deva ser avaliado o impacto financeiro da ocorrência e verificar se a proposta, mesmo com a falha, continuaria a preencher os requisitos da legislação que rege as licitações públicas — preços exequíveis e compatíveis com os de mercado.

Exemplifico. Digamos que no quesito férias legais, em evidente desacerto com as normas trabalhistas, uma licitante aponha o porcentual de zero por cento. Entretanto, avaliando-se a margem de lucro da empresa, verifica-se que poderia haver uma diminuição dessa margem para cobrir os custos de férias e ainda garantir-se a exequibilidade da proposta.

Em tendo apresentado essa licitante o menor preço, parece-me que *ofenderia os princípios da razoabilidade e da economicidade desclassificar a proposta mais vantajosa e exequível por um erro que, além de poder ser caracterizado como formal, também não prejudicou a análise do preço global de acordo com as normas pertinentes.* (grifos nossos)

Ou seja, os preços unitários resultantes do desmembramento do preço global possuem caráter instrumental para que se avalie a regularidade deste último, que é o que efetivamente interessa à administração para ser dado cumprimento ao princípio da economicidade. Assim, eventuais discrepâncias nos preços unitários que não comprometam a regularidade do preço global podem ser relevadas.[156] Conforme disposto na Instrução Normativa SLTI nº 02/2008:

Art. 23. A contratada deverá arcar com o ônus decorrente de eventual equívoco no dimensionamento dos quantitativos de sua proposta, devendo complementá-los, caso o previsto inicialmente em sua proposta não seja satisfatório para o atendimento ao objeto da licitação exceto quando ocorrer algum dos eventos arrolados nos incisos do §1º do art. 57 da Lei nº 8.666, de 1993. [...]

Art. 29-A [...]

§2º Erros no preenchimento da Planilha não são motivo suficiente para a desclassificação da proposta, quando a Planilha puder ser ajustada sem a necessidade de majoração do preço ofertado, e desde que se comprove que este é suficiente para arcar com todos os custos da contratação. (Incluído pela Instrução Normativa nº 3, de 16 de outubro de 2009)

Permitida ainda a realização de diligência para que a licitante corrija sua proposta, desde, é certo, que não se altere o preço global ofertado, considerado, como visto, da substância da proposta.

---

[156] Quando se trata de obras ou serviços de engenharia, as normas preveem tratamento diferenciado, conforme visto no Capítulo 7 desta obra.

5.4.2 Divulgação do orçamento

O orçamento efetuado pela administração para a estipulação do limite a ser aceito *somente deverá ser divulgado após o encerramento da licitação* (art. 6º da Lei nº 12.462/2011).

A lei não estabelece uma opção para o gestor, tornando a prática imperativa. Trata-se de procedimento diverso do que ocorre nas contratações decorrentes da modalidade pregão, quando a divulgação ou não do orçamento antes de finalizado o certame é matéria a ser disposta no edital, ou da sistemática prevista na Lei nº 8.666/1993, segundo a qual o orçamento deve constar de anexo ao edital.[157]

Por incompatibilidade lógica, o orçamento deve constar do edital quando forem adotados os seguintes critérios de julgamento (incisos I e II do §2º do art. 9º do Decreto nº 7.581/2011):

- maior desconto;
- melhor técnica.

Além dessas hipóteses, o Decreto do RDC prevê a divulgação do orçamento quando adotado o critério de julgamento pela maior oferta (art. 9º, §2º, inciso III).

Considerando essas exceções, *o orçamento somente será sigiloso nas hipóteses de licitação por menor preço e técnica e preço.*

Vale lembrar que as normas do Banco Internacional para Reconstrução e Desenvolvimento – Bird (Banco Mundial) são semelhantes àquelas do RDC e o Tribunal de Contas da União já se manifestou no sentido de ser legítima a divulgação posterior do orçamento em obras financiadas pelo Bird.[158]

---

[157] *Vide* a ementa que acompanha o Acórdão TCU nº 392/2011 - Plenário: "Nas modalidades licitatórias tradicionais, de acordo com o art. 40, §2º, II, da Lei nº 8.666/1993, o orçamento estimado deve figurar como anexo do edital, contemplando o preço de referência e, se for o caso, o preço máximo que a administração se dispõe a pagar. *No caso do pregão*, a jurisprudência do TCU é no sentido de que *a divulgação do valor orçado* e, se for o caso, do preço máximo, caso este tenha sido fixado, *é meramente facultativa*" (Rel. Min. José Jorge, Sessão 16.02.2011, grifos nossos).

[158] Registrem-se as considerações do titular da Secretaria de Recursos do TCU que foram encampadas pelo Plenário da Corte mediante o Acórdão nº 1.312/2009: "a existência dos orçamentos-base, detalhados em planilhas de quantitativos e preços unitários, constitui medida suficiente para o acompanhamento da execução do objeto pactuado, por meio de boletins de medição ou ateste de execução parcial, em atendimento ao art. 7º, §2º, inciso II, da Lei nº 8.666/1993. Dessa forma, julgo que a *não exigência da divulgação prévia, por meio do edital*, em obediência ao art. 40, §2º, inciso II, da Lei nº 8.666/1993, *poderia mitigar os riscos de frustrar a espontaneidade na formação dos preços competitivos*, sem prejuízos para o acompanhamento da execução do objeto pactuado, contemporizando, por conseguinte, as preocupações dos recorrentes" (Rel. Min. Marcos Vilaça, Sessão 17.06.2009, grifos nossos).

Em princípio, a obrigatoriedade de sigilo do orçamento é questionável. Melhor seria que, como na modalidade pregão, coubesse ao gestor levar em conta as peculiaridades de cada contratação para definir como ocorreria a divulgação do orçamento. Entretanto, as inconveniências dessa obrigatoriedade ficam mitigadas, senão eliminadas, ao se verificar que o gestor *sempre pode substituir o critério do menor preço pelo de maior desconto*. Isso porque, abstraindo a questão do orçamento, esses dois métodos somente diferem na forma de apresentação das propostas. Um explicita o valor expresso em reais e o outro em porcentual sobre o valor orçado. Ou seja, *caso seja desejável a divulgação do orçamento desde logo, cabe a utilização do critério de julgamento pelo maior desconto*.

Nessa linha, menciona-se o seguinte trecho do voto condutor do Acórdão nº 306/2013 - Plenário:[159]

> *Entendo o orçamento fechado como uma possibilidade — talvez uma preferência* — mas não uma meta compulsória. Tal conclusão é a que mais se aproxima do espírito geral do Regime. Novamente, em se tratando das múltiplas possibilidades para definir o que vem a ser a melhor proposta, basta motivar o caminho de maior conveniência, dentro dos novos regramentos e dos ideais de eficiência, eficácia, efetividade e economicidade.

A não divulgação do orçamento tem por objetivo evitar que as propostas/lances gravitem em torno do orçamento fixado pela administração. Essa medida deve se mostrar particularmente eficaz quando houver a ocorrência de lances fechados, pois, sem as balizas dos outros licitantes e do orçamento da administração, o competidor deve, já nessa etapa, *oferecer um preço realmente competitivo e dentro do limite de sua capacidade de executar a avença com uma lucratividade adequada*. Caso assim não proceda, esse competidor corre o risco de ser desclassificado sem a possibilidade de apresentar outra proposta mais competitiva, de acordo com os critérios que regem a apresentação de lances fechados. Amplia-se, assim, a competitividade do certame e propiciam-se melhores propostas para a administração.

Não se olvida que determinados agentes do mercado participam de licitações e elaboram suas propostas sem analisar sua capacidade de honrá-la. Esses agentes, seja por não disporem de meios para tanto, seja por não estarem dispostos a arcar com as despesas daí decorrentes,

---

[159] Rel. Min. Valmir Campelo, Sessão 27.02.2013.

simplesmente se baseiam no orçamento efetuado pela administração. *Esse procedimento, contudo, é temerário porque as propostas podem não refletir a realidade econômica do licitante, redundando em dificuldades posteriores na execução contratual.* Desta feita, a não divulgação do orçamento obriga os licitantes a efetivamente analisarem sua estrutura de custos para daí elaborarem suas propostas. Espera-se, pois, a apresentação de propostas mais realistas economicamente.

Por outro lado, não se descarta que esses licitantes, ante sua fragilidade na obtenção de seus custos, embutam essas incertezas no valor de suas propostas, aumentando-os. É um ônus que ocorre em prol da exigência de propostas mais sólidas.

Não se pode ignorar que em todo o sigilo mantido pela administração há a possibilidade de vazamentos — dolosos ou culposos. Entretanto, mesmo na hipótese mais abrangente de quebra do sigilo — quando todos os licitantes obtém acesso ao orçamento estimado — estaríamos na mesma situação em que o orçamento é aberto desde o início do processo licitatório. Ou seja, abstraindo-se dos aspectos de apreciação de eventual conduta ilícita, não estaria em pior condição do que aquela que ocorreria caso o orçamento constasse como anexo ao edital.

Raciocínio similar aplica-se a um vazamento no qual somente um ou parte dos licitantes tenha acesso aos dados do orçamento. A tendência desses licitantes, caso efetivamente usem da informação, seria propor orçamentos próximos àquele fixado pela administração, enquanto os demais tenderiam a propor um valor que considerassem efetivamente competitivo. Daí, duas situações podem advir. Caso a proposta do beneficiário da informação não seja a primeira colocada, o vazamento não teve maiores efeitos práticos. Caso a proposta seja a primeira colocada, constata-se a eventual violação do princípio da isonomia. Paradoxalmente, constata-se que o vazamento pode ter propiciado uma melhor proposta para a administração, o que, é certo, não afasta a ilicitude da conduta.

Esse procedimento, é verdade, não deixou de gerar controvérsias, inclusive quanto a sua constitucionalidade por supostamente violar o princípio da publicidade — explicitado no *caput* do art. 37 da Constituição Federal — e, consequentemente, dificultar o controle sobre a legalidade da licitação.[160]

---

[160] A não divulgação do orçamento junto ao edital foi objeto de questionamentos, por exemplo, pela Ordem de Advogados do Brasil. Disponível em: <http://agenciabrasil.ebc.com.br/noticia/2011-06-16/oposicao-e-oab-criticam-aprovacao-do-rdc>. Acesso em: 21 jan. 2013.

Controle

Em relação à atuação dos órgãos de controle externo e interno, a própria Lei nº 12.462/2011, no §3º do art. 6º, explicitou a disponibilização a esses órgãos, de forma irrestrita e permanente, do orçamento, que não constar do instrumento convocatório. Tal dispositivo legal, embora salutar, não deixa de ser apenas uma deferência à atuação dos órgãos de controle, pois a possibilidade de analisar os orçamentos em qualquer momento estaria amparada pelas atribuições constitucionais do sistema de controle,[161] as quais não podem ser afastadas por lei ordinária.

Já o controle social poderá ser exercido plenamente depois da divulgação do orçamento, o que ocorrerá antes da contratação. Entende-se que o simples retardo na divulgação de alguns atos não possui o condão de prejudicar a defesa de direitos eventualmente lesados ou prejudicar a verificação, pelos órgãos de controle estatais ou por qualquer cidadão, da regularidade dos atos praticados.

Ou seja, a sociedade saberá os valores praticados na execução de determinado objeto contratado e disporá dos meios usuais para questioná-los. Os mecanismos de provocação do TCU por parte da sociedade, por exemplo, devem se mostrar plenamente aptos para tanto.[162]

Em relação a eventual violação do princípio da publicidade — explicitado no *caput* do art. 37 da Constituição Federal —, rememoramos o entendimento de que nenhum princípio constitucional é absoluto de forma que se deve buscar harmonizá-los[163] na hipótese de eventual antagonismo entre dois princípios — no caso o da publicidade em contraposição aos da eficiência e/ou da economicidade (explicitados nos artigos 37 e 70 da Constituição Federal).

Nesse contexto de ponderação de princípios, entende-se estar justificada a *ausência temporária da divulgação do orçamento*, pois amparada no princípio da busca da melhor proposta pela administração. Ademais,

---

[161] Artigos 70 e seguintes da Constituição Federal.

[162] *Vide* capítulo que trata da provocação dos órgãos de controle.

[163] "A pretensão de validade absoluta de certos princípios com sacrifício de outros originaria a criação de princípios reciprocamente incompatíveis, com a consequente destruição da tendencial axiológico-normativa da lei fundamental. Daí o reconhecimento de momentos de tensão ou antagonismo entre os vários princípios e a necessidade, atrás exposta, de aceitar que os princípios não obedecem, em caso de conflito a uma 'lógica do tudo ou nada', antes podem ser objeto de ponderação e concordância prática, consoante seu peso e as circunstâncias do caso" (CANOTILHO. *Direito constitucional e teoria da Constituição*, p. 1182).

as principais razões do princípio da publicidade[164] estarão atendidas, pois, como explanado, o controle social permanecerá hígido e será garantida a transparência do procedimento licitatório com a divulgação do orçamento ao final do certame.

De qualquer forma, o sigilo do orçamento não deve prejudicar a elaboração das propostas dos proponentes e a adequada divulgação do objeto licitado com os respectivos quantitativos (art. 6º da Lei nº 12.462/2011 e art. 9º do Decreto nº 7.581/2011).

De se destacar que a própria Lei nº 8.666/1993, no art. 43, §1º, mitiga o princípio da publicidade em seu procedimento ao estabelecer o caráter sigiloso das propostas até sua divulgação pela comissão de licitação.

Momento da divulgação do orçamento

Como visto, o orçamento somente deverá ser divulgado depois do encerramento da licitação. O Decreto regulamentador definiu a *adjudicação do objeto* como o momento em que será considerada encerrada a licitação (art. 9º do Decreto nº 7.581/2011).[165]

Há, contudo, dois inconvenientes nessa disposição normativa.

O primeiro advém do disposto no parágrafo único do art. 26 da Lei nº 12.462/2011, o qual estabelece a possibilidade de negociação quando o valor da proposta do primeiro classificado estiver acima do orçado pela administração. Ora, a negociação será muito prejudicada se o licitante não sabe até que ponto deverá abaixar sua proposta para tê-la classificada. Situações desarrazoadas podem acontecer como a desclassificação de licitante com proposta infimamente superior ao valor orçado apenas porque não sabia o quanto deveria abaixar de sua proposta.[166] Esse inconveniente pode prejudicar o interesse público na efetivação da contratação, potencialmente indo contra o princípio da razoabilidade.

---

[164] Consoante Alexandre de Moraes: "Entende-se princípio da publicidade, assim, aquele que exige, nas formas admitidas em Direito, e dentro dos limites constitucionalmente estabelecidos, a obrigatória divulgação dos atos da administração pública, com o objetivo de permitir seu conhecimento e controle pelos órgãos estatais competentes e por toda a sociedade" (*In*: MORAES (Coord.). *Os 10 anos da Constituição Federal*: temas diversos, p. 159).

[165] O Decreto nº 7.581/2011 estabelece exceção em seu art. 43, §3º, quando, encerrada a etapa competitiva, podem ser divulgados os custos de alguns itens para os licitantes vencedores adequarem suas propostas. A matéria foi tratada em item anterior referente à análise das propostas.

[166] A matéria é objeto de maiores considerações nessa obra quando se trata especificamente do instituto da "negociação".

Na verdade, a prática da administração até então verificada tem sido no sentido de não aplicar na íntegra esse procedimento em razão desse problema ventilado. Assim, quando o valor da melhor proposta está acima do orçamento estimado para a contratação, a administração indica ao detentor dessa proposta o quanto deve ser reduzido para que ela possa ser classificada. Ou seja, mesmo que por meios transversos, o orçamento acaba por ser revelado quando da realização da negociação.

O segundo inconveniente ocorre quando há a desclassificação de determinada proposta em razão de seu valor estar acima do orçamento estimado pela administração. Para ser considerado adequadamente fundamentado, o ato de desclassificação deverá conter o valor orçado, pois não é compatível com o princípio da motivação dos atos administrativos a imposição de quaisquer ônus sem que o administrado saiba com precisão os motivos para tanto. O art. 50 da Lei nº 9.784/1999, a qual regula o processo administrativo no âmbito da administração pública federal, assim dispõe:

> Art. 50. Os atos administrativos *deverão ser motivados*, com indicação dos fatos e dos fundamentos jurídicos, quando:
> I - neguem, limitem ou afetem direitos ou interesses; [...]
> §1º *A motivação deve ser explícita, clara e congruente*, podendo consistir em declaração de concordância com fundamentos de anteriores pareceres, informações, decisões ou propostas, que, neste caso, serão parte integrante do ato. (grifos nossos)

Ademais, o ato que efetua o julgamento das propostas está sujeito a recurso, sendo que a própria Lei nº 12.462/2011 estabelece em seu §3º do art. 45, que *é assegurado aos licitantes vista dos elementos indispensáveis à defesa de seus interesses*. Entretanto, da forma como colocado na norma, a interposição e julgamento dos recursos ocorrerá antes da divulgação do orçamento. Ou seja, os licitantes não podem se utilizar do orçamento da administração para aferir a legitimidade dos atos de classificação/desclassificação das propostas, fundamentarem seus recursos e tampouco avaliarem a pertinência da decisão que apreciar os recursos.

Conclui-se, pois, que a não divulgação do orçamento quando do julgamento das propostas pode ir contra o devido processo legal ao não permitir a ampla defesa dos licitantes interessados.

Feitas essas considerações e considerando os princípios constitucionais envolvidos (*v.g.*, devido processo legal, ampla defesa e busca da proposta mais vantajosa para a administração), entende-se que *seria adequada a divulgação do orçamento antes do início da fase de negociação com os licitantes.* Assim, a disposição do art. 9º do Decreto nº 7.581/2011 não parece ser a melhor solução.

Até porque, os objetivos visados com a não divulgação do orçamento já foram potencialmente alcançados depois da fase de apresentação das propostas, não havendo maiores prejuízos em sua divulgação depois de ocorrida essa etapa.

Essa matéria mereceu as seguintes considerações no voto condutor do Acórdão TCU nº 306/2013 - Plenário:[167]

> O relator considerou não haver elementos materiais mínimos para corroborar a ocorrência da irregularidade. Considerou também que, não obstante o momento da publicação do orçamento estar previsto na Lei 12.462/2011 (imediatamente após o encerramento da licitação, art. 6º) e no Decreto 7.581/2011 (imediatamente após a adjudicação do objeto, art. 9º), a questão merece cautela, notadamente por se tratar de novidade em matéria licitatória, pois "existem situações em que não vislumbro como manter, de modo judicioso e a estrito rigor, o sigilo na fase de negociação". Após apresentar situações hipotéticas para corroborar seu entendimento, concluiu: para se *fazer valer a real possibilidade de negociar, desde que em ato público e devidamente justificado, não vejo, em princípio, reprovabilidade em abrir o sigilo na fase de negociação".* O Tribunal, então, endossou o entendimento do relator quanto a essa questão.[168] (grifos nossos)

5.4.3 Menor preço ou maior desconto

O critério de julgamento pelo menor preço ou maior desconto abarca a maioria das contratações efetuadas pelo poder público e considera o *menor dispêndio para a administração pública* (art. 26 do Decreto nº 7.581/2011).

No conceito de menor dispêndio, não se considera apenas o valor imediato da contratação, mas também os custos indiretos que a administração incorrerá em decorrência da contratação. Dá-se, pois, maior eficácia ao princípio da economicidade.

Trata-se de uma inovação positiva a permitir que as contratações da administração efetivamente sejam a melhor proposta para a administração.

---

[167] Rel. Min. Valmir Campelo, Sessão 27.02.2013.

[168] Informativo de Licitações e Contratos do Tribunal de Contas da União nº 141, Sessões 26 e 27 fev. 2013.

Nesse sentido, os valores relacionados às despesas de manutenção, utilização, reposição, depreciação e impacto ambiental, entre outros fatores, poderão ser considerados para a definição do menor dispêndio (§1º do art. 19 da Lei nº 12.462/2011). De acordo com a redação da lei, a menção a esses custos indiretos é apenas exemplificativa, não havendo óbices para utilização de parâmetros adicionais.[169]

Esses custos indiretos devem ser objetivamente mensuráveis, cabendo exigir sua comprovação por parte dos licitantes mediante fontes idôneas (§1º do art. 26 do Decreto nº 7.581/2011).

Por exemplo, na aquisição de determinado equipamento elétrico, poderá ser considerado no custo de aquisição o gasto com energia durante a vida útil estimada do equipamento. Assim, um equipamento que apresente menor custo de aquisição inicial pode-se não revelar o mais vantajoso economicamente.

Podem também, de acordo com o princípio do desenvolvimento nacional sustentável, serem consideradas as despesas referentes à mitigação do impacto ambiental da execução contratual. Uma possível aplicação seria a consideração dos custos de destinação adequada aos resíduos resultantes da operação de determinado equipamento.

Ou ainda, em outra situação hipotética, a administração pode se comprometer a compensar a emissão de carbono decorrente de suas atividades. Assim, os custos dessa compensação devem ser considerados no valor inicial da proposta, de forma que teria mais vantagem o fornecedor cujos bens emitam menos carbono na atmosfera.

Não há que se confundir, contudo, com as condicionantes ambientais aplicáveis, por exemplo, às obras de engenharia, quando os custos são suportados pela contratada e considerados, portanto, em sua proposta. Nessa situação, não se trata de despesas indiretas a serem arcadas pela contratante, mas de despesas diretas arcadas pela contratada e repassadas à administração.

A diferença entre o menor preço e maior desconto reside na forma com que deverão ocorrer as propostas. Na primeira, o orçamento não é conhecido dos licitantes e os proponentes apresentarão suas propostas em unidades monetárias.

Na segunda, o orçamento é aberto e as propostas devem ser apresentadas mediante um porcentual de desconto sobre o valor de referência — que é o preço global fixado no instrumento convocatório.

---

[169] No âmbito da União, essa definição está a cargo do Secretário de Logística e Tecnologia da Informação do Ministério do Planejamento, Orçamento e Gestão (§2º do art. 26 do Decreto nº 7.581/2011).

Os aditivos eventualmente firmados também deverão observar o desconto fixado no julgamento da licitação.[170]

5.4.4 Técnica e preço

Para que o objeto a ser contratado atenda efetivamente às necessidades de contratação, fixam-se os requisitos de habilitação mínimos a serem preenchidos pelos licitantes. Dentre esses requisitos, encontram-se aqueles referentes à qualificação técnica, os quais dizem respeito:

- à capacidade técnico-operacional dos licitantes em fornecer o objeto a ser contratado;
- às características técnicas do próprio objeto.

Entretanto, em determinadas situações, a fixação de requisitos técnicos mínimos, seja na especificação do objeto, seja nos requisitos de habilitação, não é suficiente para garantir a proposta mais vantajosa para a administração e atender os fins pretendidos pela administração pública. Um dos motivos para tanto é o fato de ser taxativo o rol de documentos exigíveis para a qualificação técnica dos licitantes, de forma que determinadas condições relevantes para a contratante somente podem ser consideradas como critério de pontuação técnica.[171]

Nesses casos, diante da necessidade de outros critérios de julgamento, o legislador instituiu os tipos de julgamento denominados "técnica e preço" e "melhor técnica".

O critério por *técnica e preço* deve ser utilizado quando há a *necessidade de ponderação da qualidade técnica das propostas* que superarem os requisitos mínimos estabelecidos no instrumento convocatório (parágrafo único do art. 28 do Decreto nº 7.581/2011).

Assim, a proposta vencedora será aquela que apresentar maior pontuação decorrente da conjugação de sua proposta de preço com a sua proposta técnica.

Os parâmetros de avaliação da parte técnica das propostas devem ser objetivos e constar do instrumento convocatório (*caput* do art. 20 da Lei nº 12.462/2011). Busca-se assim dar cumprimento ao princípio

---

[170] Art. 19, §2º, da Lei nº 12.462/2011 e art. 27 do Decreto nº 7.581/2011.

[171] Tome-se como exemplo a exigência de apresentação de Certificado Brasileiro de Qualidade e Produtividade de Habitat (PBQPH) como critério de habilitação. Embora a jurisprudência do TCU seja firme quanto à ilegalidade desse procedimento, aceita a possibilidade da sua previsão no edital como critério de pontuação técnica (Acórdão nº 492/2011 - Plenário, Rel. Min. Substituto Marcos Bemquerer Costa, Sessão 23.02.2011).

da impessoalidade e garantir o tratamento isonômico para todos os licitantes. A importância da adequada motivação dos pontos atribuídos aos licitantes foi explicitada pelo TCU no voto condutor do Acórdão nº 327/2010 - Plenário:[172]

> [...] era dever dos integrantes do comitê de avaliação, em face do princípio da motivação a que todo administrador está sujeito, ter fundamentado cada um dos pontos atribuídos às licitantes. Assim, seria possível avaliar se foi observado o princípio constitucional da isonomia e se, de fato, foi selecionada a proposta mais vantajosa para a administração.

a) Aplicabilidade

A norma estabeleceu de forma exaustiva os objetos passíveis de serem licitados de tal maneira, não deixando margem para o aplicador da lei ampliar o escopo da técnica e preço. Assim, esse critério de julgamento *destina-se exclusivamente a objetos* (§1º do art. 20 da Lei nº 12.462/2011 e art. 28 do Decreto nº 7.581/2011):
- de natureza predominantemente intelectual;
- de inovação tecnológica ou técnica;
- passíveis de execução com diferentes metodologias ou tecnologias de domínio restrito no mercado.

As disposições do RDC são semelhantes àquelas da Instrução Normativa nº 02/2008 do Ministério do Planejamento, Orçamento e Gestão:[173]

> Art. 27. A licitação tipo "técnica e preço" deverá ser excepcional, somente admitida para serviços que tenham as seguintes características:
>
> I - natureza predominantemente intelectual;
>
> II - grande complexidade ou inovação tecnológica ou técnica; ou
>
> III - possam ser executados com diferentes metodologias, tecnologias, alocação de recursos humanos e materiais e:
>
> a) não se conheça previamente à licitação qual das diferentes possibilidades é a que melhor atenderá aos interesses do órgão ou entidade,
>
> b) nenhuma das soluções disponíveis no mercado atenda completamente à necessidade da administração e não exista consenso entre os especialistas na área sobre qual seja a melhor solução, sendo preciso avaliar as vantagens e desvantagens de cada uma para verificar qual a que mais se aproxima da demanda; ou

---

[172] Rel. Min. Benjamim Zymler, Sessão 03.03.2010.

[173] Dispõe sobre regras e diretrizes para a contratação de serviços, continuados ou não.

c) exista o interesse de ampliar a competição na licitação, adotando-se exigências menos restritivas e pontuando as vantagens que eventualmente forem oferecidas.

Como se pode perceber, foi dividido em quatro grupos o campo de aplicabilidade da técnica e preço, sendo que cada qual possui determinados elementos sobre os quais a incidência da avaliação técnica será preponderante.

Natureza predominante intelectual

É bastante similar ao que dispõe o art. 46 da Lei nº 8.666/1993, o qual reza que somente devem ser licitados mediante técnica e preço os *serviços de natureza predominantemente intelectual*: "em especial na elaboração de projetos, cálculos, fiscalização, supervisão e gerenciamento e de engenharia consultiva em geral e, em particular, para a elaboração de estudos técnicos preliminares e projetos básicos e executivos".

Objetos de inovação tecnológica ou técnica

O segundo grupo é descrito como "objetos de inovação tecnológica ou técnica". Provavelmente, o legislador quis se referir a objetos *resultantes* de inovação tecnológica ou técnica, de forma a incentivar o desenvolvimento de novas soluções.

A diferença em relação ao grupo anterior é que aqui o objeto não está limitado à prestação de serviços e tampouco que eles sejam de natureza predominantemente intelectual. Ou seja, o objeto aqui tratado pode ser caracterizado pelo fornecimento de bens ou até mesmo consistir na realização de obra pública. O essencial é o objeto como um todo preencher o requisito legal, qual seja, ser decorrente de inovação técnica ou tecnológica.

Uma possível aplicação desse grupo seria o desenvolvimento de soluções customizadas, como por exemplo, a implantação de sistema de segurança em arena esportiva.

Ao tratar desses dois primeiros grupos, a Lei nº 12.462/2011 utiliza a expressão "de natureza predominantemente intelectual *e* de inovação tecnológica ou técnica", o que, em uma primeira leitura poderia sugerir que os requisitos devem ser preenchidos cumulativamente. Entretanto, caso se assim entenda, a aplicabilidade da norma estaria muito limitada e ainda mais restrita que a Lei nº 8.666/1993.[174] Como não parece ter sido

---

[174] O art. 46 da Lei nº 8.666/1993 exige apenas que o objeto seja de natureza predominantemente intelectual.

essa a intenção do legislador, o qual buscou evidentemente ampliar as hipóteses de aplicação do critério de julgamento tipo "técnica e preço", entende-se que a exigência não deve ser cumulativa.

Diferentes metodologias

O terceiro grupo trata de objetos que podem ser executados com *diferentes metodologias*. É essencial, entretanto, que a existência de soluções distintas para a execução do objeto seja relevante para a administração. Ou seja, não deve ser indiferente para ela a utilização de um ou outro método para a execução do objeto.

Caso assim seja, não cabe a utilização da técnica e preço. Veja-se a respeito as seguintes ponderações constantes do voto condutor do Acórdão TCU nº 601/2011 - Plenário:[175]

> [...] a diferença entre as soluções que possam ser produzidas não deverá ser significativa para a administração, ou, mais precisamente, a consequência advinda da diferença técnica entre as soluções não poderá ser relevante para o ente contratante, de forma a propiciar-lhe vantagens ou desvantagens acentuadas, ganhos ou perdas consideráveis. Se este, no entanto, for o cenário, *a técnica a ser empregada na prestação dos serviços passará a ter papel de destaque na busca da proposta mais vantajosa para a administração, merecendo, pois, a devida pontuação no certame licitatório.* (grifos nossos)

Abre-se espaço, pois, para a realização de licitações mediante técnica e preço para obras de engenharia em geral que comportem metodologias diferenciadas de execução. Na sistemática da Lei nº 8.666/1993, essa utilização somente é aplicável a obras de grande vulto majoritariamente dependentes de tecnologia nitidamente sofisticada e de domínio restrito (§3º do art. 46).

Nessa hipótese, a pontuação técnica deve considerar "as vantagens e qualidades que eventualmente forem oferecidas para cada produto ou solução".[176]

Além de se referir a objetos executados com *diferentes metodologias*, a norma do RDC se refere também a execução com *tecnologias de domínio restrito no mercado*.

Do texto da norma, podem surgir dúvidas acerca da abrangência da expressão "domínio restrito no mercado", pois seria possível a

---

[175] Rel. Min. José Jorge, Sessão 16.03.2011.
[176] Parte final do inciso II do §1º do art. 20 da Lei nº 12.462/2011.

interpretação de que se refere tanto à palavra "tecnologia" quanto ao termo "diferentes metodologias". A matéria foi objeto de análise pelo TCU, quando se concluiu que:[177]

> 9.1.1.1. para enquadramento do objeto nos ditames do inciso II, §1º, do art. 20 da Lei 12.462/2011, a expressão "de domínio restrito de mercado" refere-se, especificamente, ao termo "tecnologias", e não, necessariamente, às "diferentes metodologias";

Esse entendimento do TCU, é compatível com os requisitos para a aplicação da contratação integrada,[178] quando resta claro que a expressão "domínio restrito do mercado" somente se refere ao termo "tecnologia".

Em suma, a existência de diferentes metodologias, mesmo que não sejam de domínio restrito, justifica a utilização do critério de técnica e preço.

Tecnologias de domínio restrito no mercado

Tal qual na hipótese anterior, a norma prevê a existência de produtos ou soluções distintas que devem ser objeto de avaliação por parte da administração.

O foco agora não é a divergência de metodologias, mas determinada solução tecnológica dominada por poucos agentes do mercado.

Apesar de restrito o objeto, pressupõe-se que haverá mais de um fornecedor de forma a viabilizar a realização de licitação, pois, caso contrário, seria o caso de contratação direta por inexigibilidade de licitação.

Não há exigência de que a tecnologia de domínio restrito seja única. Nessa situação, é possível também que a utilização de técnica e preço seja justificada em razão da existência de diferentes metodologias.

Sustentabilidade ambiental

Em consonância com o princípio do desenvolvimento nacional sustentável a que está vinculado o Regime Diferenciado, poderão ser considerados critérios de sustentabilidade ambiental para a pontuação das propostas técnicas (§2º do art. 29 do Decreto nº 7.581/2011).

---

[177] Acórdão TCU nº 1.510/2013 - Plenário, Rel. Min. Valmir Campelo, Sessão 19.06.2013.

[178] Art. 9º da Lei nº 12.462/2011.

Entretanto, essa norma não pode inovar em relação à lei. Assim, os parâmetros de sustentabilidade ambiental somente poderão ser utilizados quando se enquadrarem nos requisitos previstos na norma legal, antes tratados.

b) Fatores de ponderação

Consoante o §2º do art. 20 da Lei nº 12.462/2011, é permitida a atribuição de fatores de ponderação distintos para valorar as propostas técnicas e de preço, sendo o percentual de ponderação mais relevante limitado a 70%. Ou seja, nenhum dos fatores, quer de preço quer de técnica, poderá ter peso inferior a 30%. A disposição é positiva ao impedir a desvirtuação da técnica e preço em outras modalidades de julgamento, pois caso se atribua peso excessivo a determinado fator estar-se-ia na prática realizando licitação ou do tipo melhor técnica ou do tipo menor preço.

A Lei nº 8.666/1993 não estabeleceu limites máximos para os porcentuais de ponderação. Entretanto, a jurisprudência do TCU é no sentido de que, como regra geral, o peso de cada um dos fatores deve ser idêntico, ou seja, 50% tanto para a técnica quanto para o preço.[179] Caso ocorra a diferenciação, ela deve ser justificada.

Veja-se a respeito o seguinte trecho do voto condutor do Acórdão TCU nº 210/2011 - Plenário:[180]

> [...] o privilégio excessivo da técnica em detrimento do preço, sem haver justificativas suficientes que demonstrem a sua necessidade, pode resultar em contratação a preços desvantajosos para a administração.

No mesmo sentido dispõe o §3º do art. 27 da IN-02/2008-MPOG:

> §3º É vedada a atribuição de fatores de ponderação distintos para os índices técnica e preço sem que haja justificativa para essa opção.

---

[179] Item 9.4.6 do Acórdão nº 1.330/2008 - Plenário: "[...] ao fixar critérios de julgamento de uma licitação, como fatores de ponderação de técnica e preço e quantitativo de funcionários, justifique expressamente esses fatores, que devem ser proporcionais ao grau de complexidade dos serviços a serem contratados. Ademais, os pesos forem diferentes de 50% devem ser justificados de forma circunstanciada, visando demonstrar que não representam nem privilégio nem direcionamento e não proporcionarão aumento de preços indevido em decorrência de pequenas vantagens técnicas" (Rel. Min. Benjamin Zymler, Sessão 09.07.2008).

[180] Rel. Min. Augusto Nardes, Sessão 02.02.2011.

A jurisprudência do TCU, reconheça-se, foi firmada sob a égide da Lei nº 8.666/1993. Entretanto, deve aplicar-se também ao RDC, pois os pressupostos do entendimento jurisprudencial subsistem em ambos os regimes.

Embora as normas do RDC não prevejam, não há que se afastar do entendimento de que se pode utilizar como fatores de pontuação técnica os elementos previstos no inciso I do §1º do art. 46 da Lei nº 8.666/1993, quais sejam, "a capacitação e a experiência do proponente, a qualidade técnica da proposta, compreendendo metodologia, organização, tecnologias e recursos materiais a serem utilizados nos trabalhos, e a qualificação das equipes técnicas a serem mobilizadas para a sua execução".

O instrumento convocatório *deverá* estabelecer pontuação mínima para as propostas técnicas, cujo não atingimento implicará desclassificação. A regra tem por intuito evitar que empresas com propostas inábeis tecnicamente vençam a licitação em razão do seu baixo preço. Isso ocorreria porque uma pontuação técnica inaplicável ao objeto do certame poderia ser compensada com os pontos decorrentes do menor preço. (§1º do art. 20 da Lei nº 12.462/2011 e §3º do art. 29 Decreto nº 7.581/2011)

Com esse procedimento, caso os requisitos técnicos da proposta coincidam com os requisitos de habilitação técnica, evita-se que a avaliação técnica da licitante ocorra em duplicidade — quando do julgamento da proposta técnica e quando da fase de habilitação. Ou seja, na prática, transfere-se a fase de habilitação técnica para a de julgamento das propostas, propiciando essa análise pela administração em um único momento.

5.4.5 Melhor técnica ou conteúdo artístico

O julgamento pela melhor técnica ou pelo melhor conteúdo artístico considerará *exclusivamente* as propostas técnicas ou artísticas apresentadas pelos licitantes com base em critérios objetivos previamente estabelecidos no instrumento convocatório, no qual será definido o prêmio ou a remuneração que será atribuída aos vencedores (art. 21 da Lei nº 12.462/2011).

Aferição das propostas

O instrumento convocatório definirá o prêmio ou a remuneração que será atribuída ao vencedor (§1º do art. 31 do Decreto nº 7.581/2011).

Ou seja, *o valor pecuniário do certame estará previamente definido pela administração e não será um critério de disputa.* O resultado da pontuação técnica ou artística definirá o vencedor. Trata-se de procedimento semelhante ao previsto para a modalidade concurso de que trata a Lei nº 8.666/1993 (§4º do art. 22):

> Concurso é a modalidade de licitação entre quaisquer interessados para escolha de trabalho técnico, científico ou artístico, mediante a instituição de prêmios ou remuneração aos vencedores, conforme critérios constantes de edital publicado na imprensa oficial com antecedência mínima de 45 (quarenta e cinco) dias.

Há, contudo, uma sensível diferença em relação à licitação tipo "melhor técnica", estabelecida no §1º do art. 46 da Lei nº 8.666/1993. Lá, aqueles que tiverem as propostas técnicas classificadas deverão negociar sua proposta de preço tendo como referência e limite inferior o valor da proposta de menor preço entre os licitantes classificados.

Ao contrário do que indica a nomenclatura desse tipo de licitação da Lei nº 8.666/1993, não se busca lá propriamente a melhor técnica, pois, em estando classificada e independentemente da técnica apresentada, sagrar-se-á vencedor aquele que concordar com o preço da menor proposta classificada. A maior pontuação técnica serve apenas para estabelecer as preferências nas negociações. Ou seja, o melhor classificado tecnicamente terá prioridade para concordar com o menor preço ofertado, e só. Trata-se, pois, de uma forma qualificada de licitação do tipo "menor preço".

Objeto

Esse critério de julgamento "poderá ser utilizado para a contratação de projetos, inclusive arquitetônicos, e trabalhos de natureza técnica, científica ou artística, excluindo-se os projetos de engenharia" (parágrafo único do art. 21 da Lei nº 12.462/2011 e art. 30 do Decreto nº 7.581/2011).

Diferentemente do estabelecido na Lei nº 8.666/1993 e na disposição do RDC acerca do critério "técnica e preço", o legislador não foi exaustivo ao enunciar o campo de aplicação do critério "melhor técnica ou conteúdo artístico". Assim, há uma maior flexibilidade para a utilização pelo administrador desse critério, desde, é certo, que seja adequadamente justificada a sua aplicação.

Estranha-se, contudo, a vedação expressa à utilização de projetos de engenharia, enquanto é permitida a realização de projetos arquitetônicos e outros de natureza técnica ou científica. Não se vislumbram os motivos para tal distinção, embora se reconheça que, em regra, no âmbito da Lei nº 8.666/1993, os projetos de engenharia são licitados mediante técnica e preço.

Em relação ao objeto licitado, há diversos pontos de contato com a modalidade concurso. Ambas podem ser utilizadas para a contratação de um projeto urbanístico, por exemplo. Entretanto, na modalidade concurso, há ainda a evidente possibilidade de sua utilização como estímulo de forma geral às atividades técnicas e/ou artísticas, sem que o objeto licitado seja incorporado ao patrimônio da administração e/ou preencha uma necessidade pública específica (*v.g.*, premiação do melhor trabalho de jornalismo abrangendo determinado órgão). Essa última possibilidade, embora não se descarte que seja possível, não parece estar entre os intuitos primordiais do critério de julgamento do RDC ora em comento.

Parâmetros de aferição das propostas

O Decreto regulamentador, em seu art. 31, §2º, permite a utilização de parâmetros de sustentabilidade ambiental. Entretanto, de forma diversa ao julgamento tipo "técnica e preço", há a indicação de que a utilização desses parâmetros somente deva ocorrer para a contratação de projetos. Não se vislumbram, contudo, os fundamentos jurídicos para tal restrição, a qual vai de encontro ao princípio do desenvolvimento nacional sustentável, albergado no art. 3º da Lei nº 12.462/2011. Isto posto, cabe o entendimento de que a disposição do Decreto tem um caráter apenas exemplificativo.

Enquanto no critério de técnica e preço o instrumento convocatório *deverá* estabelecer pontuação mínima para as propostas, essa pontuação mínima consiste em faculdade do gestor no critério ora tratado, pois a norma utiliza o vocábulo "*poderá*". (§3º do art. 31 do Decreto nº 7.581/2011)

Tal qual no critério técnica e preço, entende-se possível a utilização dos itens previstos no art. 46, §1º, inciso I, da Lei nº 8.666/1993 como parâmetros de julgamento técnico.

Registre-se que o objeto da licitação pelo melhor conteúdo artístico busca ora estimular o desenvolvimento artístico e cultural ora preencher uma necessidade pública específica com objetos a serem incorporados ao patrimônio da contratante. Nesse último caso, tome-se como exemplos a elaboração de logomarca para determinado evento, aquisição de pinturas ou esculturas a serem instaladas em espaços públicos, dentre outros.

Não há que se confundir, contudo, com a *contratação de serviços artísticos*, como a apresentação de shows de artistas consagrados, os quais continuam regidos pelo inciso III do art. 25 da Lei nº 8.666/1993.

Comissão especial

Nas licitações que adotem o critério de julgamento pelo *melhor conteúdo artístico*, o julgamento das propostas deverá ser efetuado pela comissão de licitação de que trata o art. 34 da Lei nº 12.462/2011, que poderá ser especial ou permanente.

Entretanto, nos termos do art. 32 do Decreto nº 7.581/2011, haverá uma segunda comissão, também denominada de especial, que terá a atribuição de *auxiliar a comissão de licitação*. Essa comissão, ao contrário das outras duas, não possui a obrigatoriedade de que seja composta majoritariamente por servidores públicos. Os requisitos para seus membros são possuírem reputação ilibada e notório conhecimento da matéria em exame.

O Decreto não explicita quais seriam os poderes e as atribuições dessa comissão especial, limitando-se a afirmar que, tais quais os membros da comissão de licitação, eles responderão por todos os atos praticados, salvo se posição individual divergente estiver registrada na ata da reunião em que adotada a decisão. Entretanto, como art. 34 da Lei nº 12.462/2011 estabelece que cabe às comissões de licitação processar e julgar o certame, entende-se que a função dessa comissão especial seja apenas opinativa, pois a norma infralegal não pode dispor de forma diversa da lei.

Trata-se de procedimento diverso do disciplinado pela Lei nº 8.666/1993 para a modalidade concurso, quando a comissão especial é responsável pelo julgamento da licitação.[181] Ademais, essa comissão especial atua independentemente do objeto do concurso, enquanto a do RDC está limitada a trabalhos artísticos.

A possibilidade de essas comissões especiais, em ambos os regimes, serem exclusivamente integradas por não servidores é justificada porque, no mais das vezes, a administração não encontrará em seus quadros pessoas aptas a avaliar objetos de cunho artístico.

---

[181] Lei nº 8.666/1993: "Art. 51. [...] §5º No caso de concurso, o julgamento será feito por uma comissão especial integrada por pessoas de reputação ilibada e reconhecido conhecimento da matéria em exame, servidores públicos ou não".

5.4.6 Maior oferta de preço

Normalmente, quando se trata de licitações que resultem receita para a administração pública, o ordenamento jurídico refere-se à alienação de bens. É assim com o disposto no inciso XXI do art. 37 da Constituição Federal, de acordo com o qual as obras, serviços, compras e alienações devem ser precedidas de licitação pública. É assim com o disposto nos artigos 17 a 19 da Lei nº 8.666/1993, os quais compõem seção específica da lei sobre alienações de bens móveis e imóveis.

Entretanto, há outras hipóteses de contratações que geram receita para a administração pública, mas não estão albergadas, ao menos não diretamente, na legislação. Assim, de forma a se extrair os procedimentos a serem adotados nesse tipo de contratação, cabe se socorrer da analogia. A questão foi bem delineada no seguinte trecho do voto condutor do Acórdão TCU nº 2.844/2010 - Plenário,[182] no bojo do qual se apreciou os procedimentos para a concessão de uso de área comercial em aeroporto:

> *A legislação sobre contratações públicas volta-se essencialmente para os contratos que geram dispêndios,* ou seja, contratos de aquisição de bens e serviços, havendo pouca disciplina sobre os ajustes que geram receitas para a administração pública.
>
> Daí por que, *em se tratando de contratos de geração de receita, a utilização da legislação em vigor não prescinde da analogia.*
>
> No caso concreto, a licitação na modalidade pregão, com critério de julgamento na maior oferta, não constitui utilização de critério de julgamento não previsto por lei, mas, sim, a utilização do critério legalmente estabelecido e plenamente adequado ao objeto do certame, com a utilização do instrumento legal mais especialmente pertinente para os objetivos da administração. (grifos nossos)

Desta feita, por preencher uma lacuna normativa, pelo menos nas hipóteses de aplicabilidade do Regime Diferenciado, pode-se considerar bem vindo o disciplinamento da matéria pelo art. 22 da Lei nº 12.462/2011, o qual estabelece a hipótese de julgamento pelo critério da maior oferta de preço no caso de contratos que resultem em receita para a administração pública.

---

[182] Rel. Min. Walton Alencar Rodrigues, Sessão 27.10.2010.

Alienação de bens e direitos

Os procedimentos a serem adotados na hipótese de alienação de bens ou direitos são os seguintes (§2º e §3º do art. 22 da Lei nº 12.462/2011 e artigos 33 a 35 do Decreto nº 7.581/2011):

- o objeto a ser licitado deverá ser previamente avaliado para fixação do valor mínimo de arrematação;
- no prazo de até um dia útil, contado da data da assinatura da ata lavrada no local do julgamento ou da data de notificação, deverá ocorrer o pagamento à vista ou, caso o edital assim preveja, o pagamento em percentual não inferior a cinco por cento;
- em não ocorrendo o pagamento à vista, o restante deverá ocorrer conforme o estipulado no instrumento convocatório;
- o licitante vencedor deverá perder o valor da entrada em favor da administração pública caso não efetive o pagamento devido no prazo estipulado.
- as condições para a entrega do bem ao arrematante também deverão constar do edital.

5.4.7 Maior retorno econômico

Com esse critério de julgamento, busca-se a contratação da prestação de serviços, que podem incluir a realização de obras e o fornecimento de bens, com o objetivo de *proporcionar economia ao contratante, mediante a redução de despesas correntes* (§1º do art. 23 da Lei nº 12.462/2011).

As propostas serão consideradas de forma a selecionar a que proporcionará maior economia para a administração pública decorrente da execução do contrato. Para efeito de julgamento da proposta, o retorno econômico é o resultado da economia que se estima gerar com a execução da proposta de trabalho, deduzida a proposta de preço (artigos 23, *caput*, da Lei nº 12.462/2011 e 36, *caput* e §4º, do Decreto nº 7.581/2011).

Ou seja, a administração busca reduzir suas despesas de custeio mediante a contratação de terceiros que apresentem uma solução para tanto. A proposta mais vantajosa será aquela que apresentar o *maior resultado entre a diferença de economia gerada e o valor a ser pago à contratada*.

Assim, por exemplo, caso determinado licitante apresente uma proposta de redução do valor da conta de água em R$100,00 e deseje ser remunerado em R$30,00 pelos serviços, sua proposta apresentará uma vantagem econômica de R$70,00 (R$100,00 - R$30,00), cujo valor será o critério de aferição da vantajosidade da proposta.

De acordo com os princípios que regem as licitações públicas, o instrumento convocatório deverá prever parâmetros objetivos de mensuração da economia gerada com a execução do contrato. Essa economia gerada servirá de base de cálculo da remuneração devida ao contratado (§3º do art. 36 do Decreto nº 7.581/2011).

Em geral, a aferição da economia gerada pelos trabalhos do contratado terá como base o histórico das despesas incorridas antes da realização dos serviços. Isto posto, é necessário que se utilize uma base de dados ampla o suficiente que reflita efetivamente as despesas dos órgãos de forma a tentar evitar que eventuais sazonalidades mascarem os resultados efetivamente obtidos com a contratação.

Veja-se, por exemplo, uma contratação para a redução do consumo global de energia elétrica das instalações prediais de determinado órgão público. Nos períodos mais quentes do ano há um maior consumo de energia elétrica em decorrência da maior utilização de aparelhos de ar condicionado. Consequentemente, nos períodos mais frios do ano há um menor consumo de energia elétrica. Assim, caso os trabalhos contratados ocorram nesse período mais frio, corre-se o risco de se associar a redução do consumo aos serviços contratados, quando, na verdade ela ocorreu devido a mudanças climáticas. Nessa linha de raciocínio, como as temperaturas médias variam de um ano para o outro, mesmo adotando-se uma base de referência de doze meses pode-se chegar a equívocos.

Para evitar problemas dessa ordem, é desejável que se busque a redução de despesas correntes menos sujeitas a variações ao longo do tempo. No caso das despesas com energia elétrica, seria recomendável a sua separação por grupos de consumo de modo a se contratar a redução daqueles que apresentam um comportamento uniforme de consumo. Um exemplo seria a redução do consumo de energia elétrica dos equipamentos de iluminação de determinado setor da administração. Como os equipamentos de iluminação permanecem ligados por períodos fixos durante os dias úteis, não há maiores variações de consumo por dia útil com o transcorrer dos meses e anos. Há, pois, nessa hipótese, um parâmetro confiável para a mensuração da economia gerada.

Os licitantes deverão apresentar proposta de trabalho e de preço, nos seguintes termos (§2º do art. 23 da Lei nº 12.462/2011 e art. 37 do Decreto nº 7.581/2011):

I - proposta de trabalho, que deverá contemplar:
   a) as obras, serviços ou bens, com respectivos prazos de realização ou fornecimento; e
   b) a economia que se estima gerar, expressa em unidade de medida associada à obra, bem ou serviço e expressa em unidade monetária; e

II - proposta de preço, que corresponderá a um *percentual sobre a economia* que se estima gerar durante determinado período, expressa em unidade monetária. (grifos nossos)

O critério de julgamento pelo maior retorno econômico será aplicável exclusivamente aos denominados *contratos de eficiência* (art. 23 da Lei nº 12.462/2011).

5.4.8 Preferência e desempate

Em caso de empate entre duas ou mais propostas, serão utilizados os seguintes critérios de desempate, nesta ordem (art. 25 da Lei nº 12.462/2011 e artigos 38 e 100 do Decreto nº 7.581/2011):
   I - disputa final, em que os licitantes empatados poderão apresentar nova proposta fechada em ato contínuo à classificação;
   II - avaliação do desempenho contratual prévio dos licitantes, desde que exista sistema objetivo de avaliação instituído;
   III - critérios estabelecidos no art. 3º da Lei nº 8.248/1991[183] e no §2º do art. 3º da Lei nº 8.666/1993;
   IV - sorteio.

Essas regras devem ocorrer sem prejuízo da aplicação do disposto no art. 44 da Lei Complementar nº 123/2006, o qual estabelece a preferência de contratação para as microempresas e empresas de pequeno porte (parágrafo único do art. 25 da Lei nº 12.462/2011). Essa disposição da Lei nº 12.462/2011, contudo, como já afirmado, tem o caráter meramente elucidativo, pois o Estatuto Nacional da Microempresa e da Empresa de Pequeno Porte trata de matéria reservada à lei complementar pela Constituição Federal, de forma que sua aplicação independe de previsão em lei ordinária.

Além desses critérios, há a preferência para produtos constantes de registro de preços.

---

[183] Dispõe sobre a capacitação e competitividade do setor de informática e automação, e dá outras providências.

Apresentação de nova proposta

O primeiro critério de desempate consiste na oportunidade de apresentação de uma nova proposta por parte dos licitantes empatados.

Empate ficto

Quando houver a participação de microempresas ou empresas de pequeno porte, considera-se empate quando ocorrem as seguintes situações simultaneamente (art. 44 da Lei Complementar nº 123/2006 e art. 38 do Decreto nº 7.581/2011):

    a) uma dessas empresas apresenta proposta igual ou até dez por cento[184] superior à proposta mais bem classificada;

    b) a proposta mais bem classificada foi efetuada por empresa não enquadrável como microempresa ou empresa de pequeno porte.

Trata-se do denominado *empate ficto*, a ser solucionado com os seguintes procedimentos previstos no art. 45 da Lei Complementar nº 123/2006 e art. 38 do Decreto nº 7.581/2011:

    I - a microempresa ou empresa de pequeno porte que apresentou proposta mais vantajosa poderá apresentar *nova proposta de preço inferior à proposta mais bem classificada*, situação em que será adjudicado em seu favor o objeto licitado;

    II - em não ocorrendo a apresentação da proposta antes mencionada, as demais microempresas ou empresas de pequeno porte licitantes com propostas até dez por cento superiores à proposta mais bem classificada serão convidadas a exercer o mesmo direito, conforme a ordem de classificação de suas propostas.

Os licitantes que se enquadrem como microempresa ou empresa de pequeno porte deverão apresentar declaração de seu enquadramento. Nas licitações sob a forma eletrônica, constará do sistema a opção para apresentação pelos licitantes das declarações de que trata este artigo (§1º e §2º do art. 16 do Decreto nº 7.581/2011).

No caso dessas empresas constituírem consórcio, há precedente do TCU[185] no sentido de que o consórcio somente poderá usufruir do

---

[184] O art. 44 da Lei Complementar nº 123/2006 estabelece dois limites para a configuração desse empate: dez por cento para as licitações em geral e *cinco por cento para quando se utilizar a modalidade pregão*.

[185] Fundamentos do Acórdão TCU nº 2.422/2013 - 2ª Câmara, Rel. Min. José Jorge, Sessão 07.05.2013.

critério de preferência caso o *somatório do faturamento de seus integrantes* encontre-se dentro dos limites estipulados na Lei Complementar nº 123/2006.

Empate real

Em não sendo exercido esse direito de preferência para as pequenas e micro empresas, quer porque não era aplicável quer porque não houve interesse das empresas potencialmente beneficiárias, é possível que ainda reste uma situação de empate. Trata-se da hipótese de *empate real*, a ocorrer quando duas ou mais propostas apresentam a mesma vantajosidade por serem de idêntico valor.

Nesse caso, será realizada disputa final entre os licitantes empatados, que poderão apresentar nova proposta fechada, conforme estabelecido no instrumento convocatório (artigos 25, inciso I, da Lei nº 12.462/2011 e 39 do Decreto nº 7.581/2011).

De destacar que a norma fala em apresentação de proposta fechada independentemente do modo de disputa adotado na licitação. Ou seja, o desempate assim ocorrerá mesmo que a licitação tenha sido realizada mediante o modo de disputa aberto. Esse procedimento é correto porque não se trata mais da apresentação de lances sucessivos, mas da apresentação de uma única proposta por parte dos licitantes remanescentes, que devem ser fechadas de modo a garantir a competitividade da disputa.

Desempenho contratual prévio

Considerando as soluções de desempate apresentadas, principalmente com a possibilidade de apresentação de novas propostas fechadas, é extremamente improvável que algum empate real persista, pois, para que isso ocorra as propostas deverão coincidir até nos centavos. Entretanto, em que pese essa improbabilidade, a norma estabeleceu diversos outros critérios de desempate.

Assim, o próximo critério de desempate é a avaliação do desempenho contratual prévio dos licitantes, desde que exista sistema objetivo de avaliação instituído. Inovador, esse critério busca dar algum tipo de incentivo para aqueles que possuem um histórico de bom relacionamento contratual com a administração.

Entretanto, a instituição desse banco de informações demandará recursos humanos tanto para a coleta quanto para a manutenção das informações, além de recursos tecnológicos para tanto. Ademais, a inclusão ou não de determinada empresa no cadastro poderá gerar litígios administrativos a exigir outros esforços por parte da administração.

Destaque-se, ainda, que a norma não discrimina se o banco de informações será unificado, abrangendo todas as contratações de determinado ente da Federação ou se cada órgão ou entidade deverá manter cadastro próprio.

Isto posto, embora a ideia seja aparentemente positiva, na prática, não se vislumbra vantagens na sua implementação, tendo em vista a pouca frequência esperada de sua utilização, ante a improvável persistência de empate a ser solucionado mediante o cadastro, como antes exposto. A não ser, é certo, caso ocorram outras utilizações para o cadastro de modo a melhorar a sua relação custo *versus* benefício.

Bens e serviços de informática (Lei nº 8.248/1991)

O critério seguinte somente é aplicável às contratações de *bens ou serviços de informática e automação*. Trata-se da incorporação das preferências instituídas mediante o art. 3º da Lei nº 8.248/1991 para as propostas que se refiram aos seguintes bens e serviços, nessa ordem:[186]

> I - com tecnologia desenvolvida no País;
>
> II - produzidos de acordo com o processo produtivo básico definido pelo Decreto nº 5.906, de 26 de setembro de 2006.

A preferência foi regulamentada pelo Decreto nº 7.174/2010,[187] o qual instituiu mais uma hipótese de *empate ficto*. Assim, consideram-se empatados os licitantes abrangidos pela preferência cujas propostas finais estejam situadas *até dez por cento acima da melhor proposta válida*.

Desta feita, se ocorrer o empate, haverá a convocação dos licitantes empatados fictamente, na ordem de classificação, para que possam oferecer nova proposta ou novo lance para igualar ou superar

---

[186] O §2º, inciso I, do art. 39 do Decreto nº 7.581/2011 busca introduzir outras hipóteses de aplicação do critério de preferência não previstas na Lei nº 8.248/1991, quais sejam, bens e serviços de informática e automação:
a) produzidos no País;
b) produzidos ou prestados por empresas brasileiras; e
c) produzidos ou prestados por empresas que invistam em pesquisa e no desenvolvimento de tecnologia no País; ou
Por estar o Decreto extrapolando a sua função regulamentar, entende-se que essas hipóteses não são aplicáveis.

[187] Regulamenta a contratação de bens e serviços de informática e automação pela administração pública federal, direta ou indireta, pelas fundações instituídas ou mantidas pelo Poder Público e pelas demais organizações sob o controle direto ou indireto da União.

a melhor proposta válida, caso em que será declarado vencedor do certame[188] (incisos III e IV do art. 8º do Decreto nº 7.174/2010).

Trata-se de disposição semelhante àquela constituidora da preferência para as pequenas e microempresas. A diferença consiste no fato de que essas empresas devem apresentar propostas que superem a mais bem classificada e não somente igualar, como permitido para a preferência relativa aos bens de informática.

Ao estabelecer a ordem dos critérios de desempate, a Lei nº 12.462/2011 estabeleceu que a utilização de um critério somente seria aplicável caso o critério anterior fosse infrutífero em promover o desempate. Entretanto, em relação ao direito de *preferência para os bens e serviços de informática*, esse entendimento não é aplicável. Isso porque o empate ficto ora tratado subsiste independentemente da existência de empate prévio.

Basta, para tanto, que ocorra um empate real entre duas empresas sem direito à preferência e haja uma terceira proposta de uma empresa com direito à preferência e com valor superior em menos de 10 % ao valor das propostas em empate real. Caso, depois da solução do empate real ou mesmo diante da persistência do empate, a proposta com direito à preferência continue dentro da margem de 10%, cabe ser propiciado a esse licitante a possibilidade de fazer nova proposta.

Em outras palavras, não é porque foi solucionada uma situação anterior de empate real que resta afastada a possibilidade de existência de empate ficto, a ser solucionado nos termos antes expostos.

Estímulo aos produtos nacionais (art. 3º da Lei nº 8.666/1993)

O próximo critério consiste na aplicação do §2º do 3º da Lei nº 8.666/1993:

§2º Em igualdade de condições, como critério de desempate, será assegurada preferência, sucessivamente, aos bens e serviços:
I - produzidos ou prestados por empresas brasileiras de capital nacional;
II - produzidos no País;
III - produzidos ou prestados por empresas brasileiras.

Como aqui não há previsão da utilização de margem de preferência, trata-se da hipótese de *empate real* que deverá ter sua utilidade

---

[188] A convocação deverá respeitar a categoria dos bens objeto da preferência. Assim, por exemplo, somente serão convocados os fornecedores de bens produzidos de acordo com o processo produtivo básico, caso não haja o exercício do direito de preferência por parte dos licitantes com tecnologia desenvolvida no País.

muito limitada ante a pouca possibilidade de que os procedimentos anteriores não terem solucionado o empate.

De se destacar que o inciso II do §2º do art. 39 do Decreto nº 7.581/2011 estabelece critérios diversos para ser estabelecida a preferência para produtos nacionais:

I - produzidos no País;

II - produzidos ou prestados por empresas brasileiras;

III - produzidos ou prestados por empresas que invistam em pesquisa e no desenvolvimento de tecnologia no País.

Entretanto, como o decreto não pode inovar na ordem jurídica e tampouco contrariar a norma legal, entende-se inaplicáveis essas disposições do Decreto nº 7.581/2011.

Sorteio

Finalmente, como último recurso para a solução do empate, tem-se o critério do sorteio.

Registro de preços

Consoante previsto no parágrafo único do art. 101 do Decreto nº 7.581/2011, é assegurada aos *fornecedores registrados* a preferência *em igualdade de condições*, quando for realizada licitação específica para contratação de objetos cujos preços constam do sistema de registro de preços.

Trata-se da hipótese em que o administrador optou por não utilizar a ata de registro de preços válida e estabeleceu uma medida compensatória para os registrados.

Embora estabelecido por norma infralegal, cabe consignar que houve expressa autorização legal para que a matéria fosse disposta em regulamento, atendendo-se, pois, o princípio da legalidade (art. 32 da Lei nº 12.462/2011).

Não se trata aqui propriamente de uma situação de empate, pois não há a existência de propostas idênticas verificadas na licitação. Trata-se, na verdade, de um critério de aceitabilidade da proposta, pois, depois de solucionadas todas as situações de empate, cabe verificar se o valor da proposta mais bem classificada é compatível com o registrado. Em havendo igualdade de preços com idênticas condições, o objeto deve ser adjudicado ao beneficiário do registro.

Margens de preferência (art. 3º da Lei nº 8.666/1993)

O art. 38 da Lei nº 12.462/2011 previu a aplicação ao novo regime das margens de preferências estabelecidas nos §§5º a 12º do art. 3º da Lei nº 8.666/1993, regulamentados pelo Decreto nº 7.546/2011.[189]

Tal qual no sistema de registro de preços, não se trata aqui de preferência como critério de desempate, mas sim da instituição de um novo critério de julgamento, de forma que as propostas de determinados produtos nacionais serão consideradas à frente daquelas de produtos estrangeiros quando *superiores* a essas últimas em até 25%.

A preferência é possível de ser concedida aos produtos manufaturados e serviços nacionais que atendam a normas técnicas brasileiras e preencham os requisitos específicos previstos nos parágrafos 6º a 9º do art. 3º da Lei nº 8.666/1993.

Na aplicação da margem de preferência, é possível que ocorram situações de empate entre os beneficiários desse instituto. Assim, nessa situação, devem ser aplicados os critérios de desempate antes tratados.

As demais preferências previstas no art. 38 da Lei nº 12.462/2011 — art. 3º da Lei nº 8.248/1991 e artigos 42 a 49 da Lei Complementar nº 123/2006 — já foram tratadas nos tópicos referentes aos critérios de desempate ou licitações restritas.

5.4.9 Negociação

Depois do encerramento da fase de apresentação de propostas, a comissão de licitação classificará as propostas por ordem decrescente de vantajosidade (art. 43 do Decreto nº 7.581/2011).

Assim, definido o resultado do julgamento, a administração pública poderá negociar condições mais vantajosas com o primeiro colocado. Essa negociação pode ocorrer sob dois cenários. Quando a proposta do licitante *respeita os limites do valor orçado pela administração ou quando não respeita esse limite* (art. 26 da Lei nº 12.462/2011; artigos 43 e 59 do Decreto nº 7.581/2011).

Na primeira hipótese — em que a proposta está de acordo com os limites fixados pela administração —, a negociação somente terá eficácia quando o orçamento ainda não foi divulgado, pois sem saber da classificação ou não de sua proposta, o licitante pode concordar em diminuir-lhe o valor na expectativa de evitar ser desclassificado. Em

---

[189] Regulamenta o disposto nos §§5º a 12 do art. 3º da Lei nº 8.666, de 21 de junho de 1993, e institui a Comissão Interministerial de Compras Públicas.

tendo sido divulgado o valor do orçamento, não é crível que o licitante anua em reduzir o valor de uma proposta que deve ser classificada em primeiro lugar.[190]

Na segunda hipótese — em que a proposta do primeiro colocado está acima do orçamento estimado —, sendo público o orçamento, a negociação efetivamente pode ter resultados, pois é razoável esperar que o licitante anua em reduzir sua proposta no intuito de evitar sua desclassificação e vir a ser contratado. Em não tendo conhecimento do orçamento, retorna-se à primeira situação tratada em que, sem saber da classificação ou não de sua proposta, o licitante pode concordar em diminuir-lhe o valor na expectativa de evitar ser desclassificado. A novidade agora consiste no fato de que, caso o licitante não reduza ou reduza de forma insuficiente o valor de sua proposta, ele virá a ser desclassificado, dando-se início à negociação com o segundo colocado e assim por diante, nos termos do parágrafo único do art. 26 da Lei nº 12.462/2011:

> Parágrafo único. A negociação poderá ser feita com os demais licitantes, segundo a ordem de classificação inicialmente estabelecida, quando o preço do primeiro colocado, mesmo após a negociação, for desclassificado por sua proposta permanecer acima do orçamento estimado.

Em suma, quando não tem conhecimento do orçamento da administração, o licitante estará submetido a um cenário de incerteza em que desconhece se sua proposta pode ou não ser classificada. Nesse cenário, ele pode se dispor a negociar ou não, de acordo com o seu sentimento acerca da adequabilidade de sua proposta ao orçamento da administração.

Quando o valor da proposta está abaixo do orçado, a negativa em negociar não acarreta maiores problemas, pois a licitação seguirá o seu curso normalmente. Quando o valor da proposta está acima do orçado, a negativa em negociar pode ser causa de uma licitação infrutífera. Isso porque se afasta a possibilidade de o licitante estar disposto a fazer uma melhora na sua proposta caso *soubesse da necessidade real de assim proceder*. Assim, licitações podem resultar fracassadas com propostas

---

[190] O §1º do art. 43 do Decreto nº 7.581/2011 indica que a negociação somente deve ocorrer quando a proposta do primeiro classificado estiver acima do orçamento da administração. Já o art. 26 da Lei nº 12.462/2011 não faz essa restrição. Ou seja, para os demais entes da Federação que não a União, a possibilidade de negociação permanece ampla, nos termos da lei.

pouco superiores ao valor orçado porque os licitantes não sabiam o quanto deveriam ceder para serem classificados.

Há assim um componente aleatório na possibilidade de negociação sem a divulgação do orçamento que pode fazer com que a administração, nos extremos, *ora consiga uma melhor proposta ora defronte-se com uma licitação infrutífera*. A depender em parte do comportamento do licitante.

Esse tipo de situação não parece atender o interesse público. Assim, em que pese a vantagem potencial e pontual da negociação sem a divulgação do orçamento quando a proposta mais bem classificada está abaixo do estimado pela administração, reforça-se o entendimento de que *a divulgação dos orçamentos deveria ocorrer previamente ao início das negociações*.

Assim, entende-se inadequada a disposição do Decreto nº 7.581/2011 no sentido de que somente após a adjudicação do objeto o orçamento deve ser divulgado.

Realizada a negociação, avalia-se a compatibilidade da proposta com o edital, encerra-se o julgamento e disponibiliza-se a respectiva ata, com a ordem de classificação das propostas (art. 44 do Decreto nº 7.581/2011).

Momento da negociação

Os artigos 26 da Lei nº 12.462/2011 e 43 do Decreto nº 7.581/2011 estabelecem que a negociação ocorrerá depois de encerrada a fase de apresentação das propostas. Depois dessa etapa, devem ocorrer a avaliação da compatibilidade da proposta com o edital, a fase de habilitação e a apreciação de eventuais recursos interpostos.

Entretanto, o art. 59 do Decreto nº 7.581/2011 estabelece uma *nova possibilidade de negociação* ao prever que ela pode ocorrer depois de terminada a fase recursal. A disposição é pertinente pelo fato de que, em função do resultado da análise dos recursos, as circunstâncias em que ocorreram as negociações anteriores podem não mais subsistir (por exemplo, pode ocorrer que o licitante com que foram efetuadas as negociações seja desclassificado).

5.5 Habilitação

A execução do objeto da contratação tem por finalidade o atendimento de determinado interesse público. Sob o risco de comprometer esse atendimento, a administração não deve servir de porto seguro para licitantes aventureiros sem experiência e/ou sem capacidade ou idoneidade para executar o pactuado com a qualidade esperada. Assim, o estabelecimento de requisitos de habilitação tem por finalidade precípua filtrar e *afastar eventuais licitantes que não detenham condições de adequadamente cumprir o objeto a ser contratado.*

Nesse aspecto, em nada difere o processo licitatório das contratações efetuadas no bojo do setor privado. A diferença é que no setor privado a seleção dos potenciais contratados pode ocorrer mediante critérios subjetivos, utilizando-se, por exemplo, da confiança inspirada pelo proponente em decorrência de contratações anteriores ou de recomendações de terceiros. Já no setor público, de acordo com o princípio da impessoalidade, os requisitos para a seleção dos contratados devem ser estabelecidos mediante critérios objetivos previstos em lei.

A habilitação constitui também um instrumento da administração como indutora de boas práticas socioeconômicas. Nesse sentido, por exemplo, a administração não pode contratar com aqueles em situação irregular perante o fisco.

O novo regime não introduziu inovações significativas respeito, pois foram adotadas, em regra, as disposições da Lei nº 8.666/1993 (art. 14 da Lei nº 12.462/2011).

Assim, como a fase de habilitação está fortemente disciplinada por entendimentos jurisprudenciais, em especial do TCU, a preservação do seu disciplinamento permite a aplicação dessa jurisprudência ao novo regime e torna desnecessária a decantação de novos entendimentos. Ou seja, essa estabilidade na aplicação dos procedimentos de habilitação permitirá uma maior segurança para todos os envolvidos no Regime Diferenciado, minimizando as dúvidas inerentes à aplicação de qualquer alteração legislativa recente.

5.5.1 Documentos exigíveis

Consoante o art. 14 da Lei nº 12.462/2011,[191] aplicar-se-ão, no que couber, os critérios de habilitação previstos na Lei nº 8.666/1993 em seus artigos 27 a 33. Assim, a documentação relativa à habilitação está restrita a:

---

[191] "Art. 14. Na fase de habilitação das licitações realizadas em conformidade com esta Lei, aplicar-se-á, no que couber, o disposto nos arts. 27 a 33 da Lei nº 8.666, de 21 de junho de 1993 [...]."

I - habilitação jurídica (incisos I a V do art. 28 da Lei nº 8.666/1993):
- cédula de identidade, no caso de pessoa física;
- registro comercial, no caso de empresa individual;
- ato constitutivo, estatuto ou contrato social em vigor, no caso de sociedade;
- decreto de autorização, em se tratando de empresa ou sociedade estrangeira em funcionamento no País;
- ato de registro ou autorização para funcionamento expedido pelo órgão competente, quando a atividade assim o exigir;

II - regularidade fiscal e trabalhista (incisos I a V do art. 29 da Lei nº 8.666/1993):
- inscrição no Cadastro de Pessoas Físicas (CPF) ou no Cadastro Nacional da Pessoa Jurídica (CNPJ);[192]
- inscrição no cadastro de contribuintes estadual ou municipal, se houver, relativo ao domicílio ou sede do licitante, pertinente ao seu ramo de atividade e compatível com o objeto contratual;
- regularidade para com a Fazenda Federal, Estadual e Municipal do domicílio ou sede do licitante, ou outra equivalente, na forma da lei;
- regularidade relativa à Seguridade Social e ao Fundo de Garantia por Tempo de Serviço (FGTS);
- inexistência de débitos inadimplidos perante a Justiça do Trabalho;

III - qualificação técnica (incisos I a IV do art. 30 da Lei nº 8.666/1993);
- registro ou inscrição na entidade profissional competente e prova de atendimento de requisitos previstos em lei especial, quando for o caso;
- comprovação de aptidão para desempenho de atividade pertinente e compatível em características, quantidades e prazos com o objeto da licitação;
- indicação das instalações e do aparelhamento e do pessoal técnico adequados e disponíveis para a realização do objeto da licitação, bem como da qualificação de cada um

---

[192] Cadastro sucessor do Cadastro Geral de Contribuintes (CGC), mencionado no inciso I do art. 29 da Lei nº 8.666/1993.

dos membros da equipe técnica que se responsabilizará pelos trabalhos;

- comprovação, fornecida pelo órgão licitante, de que recebeu os documentos, e, quando exigido, de que tomou conhecimento de todas as informações e das condições locais para o cumprimento das obrigações objeto da licitação;

IV - qualificação econômico-financeira (incisos I a III do art. 31 da Lei nº 8.666/1993);

- balanço patrimonial e demonstrações contábeis do último exercício social, que comprovem a boa situação financeira da empresa;
- certidão negativa de falência ou concordata expedida pelo distribuidor da sede da pessoa jurídica, ou de execução patrimonial, expedida no domicílio da pessoa física;
- garantia mediante caução, seguro garantia ou fiança bancária;

V - cumprimento do disposto no inciso XXXIII do art. 7º da Constituição Federal.[193]

Impossibilidade de serem exigidos outros documentos

Esses documentos são previstos na norma de forma exaustiva, de forma que não cabe à Administração inovar e solicitar outros documentos de habilitação. Nesse sentido, insta mencionar o decidido pelo TCU:[194]

> As exigências contidas no art. 30 da Lei nº 8.666/93 são do tipo *numerus clausus*, ou seja, encontram-se esgotadas naquele dispositivo, sendo defeso, aos diversos órgãos e entidades da Administração Pública Federal, inovar.

Fixação dos parâmetros

Embora alguns desses documentos já tenham seus parâmetros fixados na norma, outros devem ser estipulados pela administração.

---

[193] Constituição Federal: "Art. 7º [...] XXXIII - proibição de trabalho noturno, perigoso ou insalubre a menores de dezoito e de qualquer trabalho a menores de dezesseis anos, salvo na condição de aprendiz, a partir de quatorze anos; [...]".

[194] Voto condutor da Decisão nº 739/2001 - Plenário, Rel. Min. Ubiratan Aguiar, Sessão 12.09.2001.

Nessa última situação, encaixam-se primordialmente aqueles referentes aos *requisitos técnicos e econômico-financeiros*.

Acontece que o estabelecimento de requisitos de habilitação é restritivo da competitividade. Alguns ou vários agentes do mercado estarão excluídos da possibilidade de efetuar determinada contratação com a administração. Essa exclusão pode ser lícita ou ilícita.

Será lícita quando realizada na medida do estritamente necessário para afastar aqueles sem condições de cumprir adequadamente o objeto a ser contratado.

Será ilícita quando for exacerbada e restringir indevidamente a competitividade ou quando for demasiadamente permissiva.

Na primeira situação de ilicitude, porque se afastou também licitantes em condições de atender o interesse da administração. Assim, o princípio da economicidade resta potencialmente violado, pois, em havendo menos licitantes, diminui-se a competitividade entre eles e, consequentemente, a possibilidade de a administração receber melhores propostas.

Na segunda situação de ilicitude, porque foi permitida a participação no certame daqueles sem condições de cumprir a avença. Assim, afora eventuais prejuízos econômicos, o interesse público fica prejudicado em razão da provável inexecução ou má execução do objeto contratado.

O tema é de tal importância que ganhou assento constitucional. Assim, consoante o inciso XXI do art. 37 da Constituição Federal, somente serão permitidas "as exigências de qualificação técnica e econômica indispensáveis à garantia do cumprimento das obrigações". A jurisprudência do TCU reflete também essa importância.[195]

Conclui-se, pois, ser necessário estabelecer adequadamente os requisitos de habilitação de forma a não incorrer em erro por falta ou por excesso. Vislumbra-se residir aqui uma das maiores dificuldades encontradas pelos responsáveis pelas contratações públicas, pois, no mais das vezes, não é tarefa fácil delimitar os requisitos de habilitação "estritamente necessários". O conhecimento do mercado, o conhecimento empírico decorrente do acompanhamento de contratações anteriores e o acompanhamento da jurisprudência dos tribunais de contas são essenciais para o bem desenrolar dessa tarefa.

---

[195] "O processo de licitação pública deve assegurar igualdade de condições a todos os concorrentes, somente admitindo-se as exigências de qualificação técnica e econômica indispensáveis à garantia do cumprimento das obrigações" (Voto condutor do Acórdão TCU nº 842/2010 - Plenário, Rel. Min. José Múcio Monteiro, Sessão 28.04.2010).

Momento da comprovação

O instrumento convocatório deverá estabelecer o prazo para a apresentação dos documentos de habilitação (art. 47 do Decreto nº 7.581/2011), o qual de acordo com os princípios que regem as licitações públicas, não deve ser exíguo ao ponto de restringir a competitividade do certame. Ou seja, deve ser fixado um espaço de tempo razoável, dentro do qual os licitantes efetivamente possam obter os documentos pertinentes.[196]

De forma a garantir que a exigência dos requisitos de habilitação cumpra seus objetivos, as condições de habilitação exigidas na licitação devem ser mantidas pelo contratado enquanto viger a avença.[197]

Declaração de cumprimento dos requisitos de habilitação

Poderá ser exigida dos licitantes a declaração de que atendem aos requisitos de habilitação (inciso I do art. 14 da Lei nº 12.462/2011). A exigência dessa declaração, de forma similar àquela prevista no inciso VII do art. 4º da Lei do Pregão, tem por intuito evitar a participação no certame daqueles que evidentemente não detêm condições para tanto.

De forma geral, aqueles que não apresentarem os documentos de habilitação quando exigidos poderão, conforme a gravidade da conduta, sofrer sanções administrativas e/ou penais. No âmbito penal, a conduta pode ser enquadrada no tipo previsto no art. 93 da Lei nº 8.666/1993[198] e/ou no art. 299 do Código Penal.[199] No âmbito administrativo, a conduta pode ser enquadrada no inciso II do art. 47 da Lei nº 12.462/2011.[200]

É certo que a ocorrência de inabilitações de licitantes é esperada em qualquer procedimento licitatório, não constituindo conduta

---

[196] Essa preocupação foi manifestada pelo TCU mediante o Acórdão nº 870/2010 - Plenário, Rel. Min. Augusto Nardes, Sessão 06.05.2010.

[197] Inciso XIII do art. 55 da Lei nº 8.666/1993, aplicável ao RDC por força do art. 39 da Lei nº 12.462/2011.

[198] "Art. 93. Impedir, perturbar ou fraudar a realização de qualquer ato de procedimento licitatório. Pena - Detenção, de 6 (seis) meses a 2 (dois) anos, e multa."

[199] Falsidade ideológica: "Art. 299. Omitir, em documento público ou particular, *declaração que dele devia constar, ou nele inserir ou fazer inserir declaração falsa ou diversa da que devia ser escrita*, com o fim de prejudicar direito, criar obrigação ou alterar a verdade sobre fato juridicamente relevante. Pena - Reclusão, de 1 (um) a 5 (cinco) anos, e multa, se o documento é público, e reclusão de 1 (um) a 3 (três) anos, e multa, se o documento é particular" (grifos nossos).

[200] "Art. 47. Ficará impedido de licitar e contratar com a União, Estados, Distrito Federal ou Municípios, pelo prazo de até 5 (cinco) anos, sem prejuízo das multas previstas no instrumento convocatório e no contrato, bem como das demais cominações legais, o licitante que: [...] II - deixar de entregar a documentação exigida para o certame ou apresentar documento falso; [...]."

ilícita o fato de determinado licitante não conseguir preencher todos os requisitos de habilitação. Assim, de acordo com os princípios da proporcionalidade e razoabilidade, somente devem ser penalizados aqueles que evidentemente não tinham condições de participar do certame e sabiam ou deveriam saber dessa condição.

Procedimentos auxiliares

Mediante a utilização dos procedimentos auxiliares de pré-qualificação permanente e cadastramento,[201] os potenciais licitantes poderão submeter os seus documentos pertinentes à habilitação a uma análise prévia por parte da administração. Essa análise não precisa estar vinculada a uma licitação específica e, na eventual constatação de qualquer impropriedade, permitirá ao interessado maior tempo para saná-la, caso possível.

Por outro lado, a fase de habilitação da licitação resta simplificada, pois parte da análise dos documentos pertinentes já terá sido efetuada antes mesmo da abertura do certame. Assim, poderá haver substituição parcial ou total dos documentos de habilitação por certificado de registro cadastral ou certificado de pré-qualificação, nos termos do instrumento convocatório (§1º do art. 46 do Decreto nº 7.581/2011).

5.5.2 Atestados técnicos

Em regra, a capacidade técnica dos licitantes é comprovada mediante atestados emitidos por terceiros, os quais devem demonstrar a realização por parte do licitante de atividades pertinentes ao objeto licitado, de acordo com os parâmetros estabelecidos no instrumento convocatório.

Soma de atestados

A comprovação de determinada aptidão deve poder ser demonstrada mediante *a soma de mais de um atestado cujos quantitativos considerados em conjunto atendam ao mínimo previsto no edital*. Por exemplo, caso o edital preveja que os licitantes devem comprovar a experiência em construção de cinquenta unidades habitacionais, essa experiência poderia ser comprovada mediante dois atestados técnicos referentes à vinte e cinco unidades cada.

---

[201] Previstos nos incisos I e II do art. 29 da Lei nº 12.462/2011.

A restrição à soma de atestados somente deve ocorrer quando o objeto licitado assim exigir. Nesse sentido, se manifestou o TCU mediante o Acórdão nº 2.150/2008 - Plenário,[202] subitem 9.7.2:

> 9.7.2. somente limite o somatório de quantidades de atestados para a comprovação de capacidade técnico-operacional dos editais nos casos em que o *aumento de quantitativos do serviço acarretarem, incontestavelmente, o aumento da complexidade técnica do objeto* ou uma desproporção entre as quantidades e prazos para a sua execução, capazes de ensejar maior capacidade operativa e gerencial da licitante e de *potencial comprometimento acerca da qualidade ou da finalidade almejada na contratação da obra ou serviços*; [...]. (grifos nossos)

Número de atestados

Consoante a jurisprudência do TCU, não cabe a exigência de mais de um atestado para a mesma aptidão:

> [...] pode-se dizer que o estabelecimento de uma quantidade mínima de atestados fere o preceito constitucional da isonomia, porque desiguala injustamente concorrentes que apresentam as mesmas condições de qualificação técnica. *Não se pode inferir que um licitante detentor de um atestado de aptidão é menos capaz do que o licitante que dispõe de dois.* Isto porque a capacidade técnica de realizar o objeto existe, independentemente do número de vezes que tenha sido exercitada, ou não existe.[203] (grifos nossos)

Quantitativos

A jurisprudência do TCU é no sentido de que a exigência de quantitativos equivalentes a 50% daqueles referentes ao objeto a ser licitado é suficiente para garantir a regular execução contratual. *Valores acima disso, podem ser admitidos a título de exceção, desde que devidamente justificados.*

Nesse sentido, a seguinte determinação constante do Acórdão nº 2088/2004 - Plenário:[204]

> 9.6.1.2. *não estabeleça percentuais mínimos acima de 50% dos quantitativos dos itens de maior relevância da obra ou serviço, salvo em casos excepcionais,* cujas justificativas deverão estar tecnicamente explicitadas no processo

---

[202] Rel. Min. Valmir Campelo, Sessão 1º.10.2008.

[203] Acórdão nº 571/2006 - 2ª Câmara, Rel. Min. Substituto Marcos Bemquerer Costa, Sessão 14.03.2006.

[204] Rel. Min. Walton Alencar Rodrigues, Sessão 15.12.2004.

administrativo anterior ao lançamento do respectivo edital, ou no próprio edital e seus anexos, em observância ao inciso XXI do art. 37 da Constituição Federal; inciso I do §1º do art. 3º e inciso II do art. 30 da Lei 8.666/93; [...]. (grifos nossos)

Carta de solidariedade

Quando da aquisição de bens, a administração poderá exigir carta de solidariedade emitida pelo fabricante que assegure a execução do contrato, no caso de licitante revendedor ou distribuidor (art. 7º, inciso IV, da Lei nº 12.462/2011). Ou seja, busca-se garantir a capacidade técnico-operacional do licitante em fornecer o bem quando a situação assim exigir (*v.g.*, fornecimento de elevado número de unidades de determinado produto que extrapola as condições normais de fornecimento do revendedor ou distribuidor).[205]

É bem verdade que, sob a égide da Lei nº 8.666/1993, há entendimentos do TCU no sentido de que a carta de solidariedade somente deve ser considerada como critério de pontuação em licitação tipo técnica e preço. Entretanto, de acordo com a disciplina da Lei nº 12.462/2011, esse entendimento não se aplica ao RDC.

5.5.3 Dispensa de alguns dos requisitos de habilitação

A exigência dos requisitos de habilitação técnica e econômica tem por objetivo garantir que o licitante detenha condições de executar o objeto ao longo do decurso do contrato. Em contratos de curta duração e/ou cujo objeto se esgote por parte de uma prestação única do contratado, a exigência da prestação de garantia atende melhor esses objetivos. Assim ocorre quando há o fornecimento para a administração de bens para pronta entrega e quando há o pagamento à administração de prestação pecuniária única.

Há, contudo, outros critérios de habilitação estabelecidos em lei que não dizem respeito à garantia da boa execução contratual, mas sim a determinados comportamentos que a administração busca induzir (*v.g.*, exigência de regularidade fiscal e trabalhista). Nesses casos, não há motivos para se dispensar o preenchimento desses requisitos de habilitação em razão da natureza do objeto contratado.

Isto posto, são adequadas as disposições da Lei nº 12.462/2011 e do Decreto nº 7.581/2011 no sentido de, quando for possível a dispensa

---

[205] Acórdão TCU nº 2.404/2009 - 2ª Câmara, Rel. Min. José Jorge, Sessão 12.05.2009.

dos requisitos de habilitação referentes à capacidade técnico-econômica, os demais requisitos de habilitação devem ser exigidos normalmente (art. 22 da Lei nº 12.462/2011 e parágrafo único do art. 48 do Decreto nº 7.581/2011).

Maior oferta de preço

A principal hipótese em que os requisitos de qualificação técnica e econômico-financeira podem ser dispensados é quando se utiliza o critério de julgamento pela maior oferta de preço (§3º do art. 22 da Lei nº 12.462/2011 e §2º do art. 33 do Decreto nº 7.581/2011).

De se observar que as normas apenas facultam a dispensa dos referidos requisitos de habilitação, pois, mesmo que se trate de julgamento pela melhor oferta de preço, poderá ser relevante a análise da saúde financeira do licitante e, eventualmente, a sua capacidade técnica em cumprir a avença. Tome-se, por exemplo, contratos de duração continuada (*v.g.*, cessão de uso oneroso de área para determinada destinação), em que é necessária a avaliação da capacidade técnico e econômica do licitante em dar a adequada destinação ao bem imóvel.

Alienação de bens imóveis

A Lei nº 8.666/1993 permite uma dispensa mais ampla dos requisitos de habilitação em determinadas hipóteses, contrariando a própria finalidade da instituição desses requisitos.

Em seu art. 18, a norma limita a habilitação à exigência de recolhimento de garantia quando se tratar da *alienação de bens imóveis*. Entretanto, como a alienação de bens imóveis foi regulada de forma diversa na Lei nº 12.462/2011, não se aplica ao novo regime a disposição do art. 18 da Lei nº 8.666/1993. Ou seja, nesse caso, aplica-se a regra geral do Regime Diferenciado para o julgamento pela maior oferta de preços e *somente podem ser dispensados os requisitos de habilitação técnica e econômico-financeira*.

Bens para pronta entrega

Em seu art. 32, §1º, a Lei nº 8.666/1993 com exceção do cumprimento do disposto no inciso XXXIII do art. 7º da Constituição Federal, permite a dispensa dos requisitos de habilitação no caso das *modalidades convite, concurso e leilão e quando do fornecimento de bens para pronta entrega*. Contudo, as disposições do art. 32 da Lei nº 8.666/1993 *somente se aplicam ao novo regime nas hipóteses de fornecimento de bens para pronta entrega*, pois no RDC não subsistem as modalidades licitatórias convite, concurso e leilão.

Como esse artigo apenas faculta a dispensa de determinados requisitos de habilitação, não há óbices para que se adote o entendimento de que devem continuar exigíveis os demais requisitos de habilitação não referentes à qualificação técnica e econômico-financeira. Ou seja, pode ser utilizado o mesmo procedimento para a alienação de bens ou direitos, de forma a se preservar os objetivos socioeconômicos desses demais requisitos de habilitação.

De qualquer forma, por força de dispositivo constitucional,[206] não cabe a dispensa da exigência de regularidade para com a previdência social e por força de lei específica,[207] não cabe a dispensa da exigência da regularidade com o Fundo de Garantia por Tempo de Serviço.

Compras para entrega futura e execução de obras e serviços

Como já mencionado quando da análise das exigências de garantias, na hipótese de compras para entrega futura e de execução de obras e serviços, a Lei nº 8.666/1993[208] permite a exigência de determinada garantia como requisito de habilitação econômico-financeiro.

Entretanto, caso o edital faça essa opção pelo recolhimento da garantia, a jurisprudência do TCU é uníssona no sentido de que devem ser dispensadas as exigências referentes ao capital social ou patrimônio líquido dos licitantes. Veja-se a respeito o seguinte trecho do relatório que fundamentou o Acórdão nº 326/2010 - Plenário:[209]

> [...] a simultaneidade de exigência de requisitos de capital social mínimo e de garantia para a comprovação da qualificação econômico-financeira não se coaduna com a lei e caracteriza restrição ao caráter competitivo.

---

[206] "Art. 195. [...] §3º A pessoa jurídica em débito com o sistema da seguridade social, como estabelecido em lei, não poderá contratar com o Poder Público nem dele receber benefícios ou incentivos fiscais ou creditícios."

[207] Lei nº 9.012/1995: "Art. 2º As pessoas jurídicas em débito com o FGTS não poderão celebrar contratos de prestação de serviços ou realizar transação comercial de compra e venda com qualquer órgão da administração direta, indireta, autárquica e fundacional, bem como participar de concorrência pública".

[208] "Art. 31. [...] §2º A administração, nas compras para entrega futura e na execução de obras e serviços, poderá estabelecer, no instrumento convocatório da licitação, a exigência de capital mínimo ou de patrimônio líquido mínimo, ou ainda as garantias previstas no §1º do art. 56 desta Lei, como dado objetivo de comprovação da qualificação econômico-financeira dos licitantes e para efeito de garantia ao adimplemento do contrato a ser ulteriormente celebrado."

[209] Rel. Min. Benjamin Zymler, Sessão 03.03.2010.

5.5.4 Consórcios

O termo consórcio refere-se à associação temporária de esforços entre duas ou mais entidades com o intuito de realizar um objetivo comum, quer por não disporem, isoladamente, de condições para a respectiva consecução ou por vislumbrarem melhores condições atuando em conjunto.[210]

O art. 14, parágrafo único, inciso I, da Lei nº 12.462/2011 remeteu ao regulamento a disposição da matéria:[211]

> Art. 14. [...]
> Parágrafo único. Nas licitações disciplinadas pelo RDC:
> I - será admitida a participação de licitantes sob a forma de consórcio, conforme estabelecido em regulamento;

Assim, na fase de habilitação, deve estar definida a possibilidade ou não de participação de licitantes em consórcio.

A possibilidade de consórcios nas licitações pode constituir um estímulo ao aumento da competitividade do certame. Isso porque empresas que isoladamente não preenchem os requisitos de habilitação necessários para participar de determinada licitação podem conseguir participar do certame ao se unirem em consórcios. Ou seja, as consorciadas supririam determinada deficiência uma das outras, de forma que em conjunto elas atenderiam os requisitos de habilitação.

Nesse sentido, o TCU já admitiu que a possibilidade de formação de consórcios é similar ao parcelamento do objeto no sentido de buscar o atendimento aos princípios da competitividade, da isonomia e da obtenção da proposta mais vantajosa para a administração. Assim, em determinadas hipóteses, a ausência de uma medida pode ser compensada pela outra.[212]

---

[210] Lei nº 6.404/1976 – Lei das Sociedades por Ações: "Art. 278. As companhias e quaisquer outras sociedades, sob o mesmo controle ou não, podem constituir consórcio para executar determinado empreendimento, observado o disposto neste Capítulo. §1º O consórcio não tem personalidade jurídica e as consorciadas somente se obrigam nas condições previstas no respectivo contrato, respondendo cada uma por suas obrigações, sem presunção de solidariedade".

[211] Afasta-se, pois, a aplicação da Lei nº 8.666/1993 nessa matéria.

[212] "9.3.1. *realize o parcelamento do objeto* da nova licitação a ser promovida com vistas à contratação das obras e serviços de implantação e adequação do sistema de corredores de transportes e outros projetos de mobilidade urbana, devendo proceder anteriormente, para fundamentar a escolha da forma de configuração dos 'blocos' ou 'lotes' a serem formados em função do parcelamento, a estudos técnicos que considerem as características de mercado e que indiquem a alternativa de divisão que melhor satisfaça aos

Por outro lado, pode ocorrer que a permissão de participação de empresas em consórcios acarrete o efeito inverso e diminua a disputa na licitação:[213]

> Nem sempre a participação de empresas em consórcio implica incremento de competitividade (associação de pequenas empresas para participação em conjunto), podendo vir a constituir, ao contrário, limitação à concorrência (diminuição do número de empresas de porte interessadas por integrarem um mesmo consórcio).

Ou seja, somente a análise de cada caso concreto permite a averiguação se é pertinente a permissão de participação de empresas em consórcio na licitação:

> A jurisprudência deste Tribunal já se firmou no sentido de que a admissão ou não de consórcio de empresas em licitações e contratações é competência discricionária do administrador, devendo este exercê-la sempre mediante justificativa fundamentada.
>
> Não obstante a participação de consórcio seja recomendada sempre que o objeto seja considerado de alta complexidade ou vulto, tal alternativa também não é obrigatória.[214]

a) Número de integrantes de cada consórcio

Em regra, o Tribunal de Contas da União tem decidido pela impossibilidade do estabelecimento de número mínimo ou máximo de empresas participantes no consórcio. Veja-se o seguinte trecho da ementa do Acórdão nº 1.240/2008 - Plenário:[215]

> 2. A Lei deixa à discricionariedade administrativa a decisão de permitir a participação no certame de empresas em consórcio, porém ao permiti-la a administração deverá observar as disposições contidas no art. 33,

---

princípios da competitividade, da isonomia e da obtenção da proposta mais vantajosa para a administração, respeitadas as limitações de ordem técnica, *sem prejuízo de realizar contratação isolada de todo o complexo ou conjunto com um licitante, mas, neste caso, desde que admitida expressamente a participação no certame de empresas em consórcio,* como forma de assegurar o parcelamento material do objeto, respeitando as regras prescritas no art. 33 da Lei nº 8.666/1993" (Acórdão nº 935/2010 - Plenário, Rel. Min. José Múcio, Sessão 13.05.2010).

[213] Voto condutor do Acórdão TCU nº 2.813/2004 - 1ª Câmara, Rel. Min. Marcos Vinicios Vilaça, Sessão 09.11.2004.

[214] Voto condutor do Acórdão TCU nº 2.831/2012 - Plenário, Rel. Min. Ana Arraes, Sessão 17.10.2012.

[215] Rel. Min. Substituto André Luís de Carvalho, Sessão 27.06.2008.

da Lei nº 8.666/1993, *não podendo estabelecer condições não previstas expressamente na Lei, mormente quando restritivas ao caráter competitivo da licitação.* (grifos nossos)

De se ver, contudo, que a ausência de limitação do número máximo de consorciados pode provocar um efeito oposto ao desejado aumento da competitividade do certame, pois potenciais concorrentes podem tender a se associar entre si. Veja-se a respeito o seguinte trecho do relatório que acompanha o Acórdão TCU nº 1.332/2006 - Plenário:[216]

> Considerando que a lei possibilita vedação à participação de consórcios, entendemos que não haveria óbices à fixação de número de máximo de empresas por consórcio, desde que devidamente justificada. Assim, seria pertinente a argumentação apresentada pelos responsáveis de que *a não limitação de quantidade de empresas por consórcio poderia diminuir a quantidade de concorrentes, vez que o número de consórcios participantes, potencialmente, seria reduzido.* Sobre a questão em debate, o Tribunal reconheceu a possibilidade de limitação do número de empresas por consórcio nos Acórdãos nº 1.297/2003, 1.708/2003 e 1.404/2004, todos do Plenário. (grifos nossos)

Outra justificativa para a limitação do número de consorciados é evitar a pulverização de responsabilidades e as consequentes dificuldades da gestão contratual por parte da administração.

Assim, em que pese o entendimento geral do TCU, conclui-se haver fundamentos jurídicos para que seja limitado o número de consorciados, tal como consta do seguinte trecho do relatório que acompanha o Acórdão nº 718/2011 - Plenário,[217] o qual admitiu a possibilidade de se limitar o número de consorciados em licitações realizadas pela Empresa Brasileira de Infraestrutura Aeroportuária (Infraero):

> 17. Se a lei autoriza até mesmo a vedação à participação de consórcios, também pode a administração permitir a sua participação condicionada a um número máximo de empresas em cada consórcio, aplicando-se ao caso o entendimento manifesto no brocardo jurídico "quem pode o mais, pode o menos".

No âmbito do RDC, a questão é dirimida mediante o disposto no §5º do art. 51 do Decreto nº 7.581/2011, o qual permite à administração

---

[216] Rel. Min. Walton Alencar Rodrigues, Sessão 04.08.2006.
[217] Rel. Min. Valmir Campelo, Sessão 23.03.2011.

pública fixar a quantidade máxima de pessoas jurídicas organizadas por consórcio. Essa é, aliás, a principal inovação do novo regime em relação ao disciplinado na Lei nº 8.666/1993 sobre o tema.

b) Condições para a formação do consórcio

Para participar da licitação, as pessoas jurídicas organizadas em consórcio devem observar as seguintes condições (incisos I e II do art. 51 do Decreto nº 7.581/2011):

a) realização de compromisso público ou particular de constituição de consórcio, subscrito pelos consorciados;

b) indicação da pessoa jurídica responsável pelo consórcio, que deverá atender às condições de liderança fixadas no instrumento convocatório.

Tanto na realização do compromisso quanto no contrato a ser celebrado pelo consórcio vencedor devem constar *cláusula de responsabilidade solidária* (§1º do art. 51 do Decreto nº 7.581/2011). Assim, de acordo com o instituto da solidariedade,[218] na eventual ocorrência de prejuízos decorrentes de conduta ilícita por parte de algum integrante do consórcio, a administração poderá buscar o ressarcimento integral do dano de qualquer outro integrante, mesmo que ele não tenha dado causa ao prejuízo.

Em havendo consórcio de empresas brasileiras e estrangeiras, a liderança caberá, obrigatoriamente, à empresa brasileira (§2º do art. 51 do Decreto nº 7.581/2011).

De forma a preservar a independência de cada proposta e garantir a competitividade do certame, há o impedimento de participação de consorciado, na mesma licitação, em mais de um consórcio ou isoladamente (inciso V do art. 51 do Decreto nº 7.581/2011).

O licitante vencedor fica obrigado a promover, antes da celebração do contrato, a constituição e o registro do consórcio, nos termos do compromisso firmado (§3º do art. 51 do Decreto nº 7.581/2011).

Substituição de consorciado

Para evitar que eventuais alterações na formação do consórcio prejudiquem o interesse público e sirvam, por exemplo, para burla

---

[218] Disciplinado nos seguintes artigos do Código Civil: "Art. 264. Há solidariedade, quando na mesma obrigação concorre mais de um credor, ou mais de um devedor, cada um com direito, ou obrigado, à dívida toda. Art. 265. A solidariedade não se presume; resulta da lei ou da vontade das partes".

aos requisitos de habilitação, a substituição de consorciado deverá ser expressamente autorizada pelo órgão ou entidade contratante e com a substituição deverão ser mantidas as condições de habilitação do consórcio (§4º do art. 51 e §1º do art. 67 do Decreto nº 7.581/2011).

c) Preenchimento dos requisitos de habilitação

O preenchimento dos critérios de habilitação mediante consórcios possui peculiaridades somente em relação às capacidades técnica e econômico-financeira. Os demais requisitos de habilitação devem ser atendidos por cada consorciado.

Com exceção do tratamento dado aos índices econômicos, como visto a seguir, o RDC replica os procedimentos da Lei nº 8.666/1993.

c.1) Habilitação técnica

A *efetividade da formação dos consórcios ocorre na fase de habilitação técnica*, pelo fato de ser permitido que se somem os quantitativos dos atestados de cada consorciado para efeito de se avaliar o cumprimento dos requisitos editalícios (inciso III do art. 51 do Decreto nº 7.581/2011). Assim, por exemplo, caso o objeto da contratação exija o conhecimento prévio de duas áreas técnicas distintas, empresas que possuem somente conhecimento sobre cada uma dessas áreas podem se associar em consórcio de forma a preencher a exigência técnica.

Certificados emitidos por participação em consórcio

Por vezes, o licitante busca apresentar certidões técnicas referentes à sua participação em determinado empreendimento mediante consórcio. Nesse caso, surgem dúvidas acerca de em que medida esse atestado representa a capacidade operacional da empresa. Por exemplo, uma empresa pode participar de um consórcio para a execução de uma ponte de 200 metros de extensão e, consequentemente, obter um atestado técnico nesse sentido, sem que detenha o conhecimento técnico-operacional para tanto, visto que sua participação pode ter se restringido a aspectos de cunho financeiro ou técnicos de outra natureza.

Para essas situações, a jurisprudência do TCU é no sentido de que o então consorciado deve demonstrar as suas atividades efetivamente exercidas e que os atestados técnicos devem refletir esse fato:

> 9.2.1.2. adstrinja o reconhecimento dos atestados de execução de serviços de engenharia relativos a consórcio ao percentual de participação

financeira e à parcela de serviços executada atribuíveis única e exclusivamente à empresa dele integrante; (Acórdão TCU nº 2.299/2007 - Plenário, Rel. Min. Augusto Nardes, Sessão 31.10.2007)

9.2.2.4. adstrinja o reconhecimento dos atestados de execução de serviços de engenharia relativos a consórcio ao percentual de participação financeira e à parcela de serviços executada atribuíveis única e exclusivamente a cada empresa dele integrante; (Acórdão TCU nº 2.993/2009 - Plenário, Rel. Min. Augusto Nardes, Sessão 09.12.2009)

9.3.5. a comprovação de aptidão técnica dos licitantes pode ocorrer por meio de atestados de obras e serviços similares de complexidade tecnológica e operacional equivalente ou superior, conforme art. 30 da Lei 8.666/1993 (Acórdãos 1.110/2007 e 2993/2009, ambos do Plenário);
9.3.6. para fins de análise de qualificação técnica operacional, o reconhecimento de atestados de execução de serviços de engenharia relativos a obras realizadas em consórcio deve ser adstrito ao percentual de participação financeira e à parcela de serviços executada atribuíveis única e exclusivamente a cada empresa dele integrante (v. Acórdãos 2.299/2007 e 2.993/2009, ambos do Plenário); [...]. (Acórdão TCU nº 2.898/2012 - Plenário, Rel. Min. José Jorge, Sessão 24.10.2012)

c.2) Qualificação econômico-financeira

A comprovação de qualificação econômico-financeira deverá ocorrer mediante (inciso IV do art. 51 do Decreto nº 7.581/2011):

I - apresentação do somatório dos valores de cada consorciado, *na proporção de sua respectiva participação*, podendo a administração pública estabelecer, para o consórcio, um acréscimo de até trinta por cento dos valores exigidos para licitante individual;

II - demonstração, *por cada consorciado, do atendimento aos requisitos contábeis definidos no instrumento convocatório.*

Somatório dos valores na proporção da participação

Trata-se aqui de indicadores como capital social e patrimônio líquido, os quais são aferíveis diretamente em unidades monetárias. Interessa, pois, no caso, os valores absolutos desses indicadores.

De forma diversa à verificada na qualificação técnica, aqui não se admite a simples soma de atestados, pois os valores referentes à situação financeira das empresas serão considerados de acordo com a sua participação no consórcio. Desta feita, não ocorrerá que duas empresas que individualmente não preencham os requisitos passem a preenchê-lo depois de sua constituição em consórcio.

Veja-se, por exemplo, uma exigência de capital social de R$100.000,00 e um consórcio formado por duas empresas A (com capital de R$90.000,00) e B (com capital de R$80.000,00) com participações de 70% e 30% respectivamente. Apurando-se o capital do consórcio, obtém-se o valor de R$87.000,00 (R$90.000,00 x 70% + R$80.000,00 x 30%). Ou seja, a formação em consórcio não supriu as deficiências individuais das empresas.

Situação diversa ocorreria caso o capital de determinada empresa fosse superior ao exigido e suprisse a deficiência da outra consorciada. Assim, no caso anterior, caso o capital da empresa A fosse de R$120.000,00, obteríamos para o consórcio o capital social de R$108.000,00 (R$120.000,00 x 70% + R$80.000,00 x 30%). Ou seja, o consórcio cumpriria a exigência editalícia e a associação mostrou-se vantajosa para a empresa B, a qual isoladamente não preencheria o requisito editalício.

Essa última situação acontece quando uma das empresas possui os requisitos técnicos e não atende os requisitos econômico-financeiros (empresa B) enquanto a outra empresa não preenche os requisitos técnicos mas preenche os econômico-financeiros (empresa A). Ou seja, um consorciado supre as deficiências do outro.

A norma permite, ainda, uma exigência adicional de 30% em relação aos participantes individuais, o que irá exigir dos consorciados maior robustez de seus indicadores. No exemplo acima, caso fosse exigido esse adicional, o consórcio não poderia ser habilitado, pois não atenderia a exigência de R$130.000,00 (R$100.000,00 x 1.3) para o capital social.

Esse adicional de exigência previsto para os consórcios em relação ao licitante individual não é aplicável aos consórcios compostos, em sua totalidade, por microempresas e empresas de pequeno porte (§6º do art. 51 do Decreto nº 7.581/2011).

Índices contábeis

Nesse caso, exige-se que cada consorciado preencha os requisitos do instrumento convocatório de per si, não havendo a possibilidade que um consorciado supra a deficiência de outro. Caso um dos consorciados não atenda ao índice exigido, o consórcio deve ser inabilitado.[219]

Trata-se de procedimento diverso do previsto na Lei nº 8.666/1993[220] e que não contribui para a formação de consórcios. Seria mais

---

[219] Inciso IV, alínea "b", do art. 51 do Decreto nº 7.581/2011.
[220] Inciso III do art. 33.

compatível com o intuito de se estimular a competitividade que a insuficiência de um índice por um dos consorciados pudesse ser suprida pelo outro. Verificar-se-ia, pois, a situação financeira do consórcio como um todo, de acordo com a própria finalidade desse instituto que é permitir a soma de esforços.

Vejamos, por exemplo, um edital que estabeleça a exigência de índice de liquidez corrente (ILC)[221] maior ou igual a 1,5 e um consórcio na seguinte situação em que cada empresa possui participação de 50%:

Consorciado A: ILC = 1,4 (AC=140 e PC=100)
Consorciado B: ILC = 1,7 (AC=1700 e PC=1000)

Nesse caso, caberia a desclassificação do consórcio porque a sociedade A não cumpre a exigência editalícia. Entretanto, caso se considere a situação financeira do consórcio como um todo, obter-se-á a seguinte situação:

Ativo circulante total: 1700 + 140
Passivo circulante total: 1000 + 100
ILC = AC/PC = 1700 + 140/1000 + 100 = 1,67

Ou seja, o consórcio poderia ser habilitado por demonstrar uma boa capacidade de pagamento.

5.5.5 Habilitação posterior ao julgamento das propostas

A fase de habilitação será, em princípio, posterior àquela do julgamento das propostas, de acordo com a sistemática bem sucedida adotada na modalidade pregão (art. 12 da Lei nº 12.462/2011).

Desta feita, a análise da documentação de habilitação está restrita ao licitante melhor classificado e não se estende a todos os licitantes como ocorre na sistemática da Lei nº 8.666/1993. Somente em caso de inabilitação do então melhor classificado, serão requeridos e avaliados os documentos de habilitação dos licitantes subsequentes, por ordem de classificação (art. 46 do Decreto nº 7.581/2011).

---

[221] Índice de Liquidez Corrente (ILC) = Ativo Circulante (AC)/Passivo Circulante(PC).

Diminuição da litigiosidade

Com esse procedimento, afastam-se inúmeras controvérsias acerca da regularidade ou não da habilitação dos demais licitantes que não o melhor classificado. Essas controvérsias resultam em impugnações por parte de determinados licitantes às decisões da comissão de licitação acerca dos documentos apresentados a título de habilitação por outros licitantes.

Isso acontece porque, ao não conhecerem as propostas de preço dos demais concorrentes, há uma tendência dos licitantes em impugnarem os documentos habilitatórios dos demais, na expectativa de verem desclassificados aqueles que poderiam ter uma proposta melhor. Essas impugnações acabam por postergar a conclusão do certame sem nada agregar-lhe, pois, no mais das vezes, discute-se acerca de documentos referentes a propostas sem condições de vencerem o certame.

Aumento da competitividade

O Tribunal de Contas da União possui diversas manifestações no sentido de que, na medida do possível, as exigências que importem em ônus para os licitantes devem somente ser cobradas do licitante vencedor.[222]

A Instrução Normativa nº 02/2008[223] do Ministério do Planejamento, Orçamento e Gestão também adota essa linha ao estabelecer, em seu art. 20, §1º, que:

> *Exigências de comprovação de propriedade, apresentação de laudos e licenças de qualquer espécie só serão devidas pelo vencedor da licitação*; dos proponentes poder-se-á requisitar tão somente declaração de disponibilidade ou de que a empresa reúne condições de apresentá-los no momento oportuno. (grifos nossos)

A Lei nº 8.666/1993 contém disposição de teor semelhante em seu art. 32, §5º:

---

[222] Por exemplo, na contratação de empresa fornecedora de vale-alimentação, somente se deve exigir a existência de rede credencia do licitante vencedor e depois de concedido prazo razoável para tanto (Acórdãos nº 1.884/2010, nº 307/2011 e nº 3.156/2010, todos do Plenário).

[223] Dispõe sobre regras e diretrizes para a contratação de serviços, continuados ou não.

§5º *Não se exigirá, para a habilitação de que trata este artigo, prévio recolhimento de taxas ou emolumentos,* salvo os referentes a fornecimento do edital, quando solicitado, com os seus elementos constitutivos, limitados ao valor do custo efetivo de reprodução gráfica da documentação fornecida. (grifos nossos)

A razão desse entendimento é evitar o desestímulo a participar do certame daqueles que não estão dispostos a arcar com os ônus de cumprir determinada exigência sem ter a certeza de que serão contratados. Assim, minimizando-se os custos daqueles potencialmente interessados em participar do certame, aumentasse a sua competitividade e vai-se ao encontro do princípio da busca pela proposta mais vantajosa.

Entretanto, em que pesem essas considerações, há algumas exigências que, por força de disposição legal, devem ser apresentadas quando da habilitação. Tome-se por exemplo as garantias previstas no art. 31 da Lei nº 8.666/1993, cuja instituição, em geral, acarreta ônus financeiro para os licitantes. Assim, como na sistemática da Lei nº 8.666/1993, todos os licitantes devem providenciar essas garantias, há uma potencial restrição à competitividade.

No Regime Diferenciado, com a possibilidade de realização da habilitação depois do julgamento das propostas, essas garantias somente serão exigidas do vencedor do certame. Assim, por não existir tal tipo de inibição para a participação dos licitantes no Regime Diferenciado, ocorre um maior estímulo ao aumento da competitividade nessa situação. Para que isso ocorra, contudo, é necessária a concessão de prazo hábil depois da classificação das propostas para que o licitante melhor classificado providencie as garantias (art. 47 da Lei nº 12.462/2011). Isso porque, caso o prazo seja por demais exíguo ou inexistente, na prática todos se estariam obrigados a providenciar a garantia.

Inversão de fases

Caso ocorra a inversão de fases, ou seja, a habilitação preceda a fase de apresentação de lances, devem ser adotados os seguintes procedimentos (art. 50 do Decreto nº 7.581/2011):

I - os licitantes apresentarão *simultaneamente os documentos de habilitação e as propostas;*

II - serão verificados os documentos de habilitação de todos os licitantes;

III - serão julgadas apenas as propostas dos licitantes habilitados.

O procedimento é similar ao de que trata a Lei n° 8.666/1993. A diferença reside no fato de que os documentos relativos à regularidade fiscal poderão ser exigidos em momento posterior ao julgamento das propostas e apenas em relação ao licitante mais bem classificado (inciso IV do art. 14 da Lei n° 12.462/2011 e art. 49 do Decreto n° 7.581/2011).

Ou seja, é permitido o desmembramento da fase de apreciação dos documentos de habilitação. Em um primeiro momento, antes da apreciação das propostas, cabe a apresentação e análise dos documentos de habilitação de uma forma geral. Em um segundo momento, cabe a apresentação dos documentos relativos à regularidade fiscal do licitante classificado em primeiro lugar.

A razão de ser desse dispositivo é aumentar a competitividade do certame ao permitir a participação daqueles com pendências fiscais e conceder um prazo adicional para aquele que tenha sua proposta mais bem classificada regularize essa pendência. Desta feita, ganha-se de um lado ao ser propiciada uma maior disputa e perde-se de outro ao ser alongada a duração do procedimento licitatório. Há também um desestímulo para que os licitantes em geral regularizem sua questão fiscal, pois eles não precisarão fazê-lo para participar do certame.

Quando há a participação de microempresas e empresas de pequeno porte, elas possuem prerrogativa de teor semelhante (§1° do art. 43 da Lei Complementar n° 123/2006).[224]

5.6 Dos pedidos de esclarecimento e impugnações

5.6.1 Recursos e representações

Eventualmente, os administrados consideram-se prejudicados com o conteúdo de determinada decisão da administração. Nessas situações, de acordo com os princípios que regem os procedimentos administrativos, dentre eles o da *ampla defesa*, o ordenamento jurídico possibilita ao administrado potencialmente prejudicado o direito de ter a decisão reavaliada. Essa reavaliação, em regra, ocorre mediante a interposição de recurso pela parte interessada.

---

[224] Lei Complementar n° 123/2006: "Art. 43. [...] §1° Havendo alguma restrição na comprovação da regularidade fiscal, será assegurado o prazo de 2 (dois) dias úteis, cujo termo inicial corresponderá ao momento em que o proponente for declarado o vencedor do certame, prorrogáveis por igual período, a critério da administração pública, para a regularização da documentação, pagamento ou parcelamento do débito, e emissão de eventuais certidões negativas ou positivas com efeito de certidão negativa".

No âmbito dos procedimentos licitatórios não é diferente. Assim, os interessados eventualmente prejudicados podem manifestar seu inconformismo contra determinada decisão da administração mediante a interposição de recursos contra (inciso II do art. 45 da Lei nº 12.462/2011):

- deferimento ou indeferimento de pedido de pré-qualificação de interessados;
- habilitação ou inabilitação de licitante;
- julgamento das propostas;
- anulação ou revogação da licitação;
- indeferimento alteração ou cancelamento do pedido de inscrição em registro cadastral;
- rescisão do contrato determinada por ato unilateral da administração, nas hipóteses previstas no inciso I do art. 79 da Lei nº 8.666/1993;
- aplicação das penas de advertência, multa, declaração de inidoneidade, suspensão temporária de participação em licitação e impedimento de contratar com a administração pública.

Salvo no caso de inversão de fases, o procedimento licitatório terá uma fase recursal única,[225] que ocorrerá depois da fase habilitação do licitante vencedor. Nessa fase, serão analisados os recursos referentes ao julgamento das propostas ou lances e à habilitação do vencedor.[226]

Não se segue, assim, a lógica tradicional de serem resolvidas as impugnações referentes à habilitação dos licitantes para então, a partir daí, ser dado prosseguimento ao certame com a fase de apresentação das propostas e abertura de nova etapa recursal contra os atos de julgamento das propostas.

Em suma, há simplificação do procedimento porque:

- os prazos recursais correm uma única vez;
- no que diz respeito aos atos de impugnação de habilitações, somente estarão sujeitos a recurso os atos de avaliação dos documentos de habilitação do então primeiro classificado.

Essa maior racionalização dos atos da licitação é uma das principais consequências de se proceder à fase de habilitação depois da fase de apreciação das propostas.

---

[225] Embora a norma utilize a expressão "fase recursal única", ela não é tecnicamente correta, pois mesmo que se unifiquem as fases de recursos referentes à habilitação e julgamento das propostas, poderá haver outra fase recursal contra atos provocadores da anulação ou revogação da licitação.

[226] Art. 27 da Lei nº 12.462/2011 e art. 52 Decreto nº 7.581/2011.

Somente quando houver a inversão de fases, o procedimento tradicional da Lei nº 8.666/1993 deve ser seguido, ou seja, os licitantes poderão apresentar recursos após a fase de habilitação e após a fase de julgamento das propostas (art. 58 do Decreto nº 7.581/2011).

a) Momento da interposição dos recursos

Os interessados que desejarem recorrer em face dos atos *do julgamento da proposta, de habilitação ou inabilitação ou deferimento ou indeferimento de pré-qualificação* deverão manifestar imediatamente, após o término de cada sessão, a sua intenção de recorrer, sob pena de preclusão (art. 45, §1º, da Lei nº 12.462/2011). Nas licitações sob a forma eletrônica, a manifestação deve ser efetivada em campo próprio do sistema (parágrafo único do art. 53 do Decreto nº 7.581/2011).

As razões dos recursos deverão ser apresentadas no prazo de cinco dias úteis, contados a partir da data da intimação ou da lavratura da ata, conforme o caso (inciso II do art. 45 da Lei nº 12.462/2011 e art. 54 do Decreto nº 7.581/2011).

Esses procedimentos recursais são similares àqueles da modalidade pregão e propiciam também uma maior agilidade ao procedimento licitatório quando estabelecem a preclusão para aqueles que não manifestarem sua intenção de recorrer ao término da sessão de julgamento/habilitação. Assim, somente em havendo a manifestação de interesse em recorrer, a administração deve aguardar o transcurso do prazo de apresentação de recursos para dar continuidade ao certame. Situação diversa ocorre na sistemática da Lei nº 8.666/1993, quando a comissão de licitação deve aguardar o transcurso do prazo recursal como regra geral[227] (art. 43, III, da Lei nº 8.666/1993).

Para os demais atos da administração sujeitos a recursos, não há a necessidade de manifestação prévia do interesse de recorrer. Ou seja, é exigível apenas a interposição dos recursos acompanhados de suas razões no prazo de cinco dias úteis.

b) Contrarrazões recursais

Em um procedimento licitatório, a decisão que prejudica um licitante potencialmente pode beneficiar outro licitante e vice versa. Isto posto, é essencial que, antes da apreciação de determinado recurso, seja oportunizado aos demais licitantes a apresentação de contrarrazões

---

[227] A exceção a essa regra ocorre quando todos os licitantes renunciam expressamente ao direito de recorrer.

de forma a se garantir a observância do devido processo legal e do contraditório.[228]

O prazo para apresentação de contrarrazões é de cinco dias úteis e começará imediatamente após o encerramento do prazo concedido para a apresentação das razões recursais (§2º do art. 45 da Lei nº 12.462/2011).

Ao contrário da Lei nº 8.666/1993,[229] não há a previsão de intimação dos demais licitantes para apresentarem as contrarrazões. Essa lacuna eventualmente pode ser considerada incompatível com o devido processo legal, pois é possível que eles não saibam sequer da existência de um procedimento administrativo que pode prejudicá-los.

Contudo, quando se trata de recursos cuja manifestação da intenção de recorrer deve ser efetuada na sessão de apreciação das propostas, pode-se considerar que os licitantes estão notificados da existência do recurso com essa manifestação pública da vontade de recorrer. É bem verdade que os licitantes que optarem por não comparecer à sessão de julgamento/habilitação não terão ciência da intenção de recorrer de outro licitante. Esse, entretanto, é um ônus a ser suportado por aqueles que fizerem tal opção.

Para as demais hipóteses de apresentação de recursos (*v.g.*, aplicação de penalidades, rescisão do contrato, anulação ou revogação da licitação), não é evidente a necessidade ser dada oportunidade de contrarrazão aos outros licitantes para se manifestarem, ante o fato de eles não terem qualquer interesse a ser violado. No entanto, caso assim não ocorra, ou seja, haja a possibilidade de violação de interesse jurídico de terceiros, entende-se necessária a sua intimação em respeito ao devido processo legal. Nesse sentido, assim dispõe o art. 28 da Lei nº 9.784/1999:

> Art. 28. Devem ser objeto de intimação os atos do processo que resultem para o interessado em imposição de deveres, ônus, sanções ou restrição ao exercício de direitos e atividades e os atos de outra natureza, de seu interesse.

c) Apreciação dos recursos

De forma a dar plenitude ao direito de intervir no processo, é assegurado aos licitantes obter vista dos elementos dos autos

---

[228] Constituição Federal: "Art. 5º [...] LV - Aos litigantes, em processo judicial ou administrativo, e aos acusados em geral são assegurados o contraditório e ampla defesa, com os meios e recursos a ela inerentes".

[229] Conforme estabelecido no art. 109, §3º, da Lei nº 8.666/1993.

indispensáveis à defesa de seus interesses (§3º do art. 45 da Lei nº 12.462/2011).

O procedimento de apreciação dos recursos é similar ao previsto no art. 109 da Lei nº 8.666/1993. Assim, o recurso deve ser dirigido à autoridade superior, por intermédio daquele que praticou o ato recorrido.

Efeito de retratação

Recebendo o recurso, a autoridade que praticou o ato recorrido pode reconsiderar sua decisão no prazo de cinco dias úteis. Em não ocorrendo a reconsideração, o recurso deve ser encaminhado à autoridade superior, a qual igualmente terá o prazo de cinco dias úteis para apreciar o mérito do recurso, sob pena de apuração de responsabilidade (§6º do art. 45 da Lei nº 12.462/2011 e art. 56 do Decreto nº 7.581/2011).

Resumindo, a norma legal atribui efeito de retratação ao recurso, permitindo a revisão do ato impugnado por parte da própria autoridade que o praticou. Somente em não ocorrendo a retratação, caberá à autoridade superior se manifestar acerca do recurso.

As normas do RDC não tratam especificamente de impugnações dirigidas a atos administrativos mediante os quais foi imputada a pena de declaração de inidoneidade. A peculiaridade dessa sanção é que ela é aplicada somente por Ministro de Estado ou Secretário Estadual ou Municipal, conforme o caso.[230] Assim, como essas autoridades se encontram no topo da pirâmide hierárquica das administrações de cada ente federativo, não cabe, em regra, falar de recurso hierárquico dirigido à autoridade superior àquela que praticou o ato.

Cabe, pois, mediante aplicação analógica da Lei nº 8.666/1993, dirigir pedido de reconsideração à própria autoridade que praticou o ato com o intuito de que ela exerça o juízo de retratação.[231]

Efeito suspensivo

Não há, nas disposições do regime diferenciado, a atribuição de efeito suspensivo aos recursos. Contudo, haverá situações que a atribuição de efeito suspensivo é necessária para evitar o próprio perecimento do direito que se busca preservar ao se interpor o recurso. Tome-se, por exemplo, a realização de licitação restrita aos pré-qualificados enquanto pende recurso contra o indeferimento do pedido

---

[230] Art. 87, §3º, da Lei nº 8.666/1993.
[231] Inciso III do art. 109 da Lei nº 8.666/1993.

de pré-qualificação de interessado. A solução para essa questão decorre da aplicação subsidiária do art. 61 da Lei nº 9.784/1999:

> Art. 61. Salvo disposição legal em contrário, o recurso não tem efeito suspensivo.
> Parágrafo único. Havendo justo receio de *prejuízo de difícil ou incerta reparação* decorrente da execução, a autoridade recorrida ou a imediatamente superior poderá, de ofício ou a pedido, dar *efeito suspensivo ao recurso*. (grifos nossos)

Contudo, quando se trata das etapas finais da licitação, a adjudicação do objeto, a homologação do certame e a assinatura do contrato somente devem ocorrer depois de finalizada a fase recursal.[232] Ou seja, mesmo que implicitamente, atribui-se efeito suspensivo aos recursos contra habilitação ou inabilitação de licitante e julgamento das propostas.[233]

Consequências do acolhimento dos recursos

O acolhimento de recurso implicará invalidação apenas dos atos insuscetíveis de aproveitamento (art. 57 do Decreto nº 7.581/2011). Ou seja, devem-se preservar os atos praticados no procedimento licitatório na medida do possível. Somente haverá a invalidação de determinado ato quando houver incompatibilidade entre esse ato — seja em relação ao seu conteúdo seja em relação a sua forma — e o contido na decisão apreciadora do recurso.

Como já exposto no tópico específico sobre negociação, o art. 59 do Decreto nº 7.581/2011 estabelece que, encerrada a fase recursal, pode ser iniciada uma segunda etapa de negociação com o primeiro colocado. O que somente deverá ocorrer, por óbvio, caso haja o acolhimento de algum recurso e a alteração da situação fática em que ocorreu a primeira negociação.

Representação

Quando o ato impugnado não está sujeito a recurso, ou seja, não se enquadra na previsão do inciso II do art. 45 da Lei nº 12.462/2011, cabe a *apresentação de representação* no prazo de cinco dias úteis contados a partir da data da intimação (inciso III do art. 45 da Lei

---

[232] Art. 28 da Lei nº 12.462/2011 e artigos 59 e 60 do Decreto nº 7.581/2011.

[233] De forma similar ao disposto no §2º do art. 109 da Lei nº 8.666/1993.

nº 12.462/2011). Por analogia, são aplicáveis a esse instituto, no que couber, as disposições referentes aos recursos.

Trata-se de instrumento hábil a garantir o direito de defesa e o devido processo legal quando não houver outro meio de questionamento do ato administrativo eventualmente lesivo de direitos dos licitantes/interessados. Em regra, aplicam-se às representações os comentários referentes aos recursos.

Destaque-se que não há que se confundir essa representação com aquela de que trata o art. 113 da Lei nº 8.666/1993, tratada no tópico referente à provocação dos órgãos de controle e aplicável ao Regime Diferenciado por força do art. 46 da Lei nº 12.462/2011.

5.6.2 Pedidos de esclarecimento e impugnações ao instrumento convocatório

As cláusulas editalícias devem ser claras e precisas de forma a não deixar dúvidas sobre o objeto licitado. Entretanto, caso persista alguma perplexidade sobre o conteúdo do edital, a norma permite que sejam efetuados *pedidos de esclarecimentos* para serem sanadas essas dúvidas.

Na hipótese de se vislumbrar que o edital esteja em desacordo com o ordenamento jurídico e abarque alguma ilegalidade, cabe a sua *impugnação* (inciso I do art. 45 da Lei nº 12.462/2011 e art. 12 do Decreto nº 7.581/2011).

A norma prevê tratamento processual idêntico para esses dois instrumentos, de forma que a única diferença entre eles é a sua fundamentação — um busca esclarecer determinado ponto obscuro, outro busca extirpar alguma ilegalidade.

De acordo com os princípios da publicidade e da motivação dos atos administrativos, a resposta da administração deve ser devidamente justificada, não se admitindo respostas evasivas ou insuficientes. Veja-se a respeito a seguinte ementa do Acórdão TCU nº 2.245/2010 - Plenário:[234]

> [...] em cumprimento ao Princípio da Publicidade... o órgão não deve responder de modo inadequado e insuficiente às consultas e solicitações de esclarecimentos realizadas pelas empresas durante o processo licitatório, evitando respostas genéricas.

---

[234] Rel. Min. Valmir Campelo, Sessão 1º.09.2010.

A legitimidade para a interposição de ambos é ampla, pois amparada no art. 5º, inciso XXXIV, alínea "a" da Constituição Federal,[235] o qual assegura *a todos* o direito de petição em defesa de direitos ou contra ilegalidade ou abuso de poder. Ou seja, não há a necessidade de se ter algum interesse jurídico afetado para solicitar da administração a manifestação sobre o edital. O contrário ocorre quando se trata dos institutos antes tratados — recursos e representação —, pois eles somente podem ser manejados por aqueles que tenham algum interesse jurídico afetado.

Os pedidos de esclarecimento ou impugnações devem ser efetuados no prazo mínimo de (inciso I do art. 45 da Lei nº 12.462/2011):

a) dois dias úteis antes da data de abertura das propostas, no caso de licitação para aquisição ou alienação de bens; ou

b) cinco dias úteis antes da data de abertura das propostas, no caso de licitação para contratação de obras ou serviços.

De forma diversa ao disposto na Lei nº 8.666/1993 (parágrafos 1º e 2º do art. 41), não foram instituídos prazos distintos para os licitantes e terceiros não vinculados ao certame.

A eventual decadência administrativa em razão do transcurso do prazo não afasta, contudo, a possibilidade de adoção de medidas judiciais:

> No procedimento licitatório, as cláusulas editalícias hão de ser redigidas com a mais lídima clareza e precisão, de modo a evitar perplexidades e possibilitar a observância pelo universo de participantes.
>
> *A caducidade do direito à impugnação (ou do pedido de esclarecimentos) de qualquer norma do Edital opera, apenas, perante a administração, eis que, o sistema de jurisdição única consignado na Constituição da República impede que se subtraia da apreciação do Judiciário qualquer lesão ou ameaça a direito.* Até mesmo após abertos os envelopes (e ultrapassada a primeira fase), ainda é possível aos licitantes propor as medidas judiciais adequadas à satisfação do direito pretensamente lesado pela administração [236] (grifos nossos)

O manejo da representação de que trata o art. 113 da Lei nº 8.666/1993 também não resta afetado pelo transcurso do prazo.

---

[235] "XXXIV - são a todos assegurados, independentemente do pagamento de taxas: a) o direito de petição aos Poderes Públicos em defesa de direitos ou contra ilegalidade ou abuso de poder; [...]."

[236] MS nº 5.655/DF, 1ª seção, Rel. Min. Demócrito Reinaldo, julgado em 27.05.1998.

5.6.3 Prazos

Contagem

Na contagem dos prazos, aplicam-se as regras gerais previstas nos parágrafos 4º e 5º do art. 45 da Lei nº 12.462/2011.

Razões e contrarrazões recursais

Os arts. 54 e 55 do Decreto nº 7.581/2011 estabelecem que a contagem dos prazos pertinentes à apresentação de *razões e contrarrazões recursais* ocorrerá a partir da intimação ou da lavratura da ata, devendo-se:[237]

- excluir o dia do início e incluir o do vencimento;
- iniciar e expirar exclusivamente em dia útil no âmbito do órgão ou entidade responsável pela licitação.

Pedidos de esclarecimentos e impugnações ao edital

A contagem de prazos em relação aos pedidos de esclarecimento ou impugnações do edital guarda duas especificidades. A primeira consiste na contagem do prazo de trás para frente. A segunda é que se fixa um prazo mínimo e não um prazo máximo como em geral acontece.

Em condições semelhantes àquela aqui tratada, o TCU aplicou o entendimento do art. 110 da Lei de Licitações (reproduzido no §4º do art. 45 da Lei nº 12.462/2011), no sentido de ser considerado na contagem do prazo o dia da abertura da sessão pública (recebimento das propostas). Assim, considerando um prazo de dois dias úteis, sendo no dia 10.08.2005 a data de abertura da sessão pública, entendeu-se correto que eventuais impugnações poderiam ter sido apresentadas até o dia 08.08.2005 (inclusive).[238]

De fato, esse entendimento parece ser mais adequado e, ainda, assegura maior prazo ao direito de impugnação, quando se compara com a interpretação mais próxima da literalidade de que somente previamente ao início do transcurso dos dias úteis, no caso do exemplo, até o dia 07.05.2010 (inclusive), poder-se-ia apresentar o pedido de esclarecimento/impugnação.

---

[237] Disposição redundante, pois segue a regra geral de contagem de prazos já estabelecida no art. 112 do Decreto nº 7.581/2011.

[238] Acórdão nº 1.871/2005 - Plenário, Rel. Min. Walton Alencar Rodrigues, Sessão 16.11.2005.

Resposta da administração

Afora as respostas aos recursos interpostos, as normas do RDC não estabelecem prazos para que a administração responda às demais petições referentes ao procedimento licitatório. Isto posto, cabe a aplicação do disposto no art. 24 da Lei nº 9.784/1999:

> Art. 24. Inexistindo disposição específica, os atos do órgão ou autoridade responsável pelo processo e dos administrados que dele participem devem ser praticados no *prazo de cinco dias*, salvo motivo de força maior. Parágrafo único. O prazo previsto neste artigo pode ser dilatado até o dobro, mediante comprovada justificação. (grifos nossos)

Em relação à Lei nº 8.666/1993, nos casos em que não ocorre a fixação de prazos, o TCU, de forma semelhante, assim se manifestou:[239]

> 9.3. firmar entendimento de que o prazo para que a Administração julgue e responda à impugnação a edital feita por licitante, nos termos do art. 41, §2º, da Lei n. 8.666/1993, é de 5 dias, segundo o art. 24 da Lei nº 9.784/1999; [...].

5.6.4 Provocação dos órgãos de controle

O controle da atividade estatal é direito fundamental do cidadão e está consagrado na Carta Magna em diversas passagens: direito de petição (art. 5º, XXXIV); direito de receber dos órgãos públicos informações de interesse geral (art. 5º, XXXIII); ação popular (art. 5º, LXXIII) e *direito de denunciar aos Tribunais de Contas (art. 74, §2º)*.

A atividade estatal está sujeita a dois tipos básicos de controle: o político e o administrativo.

O controle político visa manter o equilíbrio entre os poderes e se baseia no sistema de freios e contrapesos, cujas origens remontam à Constituição dos Estados Unidos da América.

São exemplos desse controle: o veto de leis aprovadas no Legislativo pelo Chefe do Poder Executivo (art. 66, §1º, da Constituição Federal) e o controle de constitucionalidade das leis pelo Poder Judiciário (art. 97 da Constituição Federal).

O controle administrativo visa assegurar a legalidade, a legitimidade e a economicidade das atividades administrativas

---

[239] Acórdão nº 1.201/2006 - Plenário, Rel. Min. Substituto Marcos Bemquerer Costa, Sessão 19.07.2006.

desenvolvidas por todos os Poderes. É a fiscalização incidente sobre as atividades desenvolvidas pela administração pública.

Esse controle pode ser interno, quando exercido pelo próprio Poder que pratica o ato fiscalizado, ou externo, quando executado pelos Poderes Legislativo e Judiciário ou pela própria sociedade.

No caso do Poder Legislativo, o controle é exercido com o auxílio do Tribunal de Contas da União (art. 71 da Constituição Federal).

Instrumentalizando o Tribunal de Contas da União para o exercício de suas atribuições, a Constituição Federal estabelece que (§2º do art. 74 da Constituição Federal):

> §2º Qualquer cidadão, partido político, associação ou sindicato é parte legítima para, na forma da lei, denunciar irregularidades ou ilegalidades perante o Tribunal de Contas da União.

De acordo com esse dispositivo constitucional, o §1º do art. 113 da Lei nº 8.666/1993 assim dispõe:

> Qualquer licitante, contratado ou pessoa física ou jurídica *poderá representar ao Tribunal de Contas ou aos órgãos integrantes do sistema de controle interno* contra irregularidades na aplicação desta Lei, para os fins do disposto neste artigo. (grifos nossos)

Consoante o art. 46 da Lei nº 12.462/2011, aplica-se ao RDC o disposto no art. 113 da Lei nº 8.666/1993. Ou seja, o novo regime preserva esse importante instituto da *representação* que tem a função primordial de servir para que a sociedade civil provoque a atuação dos órgãos de controle externo em decorrência de irregularidades nas contratações governamentais.

Por óbvio, em razão de disporem de recursos limitados, os órgãos de controle não podem estar em todos os lugares durante todo o tempo. Assim, ao apontarem a existência de supostas falhas, as representações servem como norte para o direcionamento de esforços desses órgãos de controle, propiciando uma maior eficácia na sua atuação.

No âmbito do TCU, por exemplo, a importância das representações[240] é evidenciada pelo fato de que significaram, no exercício de

---

[240] Embora as representações com fulcro no art. 113 da Lei nº 8.666/1993 sejam maioria, há também representações fundadas em outros dispositivos normativos.

2013, cerca de 33,97% do total de 5.923 processos apreciados (2.012 processos).[241]

O processamento das representações perante os órgãos de controle deve seguir o previsto nas leis procedimentais específicas de cada órgão de controle. No âmbito do TCU, a matéria é regida pelo art. 237 do seu Regimento Interno.

5.7 Encerramento

Exaurida a fase de impugnação dos atos da licitação até então praticados, quer pela apreciação dos recursos administrativos, quer pela ausência de qualquer impugnação, o procedimento licitatório será encerrado e encaminhado à autoridade superior, que poderá (art. 28 da Lei nº 12.462/2011):

      I - determinar o retorno dos autos para saneamento de irregularidades que forem supríveis;

      II - anular o procedimento, no todo ou em parte, por vício insanável;

      III - revogar o procedimento por motivo de conveniência e oportunidade;

      IV - adjudicar o objeto e homologar a licitação.

Diante da existência de qualquer pendência, a autoridade superior, tal qual a comissão de licitação, pode determinar a realização de diligências para o saneamento de determinadas falhas que não configurem vício insanável. Essa linha é coerente com a finalidade de dotar o certame licitatório de maior flexibilidade e buscar a preservação do certame quando possível. Assim, evita-se a declaração de nulidade pela simples existência de determinada falha, mesmo que ela seja sanável e não prejudique os fins almejados pelo procedimento licitatório.

Caso a falha verificada não possa ser corrigida, a autoridade superior tem a obrigação de declarar a nulidade do procedimento licitatório.

Em se verificando que a licitação não se presta para atender o interesse público, a autoridade deve revogar o procedimento. A revogação, consoante o ensinamento de Marçal Justen Filho, funda-se em:

---

[241] Relatório Anual de Atividades do Tribunal de Contas da União – exercício de 2013.

[...] juízo que apura a conveniência do ato relativamente ao interesse sob tutela do Estado. No exercício de competência discricionária, a administração desfaz seu ato anterior para reputá-lo incompatível com as funções atribuídas ao Estado. [...] Depois de praticado o ato, a administração verifica que o interesse coletivo ou supraindividual poderia ser mais bem satisfeito por outra via. Promoverá, então, o desfazimento do ato anterior.[242]

As normas referentes à anulação e revogação das licitações previstas no art. 49 da Lei nº 8.666/1993 aplicar-se-ão às contratações realizadas com base no Regime Diferenciado (art. 44 da Lei nº 12.462/2011 e §1º do art. 60 do Decreto nº 7.581/2011).

Ao se fazer menção a essa norma do Estatuto de Licitações, perdeu-se a oportunidade de rediscutir alguns tópicos merecedores de tanto.

De acordo com o *caput* do art. 49 da Lei nº 8.666/1993, a revogação da licitação somente pode ocorrer em razão "de interesse público decorrente de fato superveniente devidamente comprovado". Entretanto, ao exigir a ocorrência de *fato superveniente*, a norma não dá pistas acerca do procedimento a ser adotado pelo gestor quando se verifica ser a contratação desnecessária, mas não em decorrência de fatos supervenientes. Exigir a realização de contratação quando evidentemente ela deixa de atender o interesse público é desarrazoado e vai contra os princípios que regem a administração pública. Assim, nessa hipótese, entende-se que a licitação deve ser revogada e ser apurada a responsabilidade daqueles que a ela deu causa sem verificar adequadamente a sua pertinência.

O §3º do art. 49 da Lei nº 8.666/1993 estabelece que "no caso de desfazimento do processo licitatório, fica assegurado o contraditório e a ampla defesa". Entretanto, em decorrência das diversas etapas do procedimento licitatório, dúvidas surgem acerca da forma como o contraditório e a ampla defesa devem ser exercidos. Veja-se, por exemplo, a hipótese em que determinada licitação foi revogada ou anulada quando apenas foi publicado o edital e não houve sequer a apresentação de qualquer proposta por parte dos licitantes. Exigir a oferta de contraditório para todos os potenciais licitantes não parece estar amparado no devido processo legal de que trata a norma.

Entende-se correta a aplicação da proteção constitucional do contraditório e da ampla defesa quando houver direito subjetivo a ser

---

[242] JUSTEN FILHO. *Comentários à Lei de Licitações e Contratos Administrativos*, p. 668.

CAPÍTULO 5
FASES DO REGIME DIFERENCIADO DE CONTRATAÇÕES PÚBLICAS | 179

protegido e não uma mera expectativa de direito. Nesse sentido, é a seguinte manifestação do Superior Tribunal de Justiça, o qual limitou a exigência de contraditório ao licitante vencedor do certame ou então àquele que deu causa ao desfazimento do certame:

> Administrativo. Licitação. Interpretação do art. 49, §3º, da Lei 8.666/1993.
> 3. Revogação de licitação em andamento com base em interesse público devidamente justificado não exige o cumprimento do §3º, do art. 49, da Lei nº 8.666/1993. [...]
> 5. Só há aplicabilidade do §3º, do art. 49, da Lei nº 8.666/1993, quando o procedimento licitatório, por ter sido concluído, *gerou direitos subjetivos ao licitante vencedor (adjudicação e contrato)* ou em caso de revogação ou de anulação onde o licitante seja apontado, de modo direto ou indireto, como tendo dado causa ao proceder ao desfazimento do certame.
> 6. Mandado de segurança denegado.[243] (grifos nossos)

Situação peculiar, contudo, ocorre quando já é conhecido o vencedor do certame, mas o objeto ainda não foi adjudicado. Nesse caso, embora não se possa falar em direito adquirido, há uma forte expectativa de direito a justificar a concessão à licitante vencedora da oportunidade de se manifestar previamente à tomada de decisão da administração. Ademais, a realização do contraditório acaba por exigir uma carga maior de motivação por parte dos gestores.

Com esse procedimento contribui-se, ainda, para evitar eventuais desvios de finalidade no desfazimento da licitação, como, por exemplo, desfazer o certame em razão de a administração simplesmente discordar do resultado da licitação.

A partir dos atos de anulação ou revogação, abre-se uma nova etapa recursal em que podem ser impugnados esses atos decisórios no prazo de cinco dias úteis. Como consequência lógico-jurídica, somente estariam legitimados para a interposição do recurso aqueles a quem se considerou afetados pela decisão original e se propiciou o contraditório e ampla defesa. Não há óbices, contudo, para que os demais licitantes usem do seu direito de representação previsto no inciso III do art. 45 da Lei nº 12.462/2011. Pode-se ainda utilizar da representação de que trata o art. 113 da Lei nº 8.666/1993, para o qual há uma ampla gama de legitimados, inclusive os licitantes.

Saneado o feito, cabe à autoridade superior *adjudicar o objeto, homologar o certame e convocar o licitante para a assinatura do contrato.*

---

[243] MS nº 7.017/DF, 1ª Seção, Rel. Min. José Delgado, julgado em 18.12.2000.

Sempre na busca por dar celeridade ao certame, o inciso IV do art. 60 do Decreto nº 7.581/2011 estabelece que *essas ações devem ocorrer preferencialmente em ato único*.

Convocado para assinar o termo de contrato, aceitar ou retirar o instrumento equivalente, o interessado deverá observar os prazos e condições estabelecidos, sob pena de decair o direito à contratação (art. 61 do Decreto nº 7.581/2011).

Recusa do convocado em assinar o contrato

Quando, depois de regularmente convocado, o licitante não celebra o contrato, ele incide na conduta tipificada no inciso I do art. 47 da Lei nº 12.462/2011 e, consoante esse mesmo dispositivo, sujeita-se às penalidades previstas no *caput* desse artigo e no art. 87 da Lei nº 8.666/1993.[244]

É facultado à administração pública, quando o convocado não assinar o termo de contrato, ou não aceitar ou retirar o instrumento equivalente, no prazo e condições estabelecidos (art. 40 da Lei nº 12.462/2011 e art. 62 do Decreto nº 7.581/2011):

> I - revogar a licitação;
> II - convocar os licitantes remanescentes, na ordem de classificação, para a celebração do contrato nas condições ofertadas pelo licitante vencedor.

Ou seja, cabe à administração revogar a licitação como um todo ou dar continuidade ao certame.

Como nessa hipótese de revogação o objeto já foi adjudicado, cabe a realização da oitiva do adjudicatário previamente à decisão sobre a revogação.

Caso a administração opte pela continuidade do certame, deve haver a revogação da homologação e da adjudicação de forma a ser permitido que a comissão de licitação convoque os licitantes remanescentes.

Essa convocação deve ocorrer de acordo com os critérios do parágrafo único do art. 40 da Lei nº 12.462/2011.

Ou seja, convoca-se o segundo colocado e, caso ele aceite o preço do primeiro classificado, aprecia-se os seus documentos de habilitação.

---

[244] O art. 81 da Lei nº 8.666/1993 considera inexecução contratual a não celebração do contrato. Desta feita, aplica-se o art. 87 dessa lei, que trata das penas pela inexecução total ou parcial do contrato.

Caso ele não aceite o preço ou reste inabilitado, convoca-se o terceiro colocado e assim por diante.

Caso nenhum licitante aceite praticar o preço do primeiro classificado ou não restem habilitados aqueles que o aceitarem, convoca-se o segundo colocado pelo seu preço. Em sendo ele inabilitado, convoca-se o terceiro classificado pelo preço do segundo e assim sucessivamente.

Definido o novo vencedor, deve haver nova homologação e adjudicação do certame.

Esse procedimento difere daquele previsto no art. 64, §2º, da Lei nº 8.666/1993, quando os demais classificados devem assumir a proposta do primeiro para que sejam contratados.

Como, em princípio, os demais licitantes não devem querer assumir valores menores do que aqueles de suas propostas, o novo regramento parece atender ao interesse público ao buscar preservar os atos licitatórios já praticados. Entretanto, em qualquer hipótese adotada, deve ser sempre respeitado o valor máximo constante do orçamento estimado para a contratação.

CAPÍTULO 6

CONTRATOS

A Administração, para exercer as suas atribuições, estabelece relações jurídicas com particulares, as quais têm por objeto, entre outros, a realização de obras, a prestação de serviços e o fornecimento de bens de diversas naturezas.

A formalização dessas relações se aperfeiçoa por meio da celebração de contratos.

Segundo Celso Antônio Bandeira de Mello, o *contrato administrativo* é:

> [...] um tipo de avença travada entre a Administração e terceiro na qual, por força de lei, de cláusulas pactuadas ou do tipo de objeto, a permanência do vínculo e as condições preestabelecidas sujeitam-se a cambiáveis imposições de interesse público, ressalvados os interesses patrimoniais do contratante privado.[245]

Com exceção de regras específicas previstas no Regime Diferenciado, os contratos reger-se-ão pelas normas da Lei nº 8.666/1993 (art. 39 da Lei nº 12.462/2011 e art. 63 do Decreto nº 7.581/2011).

Assim, aplicam-se ao RDC os seguintes dispositivos da Lei nº 8.666/1993:

- o regime jurídico dos contratos administrativos, incluindo as prerrogativas conferidas à administração de modificá-los unilateralmente (artigos 58 e 59);

---

[245] BANDEIRA DE MELLO. *Curso de direito administrativo*, p. 614-615.

- a formalização dos contratos, incluindo as hipóteses de dispensa do instrumento contratual (artigos 60 a 64);
- a execução contratual, incluindo a fixação da responsabilidade civil do contratado e as hipóteses de subcontratação (artigos 66 a 76);
- as hipóteses de inexecução e rescisão (artigos 77 a 80).

6.1 Aditivos contratuais

O contrato administrativo pode ser alterado nos casos previstos no art. 65 da Lei nº 8.666/1993, desde que haja interesse da Administração.

Para que as modificações contratuais sejam válidas, elas devem ser justificadas por escrito e previamente autorizadas pela autoridade competente.

De acordo com o art. 65 da Lei de Licitações, as alterações contratuais podem ser unilaterais — quando procedidas pela Administração —, ou por acordo entre as partes — quando procedidas em comum acordo entre a Administração e o contratado.

Alteração unilateral

A alteração unilateral, nos limites previstos na Lei nº 8.666/1993, pode ocorrer nas seguintes situações:
- alteração quantitativa: modificação do valor do contrato em razão de acréscimo ou diminuição nos quantitativos do seu objeto;
- alteração qualitativa: modificação do projeto ou das especificações para melhor adequação técnica aos seus objetivos.

As alterações qualitativas somente são admitidas quando não importem modificação das características básicas do objeto ou redução de seus atributos, estando limitadas a acrescer ou detalhar as especificações originais.

Nesse sentido, por meio do Acórdão nº 327/2012 - Plenário,[246] o TCU considerou irregular a celebração de termo aditivo em contrato de reforma de prédio público, com acréscimo de edificação de unidade independente e de reparos em áreas não previstas no edital da licitação. No caso, foi feito termo aditivo para que certo contrato fizesse frente a serviços em outro prédio situado a 10km de distância do escopo licitado.

---

[246] Rel. Min. Augusto Nardes, Sessão 15.02.2012.

Alteração por acordo das partes

A alteração por acordo das partes pode ocorrer nas seguintes situações:
- quando for conveniente substituir a garantia para a execução do contrato;
- quando for necessário modificar:
  - - o regime de execução, pela constatação técnica de que os termos originais do contrato não se aplicam mais;
  - - a forma de pagamento, por imposição de circunstâncias que surgirem após a assinatura do contrato, devendo ser mantido seu valor inicial atualizado;
- para restabelecer a relação inicialmente pactuada, visando manter o equilíbrio econômico-financeiro inicial do contrato;
- alteração quantitativa: quando for necessária a supressão do valor contratual além do percentual de 25% permitido para alteração unilateral.

Por se tratar o RDC de modalidade licitatória única, não ocorrem aqui os problemas decorrentes da fuga à regular modalidade licitatória em função de aditivos contratuais. No âmbito da Lei nº 8.666/1993, isso pode ocorrer, por exemplo, quando se subestima o valor do objeto a ser licitado, já antevendo a necessidade de aditivos contratuais, com o propósito de utilizar determinada modalidade de licitação em detrimento de outra (*v.g.*, convite em vez de tomada de preços).

Formalização das alterações contratuais

As alterações contratuais devem ser formalizadas por meio dos seguintes instrumentos jurídicos:
- termo de aditamento;
- apostila contratual.

As hipóteses de apostilamento são restritas e estão expressas no art. 65, §8º, da Lei 8.666/1993, a saber:
- variação do valor contratual para fazer face ao reajuste de preços previsto no próprio contrato;
- atualizações, compensações ou penalizações financeiras decorrentes das condições de pagamento previstas em contrato;
- empenho de dotações orçamentárias suplementares até o limite do seu valor corrigido.

O termo de aditamento deve ser utilizado nas hipóteses em que o ajuste tenha sido formalizado por meio de *termo de contrato* e a alteração não possa ser realizada por apostilamento.

Nos casos de prorrogação do prazo de vigência contratual, os termos de aditamento devem ser celebrados previamente à expiração do prazo previsto na avença, de modo a evitar a execução de serviços sem cobertura contratual (Acórdão TCU nº 740/2004 - Plenário).[247]

6.1.1 Limites de alteração do objeto contratual

Quando se trata de contratações derivadas de Sistema de Registro de Preços (SRP), o Decreto nº 7.581/2011, em seu §1º, art. 100, estabelece que os contratos não podem sofrer qualquer aumento de quantitativos.[248]

Em relação às demais contratações, aplicam-se os valores previstos nos parágrafos 1º e 2º do art. 65 da Lei nº 8.666/1993. Desta feita, os contratos não poderão sofrer acréscimos e/ou supressões contratuais superiores a 25% (nos casos gerais) ou 50% (nos casos de reforma de edifícios ou equipamentos).

Somente podem exceder a esses limites as supressões decorrentes de acordo celebrado entre as partes.

a) Redução e supressão de quantitativos

No cálculo desses limites, segundo a jurisprudência do TCU, devem ser consideradas as reduções e supressões de quantitativos de forma isolada, ou seja, o "conjunto de reduções e o conjunto de acréscimos devem ser sempre calculados sobre o valor original do contrato, aplicando-se a cada um desses conjuntos, individualmente e sem nenhum tipo de compensação entre eles, os limites de alteração estabelecidos no supracitado dispositivo legal".[249]

Nesse sentido, se, no caso geral, uma contratação de determinado bem tenha ocorrido por R$100,00, o máximo de aditamento possível é de R$25,00, independentemente de ter havido ou não supressão prévia de valor. Assim, em tendo havido uma redução de R$20,00 e o contrato passe para R$80,00, o valor máximo a que pode chegar o contrato é R$105,00 (R$80,00 + R$25,00).

Ou seja, afasta-se o entendimento de que deve ser observado o valor final do contrato, não importando o valor efetivo do acréscimo.

---

[247] Rel. Min. Ubiratan Aguiar, Sessão 16.06.2004.

[248] A matéria será objeto de ulteriores considerações no tópico referente ao Sistema de Registro de Preços.

[249] Voto condutor do Acórdão nº 2.530/2011 - Plenário, Rel. Min. José Jorge, Sessão 21.09.2011.

Assim, nesse entendimento superado, caso a avença tenha sido reduzida para R$80,00, o acréscimo possível seria de até R$45,00, pois estaria respeitado o limite máximo de R$125,00.

O seguinte trecho do voto condutor do Acórdão TCU nº 2.819/ 2011 - Plenário[250] bem justifica tal entendimento:

> [...] questiono se seria razoável admitir que seja adjudicado a um certo licitante a compra de dez carros populares a um preço global de R$230.000,00 e, posteriormente, se assine termo aditivo substituindo aqueles por seis automóveis de luxo, no valor total de R$280.000,00, sob a alegação de que ambos são carros e que, dessa forma, não houve alteração do objeto e não foi ultrapassado o limite fixado no art. 65 multicitado. Tal procedimento, além de ferir o princípio da isonomia entre os licitantes, não assegura à administração o melhor preço, como exigido pelo art. 3º da Lei nº 8.666/1993. Aliás, nem mesmo se pode falar em licitação, já que foi licitado um objeto e adquirido outro completamente diferente, ainda que ambos tenham a mesma designação genérica.

Na prática, no exemplo antes citado, houve uma redução de 100% do valor do objeto pactuado — exclusão dos veículos originariamente licitados em sua totalidade — e um acréscimo de 125% — inclusão dos veículos de luxo. Apesar de o novo valor como um todo estar dentro do limite previsto em lei, desvirtuou-se o objeto licitado, comprometendo-se os objetivos a serem alcançados com a realização da licitação. Assim, caso não fosse aplicado o entendimento do TCU que veda as compensações entre acréscimos e supressões para se calcular o limite legal, as alterações contratuais seriam consideradas válidas, em que pese contrariarem o interesse público.

Exceções a esse entendimento

Não se afasta, contudo, a possibilidade, de acordo com os princípios da proporcionalidade e razoabilidade, admitir-se excepcionalmente a compensação entre acréscimos e supressões.

Essa exceção foi reconhecida pelo TCU mediante o Acórdão nº 2.819/2011 - Plenário,[251] quando se considerou válida a compensação para contratos até então em vigor para evitar a imediata paralisação de cerca de 100 obras rodoviárias. Buscou-se prevenir que "o rigor da lei, em sua literalidade, venha a contrapor-se ao interesse público primário

---

[250] Rel. Min. Walton Alencar Rodrigues, Sessão 25.10.2011.
[251] Rel. Min. Walton Alencar Rodrigues, Sessão 25.10.2011.

de continuidade de serviços importantes, bem como a manutenção das condições de trafegabilidade de importantes rodovias federais".

b) Rompimento dos limites legais

Por meio da Decisão nº 215/1999 - Plenário,[252] o TCU entendeu ser facultado à Administração, em hipóteses excepcionais, ultrapassar os limites traçados pelos parágrafos 1º e 2º do art. 65 da Lei de Licitações, observados os princípios da finalidade, da razoabilidade e da proporcionalidade, além dos direitos patrimoniais do contratante privado, desde que satisfeitos cumulativamente os seguintes pressupostos:

- não acarretar para a Administração encargos contratuais superiores aos oriundos de uma eventual rescisão contratual por razões de interesse público acrescidos aos custos da elaboração de um novo procedimento licitatório;
- não possibilitar a inexecução contratual, à vista do nível de capacidade técnica e econômico-financeira do contratado;
- decorrer de fatos supervenientes que impliquem em dificuldades não previstas ou imprevisíveis por ocasião da contratação inicial;
- não ocasionar a transfiguração do objeto originalmente contratado em outro de natureza e propósito diversos;
- ser necessária à completa execução do objeto original do contrato, à otimização do cronograma de execução e à antecipação dos benefícios sociais e econômicos decorrentes;
- demonstrar-se que as consequências da rescisão contratual, seguida de novas licitação e contratação importam sacrifício insuportável ao interesse coletivo a ser atendido pela obra ou serviço.

Desde que satisfeitos cumulativamente esses vários pressupostos, o gestor pode ultrapassar os limites traçados pelos parágrafos 1º e 2º do art. 65 da Lei nº 8.666/1993.

Afinal, há situações em que a observância estrita da lei colide com outros bens jurídicos, como os tutelados, por exemplo, pelo princípio da eficiência. Em determinadas situações, sempre excepcionais, pode o princípio da legalidade curvar-se (sempre parcialmente) a outros princípios como os da finalidade e razoabilidade.

---

[252] Rel. Min. Adhemar Paladini Ghisi, Sessão 12.05.1999.

c) Manutenção do desconto nos aditivos

Os aditivos devem observar os preços de serviços e insumos firmados no contrato e, caso estes não constem do ajuste, devem ser consentâneos com os preços praticados no mercado (Acórdão nº 1.919/2013-Plenário).[253]

Essa é a regra geral, que é excepcionada nas contratações de obras e serviços de engenharia, pois nesses casos deve-se manter o desconto contratual obtido inicialmente.[254] Ou seja, a diferença percentual entre o valor global do contrato e o preço global de referência não deverá ser reduzida em favor do contratado em decorrência de aditamentos que modifiquem a planilha orçamentária.[255]

Veja-se, por exemplo, a seguinte situação hipotética em que o orçamento da Administração é assim composto:

	Orçamento da Administração		
	Quantidade	Preço unitário (R$)	Total do item (R$)
Serviço A	10	100	1.000,00
Serviço B	30	250	7.500,00
Serviço C	20	300	6.000,00
	Total		14.500,00

A proposta vencedora da licitação, por sua vez, apresenta a seguinte composição:

	Proposta contratada		
	Quantidade	Preço unitário (R$)	Total do item (R$)
Serviço A	10	99	990,00
Serviço B	30	230	6.900,00
Serviço C	20	290	5.800,00
	Total do contrato		13.690,00
	Desconto verificado		5,58%

---

[253] Rel. Min. Ana Arraes, Sessão 24/07/2013.

[254] Art. 14 do Decreto nº 7.983/2013 e §7º do art. 42 do Decreto nº 7.581/2011.

[255] O parágrafo único do art. 14 do Decreto nº 7.983/2013 prevê exceções a essa regra em situações excepcionais e justificadas.

Constata-se, pois que a proposta apresenta um desconto de 5,58% em relação ao orçamento da administração (14.500,00 - 13.690,00) / 14.500,00.

Caso se deseje aumentar a quantidade do serviço A em vinte unidades cabe fazer o seguinte procedimento (art. 15 do Decreto nº 7.983/2013):

I - considera esse adicional de quantitativos no orçamento de referência, utilizando a denominação de Serviço A', com o intuito de se obter o novo valor global de referência:

	Orçamento da Administração		
	Quantidade	Preço unitário (R$)	Total do item (R$)
Serviço A	10	100	1.000,00
Serviço B	30	250	7.500,00
Serviço C	20	300	6.000,00
Serviço A'	20	100	2.000,00
		Total do contrato	16.500,00

II - calcula-se o valor que deve ser a contratação depois da realização desse aditivo, de forma a se manter o desconto original (R$16.500,00 multiplicado por (1 - 5,58%), resultando no valor de R$15.579,30).

III - calcula-se o valor total dos itens a serem acrescidos no aditivo (R$15.579,30 - R$13.690,00, resultando no valor de R$1.889,30);

IV - calcula-se o valor unitário dos itens acrescidos (R$1.889,30 / 20, resultando no valor de R$94,46);

A composição de preços da contratada passa então a ser a seguinte:

	Proposta contratada		
	Quantidade	Preço unitário (R$)	Total do item (R$)
Serviço A	10	99	990,00
Serviço B	30	230	6.900,00
Serviço C	20	290	5.800,00
Serviço A'	20	94,46	1.889,30
		Total do contrato	15.579,30

Ou seja, para se manter o desconto foi necessário que o mesmo item fosse remunerado por dois valores distintos. Para as quantidades inicialmente contratadas, a remuneração seria de acordo com o preço unitário constante da proposta. Para as quantidades objeto de aditivo, seria de acordo com o valor obtido para a manutenção do desconto global.

Em se tratando da inclusão de serviços novos, a solução é mais simples, pois basta que o custo unitário desse serviço seja aquele da Administração abatido do desconto contratado inicialmente.

Empreitada por preço unitário e tarefa

Nesses regimes de execução, a remuneração do contratado é inteiramente de acordo com serviços unitários efetivamente executados. Ou seja, os licitantes não assumem qualquer risco de imprecisão do projeto licitado. Assim, pode ocorrer que eventuais alterações de quantitativos provoquem o desequilíbrio da equação econômico-financeira ao se impor a uma das partes contratantes preços unitários diversos de sua proposta inicial, descasados com sua estrutura de custos e não compatíveis com os riscos assumidos pelo contratado.

Veja-se por exemplo o acréscimo significativo de quantitativos de itens para os quais o licitante cotou preços bastante abaixo dos de referência.

Para situações da espécie, o parágrafo único do art. 14 do Decreto nº 7.983/2013 prevê que o desconto inicial poderá ser reduzido:

> Em caso de adoção dos regimes de empreitada por preço unitário e tarefa, a diferença a que se refere o *caput* poderá ser reduzida para a preservação do equilíbrio econômico-financeiro do contrato em casos excepcionais e justificados, desde que os custos unitários dos aditivos contratuais não excedam os custos unitários do sistema de referência utilizado na forma deste Decreto, assegurada a manutenção da vantagem da proposta vencedora ante a da segunda colocada na licitação.

Ou seja, para os regimes de empreitada por preço unitário e tarefa, a exigência de manutenção do desconto nos aditivos contratuais pode ser relativizada, de forma a evitar eventuais inconvenientes caracterizadores de desequilíbrio contratual a favor de qualquer parte.

Isso porque, nesses regimes de execução, a equação econômica financeira é mais dependente dos custos unitários fixados na proposta dos licitantes. Assim, ao se afastar desses custos nos eventuais aditivos, são maiores as chances de se afetar o equilíbrio inicialmente pactuado.

Quando se trata de contratação por preço global ou empreitada integral, os riscos de desequilíbrio são menores, pois, são inerentes a esses regimes maiores restrições à formalização de aditivos contratuais. Nessa linha, os licitantes já devem considerar em suas propostas essas limitações, mesmo que seja pela instituição de taxa de risco.

Maior desconto

Em licitações ocorridas pelo critério do maior desconto, a Lei nº 12.462/2011[256] preconiza que os descontos devem ser estendidos aos eventuais termos aditivos.

Trata-se, na verdade, de explicitação da regra geral de que os preços dos itens constantes dos aditivos devem ser aqueles previstos na contratação. A diferença é que, nessa situação, mesmo seguindo-se essa regra geral, estar-se-á, com a realização de aditivos, mantendo-se o desconto fixado quando da contratação. Isso porque os preços unitários contratados já estão vinculados ao desconto, de forma que qualquer variação de quantitativos espelhará esse desconto.

6.1.2 Manutenção do equilíbrio econômico-financeiro

A Lei nº 8.666/1993 prevê que o valor pactuado inicialmente entre as partes pode sofrer três espécies de alterações:
- atualização financeira em decorrência de atraso no pagamento;
- reajuste periódico;
- reequilíbrio econômico-financeiro.

A disciplina básica sobre a manutenção do equilíbrio econômico-financeiro dos contratos administrativos está contida no inciso XXI do art. 37 da Constituição Federal, o qual estabelece que devem ser "mantidas as condições efetivas da proposta, nos termos da lei".

a) Atualização financeira

Possui por objetivo repor a perda de poder aquisitivo que a moeda sofre com o passar do tempo. Trata-se de medida de justiça ao evitar que o contratante sofra prejuízos em decorrência da mora da Administração e decorre do disposto nos seguintes dispositivos da Lei nº 8.666/1993:

---

[256] Art. 19, §3º, da Lei nº 12.462/2011.

Art. 40. O edital conterá [...] e indicará, obrigatoriamente, o seguinte:

XIV - condições de pagamento, prevendo: [...]

c) critério de atualização financeira dos valores a serem pagos, desde a data final do período de adimplemento de cada parcela até a data do efetivo pagamento; [...]

Art. 55. São cláusulas necessárias em todo contrato as que estabeleçam: [...]

III - o preço e as condições de pagamento, os critérios, data-base e periodicidade do reajustamento de preços, os critérios de atualização monetária entre a data do adimplemento das obrigações e a do efetivo pagamento;

Ou seja, a atualização financeira tem por causa atrasos nos pagamentos por parte da administração e incide a partir do momento em que a Administração não efetua o pagamento na data indicada no contrato até a data do efetivo pagamento.

Em sentido contrário, caso haja antecipações de pagamentos, a norma prevê a possibilidade de serem efetuados descontos nos valores a serem pagos.[257]

b) Reajuste de preços

Também tem como ideia central a reposição da perda do poder aquisitivo da moeda. A diferença é que decorre da álea ordinária e está vinculado a um índice previamente definido no contrato. Tem fundamento no seguinte dispositivo da Lei nº 8.666/1993:

Art. 40. O edital conterá [...] e indicará, obrigatoriamente, o seguinte: [...]

XI - critério de reajuste, que deverá retratar a variação efetiva do custo de produção, admitida a adoção de índices específicos ou setoriais, desde a data prevista para apresentação da proposta, ou do orçamento a que essa proposta se referir, até a data do adimplemento de cada parcela;

A Lei nº 10.192/2001 — que dispõe sobre medidas complementares ao Plano Real e dá outras providências — admite, para reajustar os contratos, a utilização de índices de preços gerais, setoriais ou que reflitam a variação dos custos de produção ou dos insumos utilizados. Para sua aplicação, exige-se o interregno mínimo de um ano, a contar da data de apresentação da proposta ou do orçamento a que se referir a proposta ou da data do último reajustamento.

---

[257] Art. 40, inciso XIV, alínea "d", da Lei nº 8.666/1993.

Mediante o Acórdão nº 474/2005[258] — proferido em sede de consulta e, portanto, em caráter normativo —, o Plenário do TCU se manifestou no sentido de que "o marco inicial, a partir do qual se computa o período de um ano para a aplicação de índices de reajustamento previstos em edital, é a data da apresentação da proposta ou a do orçamento a que a proposta se referir, de acordo com o previsto no edital".

Cabe observar que a ausência de previsão contratual da possibilidade de reajuste dos valores contratados não afasta a sua concessão. Isso porque o direito à manutenção do equilíbrio econômico-financeiro do contrato tem raiz constitucional (art. 37, XXI, da Constituição Federal) e não deriva de cláusula contratual ou de disposição editalícia.

Previsão contratual

Aduz-se que, segundo o art. 55, III, da Lei nº 8.666/1993, são cláusulas necessárias em todo contrato as que estabeleçam o preço e as condições de pagamento, os critérios, data-base e periodicidade do reajustamento de preços, os critérios de atualização monetária entre a data do adimplemento das obrigações e a do efetivo pagamento.

Como regra, o TCU, quando constata a falta da previsão contratual de reajustamento, nas hipóteses em que esse é possível, determina aos órgãos e entidades que observem o disposto nos artigos 40, inciso XI, e 55, inciso III, da Lei nº 8.666/1993, no sentido de fazer indicar expressamente no instrumento convocatório/contrato o índice a ser utilizado (Decisão nº 69/1998 - Plenário).[259]

c) Reequilíbrio econômico-financeiro do contrato

É decorrente de álea extraordinária e extracontratual — tem por fundamento a Teoria da Imprevisão — e busca o reestabelecimento da relação contratual inicialmente ajustada pelas partes, desde que a alteração tenha sido provocada por fato superveniente ao originalmente contratado.

Esse instituto deve ser aplicado pela Administração quando se verifica a ocorrência das hipóteses específicas de sua admissibilidade apontadas pela Lei nº 8.666/1993:

---

[258] Rel. Min. Substituto Augusto Sherman Cavalcanti, Sessão 24.04.2005.
[259] Rel. Min. Humberto Souto, Sessão 04.03.1998.

Art. 65. Os contratos regidos por esta Lei poderão ser alterados, com as devidas justificativas, nos seguintes casos: [...]

II - por acordo das partes: [...]

d) para restabelecer a relação que as parte pactuaram inicialmente entre os encargos do contratado e a retribuição da Administração para a justa remuneração da obra, serviço ou fornecimento, objetivando a manutenção do equilíbrio econômico-financeiro inicial do contrato, na hipótese de sobrevirem fatos imprevisíveis, ou previsíveis porém de consequências incalculáveis, retardadores ou impeditivos da execução do ajustado, ou ainda, em caso de força maior, caso fortuito ou fato do príncipe, configurando álea econômica extraordinária e extracontratual.

Em suma o reequilíbrio econômico-financeiro do contrato deve ser aplicado:
- quando ocorrerem fatos imprevisíveis ou previsíveis de consequências incalculáveis, que retardem ou impeçam a execução do ajuste;
- em caso de força maior, caso fortuito ou fato do príncipe;
- quando esses fatos provocarem impactos significativos na equação econômico-financeira do contrato.

6.2 Remuneração variável

Na contratação de *obras e serviços, inclusive de engenharia*, poderá ser estabelecida *remuneração variável vinculada ao desempenho da contratada*, com base em metas, padrões de qualidade, critérios de sustentabilidade ambiental e prazo de entrega definidos no instrumento convocatório e no contrato[260] (art. 10 da Lei nº 12.462/2011 e art. 70 do Decreto nº 7.581/2011).

A utilização da remuneração variável deverá ser motivada quanto:[261]
- aos parâmetros escolhidos para aferir o desempenho do contratado;
- ao valor a ser pago;
- ao benefício a ser gerado para a administração pública.

---

[260] A Lei nº 11.079/2004, que institui normas gerais para licitação e contratação de parceria público-privada no âmbito da administração pública, dispõe de forma semelhante em seu art. 6º, §1º: "§1º O contrato poderá prever o pagamento ao parceiro privado de remuneração variável vinculada ao seu desempenho, conforme metas e padrões de qualidade e disponibilidade definidos no contrato".

[261] Parágrafo único do art. 10 da Lei nº 12.462/2011 e §1º do art. 70 do Decreto nº 7.581/2011.

Nessa espécie de contratação, a definição do objeto considerará um parâmetro mínimo estipulado pela administração, o qual servirá de referência para o orçamento fixado pela administração e as propostas dos licitantes. Ou seja, vencerá a licitação aquele que apresentar a melhor proposta para esse objeto de acordo com esses parâmetros mínimos. Entretanto, caso a contratada supere esse parâmetro mínimo, ela terá direito a um adicional em sua remuneração de acordo com as regras editalícias.

A justificativa para não se licitar de pronto o objeto de acordo com os parâmetros máximos equivalentes ao teto da remuneração variável pode ser a necessidade de não se limitar em demasia a competitividade do certame.

Tome-se como exemplo a licitação da realização de uma obra pública com prazo previsto de conclusão em dezoito meses. Esse prazo seria compatível com a estrutura operacional de diversas empresas do ramo. Assim, seria esperada uma ampla competição no certame. Entretanto, há interesse da administração na execução da obra em menor prazo, digamos, doze meses. Contudo, esse prazo mais exíguo não seria compatível com a estrutura de muitas empresas do ramo, de forma que caso a licitação ocorresse com esse prazo previsto, não haveria muita competição e, consequentemente, os preços praticados seriam menos vantajosos.

Desta feita, adotando-se a remuneração variável com o prazo previsto de dezoito meses, propiciar-se-ia a obtenção de proposta mais vantajosa e não se descartaria a execução da obra em doze meses caso a contratada se interesse pelo aumento da sua remuneração. Trata-se de uma solução intermediária entre as contratações com prazos máximos fixos de dezoito e doze meses.

Imprescindível, em qualquer hipótese, a elaboração de anteprojetos, termos de referência ou projetos básicos/executivos adequados, de modo que os parâmetros de eficiência observem a prática efetiva do mercado. Caso contrário, poder-se-ia desvirtuar o instituto em razão de falsos sinais de eficiência, pois parâmetros por demais elastecidos provocariam dispêndios adicionais para a administração.

Quando a instituição da cláusula de remuneração variável depender da execução do objeto com diferentes metodologias, pode-se, em alguma medida, vislumbrar semelhanças com uma licitação em que seja adotado o critério de julgamento técnica e preço. Na técnica e preço, as alternativas de execução do objeto são consideradas quando do julgamento das propostas e são de cumprimento obrigatório pelo licitante que a propôs. Na remuneração variável, a alternativa é prevista no edital, mas não é considerada no julgamento das propostas e *é opcional a sua execução pelo licitante vencedor.*

Valor proporcional ao benefício gerado

O valor da remuneração variável deverá ser *proporcional ao benefício a ser gerado* para a administração pública (§3º do art. 70 do Decreto nº 7.581/2011).

Para ser cumprida essa exigência de proporcionalidade, verifica-se que o benefício gerado para a administração deve ser *mensurável quantitativamente*. Assim, torna-se possível o atendimento da referida disposição normativa, a qual busca garantir que a utilização da cláusula de remuneração variável respeite o princípio da economicidade.

A remuneração variável consiste, pois, em uma cláusula negocial cuja aplicabilidade deverá se mostrar vantajosa para ambas as partes contratantes. Ganha o contratado porque receberá um adicional sobre a remuneração inicialmente pactuada, ganha o contratante em decorrência dos benefícios decorrentes do melhor desempenho da contratada.

De forma a manter essa característica de ganha-ganha, a norma dispõe que eventuais ganhos provenientes de ações da administração pública não devem ser considerados no cômputo do desempenho do contratado (§2º do art. 70 do Decreto nº 7.581/2011). Com efeito, pode ser caracterizado como enriquecimento sem causa o recebimento pela contratada de valores adicionais sem que ela tenha contribuído para tanto.

Limites

Na utilização da remuneração variável, *deverá ser sempre respeitado o limite orçamentário fixado pela administração pública para a realização da licitação* (parágrafo único do art. 10 da Lei nº 12.462/2011). Ou seja, o valor do contrato original acrescido da remuneração variável não poderá ser superior ao orçamento da administração que serviu de base para a realização da licitação. A disposição é relevante porque garante que o princípio da economicidade seja respeitado, não sendo desvirtuado por eventual incompatibilidade entre o valor acrescido à remuneração e a respectiva contraprestação.

Contudo, verifica-se que o instituto terá sua aplicação limitada quando a proposta vencedora for de valor próximo ao limite fixado pela administração, pois haverá pouca margem para a variação da proposta inicial.

Possíveis aplicações

Empresa que adiante a execução de obras em relação ao cronograma contratado. Aplicável a empreendimentos cuja implantação gerará receitas ou economia de despesas para a administração. São exemplos:
- Construção de usina geradora de energia elétrica;
- Construção de edificação para substituir prédio alugado.

Superação de parâmetros de qualidade. Aplicável a empreendimentos cuja melhoria da qualidade possa ser quantificada em termos financeiros, em regra na economia dos custos de manutenção.

Por exemplo, no caso de execução ou restauração de rodovias, existem modelos matemáticos utilizados para, em função do índice de irregularidade do pavimento (IRI),[262] prever a condição futura, e os custos de manutenção/preservação ao longo do tempo. Assim, quanto melhor o IRI da rodovia entregue pelo contratado, menores serão os custos futuros de manutenção/operação, o que justificaria o recebimento pelo contratado de remuneração adicional.

Mediante o Acórdão nº 1.541/2014 - Plenário,[263] o TCU vislumbrou a possibilidade de utilização do instituto da remuneração variável como justificativa para a prorrogação do prazo contratual da prestação de serviços de manutenção de canais portuários. Estabeleceu-se, pois, um estímulo ao contratado para que antecipasse os serviços de execução de limpeza dos canais — referente à primeira fase da execução contratual. Veja-se a respeito o seguinte trecho do voto condutor desse acórdão:

> 14. No caso concreto, o edital para a contratação das obras de dragagem do Porto de Santos/SP, sob o regime de contratação integrada, estabeleceu que havendo antecipação do prazo de 12 meses para a elaboração dos projetos (5 meses) e execução da limpeza constante da Fase 1 (7 meses), a Fase 2, relativa à manutenção dos canais, prevista para 24 meses, seria incrementada proporcionalmente à antecipação da fase anterior, garantindo a manutenção do prazo total de 36 meses. [...]
>
> 17. Ressalto que a antecipação da entrega dos projetos e da execução da limpeza inicial seria de interesse da administração pública, pois melhoria as condições de navegabilidade dos canais em menos tempo, e também da contratada, já que o edital prevê o pagamento de tais serviços quando da efetiva execução.
>
> 20. Ademais, o art. 10 da Lei 12.462/2011 permite a existência de "remuneração variável vinculada ao desempenho da contratada, com base em

---

[262] Apurável mediante sistema de controle denominado IRI – International Roughness Index, o qual representa a situação da malha rodoviária segundo critérios internacionais.

[263] Rel. Min. Benjamin Zymler, Sessão 11.06.2014.

metas, padrões de qualidade, critérios de sustentabilidade ambiental e prazo de entrega definidos no instrumento convocatório e no contrato".

21. Entendo que o incremento de meses da Fase 2 de manutenção, ante à antecipação da entrega dos projetos e/ou da execução da Fase 1, teria potencial para ser enquadrada como "remuneração variável", nos termos do art. 10 acima citado, por estar vinculada ao desempenho da contratada, com metas estabelecidas e prazos definidos no instrumento convocatório, motivo pelo qual resta recomendar à Secretaria Especial de Portos que avalie tal possibilidade.

6.3 Contratação simultânea

Mediante justificativa expressa, poderá ser contratada mais de uma empresa ou instituição para executar o mesmo serviço, desde que não implique perda de economia de escala, quando (art. 11 da Lei nº 12.462/2011 e art. 71 do Decreto nº 7.581/2011):
- o objeto da contratação puder ser executado de forma concorrente e simultânea por mais de um contratado;
- a múltipla execução for conveniente para atender à administração pública.

O instrumento convocatório deverá disciplinar os parâmetros objetivos para a alocação das atividades a serem executadas por contratado.[264]

Veja-se que não se trata aqui do simples parcelamento do objeto, quando se passa a ter dois objetos distintos, embora semelhantes. A contratação simultânea pressupõe a integridade do objeto original e sua execução por mais de um contratado. O objeto da contratação está *restrito à prestação de serviços*, exceto aqueles de engenharia (§2º do art. 11 da Lei nº 12.462/2011).

Um exemplo de aplicação seria a contratação de empresas prestadoras de serviços de telefonia de longa distância, de modo que a contratante utilize sempre a opção mais econômica, de acordo com a variação das tarifas de cada contratada em função de data e horário.

A administração pública deverá manter o controle individualizado da execução do objeto contratual relativamente a cada uma das contratadas (§1º do art. 11 da Lei nº 12.462/2011 e art. 72 do Decreto nº 7.581/2011).

---

[264] Parágrafo único do art. 72 do Decreto nº 7.581/2011.

6.4 Contrato de eficiência

Os contratos de eficiência serão utilizados exclusivamente quando se tratar do *julgamento pelo maior retorno econômico*. Trata-se de contrato de risco em que o contratado assume a responsabilidade pela redução de determinada despesa corrente da contratante.

Em não ocorrendo a economia prevista, a contratada poderá sofrer as seguintes consequências (§3º do art. 23 da Lei nº 12.462/2011 e §2º do art. 67 do Decreto nº 7.581/2011):

I - a diferença entre a economia contratada e a efetivamente obtida será descontada da remuneração da contratada;

II - se a diferença entre a economia contratada e a efetivamente obtida for superior à remuneração da contratada, será aplicada multa por inexecução contratual no valor da diferença;

III - a contratada sujeitar-se-á, ainda, a outras sanções cabíveis caso a diferença entre a economia contratada e a efetivamente obtida seja superior ao limite máximo estabelecido no contrato.

Com efeito, a contratada recebe uma remuneração da administração e a contrapartida é exatamente a redução das despesas correntes da contratante. Desta feita, em não proporcionando essa redução de custos, a contratada incorrerá em infração contratual, sujeitando-se às penalidades daí decorrentes.

A primeira penalidade consiste no desconto da remuneração pactuada da economia prevista e não ocorrida. Com essa disposição, preservam-se do ponto de vista da administração as vantagens financeiras da proposta vencedora da licitação e evita-se que a execução da avença se torne antieconômica, com despesas maiores que a economia propiciada. Exemplificando, se a economia oferecida foi de R$300,00 mensais e a remuneração da contratada era de R$200,00 mensais, a vantagem econômica da contratação era de R$100,00 mensais. Caso a economia efetiva seja de R$250,00, a remuneração da contratada será de R$150,00, mantendo-se a vantagem da contratação em R$100,00.

Caso a *economia frustrada seja superior à remuneração pactuada*, cabe a aplicação de *multa por inexecução contratual* no valor dessa diferença. Ou seja, também nessa hipótese a vantagem econômica da administração é preservada.

Em que pese o fundamento dessa multa ser por inexecução contratual, a norma restringe a aplicação de outras penalidades por inexecução contratual, pois essas outras penalidades somente poderão ser aplicadas quando *caso a diferença entre a economia contratada e a efetivamente obtida seja superior ao limite máximo estabelecido no contrato*.

Ou seja, para fins de enquadramento da conduta no disposto no inciso VII do art. 47 da Lei nº 12.462/2011 — dar causa à inexecução total ou parcial do contrato o disposto — não basta uma simples frustração da economia pactuada, pois essa frustração deve ser qualificada de forma a exceder determinado limite fixado em contrato.

6.5 Vigência contratual

Como regra geral, aplica-se o disposto no *caput* do art. 57 da Lei nº 8.666/1993,[265] de forma que a duração dos contratos deve estar restrita à vigência dos respectivos créditos orçamentários. Ou seja, de acordo com o princípio da anualidade orçamentária,[266] os contratos administrativos, em princípio, devem ter a vigência limitada até o final do exercício financeiro, o que resulta na vigência máxima de um ano, portanto.

Cabe analisar as situações que não se enquadram nessa regra geral.

a) Grandes eventos esportivos

Em tendo sido as contratações efetuadas para a realização dos eventos esportivos objeto do Regime Diferenciado, não haveria que se falar em execução contratual depois das suas ocorrências. Entretanto, de acordo com o princípio da proporcionalidade, pode ser aceitável a duração da avença por um período razoável depois da realização dos eventos esportivos para os preparativos finais de desmobilização de toda a estrutura logística dos eventos.

Prestação de serviços de duração continuada

Quando se tratar da prestação de serviços a serem executados de forma contínua, os contratos poderão ter sua vigência estabelecida até a data da extinção da Autoridade Pública Olímpica – APO[267] (art. 43 da Lei nº 12.462/2011 e art. 65 do Decreto nº 7.581/2011).

---

[265] "Art. 57. A duração dos contratos regidos por esta Lei ficará adstrita à vigência dos respectivos créditos orçamentários, exceto quanto aos relativos: [...]".

[266] Previsto no art. 165 da Constituição Federal: "Art. 165. Leis de iniciativa do Poder Executivo estabelecerão: I - o plano plurianual; II - as diretrizes orçamentárias; III - os *orçamentos anuais*" (grifos nossos).

[267] Consoante a cláusula vigésima quarta do Protocolo de Intenções, a Autoridade Pública Olímpica será extinta em 31 dezembro de 2018, ou antes, por decisão unânime dos membros do Conselho Público Olímpico, admitindo-se a prorrogação por, no máximo, dois anos.

Excepcionou-se a regra da Lei nº 8.666/1993 (art. 57, inciso II) de que os contratos de prestação de serviços devem ter sua vigência limitada a sessenta meses. Aparentemente, busca-se evitar que, em data próxima ao início dos Jogos Olímpicos ou no decorrer de sua realização, ocorra a expiração de vigência contratual com os transtornos daí decorrentes.

Preocupou-se também com o desvirtuamento do Regime Diferenciado ao ser afastada a possibilidade de que contratos firmados em data mais próxima à realização dos Jogos Olímpicos se prolonguem por muito além da sua realização, pois a eles não se aplicará a vigência máxima prevista na Lei nº 8.666/1993.

Por óbvio, caso os contratos de prestação de serviços estejam vinculados à Copa do Mundo de 2014 e à Copa das Confederações de 2013, não deve se aplicar esse dispositivo legal que se refere às Olimpíadas. Assim, a vigência máxima desses contratos deve estar vinculada ao término do evento esportivo que a eles deu causa e não à data de extinção da APO.

Obras de engenharia

O pressuposto lógico é a conclusão dessas obras antes da realização dos eventos a que estão relacionadas, de forma que as vigências contratuais devem ter expirado antes.

Entretanto, é interessante a análise do caso concreto a seguir relatado.

A contratação pelo Regime Diferenciado para a as obras de ampliação do Aeroporto de Fortaleza tem sua previsão de vigência até o ano de 2016, bem depois da realização da Copa do Mundo, quando a capacidade operacional do aeroporto será de 14,2 milhões de passageiros por ano. Assim, em uma primeira análise, não teria sido lícita a utilização do RDC, ao menos não com o fundamento utilizado de que o objeto será necessário à realização da Copa do Mundo de 2014.

Entretanto, há de se verificar que a primeira etapa da execução da obra deve estar concluída em 2013, quando a capacidade operacional do aeroporto passará de 6,2 para 9 milhões de passageiros por ano.

Isto posto, a questão que se coloca é qual seria o comportamento esperado do gestor. Pela literalidade da lei, deveria ser efetuada uma licitação pelo RDC para a primeira etapa e uma segunda licitação pela Lei nº 8.666/1993 para a segunda etapa. Esse desmembramento da obra, contudo, poderia não ser vantajoso economicamente, pois, por exemplo, os custos de mobilização e desmobilização seriam pagos duas vezes em vez de uma. Assim, de acordo com os princípios da razoabilidade e proporcionalidade, pode ser aceitável a extrapolação da vigência contratual para além da realização da Copa do Mundo nesse caso específico.

A ementa do Acórdão TCU nº 1.324/2012 - Plenário é esclarecedora ao adotar tal posição:

> A utilização do RDC em obras com *término posterior* à Copa do Mundo de 2014 — ou às Olimpíadas de 2016, conforme o caso — só *é legítima nas situações em que ao menos fração do empreendimento tenha efetivo proveito para a realização desses megaeventos esportivos, cumulativamente com a necessidade de se demonstrar a inviabilidade técnica e econômica do parcelamento das frações da empreitada* a serem concluídas a posteriori, em atendimento ao disposto nos arts. 1º, incisos de I a III; 39 e 42 da Lei nº 12.462/2011, c/c o art. 23, §1º, da Lei nº 8.666/1993. (grifos nossos)

Em outras palavras, *quando não for viável o parcelamento do objeto* e parte dele tenha efetivo proveito para a realização dos grandes eventos esportivos de que trata o RDC, é lícito que parcelas desse objeto sejam executadas depois da realização desses eventos.

Caso contrário, sendo possível o parcelamento do objeto, segue-se a diretriz pertinente de forma que essa parcela a ser concluída posteriormente deve ser contratada mediante outro procedimento licitatório, quer seja pelo RDC, caso possível, quer não.

Respeitando as considerações anteriores, os contratos para a execução das obras previstas no Plano Plurianual poderão ser firmados pelo período nele compreendido (art. 42 da Lei nº 12.462/2011 e art. 64 do Decreto nº 7.581/2011).

b) Obras de dragagem

A Lei nº 12.815/2013, em seu art. 54, prevê a contratação de dragagens por resultado, a qual compreende obras de engenharia destinadas ao aprofundamento, alargamento ou expansão de áreas portuárias e de hidrovias, inclusive canais de navegação, bacias de evolução e de fundeio e berços de atracação, bem como os serviços de sinalização, balizamento, monitoramento ambiental e outros com o objetivo de manter as condições de profundidade e segurança estabelecidas no projeto implantado.

Para essa espécie de contratação, que envolve uma associação de execução de obras públicas e prestação de serviços continuados, a referida norma prevê que a vigência pode ser de até dez anos.

c) Demais hipóteses de aplicabilidade do RDC

Nesse caso, aplicam-se rigorosamente as disposições da Lei nº 8.666/1993, não estando, pois, essas avenças limitadas a quaisquer marcos temporais que não aqueles estabelecidos no art. 57 da Lei nº 8.666/1993.

Produtos contemplados no Plano Plurianual

Caso se trate de despesas de capital e outras dela decorrentes ou despesas relativas a programas de duração continuada, aplica-se o art. 42 da Lei nº 12.462/2011,[268] de forma que os contratos poderão ter sua vigência estabelecida de acordo com o prazo estabelecido no Plano Plurianual de que trata o §1º do art. 165 da Constituição Federal:

> §1º A lei que instituir o plano plurianual estabelecerá, de forma regionalizada, as diretrizes, objetivos e metas da administração pública federal para as despesas de capital e outras delas decorrentes e para as relativas aos programas de duração continuada.

Prestação de serviços de duração continuada

Os serviços a serem executados de forma contínua poderão ter a sua duração prorrogada por iguais e sucessivos períodos, desde que limitada a sessenta meses (inciso II do art. 57 da Lei nº 8.666/1993).[269]

Em caráter excepcional, devidamente justificado, o prazo anterior poderá ser prorrogado em até 12 meses (§4º do art. 57 da Lei nº 8.666/1993).[270]

Aluguel de equipamentos e utilização de programas de informática

Nessa situação, a duração da vigência contratual poderá ser de até 48 meses, nos termos do inciso IV do art. 57 da Lei nº 8.666/1993.[271]

---

[268] "Art. 42. Os contratos para a execução das obras previstas no plano plurianual poderão ser firmados pelo período nele compreendido, observado o disposto no *caput* do art. 57 da Lei nº 8.666, de 21 de junho de 1993".

[269] "II - a prestação de serviços a serem executados de forma contínua, que poderão ter a sua duração prorrogada por iguais e sucessivos períodos com vistas a obtenção de preços e condições mais vantajosas para a Administração, limitada a sessenta meses".

[270] "§4º Em caráter excepcional, devidamente justificado e mediante autorização da autoridade superior, o prazo de que trata o inciso II do *caput* deste artigo poderá ser prorrogado em até doze meses".

[271] "IV - ao aluguel de equipamentos e à utilização de programas de informática, podendo a duração estender-se pelo prazo de até 48 (quarenta e oito) meses após o início da vigência do contrato".

Quanto ao aluguel de equipamentos de informática, pode ocorrer que a administração não tenha interesse em adquiri-los ante a possibilidade de logo se tornarem desatualizados ou porque a necessidade da administração é limitada no tempo e menor que a vida útil dos equipamentos.

É uma opção que deve ser tomada com cautela, pois, muitas vezes, o aluguel acaba por se tornar mais oneroso do que a aquisição. Por meio do Acórdão nº 1.685/2007 - 2ª Câmara,[272] o TCU imputou débito aos responsáveis pela diferença entre o valor total dos respectivos contratos de locação e o valor dos equipamentos.

Quanto ao aluguel de programas de informática, cabe observar que, no mais das vezes, as empresas detentoras desses programas fornecem apenas o direito temporário de sua utilização. Como essas empresas podem trabalhar com prazos variados e superiores a 12 meses, é positiva a possibilidade prevista na norma para que esses contratos tenham vigência de até 48 meses. Assim, permite-se à administração contratar de acordo com a prática do mercado, o que é compatível com o princípio da busca pela proposta mais vantajosa.

Situações específicas previstas no art. 24 da Lei nº 8.666/1993

Nas situações previstas nos incisos IX, XIX, XXVIII e XXXI do art. 24 da Lei nº 8.666/1993,[273] os contratos poderão ter vigência por até 120 vinte meses (inciso V do art. 57 da Lei nº 8.666/1993).

Trate-se, em regra, de situações relacionadas à segurança nacional ou ao desenvolvimento de novos produtos tecnológicos, para as quais pode ser necessário garantir aos contratados uma maior estabilidade contratual. Assim, eles podem realizar investimentos de longo prazo de maturação e que resultem no desenvolvimento de novas tecnologias ou de novas linhas de produção específicas para o setor de defesa.

---

[272] Rel. Min. Benjamin Zymler, Sessão 26.06.2007.

[273] "Art. 24. [...] IX - quando houver possibilidade de comprometimento da segurança nacional, nos casos estabelecidos em decreto do Presidente da República, ouvido o Conselho de Defesa Nacional; [...] XIX - para as compras de materiais, de uso pelas Forças Armadas, com exceção de materiais de uso pessoal e administrativo, quando houver necessidade de manter a padronização requerida pela estrutura de apoio logístico dos meios navais, aéreos e terrestres, mediante parecer de comissão instituída por decreto; [...] XXVIII - para o fornecimento de bens e serviços, produzidos ou prestados no País, que envolvam, cumulativamente, alta complexidade tecnológica e defesa nacional, mediante parecer de comissão especialmente designada pela autoridade máxima do órgão; [...] XXXI - nas contratações visando ao cumprimento do disposto nos arts. 3º, 4º, 5º e 20 da Lei nº 10.973, de 2 de dezembro de 2004, observados os princípios gerais de contratação dela constantes".

6.6 Rescisão e inexecução contratual

Como os contratos do RDC são regidos pelas normas da Lei nº 8.666/1993, aplicam as suas disposições acerca da inexecução e rescisão dos contratos (artigos 77 a 80 da Lei nº 8.666/1993).

A rescisão contratual poderá ser (art. 79 da Lei nº 8.666/1993):
- determinada por ato unilateral da administração nas hipótese previstas em lei;
- amigável, por acordo entre as partes;
- judicial.

Na hipótese de rescisão unilateral por parte da administração, cabe recurso no prazo de cinco dias úteis a partir da data da intimação ou da lavratura da ata da rescisão do contrato (alínea "f" do inciso II do art. 45 da Lei nº 12.462/2011 e art. 68 do Decreto nº 7.581/2011).

O art. 67 do Decreto nº 7.581/2011 dispõe que "a inexecução total ou parcial do contrato enseja a sua rescisão, com as consequências contratuais, legais e regulamentares". Trata-se de disposição similar àquela constante do art. 77 da Lei nº 8.666/1993. Como essa disposição já se aplica ao Regime Diferenciado ante o disposto no art. 39 da Lei nº 12.462/2011, há de entender que a sua reprodução na norma infralegal possui apenas o intuito de dar-lhe realce.

Quando o contratado der causa à inexecução parcial ou total do contrato ele incide na conduta prevista no inciso VII do art. 47 da Lei nº 12.462/2011 e se sujeita às penalidades estipuladas no *caput* desse artigo e no art. 87 da Lei nº 8.666/1993.

6.7 Alteração da configuração jurídica da contratada

Consoante o art. 78, inciso VI, da Lei nº 8.666/1993, constituem motivo para a rescisão contratual, *quando não admitidas no edital ou contrato*:
- a fusão, cisão ou incorporação;
- a associação do contratado com outrem;
- a cessão ou transferência, total ou parcial do objeto.

Fusão, cisão ou incorporação

O §1º do art. 67 do Decreto nº 7.581/2011, por sua vez, estabelece que "não haverá rescisão contratual em razão de *fusão, cisão ou incorporação do contratado, ou de substituição de consorciado,* desde que mantidas as condições de habilitação previamente atestada".

Nessas hipóteses de alteração da parte contratante, o Decreto não faz referência à necessidade de haver *autorização no edital ou contrato*. Entretanto, como, nesse caso, a aplicação das disposições da Lei nº 8.666/1993 está amparada pela Lei nº 12.462/2011, entende-se que norma infralegal não pode afastar a exigência.

A fusão, cisão ou incorporação constituem em rearranjo da estrutura empresarial da contratada. Mediante o Acórdão nº 1.108/2003,[274] proferido em sede de consulta pelo TCU e, portanto, em caráter normativo:

> [...] é possível a continuidade dos contratos celebrados com empresas que tenham sofrido fusão, incorporação ou cisão desde que sejam cumpridos os seguintes requisitos, cumulativamente:
>
> 9.1.1 tal possibilidade esteja prevista no edital e no contrato, nos termos do art. 78, inciso VI da Lei nº 8.666/1993;
>
> 9.1.2 sejam observados pela nova empresa os requisitos de habilitação estabelecidos no art. 27 da Lei nº 8.666/1993, originalmente previstos na licitação;
>
> 9.1.3 sejam mantidas as condições estabelecidas no contrato original.

Desta feita, ao prever a necessidade de preservação das condições de habilitação, o Decreto andou em linha com a jurisprudência do TCU.

Associação do contratado com outrem, cessão ou transferência do objeto

O Decreto não menciona as demais hipóteses de alteração da parte contratual previstas na Lei nº 8.666/1993 e aplicáveis ao novo regime.

Quando se trata da associação do contratado com outrem ou a cessão ou transferência total ou parcial do objeto, cabe observar o entendimento do TCU[275] no sentido de que:

> [...] em contratos administrativos, *é ilegal e inconstitucional a sub-rogação da figura da contratada ou a divisão das responsabilidades por ela assumidas, ainda que de forma solidária,* por contrariar os princípios constitucionais da moralidade e da eficiência (art. 37, *caput*, da Constituição Federal), o princípio da supremacia do interesse público, o dever geral de licitar (art. 37. XXI, da Constituição) e os arts. 2º, 72 e 78, inciso VI, da Lei nº 8.666/1993. (grifos nossos)

---

[274] Rel. Min. Ubiratan Aguiar, Sessão 13.08.2003.

[275] Decisão nº 420/2002 - Plenário, Rel. Min. Substituto Augusto Sherman Cavalcanti, Sessão 24.04.2002.

6.8 Subcontratação

No âmbito do Regime Diferenciado, a possibilidade de subcontratação não foi disciplinada pela Lei nº 12.462/2011, sendo somente regulada pelo Decreto nº 7.581/2011.

A norma infralegal limitou-se a regular a subcontratação de *parte de obra ou de serviços de engenharia* (*caput* do art. 10 do Decreto nº 7.581/2011). Entretanto, para as demais situações, o Decreto é também aplicável, pois, em regra, as suas disposições a respeito de subcontratações acompanham os entendimentos que se extraem das disposições gerais que regulam as subcontratações na Lei nº 8.666/1993.[276]

Em razão de o vínculo obrigacional do contratado com a administração não ser afetado em razão de eventual subcontratação, a sua ocorrência não exclui a responsabilidade do contratado perante a administração pública quanto à qualidade técnica da obra ou do serviço prestado (§2º do art. 10 do Decreto nº 7.581/2011).

O instituto da subcontratação ganha importância em razão da atual realidade mercadológica que, em regra, não comporta mais empresas altamente verticalizadas do tipo "faz tudo". Pelo contrário, a tendência econômica é as empresas horizontalizarem seus processos produtivos e manterem o foco no seu negócio principal, sempre com o intuito de racionalizar procedimentos, diminuir custos e aumentar a eficácia de sua atuação.

Nesse contexto, torna-se difícil imaginar que as empresas não se valham da prestação de serviços de terceiros para executar os objetos para as quais foram contratadas. É esperado, pois, que sejam efetuados diversos contratos de apoio para a prestação de serviços complementares ao contrato principal.

Assim, caso não fossem permitidas subcontratações desses serviços secundários, poder-se-ia estar impondo à contratada um regime de execução que iria de encontro aos princípios constitucionais da eficiência e economicidade que regem a administração pública.

A execução de obras de engenharia e de serviços em geral, por exemplo, demanda que o contratado estabeleça diversas relações jurídicas com outros agentes de mercado para que o objeto possa ser

---

[276] "Art. 72. O contratado, na execução do contrato, sem prejuízo das responsabilidades contratuais e legais, poderá subcontratar partes da obra, serviço ou fornecimento, até o limite admitido, em cada caso, pela Administração. [...] Art. 78. Constituem motivo para rescisão do contrato: [...] VI - a subcontratação total ou parcial do seu objeto, a associação do contratado com outrem, a cessão ou transferência, total ou parcial, bem como a fusão, cisão ou incorporação, não admitidas no edital e no contrato; [...]".

executado. Essas relações jurídicas constituem na formalização de contratos firmados entre a contratada pela administração e agentes do mercado aptos a fornecer determinado bem ou serviço necessário à execução do objeto contratado. De uma forma ampla, quando consideradas em relação ao contrato principal, essas relações jurídicas podem ser consideradas como subcontratações.

Entretanto, quando as normas de direito administrativo buscam regular as subcontratações, não se vislumbra que elas objetivem abarcar todas aquelas efetuadas pelo contratado, mas somente aquelas subcontratações relativas a partes relevantes do objeto. Na contratação de uma edificação, por exemplo, não é razoável supor que a terceirização de serviços menos significativos como remoção de entulhos, pinturas internas, instalação de esquadrias e luminárias, segurança, comunicação, dentre outros, deva ser regulada da mesma forma do que a eventual subcontratação da execução de partes técnica relevantes como as fundações do empreendimento.

Nesse compasso, entende-se que as disposições da Lei nº 8.666/1993 e do Decreto nº 7.581/2011 que tratam de subcontratação *referem-se àquelas pertinentes a parte relevante do objeto, seja técnica seja economicamente.*

a) Habilitação

No tocante à habilitação do subcontratado, o Decreto nº 7.581/2011 dispõe (§2º do art. 10):

> §2º Quando permitida a subcontratação, o contratado deverá apresentar documentação do subcontratado que comprove sua habilitação jurídica, regularidade fiscal e a qualificação técnica necessária à execução da parcela da obra ou do serviço subcontratado.

Observe-se que a exigência de que o subcontratado preencha determinados requisitos de habilitação não dispensa a empresa a ser contratada de também apresentá-los. Isso porque a contratada será a responsável pela execução do objeto perante a administração, mesmo na eventual ocorrência de subcontratação.

A norma é silente em relação ao momento em que o subcontratado deve apresentar a documentação referente à habilitação. Cabe considerar, contudo, que a ocorrência da subcontratação é uma hipótese que pode somente ser confirmada quando da execução contratual. Assim, entendo que nesse momento deve ocorrer a aferição do preenchimento dos requisitos habilitatórios pela subcontratada, quer pelo fiscal do contrato quer por outro responsável indicado pela administração. A não ser, é certo, que o edital exija que as propostas já indiquem eventuais subcontratadas, o que permitiria a análise dos documentos das subcontratadas quando da fase da habilitação da contratada principal.

Cabe ressaltar que, de acordo com as disposições do Decreto nº 7.581/2011, essas exigências de habilitação somente se referem a subcontratações de partes de obras ou serviços, não se aplicando a subcontratações em procedimentos de compras.

Habilitação técnica

Quanto à exigência de *qualificação técnica do subcontratado*, a norma exige que ele comprove a "qualificação técnica necessária à execução da parcela da obra ou do serviço subcontratado".

Ressalte-se que, de acordo com as regras pertinentes à habilitação de licitantes, a exigência de atestado técnico somente deve ocorrer em relação à parcela do objeto licitado que seja *relevante tecnicamente e de valor significativo frente ao total do objeto licitado.*[277]

Isto posto, embora o Decreto nº 7.581/2011 não tenha explicitado tal distinção, deve-se entender que *a exigência de habilitação técnica dos subcontratados somente deve ocorrer quando tal requisito foi exigido do contratado.* Caso contrário, estar-se-ia fazendo uma exigência descabida e não justificada, a qual somente contribuiria para restringir a competitividade do certame.

Não é demais lembrar que a exigência de comprovação da capacidade técnica busca garantir que determinada parcela relevante do objeto seja executada por aquele que efetivamente detenha condições para tanto, quer seja o contratado quer seja o subcontratado. Assim, não faria sentido permitir que o subcontratado executasse essa parcela relevante do objeto sem demonstrar sua capacidade técnico-operacional, quando tal exigência foi feita ao contratado quando do procedimento de habilitação.

Isto posto, a disposição do Decreto nº 7.581/2011 é compatível com uma linha de jurisprudência do TCU,[278] no sentido de que cabe

---

[277] Lei nº 8.666/1993: "Art. 30. [...] §1º [...] I - capacitação técnico-profissional: comprovação do licitante de possuir em seu quadro permanente, na data prevista para entrega da proposta, profissional de nível superior ou outro devidamente reconhecido pela entidade competente, detentor de atestado de responsabilidade técnica por execução de obra ou serviço de características semelhantes, *limitadas estas exclusivamente às parcelas de maior relevância e valor significativo do objeto da licitação*, vedadas as exigências de quantidades mínimas ou prazos máximos" (grifos nossos).

[278] Como exemplo, cita-se o Acórdão nº 2.992/2011 - Plenário (item 9.3.3), Rel. Min. Valmir Campelo, Sessão 16.11.2011.

exigir das contratadas originais "no caso da subcontratação de parcela da obra para a qual houve solicitação de atestados de qualificação técnica na licitação, como condicionante de autorização para execução dos serviços, *a comprovação de experiência das subcontratadas para verificação de sua capacidade técnica*, disposição essa que deve constar, necessariamente, do instrumento convocatório" (grifos nossos).

Outra linha de jurisprudência do TCU é bem representada pelas seguintes ponderações constantes do voto condutor do Acórdão nº 3.144/2011 - Plenário:[279]

> Para assegurar a boa execução do objeto, é exigida do futuro contratado a demonstração de capacidade financeira e sua capacidade técnico-profissional e técnico-operacional, de forma a comprovar sua aptidão mediante desempenho de tarefas semelhantes.
>
> Tal comprovação de aptidão, obviamente, está relacionada às *frações tecnicamente complexas e financeiramente relevantes do objeto*, sob pena de serem absolutamente descabidas as exigências de habilitação.
>
> Assim, *não faria sentido admitir que tais parcelas cruciais do objeto, para cuja execução foi selecionado o licitante mais apto, fossem posteriormente transferidas a terceiro por este escolhido. Isso tornaria completamente desnecessário o procedimento de habilitação* e, consequentemente, esvaziaria de qualquer significado ou finalidade os dispositivos da lei que o preconizam, o que não pode ocorrer. (grifos nossos)

Nesse caso, foi efetuada determinação de forma a ser *evitada a subcontratação do principal do objeto*, entendido este como o conjunto de itens para os quais, como requisito de habilitação técnica, foi exigida apresentação de atestados que comprovassem execução de serviço com características semelhantes.

Em suma, uma linha de jurisprudência defende que o subcontratado deve preencher os requisitos de habilitação técnica exigidos para a parte do objeto a ser subcontratada e outra defende a vedação da subcontratação para a parte do objeto que demanda a exigência de qualificação técnica.

Ora, ambas as linhas possibilitam que a parte técnica e economicamente relevante do objeto seja executada por quem detenha as condições técnicas para tanto. Entretanto, ao permitir a subcontratação, a opção adotada pelo Decreto permite uma maior flexibilidade ao contratante para cumprir o objeto. Esse maior leque de opções permite aos licitantes buscar a solução mais econômica para a execução do

---

[279] Rel. Min. Aroldo Cedraz, Sessão 30.11.2011.

objeto, o que, em um ambiente competitivo, redunda em propostas mais vantajosas para a administração. Se for assim, considerando os princípios da eficiência e da economicidade, entende-se ser mais adequada a linha de jurisprudência do TCU que está em consonância com a opção adotada pelo Decreto nº 7.581/2011.

Habilitação fiscal e jurídica

O Decreto nº 7.581/2011 inova em relação à jurisprudência do TCU e em relação à Lei nº 8.666/1993 ao exigir que os *subcontratados comprovem também a sua regularidade fiscal e jurídica.*

Essa disposição pode ser justificada de acordo com os próprios motivos que estabelecem de uma forma geral esses requisitos de habilitação para os licitantes.[280] Entretanto, de acordo com o âmbito de abrangência a ser conferido a essa norma, como antes exposto, as exigências devem ser restritas às subcontratações de partes significativas do objeto.

b) Previsão editalícia

Como requisito prévio à realização de subcontratação, deve haver expressa disposição permissiva no instrumento convocatório[281] (*caput* do art. 10 do Decreto nº 7.581/2011).

Aplica-se aqui o entendimento antes exposto, no sentido de que essa disposição somente se *aplica a subcontratações de partes relevantes do objeto.* Ou seja, em virtude da realidade mercadológica que impõe uma diversidade de fornecedores necessários à execução contratual, essa autorização editalícia não seria necessária para as subcontratações de meras partes acessórias do objeto licitado.

De outra forma, caso a subcontratação dessas parcelas não relevantes, por qualquer motivo, não fosse permitida, estar-se-ia, como antes exposto, indo de encontro às práticas do mercado e comprometendo o princípio da busca da proposta mais vantajosa para a Administração.

c) Contratações diretas

Para as contratações diretas (não precedidas de licitação), a jurisprudência do TCU é no sentido de haver maiores limitações para a realização de subcontratação.[282]

---

[280] Veja-se o tópico "Requisitos de habilitação", constante do Capítulo 5.

[281] Em consonância com o disposto no inciso VI do art. 78 da Lei nº 8.666/1993.

[282] Mediante o Acórdão TCU nº 522/2014 - Plenário, Rel. Min. Benjamin Zymler, Sessão 12.03.2014, foi manifestado o entendimento de que somente em situações excepcionais

Esse entendimento decorre de uma interpretação sistemática das normas de dispensa e inexigibilidade de licitação[283] no sentido de que a subcontratação não pode ser instrumento para que a empresa contratada atue meramente como intermediária. Em outras palavras, busca-se evitar a fuga ao regular certame licitatório, pois a empresa de fato executora do objeto não preencheria os requisitos subjetivos e objetivos para que fosse contratada sem licitação.

Extrai-se também desse entendimento jurisprudencial a preocupação com o respeito ao princípio da economicidade, pois, caso contrário, haveria o desnecessário pagamento de valores a título de taxa de intermediação, correspondente à diferença entre o montante despendido pela administração e aquele auferido pela subcontratada efetivamente executora dos serviços.

Essas conclusões, entretanto, não devem ser interpretadas de forma absoluta no sentido de que em nenhuma hipótese a contratada possa se valer de serviços ou bens executados/fornecidos por terceiros. Isso porque a realidade mercadológica, como exposto anteriormente, no mais das vezes, impõe essa necessidade.

Em situações da espécie, cremos ser essencial que *os serviços subcontratados refiram-se a partes não relevantes do objeto, quer técnica quer economicamente*, mantendo-se íntegros os fundamentos da contratação sem licitação. Em outras palavras, cabe verificar em cada caso se houve a desvirtuação da norma legal de forma a se concluir que a contratada por dispensa de licitação atuou como mera intermediária.

---

poderia haver subcontratação de partes relevantes do objeto: "9.3.1.3. as hipóteses de subcontratação total ou parcial de partes relevantes do objeto, quer técnica quer economicamente, somente se aplicam em situações concretas excepcionalíssimas, supervenientes ao contrato, quando a rescisão contratual e a realização de nova contratação forem comprovadamente contrárias ao interesse público subjacente ao contrato".

[283] Arts. 24 e 25 da Lei nº 8.666/1993.

CAPÍTULO 7

OBRAS OU SERVIÇOS DE ENGENHARIA

Ao tratar de obras ou serviços de engenharia, a Lei nº 12.462/2011 somente se refere à execução indireta, sem, contudo, definir o que essa forma de execução vem a ser. Assim, por analogia, cabe aproveitar as definições da Lei nº 8.666/1993 (art. 6º, incisos VII e VIII), de acordo com a qual:

- execução direta é aquela feita pelos órgãos e entidades da administração, *pelos próprios meios*;
- execução indireta é aquela *efetuada por terceiros* contratados para tanto pela administração pública.

Regimes de execução indireta

Na execução indireta de obras e serviços de engenharia, serão admitidos os regimes já previstos no art. 6º da Lei nº 8.666/1993 (art. 8º da Lei nº 12.462/2011).

Para esses regimes de execução, o legislador optou por não redefini-los para o RDC. Desta feita, as disposições da Lei nº 8.666/1993 foram replicadas no art. 2º da Lei nº 12.462/2011:

- *empreitada por preço unitário* – quando se contrata a execução da obra ou do serviço por preço certo de unidades determinadas;
- *empreitada por preço global* – quando se contrata a execução da obra ou do serviço por preço certo e total;
- *tarefa* – quando se ajusta mão de obra para pequenos trabalhos por preço certo, com ou sem fornecimento de materiais;
- *empreitada integral* – quando se contrata um empreendimento em sua integralidade, compreendendo a totalidade das etapas de obras, serviços e instalações necessárias, sob inteira responsabilidade da contratada até a sua entrega ao contratante em

condições de entrada em operação, atendidos os requisitos técnicos e legais para sua utilização em condições de segurança estrutural e operacional e com as características adequadas às finalidades para a qual foi contratada.

A novidade da Lei nº 12.462/2011 é a instituição do regime de execução denominado *contratação integrada*, o qual será objeto de tópico específico.

De acordo com o princípio da motivação dos atos administrativos, a escolha do regime de execução contratual pelo gestor deve estar fundamentada nos autos do processo licitatório, em prestígio ao definido no art. 50 da Lei nº 9.784/99.[284]

Projeto básico e executivo

Com exceção da contratação integrada, o objeto das licitações para obras e serviços de engenharia deverá ser detalhado em *projeto básico*, aprovado pela autoridade competente e disponível para exame dos interessados em participar do processo licitatório (§5º do art. 8º da Lei nº 12.462/2011).

Semelhantemente às definições da Lei nº 8.666/1993, o projeto básico foi definido como o conjunto de elementos necessários e suficientes, com nível de precisão adequado, para (art. 2º, inciso IV, da Lei nº 12.462/2011):

- caracterizar a obra ou serviço de engenharia, ou complexo de obras ou serviços objeto da licitação, com base nas indicações dos estudos técnicos preliminares;
- assegurar a viabilidade técnica e o adequado tratamento do impacto ambiental do empreendimento; e
- possibilitar a avaliação do custo da obra ou serviço e a definição dos métodos e do prazo de execução.

Devem constar do projeto básico os seguintes elementos (parágrafo único do art. 2º da Lei nº 12.462/2011):

- desenvolvimento da solução escolhida de forma a fornecer visão global da obra e identificar seus elementos constitutivos com clareza;
- soluções técnicas globais e localizadas, suficientemente detalhadas, de forma a restringir a necessidade de reformulação ou de variantes durante as fases de elaboração do projeto executivo

---

[284] Item 9.1.1 do Acórdão TCU nº 1.977/2013 - Plenário, Rel. Min. Valmir Campelo, Sessão 31.07.2013.

e de realização das obras e montagem a situações devidamente comprovadas em ato motivado da administração pública;
- identificação dos tipos de serviços a executar e de materiais e equipamentos a incorporar à obra, bem como especificações que assegurem os melhores resultados para o empreendimento;
- informações que possibilitem o estudo e a dedução de métodos construtivos, instalações provisórias e condições organizacionais para a obra;
- subsídios para montagem do plano de licitação e gestão da obra, compreendendo a sua programação, a estratégia de suprimentos, as normas de fiscalização e outros dados necessários em cada caso;
- orçamento detalhado do preço global da obra, fundamentado em quantitativos de serviços e fornecimentos propriamente avaliados.

Veja-se que o projeto básico não se destina somente a disciplinar a execução da obra ou serviço, mas deve demonstrar a viabilidade e a conveniência ao interesse público do empreendimento a ser executado. Assim, o projeto básico deve evidenciar, por exemplo, que:
- os custos são compatíveis com as disponibilidades orçamentárias;
- todas a soluções técnicas possíveis foram cogitadas, selecionando-se a mais conveniente;
- os prazos para execução foram calculados;
- os reflexos sobre o meio ambiente foram sopesados.

Quando a norma estabelece que o objeto deve ser especificado mediante a elaboração de projeto básico, há de se entender que esse requisito é o mínimo exigido, pois estaria de acordo com os princípios que regem as licitações pública um detalhamento maior do objeto. Assim, não há óbices para que o procedimento de licitação ocorra com base em projeto executivo, o qual consiste no conjunto dos elementos necessários e suficientes à execução completa da obra, de acordo com as normas técnicas pertinentes (inciso V do art. 2º c §7º do art. 8º da Lei nº 12.462/2011).

Caso assim não ocorra, a elaboração do projeto executivo deverá ocorrer concomitantemente com a execução contratual. A responsabilidade de tal elaboração poderá ser incluída no escopo do objeto principal da licitação, cabendo, pois, tal encargo ao contratado.[285]

---

[285] Essa é inclusive uma exceção à vedação de participação nas licitações daqueles responsáveis pela elaboração de projetos (§3º do art. 36 da Lei nº 12.462/2011).

O início da execução do objeto somente deve ocorrer depois da elaboração do projeto executivo. Não é necessário, contudo, que o projeto executivo de toda obra ou serviço de engenharia esteja concluído, pois basta que esteja concluída a parte do projeto de determinada etapa a ser executada. Ou seja, a execução de cada etapa deverá ser precedida do respectivo projeto executivo, sendo que *o projeto executivo de cada etapa posterior poderá ser desenvolvido concomitantemente com a execução das obras e serviços de etapa anterior*, desde que autorizado pelo órgão ou entidade contratante (art. 66 do Decreto nº 7.581/2011).

O referido dispositivo regulamentar, tal qual o §1º do art. 7 da Lei nº 8.666/1993, condiciona ainda a execução de etapa posterior à conclusão e aprovação, pelo órgão ou entidade contratante, dos trabalhos relativos às etapas anteriores.

A definição de projetos básico e executivo efetuada no RDC é idêntica àquela da Lei nº 8666/1993. Assim, todo o entendimento jurisprudencial e técnico elaborado a respeito com base nessa última lei é aplicável às licitações realizadas com amparo no RDC.

Requisitos editalícios

No caso de obras ou serviços de engenharia, em adição aos documentos pertinentes à contratação dos demais objetos, o instrumento convocatório deverá conter (§2º do art. 8º do Decreto nº 7.581/2011):

- cronograma de execução, com as etapas necessárias à medição, ao monitoramento e ao controle das obras;
- exigência de que os licitantes apresentem, em suas propostas, a composição analítica do percentual dos Benefícios e Despesas Indiretas e dos Encargos Sociais;
- exigência de que o contratado conceda livre acesso aos seus documentos e registros contábeis, referentes ao objeto da licitação, para os servidores ou empregados do órgão ou entidade contratante e dos órgãos de controle interno e externo.

7.1 Orçamento e avaliação das propostas

Quando se trata de obras e serviços de engenharia, o orçamento estimado pela contratação é formado pelo preço global e custos unitários, devidamente estabelecidos no projeto básico.

O Decreto n° 7.983/2013,[286] em seu art. 2º, assim definiu os componentes dos orçamentos de obras e serviços de engenharia:

> I - *custo unitário de referência* – valor unitário para execução de uma unidade de medida do serviço previsto no orçamento de referência e obtido com base nos sistemas de referência de custos ou pesquisa de mercado;
> II - composição de custo unitário – detalhamento do custo unitário do serviço que expresse a descrição, quantidades, produtividades e custos unitários dos materiais, mão de obra e equipamentos necessários à execução de uma unidade de medida;
> III - *custo total de referência do serviço* – valor resultante da multiplicação do quantitativo do serviço previsto no orçamento de referência por seu custo unitário de referência;
> IV - custo global de referência – valor resultante do somatório dos custos totais de referência de todos os serviços necessários à plena execução da obra ou serviço de engenharia;
> V - benefícios e despesas indiretas - BDI – valor percentual que incide sobre o custo global de referência para realização da obra ou serviço de engenharia;
> VI - *preço global de referência* – valor do custo global de referência acrescido do percentual correspondente ao BDI; [...]. (grifos nossos)

Ao se apreciar os valores financeiros das propostas dos licitantes, a administração os avalia sob os aspectos de *economicidade* e de *exequibilidade*. O primeiro diz respeito à compatibilidade dos preços ofertados com aqueles de mercado, de forma que a administração não pague acima do preço justo pela contraprestação contratual. O segundo diz respeito a analisar se a proposta apresentada é viável economicamente, de forma a prevenir a descontinuidade da execução do objeto contratual.

Nas licitações de obras e serviços de engenharia, a economicidade da proposta será aferida com base no *preço global e custos unitários* (art. 42 do Decreto nº 7.581/2011).

A exequibilidade é apurada com base somente no *preço global* (at. 41 do Decreto nº 7.581/2011).

Assim, para a aferição da regularidade das propostas cabe a definição de *critérios de aceitabilidade dos preços globais e unitários* constantes das propostas.

---

[286] Estabelece regras e critérios para elaboração do orçamento de referência de obras e serviços de engenharia, contratados e executados com recursos dos orçamentos da União, e dá outras providências.

a) Preço global

Dito de forma simplificada, a obtenção do preço global é obtida a partir dos seguintes procedimentos:

Primeiro, estima-se o custo unitário para cada unidade de medida do projeto básico, os quais devem ser menores ou iguais à mediana de seus correspondentes no Sistema Nacional de Pesquisa de Custos e índices da Construção Civil (Sinapi), no caso de construção civil em geral, ou na tabela do Sistema de Custos de Obras Rodoviárias (Sicro), no caso de obras e serviços rodoviários (§3º do art. 8º da Lei nº 12.462/2011).

É possível, entretanto, que as peculiaridades da contratação indiquem a necessidade de adaptação desses referencias de preço. Assim, de acordo com o Decreto 7.983/2013, em seu art. 8º:

> Na elaboração dos orçamentos de referência, os órgãos e entidades da administração pública federal poderão adotar especificidades locais ou de projeto na elaboração das respectivas composições de custo unitário, desde que demonstrada a pertinência dos ajustes para a obra ou serviço de engenharia a ser orçado em relatório técnico elaborado por profissional habilitado.

Ao se fazer essa adaptação, é possível que se obtenha custos unitários de referência superiores àqueles constantes da base geral da Administração. Nesse caso, as justificativas devem constar de relatório técnico elaborado por profissional habilitado e aprovado pelo órgão gestor dos recursos ou seu mandatário e não é necessária a compensação em qualquer outro serviço do orçamento de referência.[287]

Feitos esses procedimentos, passa-se ao segundo passo, que consiste na obtenção do custo total de cada item mediante a multiplicação dos seus quantitativos pelo custo unitário obtido na etapa anterior.

Terceiro, efetua-se o somatório dos valores obtidos na etapa anterior e acresce-se determinado porcentual a título de Benefícios e Despesas Indiretas – BDI de referência (§6º do art. 42 do Decreto nº 7.581/2011[288] e inciso VI do art. 2º do Decreto 7.983/2013).

---

[287] Parágrafo único do art. 8º do Decreto nº 7.983/2013.

[288] Art. 42, §6º, do Decreto nº 7.581/2011: "O orçamento estimado das obras e serviços de engenharia será aquele resultante da composição dos custos unitários diretos do sistema de referência utilizado, acrescida do percentual de BDI de referência, ressalvado o disposto no art. 9º da Lei nº 12.462, de 2011, para o regime de contratação integrada".

Em suma, o preço global ou preço global de referência é composto pelo somatório dos custos unitários multiplicados pelos respectivos quantitativos, adicionado de um porcentual referente às despesas indiretas. Excepcionalmente e desde que justificado, o preço global poderá ser apurado por meio de outros sistemas aprovados pela administração pública, por publicações técnicas especializadas, por sistema específico que venha a ser instituído para o setor ou por meio de pesquisa de mercado (§4º do art. 8º da Lei nº 12.462/2011).

Aplicabilidade

Essas disposições da Lei nº 12.462/2011 são também aplicáveis no âmbito da administração pública federal para as contratações em geral que não se utilizem do RDC, pois foram, em geral, reproduzidas no Decreto nº 7.983/2013.[289] Veja-se que são regras similares àquelas que foram dispostas em sucessivas leis de diretrizes orçamentárias, as quais, cabe rememorar, são de caráter transitório. A confirmação dessas regras em normas de caráter permanente é positiva pelo fato de afastar as incertezas que poderiam advir de uma possível não confirmação do regramento em LDO subsequentes, o que efetivamente veio a ocorrer.

É de se ressaltar que os dispositivos das Leis de Diretrizes Orçamentárias e dos decretos federais possuem aplicação restrita à União. Dessa forma, a incorporação dessas disposições no estatuto legal do RDC impõe que elas sejam observadas por todos os entes públicos que se utilizem do novo regime. Entretanto, caso se trate de *recursos federais transferidos a estados, Distrito Federal e municípios*, aplicam-se a essas entidades as disposições do Decreto nº 7.983/2013, por força de seu art. 16.

Governos estaduais e municipais

No caso de contratações realizadas pelos governos municipais, estaduais e do Distrito Federal, *desde que não envolvam recursos da União*, o preço global de obras e serviços de engenharia poderá também ser obtido a partir de outros sistemas de custos já adotados pelos respectivos entes e aceitos pelos respectivos tribunais de contas (§6º do art. 8º da Lei nº 12.462/2011).

---

[289] "Art. 9º O preço global de referência será o resultante do custo global de referência acrescido do valor correspondente ao BDI, que deverá evidenciar em sua composição, no mínimo: I - taxa de rateio da administração central; II - percentuais de tributos incidentes sobre o preço do serviço, excluídos aqueles de natureza direta e personalística que oneram o contratado; III - taxa de risco, seguro e garantia do empreendimento; e IV - taxa de lucro".

Economicidade

De acordo com o princípio da economicidade, *o valor global da proposta não poderá superar o orçamento estimado pela administração pública* (§1º do art. 42 da Lei nº 12.462/2011).

Exequibilidade

Em relação à avaliação da exequibilidade das obras, aplica-se a regra contida no disposto no §1º do art. 48 da Lei nº 8.666/1993, repetida no art. 41 do Decreto nº 7.581/2011:

> Art. 41. Nas licitações de obras e serviços de engenharia, consideram-se inexequíveis as propostas com valores globais inferiores a setenta por cento do menor dos seguintes valores:
>
> I - média aritmética dos valores das propostas superiores a cinquenta por cento do valor do orçamento estimado pela administração pública, ou
>
> II - valor do orçamento estimado pela administração pública.

Esse critério objetivo de inexequibilidade, entretanto, conduz apenas a uma presunção relativa, devendo ser dada ao licitante a oportunidade de demonstrar a exequibilidade de sua proposta (§1º e §2º do art. 41 do Decreto nº 7.581/2011):

> §1º A administração deverá conferir ao licitante a oportunidade de demonstrar a exequibilidade da sua proposta.
>
> §2º Na hipótese de que trata o §1º, o licitante deverá demonstrar que o valor da proposta é compatível com a execução do objeto licitado no que se refere aos custos dos insumos e aos coeficientes de produtividade adotados nas composições de custos unitários.

Trata-se de disposição compatível com a jurisprudência do TCU, a qual afastou a interpretação literal da Lei nº 8.666/1993 de que a presunção legal de inexequibilidade seria absoluta, ou seja, sem que o licitante pudesse comprovar a viabilidade de sua proposta. Veja-se a respeito o seguinte enunciado da Súmula 262 do TCU:

> O critério definido no art. 48, inciso II, §1º, alíneas "a" e "b", da Lei nº 8.666/1993 conduz a uma presunção relativa de inexequibilidade de preços, *devendo a administração dar à licitante a oportunidade de demonstrar a exequibilidade da sua proposta.* (grifos nossos)

A análise de exequibilidade da proposta não deverá considerar materiais e instalações a serem fornecidos pelo licitante em relação aos quais ele renuncie a parte ou à totalidade da remuneração, desde que a renúncia esteja expressa na proposta (§3º do art. 41 do Decreto nº 7.581/2011).

Esse dispositivo, contudo, deve ser visto com cautela, sob pena de se desvirtuar o próprio instituto da avaliação de exequibilidade das propostas. A existência de renúncia expressa ou não de determinada remuneração por parte do contratado pouco importa na análise da viabilidade da proposta. O relevante é saber se há condições de cumprimento do objeto com os valores ofertados, os quais devem, no mínimo, ser suficientes para cobrir os custos da contratada.

Haverá, contudo, materiais que poderão ser fornecidos ou instalações que poderão ser disponibilizadas *sem que ocorra qualquer ônus para a contratada*. Exemplos disso seriam materiais descartados em depósito ou instalações em estado de ociosidade. Nessas situações, sim, seria aplicável essa regra do Decreto, pois a desconsideração desses elementos na avaliação da proposta não comprometeria a avaliação de exequibilidade.

b) Custos unitários

Consoante o princípio da razoabilidade, é afastada a possibilidade de que determinada proposta seja considerada com sobrepreço pelo simples fato de algum item unitário não relevante apresentar valor acima daquele de referência.

Tal entendimento é compatível com acórdãos do TCU no sentido de que:[290]

> [...] estando o preço global no limite aceitável, dado pelo orçamento da licitação, os sobrepreços existentes, devido à falta de critérios de aceitabilidade de preços unitários, apenas causam prejuízos quando se acrescentam quantitativos aos itens de serviço correspondentes, porque, até esse momento, o valor contratado representava o equilíbrio entre preços altos e baixos, apesar do vício de origem.

Veja-se também o disposto no voto condutor do Acórdão-TCU nº 2.931/2010 - Plenário:[291]

---

[290] Voto condutor do Acórdão nº 296/2004 - Plenário, Rel. Min. Marcos Vinicios Vilaça, Sessão 24.03.2004.

[291] Rel. Min. Benjamin Zymler, Sessão 03.11.2010.

[...] se considerarmos que o objetivo maior da norma é garantir a economicidade das contratações efetuadas com recursos públicos, entendo ser legítima a avença se globalmente os preços são compatíveis com os de referência. Essa, aliás, tem sido a jurisprudência desta Corte, quando, nessas situações de preços globais compatíveis, ao se constatar preços unitários superiores aos de referência, aceitam-se os termos pactuados e estabelecem-se condições para a realização de aditivos.

Os critérios de aceitabilidade dos preços unitários variam de acordo com o regime de execução.

b.1) Empreitada por preço unitário e contratação por tarefa

No caso de adoção do regime de empreitada por preço unitário ou de contratação por tarefa, os custos unitários dos itens materialmente relevantes das propostas não podem exceder os custos unitários estabelecidos no orçamento estimado pela administração pública.[292]

Serão considerados itens materialmente relevantes aqueles de maior impacto no valor total da proposta e que, somados, representem pelo menos oitenta por cento do valor total do orçamento estimado ou que sejam considerados essenciais à funcionalidade da obra ou do serviço de engenharia.[293]

Em situações especiais, devidamente comprovadas pelo licitante em relatório técnico circunstanciado aprovado pela administração pública, poderão ser aceitos custos unitários superiores àqueles constantes do orçamento estimado em relação aos itens materialmente relevantes, sem prejuízo da avaliação dos órgãos de controle, dispensada a compensação em qualquer outro serviço do orçamento de referência.[294]

Se o relatório técnico não for aprovado pela administração pública, cabe ao licitante apresentar nova proposta, com adequação dos custos unitários propostos aos limites previstos no orçamento e *sem alteração do valor global da proposta. Ou seja, deve haver um rearranjo dos valores dos itens da proposta de forma que o valor considerado excedente em determinado item seja redistribuído entre outros itens que se encontram com valores inferiores aos de referência.*

Em não ocorrendo essa alteração da proposta, cabe desclassificá-la e adotar o rito previsto no art. 40 da Lei nº 12.462/2011 para as situações em que ocorrer desistência do licitante vencedor.[295]

---

[292] Art. 42, §2º, do Decreto nº 7.581/2011.

[293] Art. 42, §2º, inciso I, do Decreto nº 7.581/2011.

[294] Art. 42, §2º, inciso II, do Decreto nº 7.581/2011.

[295] Art. 42, §3º, do Decreto nº 7.581/2011.

Esses procedimentos tratados neste tópico não estão previstos no Decreto nº 7.983/2013, de forma que somente se aplicam a contratações efetuadas mediante o RDC.

b.2) Preço global e empreitada integral

Quando se trata de contratações por preço global ou empreitada integral, há uma maior flexibilização para os custos unitários, pois *poderão ser utilizados custos unitários diferentes daqueles previstos nos sistemas de referência*, desde que o valor global da proposta e o *valor de cada etapa* prevista no cronograma físico-financeiro seja igual ou inferior ao valor orçado.[296] Essas disposições, no que se referem às contratações por preço global, também constavam de sucessivas LDO.[297]

Entretanto, em situações especiais, devidamente comprovadas pelo licitante em relatório técnico circunstanciado, aprovado pela administração pública, *os valores das etapas* do cronograma físico-financeiro poderão exceder o limite mencionado no parágrafo anterior.[298]

O Decreto nº 7.581/2011 não estabelece procedimento adicional para o caso de não ser aprovado pela administração o valor de determinada etapa da proposta. Entretanto, não se vislumbram óbices para a aplicação analógica do procedimento previsto para as contratações por preço unitário ou por tarefa.

Registre-se que o Decreto nº 7.983/2013 não previu a possibilidade de o valor de determinada etapa da proposta superar o valor orçado.

c) Jogos de planilha

O denominado "jogo de planilha" consiste em artifício eventualmente utilizado pelas empresas executoras de obras ou serviços de engenharia para alterar ilicitamente em seu favor a equação econômico-financeira fixada inicialmente na contratação.

O artifício se dá pela atribuição de preços elevados para os serviços cujos quantitativos serão executados a maior do que aqueles

---

[296] Inciso I do §4º do art. 42 do Decreto nº 7.581/2011.

[297] Art. 102 da LDO para 2013: "§6º No caso de adoção do regime de empreitada por preço global, previsto no art. 6º, inciso VIII, alínea 'a', da Lei nº 8.666, de 1993, devem ser observadas as seguintes disposições: I - na formação do preço que constará das propostas dos licitantes, poderão ser utilizados custos unitários diferentes daqueles fixados no *caput*, desde que o preço global orçado e o de cada uma das etapas previstas no cronograma físico-financeiro do contrato, observado o §7º, fique igual ou abaixo do valor calculado a partir do sistema de referência utilizado, assegurado ao controle interno e externo o acesso irrestrito a essas informações para fins de verificação da observância deste inciso".

[298] Inciso II do §4º do art. 42 do Decreto nº 7.581/2011.

constantes da proposta e do orçamento da administração. Desta feita, quando da realização de aditivos para "corrigir" os quantitativos inicialmente pactuados, a contratada teria ganhos indevidos.

Critério de julgamento pelo maior desconto.

Para evitar esse "jogo de planilha", consta do regime simplificado que, no caso de obras ou serviços de engenharia, o percentual de desconto apresentado pelos licitantes *deverá incidir linearmente sobre os preços de todos os itens do orçamento* estimado constante do instrumento convocatório.[299]

Ou seja, não há a possibilidade de o licitante atribuir preços desequilibrados para os itens contratuais, pois todos os valores unitários deverão sofrer o mesmo desconto em relação aos valores unitários de referência.

Demais critérios de julgamento

Para os demais critérios de julgamento, o controle é exercido ao se estabelecer critérios de aceitabilidade para os preços unitários — antes tratados — e procedimentos específicos para os aditivos contratuais.[300]

De acordo com procedimento adotado em sucessivas LDO,[301] "a diferença percentual entre o valor global do contrato e o obtido a partir dos custos unitários do orçamento estimado pela administração pública não poderá ser reduzida, em favor do contratado, em decorrência de aditamentos contratuais que modifiquem a composição orçamentária" (§6º do art. 42 do Decreto nº 7.581/2011).

Dessa forma, a cotação de itens sub ou sobreavaliados não propiciará vantagens para as contratadas em razão de ulteriores aditivos. A razão para tanto é que os quantitativos objetos de aditivos não terão os seus valores vinculados aos preços inicialmente pactuados, mas sim aos valores decorrentes do cumprimento da regra aplicável aos aditivos contratuais.

Jogo de cronograma

Uma derivação do "jogo de planilha" é o denominado "jogo de cronograma", o qual consiste em apresentar na proposta itens sobreavaliados que devem ser pagos no início do empreendimento e,

---

[299] Art. 19, §3º, da Lei nº 12.462/2011 e parágrafo único do art. 27 do Decreto nº 7.581/2011.

[300] *Vide* Capítulo 6, item 6.1, referente aos aditivos contratuais.

[301] Inciso I do §5º e incisos IV e V do §6º do art. 102 da LDO para 2013.

para se manter a compatibilidade do preço global, itens subavaliados que devem ser pagos ao final do empreendimento.

Com esse procedimento, a contratada realiza uma capitalização indevida às custas da administração. Ademais, empresas inescrupulosas podem executar apenas a parte inicial e mais lucrativa do empreendimento para depois abandonarem a obra quando chegar o momento da parte menos lucrativa. Assim, a administração pode arcar com duplo ônus. Primeiro, porque a obra sofrerá atrasos em sua execução. Segundo, porque, na hipótese de o novo contratado não aceitar os preços da proposta da empresa desistente,[302] o preço global do empreendimento será majorado quando da contratação do remanescente de obra pelo fato de não serem considerados os pagamentos a maior realizados no início da execução contratual.

Por não depender da realização de aditivos, a forma de evitar tal conduta ilícita é estabelecer os já mencionados critérios de aceitabilidade de propostas: *restrições aos valores dos custos unitários e/ou restrições aos valores de cada etapa da obra.*

7.2 Empreitada por preço unitário versus empreitada por preço global

É previsto o estabelecimento de preferência pelos regimes de contratação por preço global, empreitada integral ou contratação integrada. A contratação por preço unitário deverá ser excepcional e devidamente justificada (parágrafos 1º e 2º do art. 8º da Lei nº 12.462/2011).

A respeito, há que se destacar a pouca experiência da administração pública no uso dessas modalidades de contratação globais ou integradas, pois as obras e serviços de engenharia são, em geral, contratadas mediante empreitada por preço unitário.

A experiência em empreitada integral, por exemplo, é concentrada no segmento de obras industriais (*v.g.*, setores elétricos e petrolíferos), em que significativa parte dos investimentos é representada por equipamentos de grande porte, que exigem harmonia plena entre fabricação e montagem. A empresa estatal Petróleo Brasileiro S.A. – Petrobras, por exemplo, tem utilizado essa modalidade de contratação para a aquisição de plataformas petrolíferas, implantação de refinaria e implantação de unidades geradoras de energia elétrica. Nessas

---

[302] De acordo com o procedimento previsto no parágrafo único do art. 40 da Lei nº 12.462/2011.

situações, torna-se interessante que o fornecimento, a montagem e a operação sejam realizados por um único responsável, diminuindo os problemas de interfaces entre vários contratos.

Ademais, como os equipamentos podem variar significativamente em função de cada fornecedor associado ao vencedor da licitação, há maiores dificuldades na apuração dos custos unitários.

Na verdade, a definição dos regimes de execução de obras e serviços de engenharia deve ocorrer de acordo com o objeto a ser contratado. Veja-se a empreitada por preço unitário, a qual é melhor aplicável a situações em que há maiores incertezas acerca dos quantitativos dos serviços mais relevantes, como obras que envolvam grandes movimentos de terra, cujas características somente seriam adequadamente definidas quando da execução contratual.[303]

Não é demais lembrar que qualquer incerteza acerca dos quantitativos contratuais a serem executados constitui um risco adicional para o contratado que deve refletir na sua proposta de preços. Esse risco é minimizado quando se adota a contratação por preço unitário, quando deverá ser pago exatamente o que for executado.

Veja-se a respeito as seguintes ponderações do TCU acerca das diferenças entre preço global e unitário:[304]

> 9.1.3. a empreitada por preço global, em regra, em razão de a liquidação de despesas não envolver, necessariamente, a medição unitária dos quantitativos de cada serviço na planilha orçamentária, nos termos do art. 6º, inciso VIII, alínea "a", da Lei 8.666/93, deve ser adotada quando for possível definir previamente no projeto, com boa margem de precisão, as quantidades dos serviços a serem posteriormente executados na fase contratual; enquanto que a empreitada por preço unitário deve ser preferida nos casos em que os objetos, por sua natureza, possuam uma imprecisão inerente de quantitativos em seus itens orçamentários, como são os casos de reformas de edificação, obras com grandes movimentações de terra e interferências, obras de manutenção rodoviária, dentre outras;

---

[303] Citem-se, a respeito, as obras rodoviárias, tal qual exposto no relatório que acompanha o Acórdão TCU nº 3.260/2011 - Plenário, Rel. Min. José Múcio, Sessão 07.12.2011: "Na engenharia rodoviária, ao contrário de outras obras civis, pela própria extensão do objeto e em razão de boa parte dos encargos serem executados em movimentos de terra, o que se tem visto é a maior pré-disposição dos contratos a situações imprevisíveis ou previsíveis de consequências incalculáveis, nos termos da lei. As próprias jazidas e caixas de empréstimo possuem extratos de material com características de expansão e compressibilidade distintas, com diferentes fatores de contração; só isso já influi nas medições da obra. Sem falar que o projeto é realizado antes das operações de limpeza do terreno".

[304] Item 9.1.3. do Acórdão nº 1.977/2013 - Plenário.

9.1.4. nas situações em que, mesmo diante de objeto com imprecisão intrínseca de quantitativos, tal qual asseverado no item 9.1.3. supra, se preferir a utilização da empreitada por preço global, deve ser justificada, no bojo do processo licitatório, a vantagem dessa transferência maior de riscos para o particular — e, consequentemente, maiores preços ofertados — em termos técnicos, econômicos ou outro objetivamente motivado, bem assim como os impactos decorrentes desses riscos na composição do orçamento da obra, em especial a taxa de BDI – Bonificação e Despesas Indiretas;

Ou seja, de acordo com o objeto a ser licitado, pode-se delinear as seguintes diferenças entre os dois regimes de execução:
I - Características da empreitada por preço global:
- contratação por preço certo e total (regra geral);
- quantitativos definidos com razoável precisão;
- medição e pagamento dos serviços de acordo com a execução de itens agregados ou subetapas do empreendimento;
- custos bem definidos, com menor margem de imprecisão;
- transferência maior de riscos para o contratado em razão de assumir, em determinada medida, a responsabilidade por variações dos quantitativos inicialmente pactuados.
II - Características da empreitada por preço unitário:
- quantitativos não podem ser definidos com grande;
- medição e pagamento dos serviços de acordo com a execução de itens unitários do empreendimento;
- em razão do critério de medição, maior esforço na fiscalização do contrato.
- menor risco para o contratante.

7.3 Aditivos em empreitada por preço global e empreitada integral

Nos modalidades de execução por empreitada global ou por empreitada integral, as alterações contratuais sob alegação de falhas ou omissões em qualquer das peças, orçamentos, plantas, especificações, memoriais ou estudos técnicos preliminares do projeto básico não poderão ultrapassar, no seu conjunto, 10% do valor total do contrato, enquanto nas execuções por preço unitário o limite é de 25%.[305]

---

[305] Art. 65, §2º, da Lei nº 8.666/1993 e art. 42, §4º, inciso III, do Decreto nº 7.581/2011.

O Decreto nº 7.983/2013 também dispõe sobre a matéria:

> Art. 13. Em caso de adoção dos regimes de empreitada por preço global e de empreitada integral, deverão ser observadas as seguintes disposições para formação e aceitabilidade dos preços: [...]
> II - deverá constar do edital e do contrato cláusula expressa de concordância do contratado com a adequação do projeto que integrar o edital de licitação e as alterações contratuais sob alegação de falhas ou omissões em qualquer das peças, orçamentos, plantas, especificações, memoriais e estudos técnicos preliminares do projeto não poderão ultrapassar, no seu conjunto, dez por cento do valor total do contrato, computando-se esse percentual para verificação do limite previsto no §1º do art. 65 da Lei nº 8.666, de 1993.

Trata-se de procedimento compatível com essas modalidades de execução contratual em que se contrata a obra por preço certo e total e transfere-se para a contratada parte dos riscos da obra. Ou seja, as licitantes deverão elaborar suas propostas com o devido zelo, pois estará mais limitada a aceitabilidade de alterações contratuais em decorrências de incompatibilidades entre o projeto básico e as necessidades verificadas no decorrer da execução da obra.

Veja-se que não é um limite adicional, mas de uma restrição ao limite geral da Lei nº 8.666/1993, de forma que cabe computar o percentual de 10% para verificação desse limite geral da Lei nº 8.666/1993. Caso seja utilizado esse limite de 10% para corrigir erros ou omissões do projeto básico, o limite para reajustes por outros motivos será de 15% e não mais de 25%. Por evidente, caso não haja alterações contratuais em razão de falhas ou omissões do projeto, permanece integro o limite de 25% para modificações do objeto fundadas em outros motivos.

Essas regras vinham sendo adotadas em sucessivas LDO, sendo lá, contudo, restritas às contratações por preço global. Entretanto, por não haver motivos para, nesse aspecto, diferenciar-se a contratação por preço global da empreitada integral, entende-se positiva a extensão dessas regras, pelas normas do RDC e do Decreto nº 7.983/2013, a esse último regime de execução.

O TCU assim se manifestou acerca dos procedimentos a serem adotados quando da constatação de erros ou omissões no orçamento de referência (Acórdão nº 2.700/2013 - Plenário):

> 9.1.7. quando constatados, após a assinatura do contrato, erros ou omissões no orçamento relativos a pequenas variações quantitativas nos serviços contratados, em regra, pelo fato de o objeto ter sido contratado

por "preço certo e total", não se mostra adequada a prolação de termo aditivo, nos termos do ideal estabelecido no art. 6º, inciso VIII, alínea "a", da Lei 8.666/93, como ainda na cláusula de expressa concordância do contratado com o projeto básico, prevista no art. 13, inciso II, do Decreto 7.983/2013;

9.1.8. excepcionalmente, de maneira a evitar o enriquecimento sem causa de qualquer das partes, como também para garantia do valor fundamental da melhor proposta e da isonomia, caso, por erro ou omissão no orçamento, se encontrarem subestimativas ou superestimavas relevantes nos quantitativos da planilha orçamentária, poderão ser ajustados termos aditivos para restabelecer a equação econômico-financeira da avença, situação em que se tomarão os seguintes cuidados:

9.1.8.1. observar se a alteração contratual decorrente não supera ao estabelecido no art. 13, inciso II, do Decreto 7.983/2013, cumulativamente com o respeito aos limites previstos nos §§1º e 2º do art. 65 da Lei 8.666/93, estes últimos, relativos a todos os acréscimos e supressões contratuais; [...].

7.4 Contratação integrada

As contratações do tipo *turn key* também são denominadas EPC (do inglês *Engineering, Procurement and Construction*), cuja tradução é Engenharia, Suprimento e Construção. Nessa modalidade de execução contratual, a contratada é responsável pelo fornecimento integral do objeto, incluindo fornecimento de materiais e equipamentos, construção, montagem e colocação em operação.

Esse modelo pode ocorrer com a elaboração prévia do projeto básico pela contratante ou com a atribuição à contratada de execução do projeto básico.

Nessa primeira hipótese, quando a licitação deve ser embasada em projeto básico, aproxima-se do modelo da empreitada integral de que trata a alínea "e" do inciso VIII do art. 6º da Lei 8.666/1993.

Na segunda hipótese, quando a elaboração do projeto básico fica a cargo da contratada, ocorre a denominada *contratação integrada*, a qual é prevista tanto na Lei nº 12.462/2011, que estabelece o Regime Diferenciado de Contratação (RDC), quanto no Decreto nº 2.745/1998,[306] que aprova o regulamento licitatório da Petróleo Brasileiro S.A. – Petrobras.

---

[306] De rememorar que há questionamentos do TCU acerca da constitucionalidade desse decreto por se entender que o procedimento licitatório da Petrobras deveria ser estabelecido por lei em sentido estrito. Esses questionamentos, ressalte-se, se dão sob o aspecto formal, não alcançando o conteúdo da norma (*v.g.*, Decisão nº 663/2002 - Plenário, Rel. Min. Ubiratan Aguiar, Sessão 19.06.2002).

Veja-se o que dispõe essa norma infralegal, a qual evidencia que a contratação integrada não constitui novidade em nosso ordenamento jurídico:

> 1.9 Sempre que economicamente recomendável, a PETROBRAS poderá utilizar-se da contratação integrada, compreendendo realização de projeto básico e/ou detalhamento, realização de obras e serviços, montagem, execução de testes, pré-operação e todas as demais operações necessárias e suficientes para a entrega final do objeto, com a solidez e segurança especificadas.

No âmbito do RDC, a Lei nº 12.462/2011 definiu que o regime de contratação integrada compreende a elaboração e o desenvolvimento dos projetos básico e executivo, a execução de obras e serviços de engenharia, a montagem, a realização de testes, a pré-operação e todas as demais operações necessárias e suficientes para a entrega final do objeto.[307]

A utilização desse regime de execução de obra deve ser técnica e economicamente justificada.[308]

Cremos que essa possibilidade de ampliação do uso das contratações integradas pela Administração Pública consiste na espinha dorsal do novo regime e possibilita uma nova forma de lidar com a deficiência crônica de projetos básicos com que se defronta a administração pública brasileira.

Contratação integrada versus empreitada integral

Há fortes semelhanças com o regime da empreitada integral de que trata a Lei nº 8.666/1993, a qual, em essência, consiste na contratação de um empreendimento em sua *integralidade*, compreendendo a totalidade das etapas de obras, serviços e instalações necessárias, sob inteira responsabilidade da contratada até a sua entrega ao contratante em condições de entrada em operação.

Ou seja, para ambos os regimes há a previsão de que o empreendimento deve ser executado mediante contrato na forma de *turn key*. O contratado é responsável não só por executar a obra física, mas também por realizar todas as instalações necessárias para que o empreendimento entre em operação, bem como assumir a responsabilidade de todas as interfaces existentes e do relacionamento com os diversos fornecedores.

---

[307] Art. 9º da Lei nº 12.462/2011 e §1º do art. 73 do Decreto nº 7.581/2011.
[308] Art. 73 do Decreto nº 7.581/2011.

Essa administração única de responsabilidades pelo contratado pode constituir vantagem considerável para o contratante que nem sempre possui meios, expertise ou pessoal especializado para tanto.

Entretanto, a contratação integrada difere da empreitada integral pelos seguintes motivos:

- a empreitada integral é orçada e realizada mediante *projeto básico ou executivo*, já a contratação integrada é orçada e realizada mediante *anteprojeto de engenharia*, o qual constitui documento de engenharia mais simplificado;
- a contratação integrada apresenta hipóteses mais restritas para a elaboração de termos aditivos e há, portanto, maior transferência de riscos para a contratada;
- a contratação integrada está restrita a determinados objetos;
- na contratação integrada, cabe à contratada a elaboração de projeto básico e executivo, que somente os executará depois da contratação, enquanto na empreitada integral, cabe à contratada, se for o caso, executar somente o projeto executivo.

Tal qual na empreitada por preço global, tanto na contratação integrada quanto na empreitada integral, a medição e pagamento dos serviços pode ocorrer em função de etapas do empreendimento e não em função de cada item executado.

Tabela 4 – Comparação entre os regimes de execução de obras públicas

	Empreitada por preço unitário	Empreitada por preço global e empreitada integral	Contratação integrada
Medição	De acordo com os serviços unitários	Em função de agregados de serviços realizados (subetapas)	Em função de agregados de serviços realizados (subetapas)
Riscos assumidos pelo contratante	Menor	Médio	Maior
Aceitabilidade de proposta	Preços unitários limitados aos de referência	Preços das etapas limitados aos de referência	Preços das etapas limitados aos de referência
Aditivos em função de erros ou omissões do projeto	Sem limite específico	Limitados a 10% do valor global	Não é possível
Projeto a cargo da contratada	Projeto Executivo (caso a contratação seja efetuada somente com base em projeto básico)	Projeto Executivo (caso a contratação seja efetuada somente com base em projeto básico)	Projetos básico e executivo

a) Anteprojeto de engenharia

No regime de contratação integrada, a definição do objeto e a sua orçamentação devem ocorrer mediante anteprojeto de engenharia, de acordo com os normativos pertinentes.

Consoante o disposto no inciso XV do art. 18 da Lei nº 8.987/1995, nos casos de concessão de serviços públicos precedida da execução de obra pública, o edital conterá os dados relativos à obra extraídos de "elementos do projeto básico que permitam sua plena caracterização". Ou seja, igualmente nessa situação a elaboração do projeto básico completo fica a cargo da contratada. A utilização de anteprojetos de engenharia como base para a realização de licitações também é utilizada para a contratação de parcerias público-privadas, nos termos do §4º do art. 10 da Lei nº 11.079/2004.[309]

O anteprojeto de engenharia deverá possibilitar a caracterização da obra ou serviço e possuir *nível de definição suficiente para proporcionar a comparação entre as propostas recebidas das licitantes*, incluindo os seguintes documentos:[310]

- a demonstração e a justificativa do programa de necessidades, a visão global dos investimentos e as definições quanto ao nível de serviço desejado;
- as condições de solidez, segurança, durabilidade e prazo de entrega;
- a estética do projeto arquitetônico;
- os parâmetros de adequação ao interesse público, à economia na utilização, à facilidade na execução, aos impactos ambientais e à acessibilidade.

Deverão, ainda, constar do anteprojeto, quando couber, os seguintes documentos técnicos:[311]

- concepção da obra ou serviço de engenharia;
- projetos anteriores ou estudos preliminares que embasaram a concepção adotada;

---

[309] "§4º Os estudos de engenharia para a definição do valor do investimento da PPP deverão ter nível de *detalhamento de anteprojeto, e o valor dos investimentos para definição do preço de referência para a* licitação será calculado com base em valores de mercado considerando o custo global de obras semelhantes no Brasil ou no exterior ou com base em sistemas de custos que utilizem como insumo valores de mercado do setor específico do projeto, aferidos, em qualquer caso, mediante orçamento sintético, elaborado por meio de metodologia expedita ou paramétrica" (grifos nossos).

[310] Inciso I do §2º do art. 9º da Lei nº 12.462/2011 e incisos I a IV e §3º do art. 74 do Decreto nº 7.581/2011.

[311] Art. 74, §1º, do Decreto nº 7.581/2011.

- levantamento topográfico e cadastral;
- pareceres de sondagem;
- memorial descritivo dos elementos da edificação, dos componentes construtivos e dos materiais de construção, de forma a estabelecer padrões mínimos para a contratação.

Para obras de edificações, por exemplo, o TCU já se manifestou no sentido que:

> Faz-se necessário que o anteprojeto preveja a arquitetura consistente do empreendimento, tendo em vista ser essa a informação definidora do produto a ser entregue à Administração e constituir-se em elemento fundamental para a avaliação de eventuais metodologias diferenciadas para o seu adimplemento, como também para a elaboração dos demais projetos de engenharia a serem desenvolvidos à época do projeto básico;[312]

Caso se preveja a adoção de remuneração variável, a definição dos parâmetros para aferir o desempenho do contratado deve constar do anteprojeto (art. 70, §4º, do Decreto nº 7.581/2011).

A definição de anteprojeto e dos seus requisitos foi bastante detalhada nas normas do RDC. Isto posto, há a possibilidade de que essa definição não seja compatível com algumas normas técnicas que se utilizem do mesmo termo. Nesse caso, como essas normas, em regra, são formalizadas mediante portarias, notas técnicas e outras fontes de hierarquia inferior, devem prevalecer as normas do Regime Diferenciado — em princípio, superiores a essas últimas —, de acordo com o critério de hierárquico de solução de antinomias.

b) Estimativa de custos

A realização de projeto básico de engenharia pressupõe a elaboração de orçamento analítico ou detalhado com composição de custos e extensa pesquisa de preços dos insumos. Procura-se, assim, chegar a um valor bem próximo do custo "real", com uma reduzida margem de incerteza.[313]

Quando se trata de licitação efetuada mediante anteprojeto de engenharia, o orçamento não possui condições de ser tão preciso. Nesse sentido, as normas do RDC estabelecem que:[314]

---

[312] Item 9.1.4. do Acórdão 1.510/2013 - Plenário.
[313] Roteiro de Auditoria e Obras Públicas/Tribunal de Contas da União – Brasília, 2011, p. 27.
[314] Inciso II do art. 9º da Lei nº 12.462/2011 e art. 75 do Decreto nº 7.581/2011.

> [...] o valor estimado da contratação será calculado com base nos valores *praticados pelo mercado*, nos valores *pagos pela administração pública* em serviços e obras similares ou na *avaliação do custo global da obra*, aferida mediante *orçamento sintético ou metodologia expedita ou paramétrica*. (grifos nossos)

A redação da norma, contudo, não é feliz, pois estabelece vários critérios de orçamentação de forma alternativa como se eles fossem independentes e excludentes entre si, quando na verdade não o são.

A menção à avaliação do custo global da obra como uma simples alternativa, por exemplo, daria a entender que as outras referências não necessitariam avaliar a obra globalmente, mas somente de forma parcial, o que, por definir inadequadamente o objeto, iria de encontro ao disposto no art. 5º da Lei nº 12.462/2011. Ademais, uma orçamentação parcial pode ferir o princípio da economicidade e o da busca da proposta mais vantajosa, pois, sem uma estimativa de custo global, a administração não terá meios para conferir se as propostas apresentadas são compatíveis com esses princípios.

Em suma, *qualquer técnica ou procedimento deve avaliar o custo global do objeto*.

A norma fala ainda em valores praticados pelo mercado e valores pagos pela administração pública. Pela sua dicção, esses procedimentos seriam distintos das metodologias expeditas ou paramétricas ou do orçamento sintético. Entretanto, esses primeiros parâmetros constituem na verdade o *instrumento ou fonte de dados* das mencionadas metodologias ou do orçamento sintético.

Dito isso, pode-se concluir que o dispositivo legal apresenta três procedimentos para a orçamentação do objeto:
- metodologia expedita;
- metodologia paramétrica;
- orçamento sintético.

Esses procedimentos devem considerar os valores praticados pelo mercado e/ou valores pagos pela administração pública, de forma a resultar na avaliação do objeto de forma global.

Não há óbices para que essas metodologias sejam utilizadas em diferentes etapas de um mesmo empreendimento. Ou seja, pode haver partes da obra em que seja possível ou recomendável a elaboração do orçamento sintético e outras partes em que seja aplicável outro procedimento.

O essencial é que o trabalho resultante *permita como um todo a adequada orçamentação da obra para que a licitação atenda os fins a que se destina.* Quando houver mais de uma possibilidade de orçar o empreendimento, ou fração dele, deve ser sempre usada aquela que viabilize a maior precisão orçamentária.[315]

Por óbvio, por não se dispor da totalidade dos custos unitários, não se aplica a regra geral de que o orçamento da obra será resultante dos custos unitários de referência acrescido do BDI de referência e tampouco a exigência de que sejam observados os sistemas de preços unitários da Administração Pública.[316] Essa constatação, não impede, por certo, a adoção desse procedimento para os itens em que tal detalhamento esteja disponível, de forma a ser propiciada maior precisão à estimativa de custos.

Nesse sentido, o TCU possui entendimento de que, na medida do possível, a estimativa de preço deve se basear em orçamento sintético tão detalhado quanto possível devidamente adaptado às condições peculiares da obra, devendo a utilização de estimativas paramétricas e avaliações aproximadas baseadas em obras similares ser restringida às frações do empreendimento não suficientemente detalhadas pelo anteprojeto.

> Ao se pronunciar sobre o ponto, o relator ponderou que um anteprojeto de engenharia consistente viabiliza avaliação específica tanto dos custos diretos quanto dos indiretos da obra. Destacou, inicialmente, a importância da estimativa de preço ser bem feita: o resultado do orçamento estimativo será o balizador do critério de aceitabilidade de preços. Tal parâmetro é a informação primeira para o julgamento das propostas. Levando em conta que o resultado da licitação será um valor de mercado apenas presumido (o que dependerá do nível de competição efetiva do certame), o poder público carece de um parâmetro tão preciso quanto se consiga. É uma garantia primeira da vantajosidade do preço ofertado, barreira essencial para obstar ganhos espúrios ou enriquecimentos sem causa. Assim, continuou, diante de duas ou mais metodologias expeditas ou paramétricas possíveis para abalizar o valor do empreendimento, deve-se preferir a que viabilize a maior precisão orçamentária, para guarda de valores fundamentais licitatórios, como a eficiência e a economicidade, sem esquecer, claro, o da obtenção da melhor proposta possível. Para exemplificar no caso concreto, asseverou que a Infraero, no que se refere ao anteprojeto estrutural, em vez de ter orçado a estrutura dos terminais com base em parâmetros globais de preços de outros empreendimentos, poderia ter estimado o volume de concreto com base no pré-lançamento estrutural

---

[315] Item 9.1.5 do Acórdão TCU 1.510/2013 - Plenário.
[316] Art. 42, §6º, e art. 66, §4º, do Decreto nº 7.581/2011.

(exigível em um anteprojeto). A partir daí, em razão das taxas de aço e formas por metro cúbico de concreto, obtidos em outros objetos semelhantes, potencializaria a quantidade estimada também desses serviços. Com referências específicas do Sicro e Sinapi, adaptadas às condições ambientais da obra, poder-se- ia chegar a uma estimativa um tanto quanto justa para o valor global das estruturas. A metodologia citada, por evidente viabilidade prática (ainda em nível de anteprojeto), é preferível à concepção genérica do valor geral das estruturas obtidas em empreendimentos de mesmo porte. Promover-se- ia, assim, mais segurança à comissão de licitação em julgar a razoabilidade dos valores ofertados. Ao acatar a proposta do relator, o Tribunal cientificou a Infraero que, sempre que o anteprojeto, por seus elementos mínimos, assim o permitir, as estimativas de preço a que se refere o art. 9º, §2º, inciso II, da Lei 12.462/2011 devem se basear em orçamento sintético tão detalhado quanto possível, balizado no Sinapi ou no Sicro, devidamente adaptadas às condições peculiares da obra, conforme o caso, devendo a utilização de estimativas paramétricas e a avaliação aproximada baseada em outras obras similares serem realizadas somente nas frações do empreendimento não suficientemente detalhadas pelo anteprojeto, em prestígio ao que assevera o art. 1º, §1º, inciso IV c/c art. 8º, §§3º e 4º, todos da Lei 12.462/2011. Acórdão 1510/2013 - Plenário, TC 043.815/2012-0, relator Ministro Valmir Campelo, 19.6.2013.[317] (grifos nossos)

Metodologia expedita

Essa metodologia — mais simples e, portanto, com maior grau de incerteza — consiste na orçamentação do objeto com base em custos históricos, índices, gráficos, correlações ou comparações com projetos similares. Assim, podem, por exemplo, em uma primeira etapa de estimativa dos custos, ser utilizados índices específicos conhecidos no mercado:[318]

- custo por unidade de área construída para edificações;
- custo por assento para arenas esportivas,
- custo do MW de potência instalada para projetos de geração de energia;
- custo por Km para a execução de rodovias.

Esses parâmetros iniciais, ante a sua imprecisão, devem ser complementados com outros dados, em especial aqueles obtidos dos documentos que devem compor o anteprojeto, de forma a adequadamente se estimar o custo do empreendimento.

---

[317] Informativo de Licitações e Contratos do Tribunal de Contas da União nº 156, Sessões: 18 e 19 jun. 2013.

[318] Roteiro de Auditoria e Obras Públicas/Tribunal de Contas da União – Brasília, 2011, p. 26.

Metodologia paramétrica

A segunda metodologia — com grau de precisão intermediário — consiste em um aprofundamento da primeira, na medida em que ainda serão utilizados os mesmos procedimentos, porém aplicando-se em segmentos do objeto. Ou seja, cabe a avaliação expedita de cada unidade/etapa/parcela do objeto relevante financeiramente.

Assim, exemplificando, a avaliação dos custos da construção de uma arena esportiva poderia ocorrer a partir da análise expedita das seguintes parcelas do objeto:
- terraplenagem e pavimentação, de acordo com estimativas do volume de movimentação de terra e da distância média de transporte;
- fundações e estruturas de concreto armado, custo por m^3 estimado;
- acabamentos e revestimento, custo por m^2 estimado.

Orçamento sintético

A terceira hipótese — com maior grau de precisão — é a elaboração de orçamento sintético, o qual pressupõe o levantamento dos serviços a serem executados de forma agregada. Nesse caso, há um maior aprofundamento em *como será realizado o empreendimento*. Assim, no caso do exemplo anterior, os quantitativos de movimentação de volume de terra devem ser adequadamente dimensionados — não meramente estimados —, e a partir daí, ser previsto o custo unitário a partir das fontes permitidas nas normas pertinentes.

Entretanto, não se adentra na composição de custo de cada serviço, hipótese aplicável ao orçamento analítico. Ou seja, no exemplo antes citado, *a estimativa de preço seria resultado da utilização dos critérios previstos na lei*, mas não da estimativa de custos individual dos diversos componentes do serviço como gastos com mão de obra, combustível dos tratores e demais equipamentos etc.

c) Aceitabilidade das propostas

Tal qual nos demais regimes de execução contratual, o valor global da proposta não pode superar o orçamento estimado pela Administração. A diferença na espécie é que os parâmetros para a obtenção serão obtidos com base em anteprojeto de engenharia.[319]

---

[319] Art.42, §1º, do Decreto nº 7.581/2011.

Similarmente ao estabelecido para as execuções por preço global e empreitada integral, deverão ser previstos ser previstos no instrumento convocatório critérios de aceitabilidade por etapa, estabelecidos de acordo com o orçamento estimado e compatíveis com o cronograma físico do objeto licitado.[320]

Eventuais propostas cujo valor de determinada etapa exceda àquele do orçamento de referência deverá ser adaptada de forma a ser reduzido o valor dessa etapa e aumentado o valor de outra, de forma a se manter o preço global ofertado. A exceção a esse procedimento ocorre quando a Administração, mediante relatório técnico, reconhece a plausibilidade do valor excedente de determinada etapa.[321]

Readequação das propostas

Quando o certame ocorrer mediante a apresentação de lances abertos, o licitante que ofertou a melhor proposta deverá apresentar o valor do lance vencedor distribuído pelas etapas do cronograma físico, definido no ato de convocação e compatível com o critério de aceitabilidade por etapas nele previsto.[322]

Por certo não exigível que a proposta contenha o detalhamento exigível nas demais modalidades de execução (quantitativos e composição de custos unitários e detalhamento das Bonificações e Despesas indiretas – BDI).[323]

d) Execução dos projetos básicos e executivos

É aplicável a regra geral de que a execução de cada etapa será precedida de projeto executivo para a etapa e da conclusão e aprovação, pelo órgão ou entidade contratante, dos trabalhos relativos às etapas anteriores. Não há óbices para que o projeto executivo de etapa posterior seja desenvolvido concomitantemente com a execução das obras e serviços de etapa anterior, desde que autorizado pelo órgão ou entidade contratante.[324]

Entretanto, cabe à Administração analisar e aceitar o projeto, verificando sua adequação técnica em relação aos parâmetros definidos

---

[320] Art. 42, §5º, do Decreto nº 7.581/2011.
[321] Parágrafos, 3º e 4º do art. 40 do Decreto nº 7.581/2011.
[322] Art. 40, §3º, do Decreto nº 7.581/2011.
[323] Inciso II do §2º do art. 8º e §2º do art. 40 do Decreto nº 7.581/2011.
[324] Art. 66, *caput* e §1º, do Decreto nº 7.581/2011.

no instrumento convocatório e de forma que as parcelas desembolsadas observem ao cronograma financeiro apresentado.[325]

Essa análise dos projetos pela Administração não enseja a assunção de qualquer responsabilidade técnica sobre o projeto pelo órgão ou entidade contratante.[326]

e) Hipóteses de aplicação

A redação original do art. 9º da lei, antes do advento da Lei nº 12.980/2014 (que revogou o inciso III do §2º do art. 9º), previa a obrigatoriedade do uso do tipo técnica e preço nas licitações para contratação integrada. Da dicção da norma, somente caberia a utilização da contratação integrada nas situações previstas para a utilização de licitação tipo técnica e preço.

Entretanto, a Advocacia Geral da União (AGU)[327] defendeu que a contratação integrada constituía *modalidade autônoma de "técnica e preço"*. Nessa linha, concluiu-se que:

> *A possibilidade de adoção do regime de contratação integrada não está subsumida às hipóteses de objeto previstas nos incisos I e II do §1º do art. 20 da Lei nº 12.462/2011;*
>
> A Administração Publica poderá utilizar preferencialmente o Regime de Contratação Integrada *disciplinado pelo art. 9º, para a contratação de obras e serviços de engenharia, desde que essa opção seja técnica e economicamente justificável, sendo esta a única condicionante **sine qua non** para se optar pela contratação integrada.* (grifos nossos)

De forma diversa, mediante o Acórdão nº 1.510/2013 - Plenário, o TCU entendeu que:

- o objeto deve preencher pelo menos um dos requisitos elencados no art. 20, §1º, da Lei nº 12.462/2011
- a expressao "de domínio restrito de mercado" refere-se, especificamente, ao termo "tecnologias", e não, necessariamente, ao termo "diferentes metodologias";
- obra licitada com *base no anteprojeto já carrega em si a possibilidade de a contratada desenvolver metodologia e/ou tecnologia própria para a feitura do objeto.*

---

[325] Art. 66, §2º, do Decreto nº 7.581/2011.

[326] Art. 66, §3º, do Decreto nº 7.581/2011.

[327] Parecer AGU nº 03/2012, de 18.10.2012.

Ou seja, segundo essa Corte de Contas, o próprio conceito de anteprojeto já carregaria a possibilidade de formas diversas de execução e justificaria a utilização do critério da técnica e preço.

Essa discussão resta em grande parte superada ante o fato de que a norma não mais obriga explicitamente o uso da técnica e preço. Assim, de acordo com a nova redação do art. 9º da Lei nº 12.462/2011, as situações permissivas da contratação integrada, desde que técnica e economicamente justificada, são aquelas cujos objeto envolva pelo menos uma das seguintes condições:

I - inovação tecnológica ou técnica;

II - possibilidade de execução com diferentes metodologias;

III - possibilidade de execução com tecnologias de domínio restrito no mercado.[328]

Já com base nessa nova moldura jurídica, o TCU entendeu que:

> [...] a "possibilidade de execução mediante diferentes metodologias" deve corresponder a diferenças metodológicas em ordem maior de grandeza e de qualidade, capazes de ensejar uma real concorrência entre propostas envolvendo diversas metodologias, de forma a propiciar ganhos reais para a Administração, trazendo soluções que possam ser aproveitadas vantajosamente pelo Poder Público, de modo que os ganhos advindos da utilização da contratação integrada compensem o maior direcionamento de riscos aos particulares, *não se prestando tal enquadramento em situações nas quais as diferenças metodológicas são mínimas, pouco relevantes ou muito semelhantes, como ocorre nos casos de serviços comuns, ordinariamente passíveis de serem licitados por outras modalidades, ou outros regimes;*[329] (grifos nossos)

Veja-se que não resta afastada a possibilidade de utilização da técnica e preço quando estiverem presentes os requisitos para tanto, em especial quando a avaliação e a ponderação da qualidade técnica das propostas que superarem os requisitos mínimos estabelecidos no instrumento convocatório forem relevantes aos fins pretendidos pela administração pública.

f) Aditivos contratuais

Outra diferença da contratação integrada em relação aos demais regimes de execução são as maiores restrições para a celebração

---

[328] *Vide* a análise dessas condições no Capítulo 5 deste livro, quando é apreciado o julgamento mediante o critério de técnica e preço.

[329] Item 9.2.3. do Acórdão TCU nº 1.399/2014, Rel. Min. Substituto Augusto Sherman Cavalcanti, Sessão 25.05.2014.

de aditivos contratuais, que somente devem ocorrer nas seguintes situações:

- *recomposição do equilíbrio econômico-financeiro*, devido a ocorrência de caso fortuito ou força maior;
- necessidade de *alteração do projeto ou das especificações para melhor adequação técnica* aos objetivos da contratação, *a pedido da administração pública*, desde que não decorrentes de erros ou omissões por parte do contratado, observados os limites previstos no §1º do art. 65 da Lei nº 8.666/1993.

A primeira possibilidade refere-se ao reestabelecimento da relação contratual inicialmente ajustada pelas partes, a qual teria sofrido alteração por álea extraordinária superveniente ao originalmente contratado. Trata-se do acolhimento do princípio jurídico que veda o enriquecimento sem causa. Além de disposição semelhante no art. 65, alínea "d", da Lei nº 8.666/1993, a matéria também encontra assento constitucional, quando é afirmado que, no bojo dos processos licitatórios, deve estar assegurada a manutenção das "condições efetivas da proposta" (art. 37, inciso XXI). *Pela própria natureza desse reajuste contratual, não há que se falar em limitações predefinidas de valor.*

A segunda possibilidade ocorre quando a administração vislumbra que o interesse público visado pela contratação será melhor atendido com determinada alteração do objeto licitado. Nesse caso, aplicam-se os limites de reajuste previstos na Lei nº 8.666/1993.

No relatório que acompanha o Acórdão TCU nº 300/2013 - Plenário,[330] consta uma pertinente análise dessa questão:

> *Portanto, não seria qualquer tipo de alteração de projeto que motivaria o aumento do custo global nesse tipo de contrato.* Pelo contrário, isso só seria possível em: (i) casos de desequilíbrio econômico-financeiro insustentável para uma das partes, em razão de alguma alteração radical de condições intra ou extracontratuais objetivas quando de sua execução, em confronto com o ambiente objetivo vivenciado no momento da celebração do contrato; (ii) em casos de modificações imprevisíveis no momento da assinatura do contrato; ou ainda, (iii) em casos excepcionais, como alterações de escopo, que a depender das circunstâncias, pode figurar como um exemplo de aplicação dos casos anteriores. (grifos nossos)

---

[330] Rel. Min. Aroldo Cedraz, Sessão 27.02.2013.

Nessa linha, cabe também expor o seguinte trecho do voto condutor do Acórdão TCU nº 1.541/2014 - Plenário:[331]

> Observo que a vedação da celebração de termos aditivos nos contratos firmados sob o regime de contratação integrada do Regime Diferenciado de Contratações não é absoluta e objetiva garantir que os riscos assumidos pelo particular quando da contratação sejam de fato a ele atribuídos na etapa de execução.

Afasta-se, pois, a principal hipótese de incidência dos *reajustes* dos contratos firmados pela administração pública, que é aquela em decorrência de falhas ou imprecisões no projeto básico. *Essas restrições acabam por contribuir para uma maior previsibilidade do custo final do empreendimento* e mitigam a ocorrência de irregularidades eventualmente decorrentes da celebração de aditivos, como o chamado "jogo de planilha".

g) Gerenciamento de riscos

As maiores restrições à celebração de aditivos acarretam maiores riscos para a contratada, a qual deverá assumir os respectivos ônus caso o necessário para a execução do objeto contratado seja além do previsto no anteprojeto de engenharia. Esse risco é potencializado pelo fato de que a ausência de projeto básico aumenta o grau de incerteza acerca do orçamento da obra.

Nessa linha, o seguinte trecho do voto condutor do Acórdão TCU nº 1.465/2013 - Plenário[332] é esclarecedor:

> 9. A responsabilidade da executora pelo projeto básico conjugada com a proibição de aditivo contratual para correção de erro na elaboração desse instrumento impõe à contratada a assunção dos riscos financeiros adicionais que eventualmente surgirem para a conclusão da obra conforme os padrões de qualidade.

Esses riscos, por certo, deverão ser precificados pelas licitantes de forma que suas propostas contemplem um adicional a respeito. Assim, quando da elaboração do orçamento de referência pela Administração, poderá:

---

[331] Rel. Min. Benjamin Zymler, Sessão 11.06.2014.
[332] Rel. Min. José Múcio, Sessão 12.06.2013.

[...] *ser considerada taxa de risco compatível com o objeto da licitação* e as contingências atribuídas ao contratado, devendo a referida taxa ser motivada de acordo com metodologia definida em ato do Ministério supervisor ou da entidade contratante. [333] (grifos nossos)

Com o intuito de propiciar maior transferência ao orçamento da Administração e permitir sua comparação com orçamentos de outras obras em que não foi utilizada a contratação integrada, a taxa de risco não integrará a parcela de benefícios e despesas indiretas (BDI) do orçamento estimado. Ademais, na eventual ocorrência de aditivos de itens contratados — por certo, não decorrentes de erros ou omissões do orçamento de referência — esse porcentual de risco não será devido, pois ele deve ser considerado apenas para efeito de análise de aceitabilidade das propostas ofertadas no processo licitatório.[334]

Matriz de riscos

É conveniente que os editais prevejam claramente os riscos a serem suportados pela contratada e aqueles de responsabilidade da administração. Assim, propiciar-se-á maior segurança jurídica aos licitantes e reduzir-se-á a taxa de risco embutidas em suas propostas.

A matriz de risco, assim definida pelo TCU, é importante instrumento para a definir as responsabilidades de cada parte contratante;

[...] instrumento que define a repartição objetiva de responsabilidades advindas de eventos supervenientes à contratação, na medida em que é informação indispensável para a caracterização do objeto e das respectivas responsabilidades contratuais, como também essencial para o dimensionamento das propostas por parte das licitantes, é *elemento essencial e obrigatório do anteprojeto de engenharia* prestígio ao definido no art. 9º, §2º, inciso I, da Lei 12.462/2011, como ainda nos princípios da segurança jurídica, da Isonomia, do julgamento objetivo, da eficiência e da obtenção da melhor proposta;[335] (grifos nossos)

Assim, o TCU efetuou recomendação ao Departamento Nacional de Infraestrutura de Transportes (DNIT) para que inserisse:

---

[333] Art. 75, §1º, do Decreto nº 7.581/2011.
[334] Art. 75, §2º, do Decreto nº 7.581/2011.
[335] Item 9.1.3 do Acórdão nº 1.510/2013 - Plenário.

[...] matriz de riscos no instrumento convocatório e na minuta contratual, de modo a tornar o certame mais transparente e isonômico, assim como conferir maior segurança jurídica ao contrato.[336]

Seguros e garantias

Pelo fato de a contratação integrada estar sujeitas a situações especiais, mediante o voto condutor do Acórdão nº 2.745/2013, foi manifestado o entendimento de que, nessa espécie de contratação não seriam aplicáveis os limites fixados no art. 56 da Lei nº 8.666/1993. Veja-se a respeito o seguinte trecho do voto condutor dessa decisão:

> Existe nas contratações integradas um tripé de coerência na concepção dos empreendimentos. A matriz de riscos, os elementos de anteprojeto e os seguros devem ser idealizados de forma integrada; elaborados em um planejamento cuidadoso, de forma a, em conjunto, diminuírem os riscos da contratação.
>
> [...] para aquelas frações mais complexas, tanto se libere as contratadas para propor, cada qual, a sua metodologia, quanto, por consequência, se transfira os respectivos riscos para o particular. No que se refere à viabilidade da cobertura de seguros, *deve existir uma exigência contratual de seguro para mitigar essa potencial insegurança. É um imperativo que tanto confere maior estabilidade ao contrato (em termos de certeza no seu adimplemento)*, como viabiliza a própria precificação do risco. Mais que isso, os seguros proporcionais aos riscos são elementos indissociáveis para a segurança da oferta da melhor proposta.
>
> Acredito, pelo que expus, que a contratação integrada tenha criado um novo cenário factual e mercadológico, então não coberto pelas possibilidades então previstas pelo art. 56 da Lei de Licitações, em seu rol de garantias. Desde que devidamente motivado e proporcional aos riscos assumidos, pode-se superar aqueles limites. Nesse ponto, entendo não haver reprimendas ao instrumento editalício criticado.

Ou seja, a medida que a contratada assume maiores riscos, deve haver uma maior cobertura de seguros e garantias — além, portanto, dos limites fixados na Lei nº 8.666/1993 — de forma a possibilitar maior certeza de que ocorrerá o adimplemento contratual.

h) Outras considerações

Como visto, a ausência de projeto básico nos moldes do disposto na Lei nº 8.666/1993 poderá *aumentar o grau de incerteza acerca do orçamento*

---

[336] Acórdão nº 1.465/2013 - Plenário.

da obra. Essa incerteza, entretanto, deverá ser contrabalanceada com a especificação no anteprojeto, dentre outros, de objetivos critérios de qualidade, segurança e durabilidade do empreendimento.

De se ver, contudo, que se trata de licitações em que há maior liberdade para as contratadas inovarem e buscarem a metodologia construtiva mais adequada à execução do objeto. Essa maior liberdade, poderá redundar que os licitantes vislumbrem alternativas com menores custos do que aquela eventualmente teria sido fixada no projeto básico.

A respeito, cabe mencionar o seguinte trecho do Guia de Gerenciamento de Riscos de Obras Rodoviária do DNIT,[337] em que foram apreciados resultados obtidos pela agência federal do governo dos Estados Unidos para a administração de rodovias (Federal Highway Administration – FHWA):

> A FHWA indica que a grande motivação para o uso da contratação do tipo design-build [contratação integrada] no lugar do tradicional **design-bid-build** (contratação do projeto, aprovação e posterior contratação da obra) é a possibilidade de se ter uma redução global no prazo de entrega do empreendimento pronto [...]. Quanto ao custo, a FHWA afirma ser mais difícil aferir os benefícios, porém destaca que uma maior eficiência no orçamento deverá ser percebida nos projetos do tipo **design-build**, *dado que se permite que o contratado encontre maneiras mais eficientes de atingir os objetivos do projeto.* (grifos nossos)

Esses menores custos, em um ambiente competitivo, deverão repercutir em propostas mais vantajosas para a Administração, privilegiando o princípio da economicidade. Ou seja, os impactos econômicos propiciados pelas maiores incertezas acerca do orçamento da obra quando da licitação podem ser contrabalanceadas pela possibilidade de o contratado buscar melhores soluções quando da execução contratual.

Essa possibilidade, destaco, corrige uma incoerência verificada nos demais modelos de obras publicas — em especial o da contratação por preço unitário. Isso porque, nesses casos, não há maiores estímulos para as contratadas inovarem e utilizar a sua capacidade de engenharia para reduzir os custos do empreendimento, pois a lógica é que, em regra, eventuais ganhos de eficiência devem ser repassados integralmente para a Administração.

---

[337] DEPARTAMENTO NACIONAL DE INFRAESTRUTURA DE TRANSPORTES – DNIT. *Guia de gerenciamento de riscos de obras rodoviárias*, p. 7.

CAPÍTULO 8

DISPENSA E INEXIGIBILIDADE

O inciso XXI do art. 37 da Constituição Federal permite concluir que:
- a licitação, em princípio, é obrigatória;
- lei infraconstitucional poderá estabelecer exceções a essa regra, permitindo a contratação direta, ou seja, sem licitação.

A contratação direta pode ocorrer nas seguintes hipóteses, expressamente previstas na Lei nº 8.666/1993:
- licitação dispensada (art. 17);
- licitação dispensável (art. 24);
- licitação inexigível (art. 25).

Na primeira, em que a licitação é dispensada, a lei relaciona casos de alienação de bens móveis e imóveis pela administração. A licitação dispensada como espécie autônoma de contratação direta se justifica apenas em função de sua posição topográfica na Lei nº 8.666/93. Isso porque as hipóteses previstas no art. 17 se encaixariam nos conceitos de licitação dispensável ou inexigível de que tratam os artigos 24 e 25 da Lei nº 8.666/93.

Na segunda, em que a licitação é dispensável, a lei enumera hipóteses em que a licitação é possível, mas não obrigatória, em razão de outros princípios e bens jurídicos que regem e inspiram a atividade administrativa, notadamente o princípio da eficiência. A relação é exaustiva, não sendo permitido ao administrador criar hipóteses não autorizadas pelo legislador.

Por fim, na última hipótese, inexigibilidade de licitação, a lei trata das situações em que a competição entre os licitantes não é viável, seja em razão da singularidade do objeto contratado ou da existência de um único agente apto a fornecê-lo.

As hipóteses de dispensa e inexigibilidade de licitação e o procedimento de contratação delas decorrente, estabelecidos nos artigos 24 a 26 da Lei nº 8.666/1993, aplicam-se às contratações realizadas com base no RDC (art. 35 da Lei nº 12.462/2011).

Entretanto, as vedações aplicáveis às contratações diretas constantes do art. 37 da Lei nº 12.462/2011 não são aplicáveis, ao menos não expressamente, às contratações diretas com fulcro na Lei nº 8.666/1993.

Há ainda diferenças em relação ao regime de execução contratual, pois a realização de contratação direta com fulcro no RDC atrai as respectivas regras de regência contratual e afasta aquelas da Lei nº 8.666/1993. Assim, tem-se aqui um fator decisivo na escolha de qual regime deve se dar a contratação direta, pois, por exemplo, deve se optar pelo Regime Diferenciado quando for necessário que a vigência contratual seja por ele regida e não pela Lei nº 8.666/1993.

Remanescente de obra, serviço ou fornecimento de bens

No que toca às hipóteses de contratação direta, a única inovação do novo regime ocorreu nessa situação.

A contratação de remanescente de obra, serviço ou fornecimento de bens, em consequência de *rescisão contratual*, deve observar a ordem de classificação dos licitantes e as *condições por estes ofertadas*, desde que não seja ultrapassado o orçamento estimado para a contratação (art. 41 da Lei nº 12.462/2011 e art. 69 do Decreto nº 7.581/2011).

Trata-se de procedimento diverso daquele previsto no *inciso XI do art. 24 da Lei nº 8.666/1993, quando os licitantes remanescentes devem observar a proposta do primeiro classificado.* Aplicam-se aqui os mesmos comentários acerca da convocação dos demais licitantes melhores classificados quando o vencedor não assina o contrato. Ou seja, a exigência de se observar o preço do anterior contratado pode não atender o interesse público. A razão para tanto é que, no mais das vezes, os licitantes somente aceitam assumir o contrato caso sejam preservadas as suas propostas. Por consequência, poderá ocorrer a indesejável interrupção da execução do objeto contratual, com todos os inconvenientes daí decorrentes, incluindo o risco de que, com a realização de novo certame, não sejam obtidas propostas mais vantajosas do que aquelas do certame anterior.

Entretanto, teria sido interessante a adoção do procedimento previsto para quando o vencedor não assina o contrato, mediante o qual *se privilegia a contratação pelo preço do primeiro classificado e somente depois se aceita o preço dos demais colocados.* Assim, atender-se-ia mais plenamente o princípio da economicidade.

8.1 Responsabilização

Responsabilidade penal

O gestor público deve ser cauteloso ao decidir-se pela contratação direta, pois a Lei nº 8.666/1993 considera ilícito penal dispensar ou inexigir licitação fora das hipóteses descritas em lei.[338]

Consoante já se manifestou o Superior Tribunal de Justiça,[339] o referido tipo penal busca proteger diversos bens jurídicos além do patrimônio público, tais como a moralidade administrativa, a legalidade, a impessoalidade e, também, o respeito ao direito subjetivo dos licitantes ao procedimento formal previsto em lei.

Ainda segundo o STJ,[340] o tipo previsto no art. 89 da Lei nº 8.666/93 é delito de *mera conduta*, não exigindo dolo específico, mas apenas o *genérico*, representado pela vontade de contratar sem licitação, quando a lei expressamente prevê a realização do certame. *Independe, assim, de qualquer resultado naturalístico, como por exemplo, prejuízo ao erário.*

Entretanto, ao apreciar ação penal de sua competência originária, o Supremo Tribunal Federal manifestou-se no sentido de que *"pressupõe o tipo*, além do necessário dolo simples (vontade consciente e livre de contratar independentemente da realização de prévio procedimento licitatório), *a intenção de produzir um prejuízo aos cofres públicos por meio do afastamento indevido da licitação"*.[341]

Responsabilidade administrativa

De acordo com o princípio da independência entre as instâncias, as sanções penais e administrativas podem ser aplicadas independentemente e estão sujeitas a diferentes formas de valoração. Ou seja, mesmo que determinada contratação direta indevida não constitua ilícito penal, ela pode caracterizar ilícito administrativo.

---

[338] "Art. 89. Dispensar ou inexigir licitação fora das hipóteses previstas em lei, ou deixar de observar as formalidades pertinentes à dispensa ou à inexigibilidade:
Pena - Detenção, de 3 (três) a 5 (cinco) anos, e multa.
Parágrafo único. Na mesma pena incorre aquele que, tendo comprovadamente concorrido para a consumação da ilegalidade, beneficiou-se da dispensa ou inexigibilidade ilegal, para celebrar contrato com o Poder Público."

[339] STJ. REsp nº 1.073.676/MG, 5ª Turma. Rel. Min. Napoleão Nunes Maia Filho. Julg. 23.02.2010.

[340] STJ. HC nº 113.067/PE, 6ª Turma. Rel. Min. Og Fernandes. Julg. 21.10.2008; e HC nº 135.759/RJ, 5ª Turma. Rel. Min. Jorge Mussi. Julg. 16.11.2010.

[341] STF. AP nº 527, Pleno. Rel. Min. Dias Toffoli. Julg. 16.12.2010.

Veja-se a respeito o entendimento do Superior Tribunal de Justiça:

> Como se sabe, a proteção penal é destinada apenas aos bens jurídicos mais relevantes, diferentemente do que ocorre com a proteção administrativa. Dessa forma, pode ocorrer que a importância do bem jurídico não justifique a incidência das normas penais, mas atraia a aplicação de normas de responsabilização administrativa. É essa a lógica por trás da regra de independência de instâncias. (STJ. REsp nº 678.240/RS, 2ª Turma. Rel. Min. Mauro Campbell Marques, 21.10.2008)

Por meio do Acórdão nº 2.063/2007 - Plenário,[342] o TCU observou que *"os agentes administrativos que praticarem atos em desacordo com os preceitos legais, ou visando frustrar os objetivos da licitação,* sujeitam-se às sanções previstas em Lei, conforme estabelecido no art. 82 da Lei nº 8.666/1993".

Em regra, respondem pela indevida contratação direta:
- aqueles que dão causa à fuga ao regular certame licitatório ao indevidamente classificar o objeto em uma das hipóteses da Lei nº 8.666/93 que afastariam a necessidade de licitação; e
- a autoridade superior que ratifica esse ato nos termos do art. 26 da Lei nº 8.666/93.

Como antes exposto, a contratação direta fora das hipóteses previstas em lei, ainda que ilícita, não necessariamente resulta prejuízo econômico para a Administração. Veja-se, a respeito, as seguintes ponderações constantes do Voto condutor do Acórdão nº 657/2008 - Plenário:[343]

> Em geral, quando se de trata contratos e licitações, sem querer ser exaustivo, devem estar caracterizadas algumas dessas situações para a imputação de débito: aquisição de bens ou serviços por valores superiores aos de mercado; ausência ou inadequado fornecimento de bens ou serviços já pagos pela Administração; aquisição de bens ou serviços inservíveis para a Administração.

Pelo outro lado, a ausência de prejuízos em decorrência de contratações diretas sem amparo na legislação não afasta a ocorrência da ilicitude. Isso porque a obrigatoriedade de licitação, além de buscar a economicidade da contratação, busca dar concretude a diversos

---

[342] Rel. Min. Valmir Campelo, Sessão 03.10.2007.
[343] Rel. Min. Benjamin Zymler, Sessão 16.04.2008.

outros princípios constitucionais, como o da moralidade, isonomia e impessoalidade.

Assim, de acordo com o princípio constitucional da individualização da pena (inciso XLVI do art. 5º da Constituição Federal), a ausência de efetivo prejuízo deve ser considerada quando da verificação do grau de reprovabilidade da conduta do gestor de forma a afastar a aplicação de sanção ou reduzir a intensidade da pena.[344]

---

[344] Acórdão TCU nº 110/2010 - Plenário, Rel. Min. Walton Alencar Rodrigues, Sessão 03.02.2010.

CAPÍTULO 9

PROCEDIMENTOS AUXILIARES

Estão previstos os seguintes procedimentos auxiliares (art. 29 da Lei nº 12.462/2011 e art. 77 do Decreto nº 7.581/2011):
- cadastramento;
- catálogo eletrônico de padronização;
- pré-qualificação permanente;
- sistema de registro de preços.

A norma legal remeteu para o regulamento a forma de operacionalizar esses procedimentos.[345]

9.1 Cadastramento

Os registros cadastrais, nos moldes dos cadastros previstos nos artigos 34 a 37 da Lei nº 8.666/1993, poderão ser mantidos para *efeito de habilitação dos inscritos em procedimentos licitatórios* e serão válidos por um ano, no máximo, podendo ser atualizados a qualquer tempo (art. 31 da Lei nº 12.462/2011).

Ao regulamentar a matéria, o Decreto nº 7.581/2011 se absteve de incluir maiores modificações em relação ao cadastro de que trata a Lei nº 8.666/1993 e simplesmente remeteu ao Decreto nº 3.722/2001,[346] que a regulamenta. Ou seja, as licitações com fulcro no Regime Diferenciado e na Lei nº 8.666/1993 se utilizarão do *mesmo cadastro*, qual seja, o Sistema de Cadastramento Unificado de Fornecedores – Sicaf (art. 78 do Decreto nº 7.581/2011).

---

[345] Parágrafo único do art. 29 da Lei nº 12.462/2011.
[346] Regulamenta o art. 34 da Lei nº 8.666, de 21 de junho de 1993, e dispõe sobre o Sistema de Cadastramento Unificado de Fornecedores (SICAF).

Trata-se de procedimento com o intuito de antecipar parcialmente a fase de habilitação de futuras licitações. O registro no cadastro pode ocorrer, como em regra ocorre, sem que o potencial licitante vise um certame específico.

A vantagem para os potencias licitantes é que eles, previamente à realização de qualquer licitação, já sabem da situação de regularidade ou não de seus documentos e terão maior tempo hábil para sanar qualquer inconsistência. Evita-se, ainda, a apresentação de um sem número de documentos para cada licitação, pois, com o registro cadastral, a apresentação dos documentos uma única vez serve para todos os certames ocorridos dentro da validade do registro.[347] Ademais, ao saberem de antemão da situação de seus documentos, os potenciais licitantes podem evitar a participação em certames para os quais eles já sabem que não serão considerados habilitados.

Pelo lado da administração, a vantagem consiste na maior agilidade propiciada ao procedimento com a simplificação da fase de habilitação. Nesse sentido, assim dispõe o art. 3º Decreto nº 3.722/2001:

> Os editais de licitação [...] deverão conter cláusula permitindo a comprovação da regularidade fiscal, da qualificação econômico-financeira e da habilitação jurídica por meio de cadastro no SICAF, definindo dia, hora e local para verificação *on line*, no Sistema.

Os cadastros deverão ser amplamente divulgados e ficarão permanentemente abertos para a inscrição de interessados, de acordo com os requisitos previstos em regulamento (§1º e §2º do art. 31 da Lei nº 12.462/2011).

A atuação do licitante no cumprimento de obrigações assumidas será anotada no respectivo registro cadastral. A qualquer tempo poderá ser alterado, suspenso ou cancelado o registro do inscrito que deixar de satisfazer as exigências de habilitação ou as estabelecidas para admissão cadastral (parágrafos 3º e 4º do art. 31 da Lei nº 12.462/2011).

Assim a habilitação dos licitantes poderá ser comprovada por meio de prévia e regular inscrição cadastral no Sicaf. Não se inclui, contudo, no cadastro os documentos pertinentes à habilitação técnica, que deverão ser demandados em momento próprio (parágrafos 1º e 3º do art. 1º do Decreto nº 3.722/2001).

---

[347] Respeitando-se, por certo, o âmbito de abrangência do cadastro de acordo com o ente da Federação por ele responsável.

Caberá recurso no prazo de cinco dias úteis contados a partir da data da intimação ou do indeferimento do pedido de inscrição no registro cadastral ou de alteração ou cancelamento do registro (art. 45, II, "e", da Lei nº 12.462/2011 e art. 79 do Decreto nº 7.581/2011).

Consoante o entendimento do TCU,[348] não encontra amparo legal, por restringir indevidamente a competitividade do certame, a exigência de prévio cadastramento como condição para participação em licitações.

As normas do RDC nada dispõem acerca do compartilhamento do cadastro dentre os vários entes da Federação. Entende-se, contudo, que devam ser aplicadas analogicamente as normas pertinentes ao registro de preços, tratadas posteriormente.

9.2 Catálogo eletrônico de padronização de compras, serviços e obras

Consiste em sistema informatizado de gerenciamento centralizado destinado a permitir a padronização dos itens a serem contratados e dos documentos pertinentes ao procedimento licitatório.[349]

O Catálogo Eletrônico de Padronização conterá:[350]

- especificação de bens, serviços ou obras;
- descrição de requisitos de habilitação de licitantes, conforme o objeto da licitação;
- modelos de:
  - - instrumentos convocatórios;
  - - minutas de contratos;
  - - termos e projetos de referência;
- outros documentos necessários ao procedimento de licitação que possam ser padronizados.

Trata-se de importante instrumento de padronização de especificações técnicas e dos documentos pertinentes ao procedimento licitatório. A efetiva utilização desse procedimento permitirá uma maior agilidade para a realização das contratações públicas e evitará a realização de retrabalhos pelos diversos órgãos, pois muitas das suas necessidades já estarão atendidas pelo sistema.

Contribui-se também para o saneamento de erros, pois, por exemplo, ao ser constatada uma falha em determinada cláusula contratual, corrige-se o modelo do sistema e evita-se a proliferação dessa falha.

---

[348] Por exemplo, Acórdão nº 330/2010 - 2ª Câmara, Rel. Min. José Jorge, Sessão 02.02.2010.

[349] Art. 33 da Lei nº 12.462/2011 e artigos 109 e 110 do Decreto nº 7.581/2011.

[350] Art. 110 do Decreto nº 7.581/2011.

O catálogo poderá ser utilizado em licitações cujo critério de julgamento seja a oferta de menor preço ou de maior desconto e conterá toda a documentação e procedimentos da fase interna da licitação, assim como as especificações dos respectivos objetos (parágrafo único do art. 33 da Lei nº 12.462/2011 e §1º do art. 110 do Decreto nº 7.581/2011).

Permitida também a utilização de projetos de referência de engenharia para obras similares, quando o projeto básico da licitação será obtido a partir da adaptação do "projeto de referência" às peculiaridades do local onde a obra será realizada, considerando aspectos relativos ao solo e à topografia do terreno, bem como aos preços dos insumos da região em que será implantado o empreendimento (§2º do art. 110 do Decreto nº 7.581/2011).

9.3 Pré-qualificação permanente

Consiste em procedimento anterior à licitação destinado a identificar (incisos I e II do art. 30 da Lei nº 12.462/2011 e art. 80 do Decreto nº 7.581/2011):

- *fornecedores* que reúnam *condições de habilitação* exigidas para o fornecimento de bem ou a execução de serviço ou obra nos prazos, locais e condições previamente estabelecidos; e
- *bens* que *atendam às exigências* técnicas e de qualidade da administração pública.

Ou seja, o procedimento pode tratar de dois momentos distintos da licitação. O primeiro está relacionado à *habilitação de potenciais licitantes* (pré-qualificação subjetiva) e o segundo relacionado à *especificação do objeto* (pré-qualificação objetiva).

O presente instituto difere daquele homônimo de que trata o art. 114 da Lei nº 8.666/1993,[351] o qual é uma *antecipação da fase de habilitação técnica de específica licitação*,[352] cujo objeto recomenda uma

---

[351] "Art. 114. O sistema instituído nesta Lei não impede a pré-qualificação de licitantes nas concorrências, a ser procedida sempre que o objeto da licitação recomende análise mais detida da qualificação técnica dos interessados".

[352] "Os procedimentos de pré-qualificação e habilitação não se confundem. No *procedimento da pré-qualificação previsto no art. 114 da Lei nº 8.666/1993, se avalia a qualificação técnica* dos interessados, ou seja, se as empresas atendem os requisitos técnicos necessários para participar da licitação, enquanto que *na fase de habilitação disposta nos arts. 27 a 31 da mesma lei, exige-se dos interessados além da comprovação da qualificação técnica documentação relativa a habilitação jurídica, qualificação econômico-financeira, regularidade fiscal*" (Declaração de voto do Min. Augusto Sherman Cavalcanti que acompanha o Acórdão nº 1.891/2006, Sessão 11.10.2006, grifos nossos).

análise mais detida da qualificação técnica dos interessados. Aqui, além de não se visar necessariamente uma contratação específica, cabe também para a identificação de bens que atendam determinados requisitos técnicos e de qualidade.

Pré-qualificação versus cadastramento

A pré-qualificação subjetiva pode se confundir em parte com o cadastramento, pois ambos buscam a comprovação prévia de determinados requisitos de habilitação e não visam uma contratação específica.

Embora a lei não restrinja, o Decreto nº 7.581/2011 limita a pré-qualificação à habilitação técnica. Já o cadastramento é usualmente utilizado para a habilitação fiscal, jurídica e econômico-financeira.

Ademais, enquanto é possível ser realizada licitação restrita aos pré-qualificados, tal hipótese não é possível para os cadastrados.

9.3.1 Objetivo

O objetivo primordial da pré-qualificação é *fazer uma sondagem do mercado* para, a partir daí, serem avaliadas as decisões da administração. Ou seja, difere do cadastramento, quando apenas se procura dar maior celeridade à fase de habilitação, ou do catálogo de padronização, quando se procura estabelecer especificações técnicas uniformes que melhor descrevam determinado objeto. Na verdade, a pré-qualificação é um procedimento prévio a esses dois, de forma que, a depender do seu resultado, poderão ser levantados dados a serem inseridos nesses dois outros procedimentos auxiliares.

A pré-qualificação terá sua utilização para a identificação de objetos e fornecedores com determinadas condições técnicas ainda não contratados usualmente pela administração. Assim, de acordo com os resultados, pode-se decidir, por exemplo, pela realização de licitação, caso se verifique haver potencial para uma ampla competição, ou até mesmo, pela desistência da contratação, caso se verifique a ausência no mercado de um número adequado de fornecedores ou bens.

Possibilita-se ainda uma *calibragem das exigências técnicas*, seja em relação a fornecedores seja em relação a bens. Caso as exigências sejam atendidas por uma parcela demasiadamente reduzida de interessados, pode-se chegar à conclusão de que elas seriam excessivamente restritivas, prejudicando indevidamente a competitividade de futuros certames. Caso as exigências não filtrem fornecedores ou bens potencialmente inaptos para bem servir à administração, pode-se chegar à conclusão de que as exigências devem ser mais rígidas.

Será fornecido certificado aos pré-qualificados, o qual será renovável sempre que o registro for atualizado (art. 84 do Decreto nº 7.581/2011).

Convocação de interessados

Sempre que for dado início ao procedimento, a administração deverá convocar os interessados para que demonstrem o cumprimento das exigências de qualificação técnica dos fornecedores ou de aceitação de bens, conforme o caso (*caput* do art. 83 do Decreto nº 7.581/2011).

A convocação deverá ser realizada mediante:[353]

- publicação de extrato do instrumento convocatório no *Diário Oficial da União*, do Estado, do Distrito Federal ou do Município, conforme o caso, sem prejuízo da possibilidade de publicação de extrato em jornal diário de grande circulação; e
- divulgação em sítio eletrônico oficial centralizado de publicidade de licitações ou sítio mantido pelo órgão ou entidade.

Ou seja, a divulgação do procedimento de pré-qualificação será semelhante àquela do procedimento licitatório, de forma a garantir uma ampla divulgação desse procedimento auxiliar. A diferença reside no fato de que aqui não há a fixação de um prazo para os interessados, pois o *procedimento ficará permanentemente aberto para a inscrição dos eventuais interessados.*[354]

Nesse aspecto, a divulgação por meio eletrônico guarda especial relevância, pois, sua divulgação possui um caráter permanente por ocorrer enquanto a matéria estiver no sítio eletrônico — no caso, enquanto o procedimento tiver validade.

O instrumento de convocação, por óbvio, deverá explicitar adequadamente o objeto da pré-qualificação, de forma a ser garantido o cumprimento do princípio da publicidade e isonomia. Nesse sentido, "a convocação explicitará as exigências de qualificação técnica ou de aceitação de bens, conforme o caso".[355]

Poderá ser exigida amostra do bem como requisito de pré-qualificação, desde que justificada a necessidade da sua apresentação.[356]

---

[353] Incisos I e II do §1º do art. 83 do Decreto nº 7.581/2011.

[354] Art. 30, §1º, da Lei nº 12.462/2011 e art. 81 do Decreto nº 7.581/2011.

[355] Art. 83, §2º, do Decreto nº 7.581/2011.

[356] Art. 7º, inciso II, da Lei nº 12.462/2011.

Caberá recurso no prazo de cinco dias úteis contados a partir da data da intimação ou da lavratura da ata do ato que defira ou indefira pedido de pré-qualificação de interessados.[357]

Habilitação técnica

A pré-qualificação poderá ser parcial ou total, contendo alguns ou todos os requisitos de habilitação.[358]

Quando se tratar da pré-qualificação de fornecedores, ela poderá ser efetuada por grupos ou segmentos de objetos a serem contratados, segundo as respectivas especialidades.[359]

Embora a lei refira-se às *condições de habilitação em geral*, o Decreto nº 7.581/2011, em seu art. 80, estabelece que o procedimento de pré-qualificação está *restrito à habilitação técnica*. Não há, contudo, extrapolação do poder regulamentar nesse caso, pois a própria realização da pré-qualificação encontra-se na esfera discricionária da administração. Ou seja, cabe ao administrador optar por realizar ou não a pré-qualificação, e, em optando por realizá-la, cabe a ele definir a sua amplitude, pois a lei não estabeleceu qualquer limite mínimo e permitiu expressamente a pré-qualificação parcial. Desta feita, o Decreto nº 7.581/2011 apenas regulou a utilização do poder discricionário conferido pela Lei nº 12.462/2011.

Especificação de bens (pré-qualificação objetiva)

Nessa espécie de pré-qualificação, a administração busca apenas identificar os bens que atendam determinadas exigências técnicas e de qualidade. O resultado do procedimento poderá ser considerado quando da especificação do objeto de licitações futuras.

É possível a exigência de amostras, de acordo com os requisitos para tanto, quais sejam:
- restrita à hipótese de não acarretar ônus excessivo para o potencial licitante;
- devidamente justificada

Validade

A pré-qualificação terá validade máxima de um ano. Entretanto, como a inscrição dos interessados não lhes confere qualquer direito

---

[357] Art. 45, inciso II, alínea "a", da Lei nº 12.462/2011 e art. 85 do Decreto nº 7.581/2011.

[358] Art. 30, §4º, da Lei nº 12.462/2011 e art. 80, §1º, do Decreto nº 7.581/2011.

[359] Art. 30, §3º, da Lei nº 12.462/2011 e art. 80, §2º, do Decreto nº 7.581/2011.

subjetivo, a pré-qualificação pode ser atualizada a qualquer tempo (art. 82 do Decreto nº 7.581/2011).

Essa atualização, para que não ocorra violação aos princípios da publicidade e da isonomia, deve ocorrer mediante as mesmas práticas da pré-qualificação original, o que acaba por redundar na extinção do procedimento anterior e no início de um novo.

Como não poderia deixar de ser, a validade da pré-qualificação de *fornecedores* está limitada àquela dos documentos apresentados para tanto (parágrafo único do art. 82 do Decreto nº 7.581/2011).

Em relação à pré-qualificação de bens, a norma não prevê disposição semelhante, possivelmente porque não é de se esperar que as características técnicas dos bens estejam sujeitas a atestados com validade temporal. A eficiência energética de um determinado tipo de equipamento, por exemplo, não deve variar com o transcurso do tempo, não havendo que se falar em prazo de validade de laudo que ateste tal eficiência. Entretanto, caso determinada característica técnica do bem esteja sujeita a alguma restrição temporal, deve-se aplicar por analogia o dispositivo antes mencionado que trata dos fornecedores.

9.3.2 Licitação restrita aos pré-qualificados

A administração pública poderá realizar licitação restrita aos pré-qualificados, justificadamente, desde que (§2º do art. 30 da Lei nº 12.462/2011 e art. 86 do Decreto nº 7.581/2011):

- a convocação para a pré-qualificação discrimine que as futuras licitações serão restritas aos pré-qualificados;
- conste na convocação estimativa de *quantitativos mínimos* que a administração pública pretende adquirir ou contratar nos próximos doze meses e de prazos para publicação do edital; e
- a *pré-qualificação seja total*, contendo todos os requisitos de habilitação técnica necessários à contratação.

Trata-se aqui de uma *espécie peculiar de pré-qualificação* que se assemelha àquela homônima da Lei nº 8.666/1993, pois o instituto servirá como antecipação da fase de habilitação técnica dos licitantes. A diferença é que no Regime Diferenciado a pré-qualificação pode-se referir a várias licitações e não a uma específica.

Tal qual na pré-qualificação tradicional, deverá haver ampla divulgação do procedimento que deverá estar permanentemente aberto aos interessados. A unidade responsável deve, ainda, proceder, no mínimo anualmente, a chamamento público para a atualização dos registros existentes e para o ingresso de novos interessados (§1º do art. 86 do Decreto nº 7.581/2011).

Com efeito, para que não seja caracterizada uma restrição indevida à participação no certame, faz-se necessário que a pré-qualificação seja cercada de ampla divulgação de forma que nenhum daqueles que tenha interesse em contratar com a administração seja "surpreendido" com o lançamento de um edital restrito a determinados pré-qualificados.

A norma prevê somente a especificação de quantitativos mínimos no instrumento de convocação, o que poderia dar a entender que não haveria limites máximos de quantitativos para a realização de licitações com base em determinada pré-qualificação. Esse entendimento, contudo, não parece ser o que melhor se coaduna com os princípios que regem as licitações públicas, pois pode afetar a economia de escala e a busca da proposta mais vantajosa para a administração pública. Veja-se a seguinte manifestação constante do relatório que acompanha o Acórdão TCU nº 991/2009 - Plenário:[360]

> Quanto ao princípio da economicidade, é preciso considerar que, em razão da economia de escala, *quanto maior o quantitativo de um produto ou serviço a ser adquirido, menor tende a ser seu preço unitário*. Assim, se um edital prevê a aquisição de determinada quantidade de um produto ou serviço, mas é adquirido o dobro, ainda que no dobro do prazo inicialmente previsto, é possível que tenha havido desvantagem para a administração em termos de economia de escala. (grifos nossos)

Assim, entende-se que deve ser previsto no instrumento de convocação também as quantidades máximas a serem adquiridas. Em situações análogas, quando tratou de registro de preços, o TCU se manifestou no sentido de que deve haver a previsão de quantitativos máximos a serem adquiridos.[361]

Só poderão participar da licitação restrita aos pré-qualificados os licitantes que, na data da publicação do respectivo instrumento convocatório (§2º do art. 86 do Decreto nº 7.581/2011):

- já tenham apresentado a documentação exigida para a pré-qualificação, ainda que o pedido de pré-qualificação seja deferido posteriormente; e
- estejam regularmente cadastrados.

---

[360] Rel. Min. Marcos Vinicios Vilaça, Sessão 13.05.2009.
[361] Acórdão nº 4.411/2010 - 2ª Câmara, Rel. Min. Substituto Augusto Sherman Cavalcanti, Sessão 10.08.2010.

A administração pública deverá enviar *convite por meio eletrônico* a todos os pré-qualificados no respectivo segmento, o que não exclui a obrigação de atendimento aos requisitos de publicidade do instrumento convocatório (§3º e §4º do art. 86 do Decreto nº 7.581/2011).

Como os potenciais licitantes estarão previamente comunicados, a divulgação do edital terá por finalidade maior possibilitar o exercício do controle por parte da sociedade e dos órgãos para tanto legitimados.

Pré-qualificação objetiva

Caso a pré-qualificação tenha sido destinada à *identificação de bens*, não cabe a realização de licitação restrita aos interessados pré-qualificados pelo simples motivo que não houve a identificação de potenciais licitantes nesse procedimento, mas somente de produtos. O que cabe à administração, nessa situação, é especificar o objeto a ser licitado de acordo com as exigências técnicas e de qualidade estabelecidas na pré-qualificação. Para os bens já pré-qualificados, a comissão de licitação não necessitará verificar a compatibilidade do produto com o edital.

Ademais, por ausência de previsão normativa, não cabe na licitação a exigência de que sejam somente fornecidos os bens pré-qualificados.

9.4 Registro de preços

O sistema de registro de preços constitui um conjunto de procedimentos para registro formal de preços relativos à prestação de serviços, inclusive de engenharia, e aquisição de bens, para contratações futuras (art. 88, inciso I, do Decreto nº 7.581/2011).

Ou seja, mediante esse sistema, é permitido à administração contratar a aquisição de bens ou prestação de serviços prontamente, na medida em que for surgindo a necessidade da contratação. Entretanto, a existência de preços registrados *não obriga a administração pública* a firmar os contratos que deles poderão advir, pois é facultada a realização de licitação específica para contratação de objetos cujos preços constam do sistema, desde que assegurada aos fornecedores registrados a preferência em igualdade de condições (§3º do art. 32 da Lei nº 12.462/2011 e art. 101 do Decreto nº 7.581/2011).

Pelo outro lado, a ata de registro de preços, dentro de seu prazo de validade, *obriga os licitantes ao fornecimento de bens ou à prestação de serviço*, observados os preços, quantidades e demais condições previstas no instrumento convocatório (art. 99, *caput*, do Decreto nº 7.581/2011).

Observados o prazo de validade do registro e os quantitativos máximos previamente indicados na licitação, a Administração poderá realizar tantas contratações quantas se fizerem necessárias.

São evidentes, pois, as vantagens operacionais da utilização do registro pela administração, pois, além de permitir uma contratação mais ágil, o registro somente obriga os proponentes. Caso a administração resolva realizar licitação, os fornecedores registrados terão unicamente como vantagem a preferência, caso ocorra um improvável empate (parágrafo único do art. 101 do Decreto nº 7.581/2011).

Em suma, a diferença do Sistema de Registro de Preços em relação às contratações convencionais pode ser assim revelada:

- *Sistema convencional* – A licitação destina-se a selecionar fornecedor e proposta para contratação específica, a ser efetivada ao final do procedimento pela Administração;
- *Registro de preços* – A licitação destina-se a selecionar fornecedor e proposta para contratações não específicas, seriadas, que poderão ser realizadas, por repetidas vezes, durante certo período.

Como o registro de preços não representa ainda uma obrigação para a administração, a indicação da dotação orçamentária só será necessária para a formalização do contrato ou instrumento equivalente (art. 91 do Decreto nº 7.581/2011).

Regulamentação

A Lei nº 8.666/1993, em seu art. 15, inciso II, também prevê sistema de registro de preços, inclusive dispondo que as compras, na medida do possível, deverão ser assim processadas. À época da edição do RDC, esse dispositivo da Lei nº 8.666/1993 era regulamentado pelo Decreto nº 3.931/2001.[362] Em que pese essa ampla regulamentação prévia sobre assunto similar, o Sistema de Registro de Preços para o novo regime foi inteiramente regulado pelo Decreto nº 7.581/2011,[363] de acordo com a autorização concedida pelo art. 32 da Lei nº 12.462/2011.[364]

Abriu-se, pois, a oportunidade para a implementaçao de procedimentos mais atuais e o distanciamento de eventuais inconvenientes verificados no sistema anterior.

---

[362] Essa norma foi revogada pelo Decreto nº 7.892/2013, que atualmente regula a matéria.

[363] "Art. 87. O Sistema de Registro de Preços destinado especificamente ao RDC – SRP/RDC será regido pelo disposto neste Decreto".

[364] "Art. 32. O Sistema de Registro de Preços, especificamente destinado às licitações de que trata esta Lei, reger-se-á pelo disposto em regulamento".

No âmbito da administração pública federal competirá ao Ministro de Estado do Planejamento, Orçamento e Gestão estabelecer normas complementares necessárias para a operação do SRP/RDC (art. 108 do Decreto nº 7.581/2011).

9.4.1 Aplicabilidade

De forma análoga ao regime aplicável à Lei nº 8.666/1993,[365] o sistema poderá ser adotado quando (art. 89 do Decreto nº 7.581/2011):

- pelas características do bem ou serviço, houver necessidade de *contratações frequentes*;
- for conveniente a aquisição de bens ou a contratação de serviços *para atendimento a mais de um órgão ou entidade*, ou a programas de governo;
- for mais conveniente a aquisição de bens com *previsão de entregas parceladas* ou contratação de serviços *remunerados por unidade de medida* ou em regime de tarefa;
- pela natureza do objeto, *não for possível definir previamente o quantitativo* a ser demandado pela administração pública.

Dessas hipóteses, cabe destacar aquela em que a administração não sabe com exatidão os quantitativos que necessitará. Entende-se que aí reside a principal vantagem da utilização do registro, pois a não obrigatoriedade de a administração efetuar a contratação evita desperdícios e contratações antieconômicas, a ocorrer caso a administração efetuasse licitações com quantitativos a maior e devesse remunerá-los.

As hipóteses referentes à necessidade de contratações frequentes e utilização por outros órgãos/entidades dizem respeito à economia de procedimentos, pois será possível a realização de diversas contratações com fulcro em uma única licitação.

A hipótese referente às contratações com previsão de o objeto ser entregue de forma parcelada não justifica, por si só, a utilização do registro de preços, pois não haveria maiores vantagens em relação a realização de uma licitação tradicional, em que fossem previstas no edital e no contrato essas condições de entrega do objeto.

De se destacar que o TCU já se manifestou no sentido de ser inadequada a realização de registro de preços com a justificativa única de

---

[365] Art. 3º do Decreto nº 7.892/2013.

o objeto ser fornecido de forma parcelada. Veja-se a respeito o seguinte trecho do voto condutor do Acórdão nº 3.273/2010 - 2ª Câmara:[366]

> [...] o contrato foi celebrado pelo valor total da proposta [...], o que significa um desvirtuamento do instituto do registro de preços. [...] Pode-se cogitar que *teria sido mais apropriada a realização de pregão eletrônico para fornecimento de bens de forma parcelada, na sua forma ordinária*, sem a formalização de ata de registro de preços. (grifos nossos)

Não cabe também a utilização do SRP para a realização de uma contratação única nos exatos valores constantes da ata, principalmente quando se vislumbra que se utilizou do Sistema para contornar a falta de dotação orçamentária necessária à realização da licitação do objeto na forma tradicional:

> Atenta contra os princípios da razoabilidade e da finalidade o ente público ("órgão gerenciador", nos termos do art. 1º, parágrafo único, III, do Decreto Federal nº 3.931/2001) valer-se do sistema de registro de preços para celebrar contrato com objeto absolutamente idêntico ao da ata que lhe deu origem, isto é, constituir uma ata de registro de preços para simplesmente firmar contrato pela totalidade do valor da ata. Não se pode aceitar aqui o argumento de que, nesse caso, a ata ainda teria utilidade para os "caronas", uma vez que sua finalidade precípua - sua razão maior de ser - é o atendimento às necessidades do "gerenciador" e dos eventuais "participantes" (art. 2º, III, do Decreto Federal nº 3.931/2001).[367]

Objeto

O Sistema de Registro de Preços no âmbito do RDC era inicialmente somente aplicável à prestação de serviços, inclusive de engenharia, e aquisição de bens (art. 88, inciso I, do Decreto nº 7.581/2011).[368]

Posteriormente, com o advento do Decreto nº 8.080/2013, passou a ser possível a utilização do SRP para a contratação de obras de engenharia.

Serviços

No que toca à prestação de serviços, trata-se de regramento diverso do SRP previsto na Lei nº 8.666/1993, hipótese em que, segundo

---

[366] Rel. Min. Substituto Augusto Sherman Cavalcanti, Sessão 29.06.2010.

[367] Voto condutor do Acórdão nº 113/2012 - Plenário, Rel. Min. José Jorge, Sessão 25.01.2012.

[368] No âmbito da Lei nº 8.666/1993, não há a explícita previsão para serviços de engenharia (art. 1º do Decreto nº 7.892/2013).

a jurisprudência do TCU, somente podem ser registrados *serviços considerados comuns*. Veja-se a respeito o seguinte trecho do voto condutor do Acórdão TCU 296/2007 - 2ª Câmara:[369]

> [...] acompanho o entendimento adotado na Decisão/TCU-Plenário nº 668/2005, pela possibilidade da utilização do SRP para a contratação de serviços comuns. Outrossim, reputo oportuno destacar a *impossibilidade de utilização do SRP para a contratação de obras e serviços considerados não comuns*, por falta de previsão legal, bem como a necessidade de serem atendidas as hipóteses previstas no art. 2º do Decreto nº 3.931/2001, no caso de se adotar o referido procedimento. (grifos nossos)

Tal entendimento, destaco, foi efetuado considerando a possibilidade de realização do registro de preços mediante pregão, o qual é limitado a bens e serviços comuns.[370] Não se tratou, pois, do objeto do SRP propriamente dito, mas das suas limitações caso se utilize o pregão. Assim, caso a contratação do SRP seja mediante concorrência, é possível que se extraia conclusão diversa.

Como o conceito de "serviço comum" é aberto e sujeito a um significativo grau de subjetividade, a definição do que vem a ser serviço comum estará sujeita a controvérsias e dúvidas interpretativas que poderão acarretar insegurança jurídica aos aplicadores da norma.

Na verdade, o relevante é que o serviço se enquadre nos requisitos de aplicabilidade do SRP, pouco importando seu enquadramento como comum ou não. Assim, entende-se positiva o novo disciplinamento conferido pelo RDC.

Já quanto à contratação de serviços contínuos mediante SRP, há entendimento jurisprudencial do TCU entendendo ser possível a medida:

> Vislumbro a importância da utilização do SRP nos casos enquadrados no inciso III, por exemplo, onde a partir de uma cooperação mútua entre órgãos/entidades diferentes, incluindo aí um planejamento consistente de suas necessidades, a formação de uma ata de registro de preços poderia resultar em benefícios importantes. Também nos casos de contratação de serviços frequentemente demandados, mas que não sejam necessários ininterruptamente, a ata poderia ser uma solução eficaz e que coaduna com a eficiência e a economicidade almejadas na aplicação de recursos públicos. (Voto condutor do Acórdão nº 1.737/2012 - Plenário, Rel. Min. Ana Arraes)

---

[369] Rel. Min. Benjamin Zymler, Sessão 06.03.2007.

[370] Artigos 1º e 11 da Lei nº 10.520/2002.

Esse entendimento, é bem verdade, foi proferido sob a égide da regulamentação anterior do SRP de que trata a Lei nº 8.666/1993. Entretanto, seus fundamentos são aplicáveis aos registros de preços de que trata o Regime Diferenciado.

Obras de engenharia

Os requisitos para a contratação de obras de engenharia são:[371]
– não for possível definir previamente o quantitativo a ser demandado ou para atendimento a mais de um órgão ou entidade, ou a programas de governo;
– as licitações sejam realizadas pelo Governo federal;
– as obras tenham projeto de referência padronizado, básico ou executivo, consideradas as regionalizações necessárias;
– haja compromisso do órgão aderente de suportar as despesas das ações necessárias à adequação do projeto padrão às peculiaridades da execução.

Mediante o Acórdão nº 2.600/2013 - Plenário,[372] o TCU apreciou licitação para a construção de creches públicas no bojo do Programa Nacional de Reestruturação e Aquisição de Equipamentos para a Rede Escolar Pública de Educação Infantil (Proinfância), cuja responsabilidade de execução compete ao Fundo Nacional de Desenvolvimento da Educação (FNDE).

No bojo desse acórdão, foram efetuadas as seguintes considerações acerca da legitimidade de se utilizar o Sistema de Registro de Preços para a contratação de obras de engenharia:

O princípio perseguido em lei, quando especificou "aquisição de bens" ou "prestação de serviços", não foi outro senão o de preservar o valor fundamental licitatório: o da obtenção da melhor proposta. *Em um Sistema de Registro de Preços, os objetos devem ser padronizáveis, de modo a atender, amplamente, as necessidades dos adquirentes, qualquer que seja a sua localidade. Quando se compra, por exemplo, uma caneta no Rio Grande do Sul, o interessado no Acre, ao verificar as especificações do produto em ata, tem condições de motivar que aquela licitação atenderá às suas necessidades específicas.*

De outro modo, objetos não padronizáveis ensejam uma altíssima imponderação em termos de satisfação das necessidades pelo adquirente. Seja porque o problema é muito específico, seja porque não viabiliza a oferta de um justo preço que atenda a todos os interessados. Em

---

[371] Art. 89 do Decreto nº 7.581/2011.
[372] Rel. Min. Valmir Campelo, Sessão 25.09.2013.

consequência, uma "licitação universal" não oferecerá uma contratação geral vantajosa.

A questão é que as obras, pelo princípio da especificidade de seus orçamentos, não possuem, via de regra, essas características gerais padronizáveis. As distâncias de transporte, as características do terreno, a disponibilidade dos materiais, os fatores ambientais, todos esses impõem soluções distintas e preços outros, que inviabilizariam uma taxação *erga omnes* da "melhor proposta". A lei, justamente por isso, não dispôs as obras de forma direta. Seria uma "lei geral" de que as obras não podem ser padronizáveis.

A novidade no caso concreto é que a modelagem da licitação foi engenhosamente concebida, de maneira a possibilitar, sim, uma padronização de propostas para as creches. Todos os componentes do objeto que pudessem variar relevantemente de um terreno para outro foram expurgados da obra em si, transmutando-se em itens individuais na ata licitada. Muros, momentos de transporte para mobilização, vias de acesso, furos de sondagens, etc., foram licitados mediante quantitativo global estimado, "por fora" das creches tipo "B" e "C". Significa que para cada contrato a ser firmado, serão avaliados o quanto desses serviços individuais da ata serão necessários; e a adesão far-se-á, somente, com o suficiente para a execução de cada obra em si. Logo, cada contratação, de fato, terá um valor diferente Logo, no caso em estudo, não tenho dúvidas que se demonstrou a viabilidade de se estabelecer uma padronização de contratação, que autorize uma vantajosidade global aos futuros interessados. Nesse teor, penso que o *mens legis* do dispositivo questionado foi plenamente atendido. A licitação em escopo teve o poder de escolher a melhor proposta para as contratações que fruam desse processo. [...]

Se foi demonstrado, nesta situação específica, a viabilidade de se padronizar uma obra (em verdade, se padronizar um anteprojeto), de modo que diversos adquirentes, em diferentes localidades, possam se certificar que se trata de uma proposta vantajosa, em outros casos — pelo menos em tese — esse fim igualmente pode ser atendido. Reconheço, de novo, que a matéria ainda será esmerilhada pela própria evolução jurisprudencial deste Tribunal. Pelo menos com relação ao caso concreto, todavia, não identifico uma ilegalidade direta e inequívoca a justificar a anulação das presentes licitações por ausência de previsão legal. (Voto condutor do Acórdão nº 2.600/2013 - Plenário)

9.4.2 Licitação

A licitação para o registro de preços é de responsabilidade do órgão gerenciador[373] e poderá ser realizada por qualquer dos modos de

---

[373] "Órgão gerenciador – órgão ou entidade pública responsável pela condução do conjunto de procedimentos do certame para registro de preços e gerenciamento da ata de registro de preços dele decorrente" (art. 88, inciso III, do Decreto nº 7.581/2011).

disputa previstos para o RDC, combinados ou não, utilizando-se critério de julgamento de menor preço ou maior desconto.[374] Há diferenças, pois, em relação ao registro de preços de que trata a Lei nº 8.666/1993, para o qual deverá ser realizada concorrência do tipo menor preço, podendo-se excepcionalmente ser adotado o tipo técnica e preço, ou pregão.[375]

De forma a se garantir a economicidade das propostas, a licitação será precedida de ampla pesquisa de mercado.[376]

Como não há o dever de contratação imediata, a licitação poderá ser realizada independentemente de dotação orçamentária. Esse é o entendimento do TCU revelado pelo seguinte trecho do voto condutor do Acórdão nº 297/2011 - Plenário:[377]

> Quanto à ausência de indicação de rubrica orçamentária para suportar as respectivas despesas e mesmo das localidades onde os serviços deverão ser executados, tem-se que essas especificações serão necessárias quando da efetiva contratação dos serviços, sendo, neste momento, prescindível.

Participação de outros órgãos

Quando as contratações são planejadas visando suprir a necessidade da administração como um todo, há vantagens econômicas decorrentes dos ganhos de escala e há vantagens administrativas decorrentes da realização de um único certame, em vez de diversas licitações.

Desta feita, quando da realização do registro de preços, deve haver a divulgação de *intenção de registro de preços* com a finalidade de permitir a participação de outros órgãos ou entidades públicas.[378]

Observado o prazo estabelecido pelo órgão gerenciador, os órgãos ou entidades públicas interessados em participar[379] do registro de preços deverão (§1º do art. 92 do Decreto nº 7.581/2011):
- manifestar sua concordância com o objeto do registro de preços;
- indicar a sua estimativa de demanda e o cronograma de contratações.

---

[374] Inciso II do §2º do art. 32 da Lei nº 12.462/2011 e art. 90, incisos I e II, do Decreto nº 7.581/2011.

[375] Art. 15, §3º da Lei nº 8.666/1993 e art. 7º do Decreto 7.892/2013.

[376] Inciso I do §2º do art. 32 da Lei nº 12.462/2011 e inciso III do art. 90 do Decreto nº 7.581/2011.

[377] Rel. Min. José Jorge, Sessão 09.02.2011.

[378] Art. 92, *caput*, do Decreto nº 7.581/2011.

[379] "Órgão participante – órgão ou entidade da administração pública que participe dos procedimentos iniciais do SRP e integre a ata de registro de preços" (art. 88, inciso IV, do Decreto nº 7.581/2011).

Cabe então ao órgão gerenciador (§2º do art. 92 do Decreto nº 7.581/2011):

- consolidar todas as informações relativas às estimativas individuais de demanda;
- promover a adequação de termos de referência ou projetos básicos encaminhados, para atender aos requisitos de padronização e racionalização;
- realizar ampla pesquisa de mercado para a definição dos preços estimados;
- apresentar as especificações, termos de referência, projetos básicos, quantitativos e preços estimados aos órgãos ou entidades públicas interessados, para a *confirmação da intenção* de participar do registro de preço.

Ocorrendo essa confirmação final, os itens e quantitativos referentes aos órgãos ou entidades participantes deverão ser considerados na estimativa de demanda do registro de preços (§2º do art. 95 do Decreto nº 7.581/2011).

Os órgãos ou entidades da administração pública federal não poderão participar de ata de registro de preços cujo órgão gerenciador integre a administração pública de Estado, do Distrito Federal ou de Município, ressalvada a faculdade de a Autoridade Pública Olímpica participar das atas gerenciadas pelos respectivos consorciados (art. 106 do Decreto nº 7.581/2011).

Não há óbices, contudo, para que os órgãos ou entidades públicas estaduais, municipais ou do Distrito Federal participem de ata de registro de preços gerenciada pela administração pública federal (parágrafo único do art. 106 do Decreto nº 7.581/2011).

Embora o Decreto não explicite, por óbvio, a participação de órgãos/entidades está restrita aos legitimados para a utilização do Regime Diferenciado e nas hipóteses nele previstas.

Parcelamento

De acordo com a diretriz do RDC de parcelamento do objeto, o órgão gerenciador poderá subdividir a quantidade total de cada item em lotes, sempre que comprovada a viabilidade técnica e econômica, observada a quantidade mínima, o prazo e o local de entrega ou de prestação dos serviços. Assim, possibilita-se a ocorrência de maior competitividade (art. 93, *caput*, do Decreto nº 7.581/2011).

No caso de serviços, a subdivisão se dará em função da unidade de medida adotada para aferição dos produtos e resultados esperados, e será observada a demanda específica de cada órgão ou entidade participante (§1º do art. 93 do Decreto nº 7.581/2011).

A respeito, cabe ressaltar que as peculiaridades do objeto a ser contratado não se alteram pelo fato de haver ou não registro de preços prévio. Nesse sentido, verifica-se serem essas disposições referentes ao parcelamento do objeto pertinentes a todas as contratações públicas e não somente àquelas decorrentes de registro de preços, como poderia dar a entender uma interpretação literal da norma.

Afastando a possibilidade da utilização da contratação simultânea de que trata o art. 11 da Lei nº 12.462/2011, o Decreto regulamentador veda a contratação de mais de uma empresa para a execução do mesmo serviço em uma mesma localidade no âmbito do mesmo órgão ou entidade, com vistas a assegurar a responsabilidade contratual e o princípio da padronização (§2º do art. 93 do Decreto nº 7.581/2011).

Instrumento convocatório

Além das exigências aplicáveis às demais licitações, deverão constar do instrumento convocatório, de acordo com as definições efetuadas pelo órgão gerenciador (art. 94 do Decreto nº 7.581/2011):
- a estimativa de quantidades a serem adquiridas no prazo de validade do registro;
- a quantidade mínima de unidades a ser cotada;
- o prazo de validade da ata de registro de preço;
- os órgãos e entidades participantes.

Em relação à estimativa de quantidades a serem adquiridas, cabe destacar que a jurisprudência do TCU[380] é no sentido de que *essa estimativa refere-se ao limite máximo a ser contratado.*[381] Com efeito, o interesse dos licitantes em participar do registro de preços pode variar de acordo com o limite estabelecido no instrumento convocatório, pois quantitativos maiores potencialmente atraem mais licitantes e aumentam a competitividade do certame. Assim, não sendo estabelecido limite máximo, a extrapolação da estimativa de quantidade indicaria inadequação do certame realizado ante uma possível redução da competitividade e, consequentemente, um favorecimento indevido ao registrado. Dessa forma, a fixação de limite de quantitativo máximo atende aos princípios da isonomia, da impessoalidade e da economicidade.

---

[380] Por exemplo: Acórdão nº 4.411/2010 - 2ª Câmara, Rel. Min. Substituto Augusto Sherman Cavalcanti, Sessão 10.08.2010.

[381] Considerando a demanda do órgão gerenciador e dos participantes.

Quando o instrumento convocatório previr o fornecimento de bens ou prestação de serviços em locais diferentes, é facultada a exigência de apresentação de *proposta diferenciada por região*, de modo que os custos variáveis por região sejam acrescidos aos respectivos preços (parágrafo único do art. 94 do Decreto nº 7.581/2011).

Disputa final

Após o encerramento da etapa competitiva, os licitantes poderão reduzir seus preços *ao valor igual* ao da proposta do licitante mais bem classificado. Como a redução das propostas está limitada ao valor daquela mais bem classificada, essa nova fase de apresentação de lances não prejudicará o resultado do certame em relação ao licitante mais bem classificado (art. 97, *caput* e §2º, do Decreto nº 7.581/2011).

Essa possibilidade de apresentação de novas propostas deve ocorrer sem prejuízo dos anteriores procedimentos da etapa competitiva, inclusive a possibilidade de reinício da disputa com a apresentação de novas propostas para a definição das colocações que não o primeiro colocado e a negociação final (artigos 21 e 43 do Decreto nº 7.581/2011).

Assim, pelo fato de já se terem esgotado os procedimentos para a obtenção da proposta mais vantajosa, não viola o princípio da economicidade o fato de que essa nova possibilidade de redução dos preços ofertados está limitada ao valor da mais bem classificada.

9.4.3 Ata de Registro de Preços

A licitação para registro de preços produz, de imediato, apenas o "registro" das propostas, formalizado por meio da Ata de Registro de Preços.

A Ata de Registro de Preços é o documento vinculativo, obrigacional, com característica de compromisso para futura contratação, em que se registram os preços, fornecedores, órgãos participantes e condições a serem praticadas, conforme as disposições contidas no instrumento convocatório e propostas apresentadas.[382]

O prazo de validade da ata de registro de preços será definido no instrumento convocatório e deverá ser limitado ao mínimo de três meses e ao máximo de doze meses.[383] Ao contrário do previsto para o

---

[382] Art. 88, inciso II, do Decreto nº 7.581/2011.

[383] Inciso IV do §2º do art. 32 da Lei nº 12.462/2011 e parágrafo único do art. 99 do Decreto nº 7.581/2011.

SRP da Lei nº 8.666/1993, *as normas do RDC não previram a possibilidade de prorrogação da vigência da ata.*[384]

Definidos os valores finais de todas as propostas, cabe ao órgão gerenciador:[385]

- registrar na ata os *preços e quantitativos*, na seguinte ordem:
- - do licitante mais bem classificado durante a etapa competitiva;
    - - dos licitantes que houverem aceitado cotar seus bens ou serviços em valor igual ao do licitante mais bem classificado (segundo a ordem da última proposta apresentada na fase competitiva);
    - - dos demais licitantes classificados, conforme a ordem de classificação;
- providenciar a assinatura da ata de registro de preços;
- encaminhar cópia da ata de registro de preços aos órgãos ou entidades participantes.

Observa-se que a ata não se confunde com os contratos dela decorrentes. Vejam-se a respeito as seguintes ponderações constantes do voto condutor do Acórdão TCU nº 3.273/2010 - 2ª Câmara:[386]

> [...] a ata firma compromissos para futura contratação, ou seja, caso venha a ser concretizado o contrato, há que se obedecer às condições previstas na ata. Além do que, *a ata de registro de preços impõe compromissos, basicamente, ao fornecedor* (e não à administração pública), sobretudo em relação aos preços e às condições de entrega. Já *o contrato estabelece deveres e direitos tanto ao contratado quanto ao contratante, numa relação de bilateralidade e comutatividade típicas do instituto.* (grifos nossos)

Cadastro de Reserva

Cabe destacar a possibilidade de registro de preços de licitantes que não os primeiros colocados.

Essa inovação, que foi incorporada pela recente regulamentação do SRP de que trata a Lei nº 8.666/1993,[387] pode ser justificada com o intuito de se buscar a preservação da licitação para registro de preços, caso o licitante vencedor ou mais bem classificado não honre a sua proposta.

---

[384] Art. 12 do Decreto nº 7.892/2013.

[385] Artigos 95, incisos IV e V, e 98 do Decreto nº 7.581/2011.

[386] Rel. Min. Substituto Augusto Sherman Cavalcanti, Sessão 29.06.2010.

[387] Art. 11, inciso I, do Decreto nº 7.892/2013: "I - será incluído, na respectiva ata, o registro dos licitantes que aceitarem cotar os bens ou serviços com preços iguais ao do licitante vencedor na sequência da classificação do certame".

A diferença é que no RDC é possível também o registro de preços superiores àquele do lance vencedor.

As normas são silentes em relação ao momento em que devem ser verificados os documentos de habilitação referentes a esses licitantes integrantes do cadastro de reserva — quando da análise dos documentos do licitante vencedor ou quando da convocação dos licitantes remanescentes.

De se ver que, em geral, o vencedor honra seus compromissos, podendo ser consideradas exceções as situações em que será necessária a utilização do cadastro de reserva.

Sendo assim, entendo que a verificação de pronto dos documentos de todos os licitantes remanescentes iria de encontro aos princípios da razoabilidade e proporcionalidade. Isso porque se estaria realizando significativos esforços administrativos referentes a contratações que possivelmente não ocorrerão. Nessa ótica, entendo que a verificação dos documentos de habilitação dos integrantes do cadastro de reserva deve ocorrer na medida em que forem convocados para honrar os seus compromissos assumidos quando da participação no SRP.

Esse procedimento, entendo, é compatível com o espírito do legislador, verificado nos mais recentes diplomas legais sobre a matéria, em simplificar e imprimir maior celeridade aos procedimentos de contratações públicas.

9.4.4 Contratos

Caracterizada a necessidade do fornecimento do bem ou prestação do serviço, cabe a efetivação da contratação para suprir essa necessidade da administração.

A esses contratos decorrentes do sistema de registro de preços, aplicam-se as disposições gerais pertinentes aos demais contratos do RDC. Nesse sentido, o *caput* do art. 100 do Decreto nº 7.581/2011 estabelece que a vigência da avença deverá estar prevista no instrumento convocatório, observando-se, no que couber, as normas da Lei nº 8.666/1993.

Embora os contratos possam sofrer alterações, *é vedado o acréscimo de quantitativos ao objeto inicialmente contratado*.[388] Essa restrição também ocorre nos contratos derivados de registro de preços efetuados com base na Lei nº 8.666/1993.[389]

---

[388] Art. 100, parágrafos 1º e 2º, do Decreto nº 7.581/2011.

[389] Art. 12, §1º, do Decreto nº 7.892/2013.

Essa disposição aparentemente preserva o objeto licitado e afasta a possibilidade de seu desvirtuamento em razão dos inúmeros contratos que podem advir do registro de preços.

Entretanto, a interpretação que deve ser conferida ao dispositivo é a de que não se admite alteração *qualitativa da ata de registro de preço*. Ou seja, não se permite alterar as características do objeto licitado.

Isto porque, embora o regulamento possa orientar o gestor no uso de seu poder discricionário, sua supressão absoluta pode caracterizar o uso exorbitante do poder regulamentar e a consequente inconstitucionalidade do regulamento.

Assim, se a vedação de qualquer alteração quantitativa alcançar os contratos decorrentes da ata, mister é concluir que a norma regulamentar vai de encontro ao disposto nos parágrafos 1º e 2º do art. 65 da Lei nº 8.666/1993, os quais permitem acréscimos ou supressões de até 25% no objeto contratado.[390]

9.4.5 Gerenciamento

O órgão gerenciador realizará todos os atos de controle e administração do registro de preços (parágrafo primeiro do art. 95 do Decreto nº 7.581/2011).

Quando das contratações, o órgão gerenciador indicará os fornecedores que poderão ser contratados e os respectivos quantitativos e preços, conforme a seguinte ordem de indicação (artigos 95, inciso VI, e 103 do Decreto nº 7.581/2011):

- o fornecedor registrado mais bem classificado, até o esgotamento dos respectivos quantitativos oferecidos;
- os fornecedores registrados que registraram seus preços em valor igual ao do licitante mais bem classificado, conforme a ordem de classificação;
- os demais fornecedores registrados, conforme a ordem de classificação, pelos seus preços registrados.

Cabe ainda ao órgão gerenciador (art. 95, incisos VII e VIII, do Decreto nº 7.581/2011):

---

[390] Nesse sentido, o disposto no Acórdão TCU nº 3.260/2011 - Plenário, Rel. Min. José Múcio, Sessão 07.12.2011, mediante o qual se considerou inadequado dispositivo de norma do Departamento Nacional de Infraestrutura de Transportes (DNIT) que vedava, em determinadas espécie de contratações, a formalização de termos aditivos aos contratos para alteração quantitativa ou qualitativa das soluções de projeto.

- manter controle do saldo da quantidade global de bens e serviços que poderão ser contratados pelos órgãos aderentes;
- aplicar eventuais sanções que decorrerem:
  - - do procedimento licitatório;
  - - de descumprimento da ata de registro de preços em relação a sua demanda;
  - - de descumprimento dos contratos que celebrarem, ainda que não haja o correspondente instrumento.[391]

Trimestralmente deverá ser avaliada a compatibilidade entre o preço registrado e o valor de mercado. Se for constatado que o preço registrado é superior ao valor de mercado, ficam vedadas novas contratações até que, mediante negociação, os fornecedores reduzam seus preços aos valores praticados pelo mercado (inciso III do §2º do art. 32 da Lei nº 12.462/2011 e artigos 95, inciso IX, 104 e 105 do Decreto nº 7.581/2011).

A ordem de classificação dos fornecedores que aceitarem reduzir seus preços aos valores de mercado observará a classificação original. Caso a negociação reste infrutífera e os fornecedores não aceitem reduzir os seus preços, eles serão liberados do compromisso assumido, sem aplicação de penalidade (§1º e §2º do art. 105 do Decreto nº 7.581/2011).

Participantes

Cabe aos órgãos ou entidades participantes consultar o órgão gerenciador para obter a indicação do fornecedor e respectivos quantitativos e preços que poderão ser contratados (art. 96, inciso I, do Decreto nº 7.581/2011).

Além disso, cabe aos participantes (art. 96 do Decreto nº 7.581/2011):
- fiscalizar o cumprimento dos contratos que celebrarem;
- aplicar eventuais sanções que decorrerem do descumprimento da ata de registro de preços, no que se refere às suas demandas, e dos contratos que celebrarem, ainda que não haja o correspondente instrumento;
- informar ao órgão gerenciador as sanções que aplicarem e o nome do responsável pelo acompanhamento e fiscalização dos contratos que celebrarem.

---

[391] Por vezes, a contratação independe da sua formalização em instrumento, como é o caso de aquisições de bens para pronta entrega (art. 62, §4º, da Lei nº 8.666/1993).

Adesão à Ata de Registro de Preços

Aqueles legitimados a se utilizar do Regime Diferenciado e que não tenham participado do certame licitatório, poderão aderir à ata de registro de preços, respeitado o seu prazo de vigência.[392] Trata-se da figura do "carona", também prevista no registro de preços regido pela Lei nº 8.666/1993, em razão de disposição do Decreto nº 7.892/2013 (artigos 2º, inciso V, e 22).

Essa adesão à ata de registro de preços não deixa de ser uma hipótese de contratação direta sem licitação. Isto posto, a previsão da figura do "carona" pela Lei nº 12.462/2011 é compatível com o disposto no XXI do art. 37 da Constituição Federal, o qual prevê que as hipóteses de contratação sem licitação devem estar previstas na em normas legais.[393]

Cabe ao órgão aderente[394] consultar o órgão gerenciador para obter a indicação do fornecedor, quantitativos e preços e gerenciar os contratos que celebrarem (§1º do art. 102 do Decreto nº 7.581/2011).

Ao órgão gerenciador cabe indicar o fornecedor registrado mais bem classificado e os demais licitantes que registraram seus preços em valor igual ao do licitante mais bem classificado (§2º do art. 103 do Decreto nº 7.581/2011).

Há, pois, uma nítida diferença em relação às contratações dos órgãos participantes e do órgão gerenciador, pois estes podem efetuar contratações com todos os fornecedores registrados.[395] Já quando se trata dos aderentes, *as contratações estão limitadas aos fornecedores com o menor valor e não podem ser estendidas aos demais registrados.*[396]

Os órgãos aderentes deverão propor a celebração de contrato aos fornecedores indicados pelo órgão gerenciador seguindo a ordem de classificação e concretizar a contratação no prazo de até trinta dias após a indicação do fornecedor pelo órgão gerenciador, respeitado o prazo de vigência da ata (parágrafos 3º e 4º do art. 103 do Decreto nº 7.581/2010).

---

[392] Art. 32, §1º, da Lei nº 12.462/2011 e art. 102 do Decreto nº 7.581/2011.

[393] Isso não ocorre com a adesão à ata de registro de preços regida pela Lei nº 8.666/1993, a qual somente foi prevista por norma infralegal.

[394] Órgão ou entidade da administração pública que, não tendo participado dos procedimentos iniciais da licitação, adere uma ata de registro de preços (art. 88, inciso V, do Decreto nº 7.581/2011).

[395] De acordo com os critérios estabelecidos no art. 103 do Decreto nº 7.581/2011.

[396] Não há que se falar nessa limitação e nos registros de preços regidos pela Lei nº 8.666/1993, pois neles não é possível registrar preços superiores aos do primeiro colocado (art. 11, inciso I, do Decreto nº 7.892/2013).

A adesão à ata de registro de preços não prescinde, por parte do aderente, da caracterização do objeto a ser adquirido, das justificativas que contêm o diagnóstico da necessidade da aquisição e da adequação do objeto aos interesses da administração e da pesquisa de preço com vistas a verificar a compatibilidade dos valores dos referidos bens com os preços de mercado.[397]

Os *fornecedores registrados não são obrigados a contratar com órgãos aderentes*. Entretanto, se a contratação ocorrer, não haverá prejuízo da obrigação de cumprimento da ata de registro de preços em relação ao órgão gerenciador e participantes (parágrafos 4º e 5º do art. 102 do Decreto nº 7.581/2011). Mediante o já mencionado Acórdão nº 2.600/2013 - Plenário, o TCU apreciou licitação destinada a construção de creches em que os vencedores fariam contratações *apenas com entidades aderentes*. Ou seja, os vencedores teriam a *opção de sequer realizar qualquer contratação com base nos preços registrados*.

Entendeu-se ser esse procedimento incompatível com o interesse público, pois, nos termos do voto condutor desse acórdão:

> [...] o fornecedor, considerando que existem apenas "aderentes", pode tender a contratar apenas a "boa fatia" da licitação. Para aqueles lotes mais onerosos, pode decidir não contratar. Visivelmente que a possibilidade macula a "boa proposta". Essa viabilidade editalícia, em verdade, avilta todo o processo. [...]
>
> A consequência, em termos formais da licitação, é que quando não existem quantidades de "gerenciadores" e "participantes", *o edital trará as quantidades estimadas unicamente dos "aderentes". Logo, para aquelas quantidades é que os licitantes devem apresentar qualificação técnica, econômica e financeira, tendo em vista que o certame foi idealizado para adimpli-las. Em consequência, para assegurar o objetivo dessa licitação — que, afinal, é o que guarda o art. 99 do Decreto 7.581/2011, ao obrigar o fornecimento para o gerenciador e participantes — o fornecimento não pode ser optativo, para a vencedora.* Tem de ser obrigatório. *O fornecedor, uma vez contatado pela interessada e previamente aprovado pela gerenciadora, não pode recusar o contrato.* Tal condição tem de estar estampada nos instrumentos convocatórios nesse modelo, como condição para garantia da melhor proposta. (grifos nossos)

Vigência da ata

A necessidade de observância da vigência da ata já foi objeto de deliberação do TCU, no sentido de orientar os gestores públicos: "[...]

---

[397] Acórdão TCU nº 2.764/2010 - Plenário, Rel. Min. Substituto Marcos Bemquerer Costa, Sessão 13.10.2010.

quando atuarem como gerenciadores de atas de registro de preço, a não aceitarem a adesão após o fim da vigência das atas, em atenção ao art. 4º, *caput* e §2º, do Decreto nº 3.931/2001".[398]

Limites quantitativos

Foi estabelecido limite quantitativo para que outros órgãos possam aderir à ata de registro de preços (parágrafos 2º e 3º do Decreto nº 7.581/2011):

I - cada órgão aderente não poderá contratar quantidade superior à soma das estimativas de demanda dos órgãos gerenciador e participantes; e

II - a quantidade global de bens ou serviços que poderão ser contratados pelos aderentes não poderá ser superior a cinco vezes a quantidade prevista para cada item.

Os limites quantitativos estabelecidos para o RDC foram significativamente inovadores em relação ao registro de preços então regido pela Lei nº 8.666/1993, pois, lá, a única restrição quantitativa imposta aos aderentes era o limite individual de 100% do contido na ata (§3º do art. 8º do Decreto nº 3.931/2001). Ou seja, naquele regime, *não havia nenhuma limitação ao número de aderentes e, consequentemente, ao total a ser contratado mediante o instituto da adesão.*

Essa situação de ausência de limite para as adesões foi considerada inadequada pelo TCU, mediante o Acórdão nº 1.487/2007 - Plenário,[399] quando se afirmou que atenta contra "os princípios da competição, da igualdade de condições entre os licitantes e da busca da maior vantagem para a administração pública, tendo em vista que as regras atuais permitem a indesejável situação de adesão ilimitada a atas em vigor, desvirtuando as finalidades buscadas por essa sistemática".

São relevantes também as ponderações constantes do voto condutor do Acórdão nº 2.692/2012 - Plenário:[400]

> Dessa forma, *a fixação do limite a ser adquirido em edital*, conforme entendimento firmado pelo Acordao 1.233/2012 - Plenário, *dá plena transparência aos fornecedores a respeito da estimativa de quantitativos a serem adquiridos por cada participante.* O entendimento detalhado pelo TCU na referida deliberação reduz a assimetria de informações associada

---

[398] Item 9.2.1.4 do Acórdão nº 1.793/2011 - Plenário, Rel. Min. Valmir Campelo, Sessão 06.07.2011.

[399] Rel. Min. Valmir Campelo, Sessão 1º.08.2007 – ainda pendente de apreciação de recurso.

[400] Rel. Min. Aroldo Cedraz, Sessão 03.10.2012.

à absoluta imprevisibilidade, na sistemática até então adotada pelos órgãos e entidades federais, do total de "caronas" que eventualmente poderiam ser agregados ao certame original e mitiga, assim, a possibilidade de comportamento oportunista por parte de eventuais licitantes fraudadores.

Nessa linha, o TCU, em sucessivas decisões, reiterou o entendimento de que o edital deve prever os quantitativos máximos a serem contratados mediante adesões posteriores. Veja-se a respeito a seguinte parte dispositiva do Acórdão nº 1.737/2012 - Plenário,[401] alterando o item 1.5.1.1 do Acórdão nº 2.775/2010 - Plenário, que passa a ter a seguinte redação:

> 1.5.1.1 quando da utilização do SRP, inclusive para contratação de serviços contínuos, fixe, no instrumento convocatório, *os quantitativos máximos a serem contratados e controle, enquanto órgão gerenciador da ata a ser formada, as adesões posteriores, para que esses limites não sejam superados*; [...].

Desta feita, até porque está de acordo com a recente jurisprudência do TCU, foi positiva a limitação quantitativa no RDC do total que poderá ser adquirido mediante adesão, pois se aumenta a transparência do registro de preços ao ser permitido aos licitantes que visualizem o real potencial de contratação com a administração pública.

De acordo com esses entendimentos jurisprudenciais, o Decreto nº 7.892/2013 (art. 22, §4º) estabeleceu, para as licitações de registro de preços regidas pela Lei nº 8.666/1993, limites de adesões similares àqueles do SRP do Regime Diferenciado.

Limites subjetivos

A norma estabeleceu para os aderentes os mesmos limites subjetivos para os participantes (art. 106 do Decreto nº 7.581/2011). Ou seja, os órgãos ou entidades da administração pública federal não poderão aderir à ata de registro de preços gerenciada por integrante de outro ente da Federação. Esse entendimento é compatível com a jurisprudência do TCU[402] proferida com base no revogado Decreto nº 3.931/2001, o qual não era explícito a respeito.[403]

---

[401] Rel. Min. Ana Arraes, Sessão 04.07.2012.

[402] Item 9.85 do Acórdão nº 1.793/2011 - Plenário: "abstenham-se de aderir a atas de registro de preços provenientes de licitações de administração estadual, municipal ou distrital, por falta de amparo legal, em atenção ao princípio da legalidade previsto no *caput* do art. 37 da Constituição Federal" (Rel. Min. Valmir Campelo, Sessão 06.07.2011).

[403] O Decreto nº 7.892/2013, em seu art. 22, §8º e §9º, incorporou limites subjetivos semelhantes.

A razão para tanto decorre da incongruência entre o conjunto de normas regedoras das licitações realizadas pela União e aquelas realizadas pelos demais entes da federação. Isso porque, embora todos se submetem às normas gerais disciplinadas pela União (art. 22, XXVII, da Constituição Federal), cada ente possui competência legislativa para tratar de questões específicas.

Há, contudo, permissão para que os integrantes dos demais entes da Federação adiram às atas gerenciadas pela administração pública federal. Essa disposição, por certo, para ser aplicável, deverá ser acompanhada de normas locais que permitam ao respectivo ente federativo praticar essa adesão. A Autoridade Pública Olímpica, por sua vez, pode aderir a qualquer ata gerenciada pelos respectivos consorciados.

Tal qual exposto em relação à participação nas atas, embora o Decreto não explicite, por óbvio, a adesão de órgãos/entidades está restrita aos legitimados para a utilização do Regime Diferenciado e nas hipóteses nele previstas.

9.4.6 Revogação

Cabe ao órgão gerenciador anular ou revogar o registro de preços (inciso X do art. 95 do Decreto nº 7.581/2011).

O Decreto nº 7.581/2011, em seu art. 107, dispõe que o registro de preços será revogado quando o fornecedor:
- descumprir as condições da ata de registro de preços;
- não retirar a respectiva nota de empenho ou instrumento equivalente, no prazo estabelecido pela administração pública, sem justificativa aceitável;
- não aceitar reduzir o seu preço registrado, na hipótese de este se tornar superior àqueles praticados no mercado;
- sofrer as sanções de impedimento ou suspensão para contratar com a administração pública (incisos III e IV do art. 87 da Lei nº 8.666/1993 e art. 7º da Lei nº 10.520/2002).

Entretanto, a utilização, nessas situações, do instituto da revogação deve ser vista com cautela, pois não há qualquer discricionariedade oferecida ao gestor. Está-se a falar, na verdade, de cancelamento de registro.

Tanto é assim que, nesses casos, a norma utiliza a expressão "será revogado", o que pressupõe uma obrigação para o gestor e não uma mera faculdade. Não há como ser admitido, por exemplo, a subsistência do registro quando o respectivo preço estiver acima do praticado no mercado e o registrado se recusar a reduzi-lo.

Com exceção da recusa em reduzir os preços para adequá-los ao mercado, nas demais hipóteses mencionadas, deve ser assegurada a ampla defesa ao registrado (§2º do art. 107 do Decreto nº 7.581/2011).

Para situações em que cabe efetivamente a revogação, ela poderá ocorrer por (§1º do art. 107 do Decreto nº 7.581/2011):

- iniciativa da administração pública, conforme conveniência e oportunidade;
- solicitação do fornecedor, com base em fato superveniente devidamente comprovado que justifique a impossibilidade de cumprimento da proposta.

A revogação/cancelamento do registro em relação a um fornecedor não prejudicará o registro dos preços dos demais licitantes (§3º do art. 107 do Decreto nº 7.581/2011).

Tabela 5 – Diferenças entre o Sistema de Registro de Preços da Lei nº 8.666/1993 e o do RDC

	Regido pela Lei nº 8.666/1993	Regido pelo RDC
Aplicabilidade a obras de engenharia	Não	Sim
Vigência da Ata	Até 12 meses, incluindo eventuais prorrogações	De 3 a 12 meses sem possibilidade de prorrogação
Cadastro de reserva	Somente cabe o registro de preços iguais aos do primeiro colocado	Possível o registro de preços superiores aos do primeiro colocado
Modalidade licitatória	Concorrência (tipo menor preço ou técnica e preço) ou pregão	Menor preço ou maior desconto

CAPÍTULO 10

SANÇÕES

Consoante o art. 47 da Lei nº 12.462/2011, ficará impedido de licitar e contratar com a União, estados, Distrito Federal ou municípios, pelo prazo *de até cinco anos*, sem prejuízo das multas previstas no instrumento convocatório e no contrato, bem como das demais cominações legais, o licitante que:
- deixar de entregar a documentação exigida para o certame ou apresentar documento falso;
- ensejar o *retardamento da execução ou da entrega do objeto* da licitação sem motivo justificado;
- *não mantiver a proposta*, salvo se em decorrência de fato superveniente, devidamente justificado;
- fraudar a licitação ou praticar atos fraudulentos na execução do contrato;
- comportar-se de *modo inidôneo ou cometer fraude fiscal*;
- der causa à *inexecução total ou parcial do contrato*;
- não celebrar o contrato *depois de convocado dentro do prazo de validade da sua proposta*, inclusive nas hipóteses de convocação de licitante remanescente.[404]

Caberá recurso no prazo de cinco dias úteis, contado a partir da data da intimação ou da lavratura da ata de aplicação das penas (§1º do art. 111 do Decreto nº 7.581/2011).

---

[404] A ocorrer quando o vencedor não celebra o contrato ou quando o contratado abandona a execução de obra ou serviço (artigos 40, parágrafo único, e 41 da Lei nº 12.462/2011).

10.1 Dosimetria da pena

A norma não faz a correlação direta entre a gravidade das condutas verificadas e a dosimetria da pena a ser aplicada. Entretanto, ao determinar que a pena será de *até cinco anos*, a norma possibilitou o estabelecimento da quantidade da pena de acordo com a gravidade da conduta. Essa possibilidade, aliás, deve ser considerada um poder-dever do administrador, pois, consoante o princípio constitucional da individualização da pena,[405] deve haver a adequação entre a gravidade da conduta e o *quantum* da pena a ser imposta.

Reforça esse entendimento o disposto no art. 2º da Lei nº 9.784/1999, no qual é prevista a obediência pela administração pública do *princípio da proporcionalidade*. Nessa linha, bem delineando o princípio, é estabelecida no inciso VI do referido artigo a necessidade de observância da "adequação entre meios e fins, vedada a imposição de obrigações, restrições e sanções em medida superior àquelas estritamente necessárias ao atendimento do interesse público".

Ou seja, mesmo que objetivamente o administrado incorra em alguma das condutas merecedoras de punição, somente *a análise de cada caso concreto indicará a necessidade de cada sanção e a sua dosimetria*. Assim, por exemplo, em determinada situação pode ocorrer que a inexecução parcial do contrato deva ser apenada somente com a multa prevista no instrumento convocatório, não sendo cabível o impedimento de licitar.

Entre as circunstâncias a serem sopesadas na avaliação do grau de culpabilidade de determinada conduta, insere-se a existência ou não de prejuízos para a administração pública. Não se olvida que a existência de prejuízo não é pré-requisito para a aplicação das sanções, mesmo as mais graves. Isso porque podem ocorrer condutas reprováveis o suficiente para demandarem rigorosas punições, mas que não propiciam prejuízos à administração (*v.g.*, a falsificação de documentos referentes à habilitação dos licitantes).

Entretanto, é inegável que a existência de prejuízos consiste em fator a ser considerado quando da apreciação da conduta impugnada e, se for o caso, da dosimetria da pena. Essa é a interpretação *a contrario sensu* que se extrai do seguinte acórdão do STJ:[406]

> Aplicação do princípio da razoabilidade. *Inexistência de demonstração de prejuízo para a administração pelo atraso na entrega do objeto contratado.*

---

[405] Constituição Federal: "Art. 5º [...] XLVI - A lei regulará a individualização da pena [...]".

[406] STJ. REsp nº 914.087/RJ, 1ª Turma. Rel. Min. José Delgado. Julg. 04.10.2007.

3. Aceitação implícita da administração pública ao receber parte da mercadoria com atraso, sem lançar nenhum protesto. [...] 6. Recurso especial não provido, confirmando-se o acórdão que afastou a pena de suspensão temporária de participação em licitação e impedimentos de contratar com o Ministério da Marinha, pelo prazo de 6 (seis) meses. (grifos nossos)

De qualquer modo, os atos administrativos, dos quais resulte sanção devem ser motivados, com indicação dos fatos e dos fundamentos jurídicos, de forma clara e congruente (inciso II do art. 50 da Lei nº 9.784/1999).

De se observar que a Lei nº 12.462/2011 é explícita ao esclarecer que a sanção de impedimento de licitar pode ser aplicada sem prejuízo das penas de multa previstas no instrumento convocatório e no contrato. Ou seja, as condutas passíveis de apenação podem ser objeto de ambas as espécies de sanções sem que isso constitua *bis in idem*.

10.2 Âmbito de abrangência

Quanto ao âmbito de abrangência, a sanção de impedimento para licitar de que trata o RDC está restrita ao ente federativo que a aplicar (União, estado ou município), de forma similar à sanção cabível quando da realização de pregões[407] (art. 7º da Lei nº 10.520/2002).

Trata-se, pois, de abrangência diversa das fixadas para a declaração de inidoneidade de que trata o inciso IV do art. 87 da Lei nº 8.666/1993 — aplicável a todos os entes da federação —, a suspensão temporária de que trata o inciso III do art. 87 da Lei nº 8.666/1993 — restrita ao órgão/entidade aplicador da sanção — e a declaração de inidoneidade a cargo do Tribunal de Contas da União (art. 46 da Lei nº 8.443/1992) — restrita à administração pública federal.

---

[407] Veja-se, a respeito, o disposto no art. 40 da Instrução Normativa nº 02/2010, a qual estabelece normas para o funcionamento do Sistema de Cadastramento Unificado de Fornecedores – SICAF no âmbito dos órgãos e entidades integrantes do Sistema de Serviços Gerais – SISG: "Art. 40. São sanções passíveis de registro no SICAF, além de outras que a lei possa prever: [...] V - impedimento de licitar e contratar com a União, Estados, Distrito Federal ou Municípios, conforme o art. 7º da Lei nº 10.520, de 2002. [...] §3º A aplicação da sanção prevista no inciso V deste artigo impossibilitará o fornecedor ou interessado de participar de licitações e formalizar contratos no âmbito interno do ente federativo que aplicar a sanção".

Tabela 6 – Âmbito de abrangências das sanções impeditivas de participar de licitação

Abrangência	Prazo
Lei nº 8.666/1993 (arts. 6º e 87)	
Suspensão Temporária	
Órgão ou entidade aplicador da sanção	Até 2 anos
Declaração de inidoneidade	
Administração direta e indireta da União, dos estados, do Distrito Federal e dos municípios	Mínimo 2 anos até a reabilitação
Pregão (Lei nº 10.520/2002 – art. 7º)	
Ente da Federação aplicador da sanção	Até 5 anos
Regime Diferenciado de Contratação (art. 15 da Lei nº 12.462/2011)	
Ente da Federação aplicador da sanção	Até 5 anos
Sanção aplicável pelo TCU (art. 46 da Lei nº 8.443/1992)	
Administração Pública Federal	Até 5 anos

10.3 Sanções previstas na Lei nº 8.666/1993

Foi prevista ainda a aplicabilidade das sanções administrativas estabelecidas na Lei nº 8.666/1993 (§2º do art. 47 da Lei nº 12.462/2011).

Essas sanções podem ocorrer em função dos seguintes fatos geradores (artigos 86 a 88 da Lei nº 8.666/1993):

- atraso injustificado na execução do contrato;
- inexecução total ou parcial do contrato;
- prática dolosa, confirmada em decisão definitiva, de fraude fiscal no recolhimento de quaisquer tributos;
- prática de atos ilícitos visando a frustrar os objetivos da licitação;
- prática de atos ilícitos indicativos de ausência de idoneidade para contratar com a administração.

Veja-se que se trata, em grande parte, de condutas semelhantes àquelas mencionadas no art. 47 Lei nº 12.462/2011. Há diferença, contudo, na tipologia de sanções, pois a Lei nº 8.666/1993 prevê as seguintes espécies:

- advertência;
- multa prevista no instrumento convocatório;
- suspensão de contratar com a administração por até dois anos;
- declaração de inidoneidade para licitar ou contratar com a administração pública.

Tal qual na Lei nº 12.462/2011, a pena de multa pode ser aplicada conjuntamente com uma das demais sanções. Essas últimas — advertência, suspensão de contratar e declaração de inidoneidade — não podem ser cominadas de forma cumulativa entre si (§2º do art. 87 da Lei nº 8.666/1993).

Assim, por exemplo, caso a conduta seja de menor gravidade e seja adequada somente uma pena de advertência, cabe a utilização da Lei nº 8.666/1993, pois essa espécie de pena não está prevista de forma autônoma[408] na Lei nº 12.462/2011.

O que deve ser evitado, por poder caracterizar *bis in idem*, é a aplicação simultânea de penalidades previstas na Lei nº 8.666/1993 e na Lei nº 12.462/2011. Isso porque ambas as normas estabelecem expressamente as possibilidades de cumulação de sanções, as quais não abrangem a cumulação de penas estabelecidas em uma norma com a de outra norma.

Logo, mais uma vez exemplificando, e até por extrapolar as raias do razoável, não seria admissível a aplicação da sanção de suspensão para licitar, de que trata a Lei nº 8.666/1993, em conjunto com a pena de impedimento para licitar, de que trata a Lei nº 12.462/2011.

Quanto à dosimetria das sanções previstas na Lei nº 8.666/1993, aplicam-se os comentários efetuados a respeito das sanções do Regime Diferenciado.

Cabe observar, contudo, que as espécies de sanções da Lei nº 8.666/1993 estão enumeradas de acordo com a gravidade da conduta. Portanto, consoante o princípio da razoabilidade, a escolha da espécie de sançao a ser aplicada e a sua dose deve ocorrer conforme o grau de reprovabilidade da conduta analisada. Elucidativo a respeito é o seguinte trecho do voto-vista do Ministra Laurita Vaz, o qual aderiu ao voto vencedor do MS nº 7.311, do Superior Tribunal de Justiça:[409]

> Analisando minuciosamente o dispositivo, entretanto, verifica-se que *as sanções cabíveis são enumeradas da menos gravosa para a mais contundente, o*

---

[408] Diz-se de forma autônoma quando não há a remissão a outra norma.

[409] STJ. MS nº 7.311/DF, 1ª Seção. Rel. Min. Garcia Vieira. Rel. p/ acórdão Min. Humberto Gomes de Barros. Julg. 28.08.2002.

que, inevitavelmente, leva à conclusão de que a "mens legis" foi de estabelecer a proporcionalidade entre a gravidade da conduta lesiva e a penalidade a ser aplicada.

Ressalte-se que a proporcionalidade constitui um dos princípios aos quais a administração pública deve obediência, a teor do disposto no art. 2º da Lei n.º 9.784/99, que trata dos procedimentos administrativos na órbita federal. (grifos nossos)

10.4 Consequências acessórias da aplicação das sanções

A aplicação da sanção de impedimento para participar de licitações prevista na Lei nº 12.462/2011 implicará ainda o *descredenciamento* do licitante, *pelo prazo da penalidade,* dos sistemas de cadastramento dos entes federativos que compõem a Autoridade Pública Olímpica (§1º do art. 47 da Lei nº 12.462/2011).

Uma primeira observação a ser feita é que a referida penalidade de impedimento para licitar abrange qualquer licitação pública e não somente aquelas efetuadas com base no Regime Diferenciado. Assim, para dar efetividade à punição, é pertinente a determinação para que haja o descredenciamento dos punidos dos *cadastros gerais* dos entes públicos e não de eventuais cadastros específicos do Regime Diferenciado.

Nesse sentido, no âmbito federal, as penalidades devem ser obrigatoriamente registradas no Sistema de Cadastramento Unificado de Fornecedores – Sicaf, consoante o §2º do art. 111 do Decreto nº 7.581/2011.

Veja-se que a norma menciona apenas a sanção prevista na Lei nº 12.462/2011, nada dispondo acerca do procedimento a ser adotado quando a impossibilidade para participar de licitações decorre da aplicação das sanções estabelecidas na Lei nº 8.666/1993. Entretanto, por analogia, cabe adotar procedimento idêntico para ambas as hipóteses.

10.5 Sanções de natureza penal

Também se aplicam ao Regime Diferenciado — além das sanções de natureza administrativa fixadas na Lei nº 8.666/1993 — as sanções de natureza penal previstas nessa mesma lei.

De se ver, contudo, que a aplicação ao Regime Diferenciado das disposições de natureza penal previstas na Lei nº 8.666/1993 decorre do disposto no §2º do art. 47 da Lei nº 12.462/2011. Esta lei é decorrente de conversão de medida provisória, o que poderia atrair a incidência do disposto no §1º, inciso I, alínea "b", do art. 62 da Constituição Federal,[410] o qual veda a edição de medidas provisórias sobre matéria relativa a direito penal e processual penal.

Há de se convir, entretanto, que na espécie não se está a dispor sobre matéria de direito penal ou processual penal. Não se institui, altera ou elimina nenhum tipo penal e tampouco se altera alguma norma de direito processual. O que ocorre é que o descumprimento de algumas das disposições da Lei nº 12.462/2011 pode ser considerado ilícito penal.

Isso potencialmente se dá com qualquer norma editada pelo poder público, não significando que se esteja tratando de matéria penal. Veja-se, por exemplo, uma lei que disponha sobre a aplicação de recursos públicos na área de saúde. Eventual descumprimento dessa norma, que evidentemente não versa sobre direito penal, poderia caracterizar o ilícito penal previsto no art. 315 do Código Penal.[411]

Ou seja, a aplicabilidade dos tipos penais em razão do descumprimento de determinada norma acontece sem a necessidade de expressa previsão da norma nesse sentido. Basta que ocorra a subsunção do caso concreto ao tipo penal.

O que distingue a norma do Regime Diferenciado é a menção expressa à aplicação das normas de direito penal previstas na Lei nº 8.666/1993. Essa menção se fez necessária apenas em razão do disposto no §2º do art. 1º da Lei nº 12.462/2011, o qual estabelece a necessidade de serem explicitados os dispositivos da Lei nº 8.666/1993 que se aplicam ao Regime Diferenciado.

Tratou-se apenas de critério de redação legislativa, pois, caso o Regime Diferenciado apenas estipulasse as disposições da Lei nº 8.666/1993 que não são a ele aplicáveis — não incluindo, por certo, as disposições penais que seriam aplicáveis — o resultado seria exatamente o mesmo e não haveria o questionamento sobre a norma tratar ou não de direito penal pelo fato de que não houve a expressa menção nesse sentido.

Isto posto, não se vislumbra que tenha havido violação ao disposto no referido dispositivo constitucional, pois a Lei nº 12.462/2011 não tratou de matéria cujo tratamento por medida provisória é vedado.

---

[410] "§1º É vedada a edição de medidas provisórias sobre matéria: I - relativa a: [...] b) direito penal, processual penal e processual civil; [...]."

[411] Emprego irregular de verbas ou rendas públicas: "Art. 315 Dar às verbas ou rendas públicas aplicação diversa da estabelecida em lei. Pena - Detenção, de 1 (um) a 3 (três) meses, ou multa".

Procedimento

Não há maiores diferenças entre os procedimentos da Lei nº 8.666/1993 e aqueles do Regime Diferenciado. Ou seja, os tipos penais e os respectivos procedimentos de apuração previstos na Lei nº 8.666/1993 aplicam-se indistintamente às contratações efetuadas em ambos os regimes licitatórios.

De se destacar a independência entre as instâncias penal e administrativa. Veja-se a respeito o contido no seguinte excerto da ementa de decisão do Supremo Tribunal Federal:[412]

> [...] *as sanções penais e administrativas*, qualificando-se como respostas autônomas do Estado à prática de atos ilícitos cometidos pelos servidores públicos, *não se condicionam reciprocamente*, tornando-se possível, em consequência, a imposição da punição disciplinar independentemente de prévia decisão da instância penal.

Consta também dessa ementa, as exceções em que a esfera penal interfere na administrativa: o reconhecimento judicial da *negativa de autoria* ou da *inocorrência material do próprio fato*, ou, ainda, da configuração das causas de justificação penal.

Nesse sentido, dispõe o art. 935 do Código Civil:

> Art. 935. A responsabilidade civil é independente da criminal, não se podendo questionar mais sobre a existência do fato, ou sobre quem seja o seu autor, quando estas questões se acharem decididas no juízo criminal.

---

[412] STF. MS nº 21.029, Pleno. Rel. Min. Celso de Mello. Julg. 15.06.1994.

CAPÍTULO 11

IMPEDIMENTOS

Relacionados com a elaboração do projeto básico ou executivo

Nas licitações de que trata o Regime Diferenciado, é vedada a participação *direta ou indireta* nas licitações (incisos I a III do art. 36 da Lei nº 12.462/2011 e incisos I a III do art. 3º do Decreto nº 7.581/2011):
- da pessoa física ou jurídica que elaborar o projeto básico ou executivo correspondente;
- da pessoa jurídica que participar de consórcio responsável pela elaboração do projeto básico ou executivo correspondente;
- da pessoa jurídica da qual o autor do projeto básico ou executivo seja administrador, sócio com mais de 5% (cinco por cento) do capital votante, controlador, gerente, responsável técnico ou subcontratado.

É considerada *participação indireta* a existência de qualquer vínculo de natureza técnica, comercial, econômica, financeira ou trabalhista entre *o autor do projeto* e o *licitante* ou responsável pelos serviços, fornecimentos e obras, incluindo-se os fornecimentos de bens e serviços a estes necessários (§4º do art. 36 da Lei nº 12.462/2011 e §4º do art. 3º do Decreto nº 7.581/2011).

Essas vedações referem-se à participação em licitações daqueles que, *de alguma forma, foram responsáveis pela elaboração do projeto básico ou executivo*. O intuito dessas vedações é respeitar o princípio da isonomia, afastando do certame aqueles que estariam em posição privilegiada por possuírem informações não disponíveis aos demais.

Em uma situação ideal, é bem verdade, todas as informações relevantes do objeto a ser licitado devem constar do edital e seus anexos. Assim, não haveria que se falar em tal privilégio e nas vedações em tela. Entretanto, o legislador, *ad cautelam*, preferiu estabelecer tais vedações para diminuir as possibilidades de que o responsável pelo projeto agisse de má-fé ao guardar para si dados importantes sobre o objeto a ser licitado.

A preocupação, como visto, é pertinente aos momentos anteriores à realização da licitação. Assim, não há que se falar em informação privilegiada para a disputa do certame quando a execução do projeto também consta do objeto a ser licitado e será, portanto, encargo da contratada.

Nesse sentido, as vedações em tela não se aplicam às contratações integradas – quando é encargo da contratada a elaboração do projeto básico e executivo – ou às contratações de obras ou serviços em que a elaboração de projeto executivo constitua encargo do contratado (§§1º e 2º do art. 36 da Lei nº 12.462/2011 e §§1º, inciso I, e 2º do art. 3º do Decreto nº 7.581/2011).

Ainda por entender que essas vedações visam garantir a isonomia durante a realização de licitação, o TCU já se manifestou no sentido de que *não há vedação para que o vínculo* entre o executor do projeto e o contratado para a execução da obra *ocorra após a licitação* mediante subcontratação. Veja-se a respeito o seguinte trecho do voto condutor do Acórdão nº 3.136/2011 - Plenário:[413]

> [...] a questão é deveras complexa, pois não se vê na Lei nº 8.666/1993 a intenção de impedir que o projetista básico não possa ser subcontratado pela construtora vencedora da licitação, frustrando a *conveniência técnica de entregar ao iniciador do projeto a tarefa de complementá-lo nos seus detalhes construtivos*, pois que o projeto executivo nada mais faz que acrescentar ao projeto básico as informações técnicas necessárias à pura execução física da obra. (grifos nossos)

Ao fazer referência somente aos projetos básico e executivo, a Lei nº 12.462/2011 provavelmente foi inspirada no art. 9º da Lei nº 8.666/1993, o qual dispôs de forma semelhante. Nessa última norma, contudo, as licitações para a execução de obras e serviços somente poderiam ter seu objeto detalhado mediante projeto básico ou executivo. Situação diversa ocorre com o Regime Diferenciado, quando as obras e serviços de engenharia podem, no caso da contratação integrada, também ser licitados mediante anteprojeto de engenharia.

---

[413] Rel. Min. Augusto Nardes, Sessão 30.11.2011.

Verifica-se, pois, uma falha da Lei nº 12.462/2011 ao não prever a vedação de participação em licitações dos autores do anteprojeto de engenharia. A solução veio somente a ser remediada com o advento do Decreto nº 7.581/2011, o qual assim dispôs (§1º do art. 3º):

§1º Caso adotado o regime de contratação integrada:

I - não se aplicam as vedações previstas nos incisos I, II e III do *caput*; e

II - é vedada a participação direta ou indireta nas licitações da pessoa física ou jurídica que *elaborar o anteprojeto de engenharia*. (grifos nossos)

Como a solução dada pelo Decreto seria a mesma que adviria caso se fizesse uma interpretação lógico-sistemática da lei, entende ser inútil e ineficaz a discussão acerca de ter ou não a norma infralegal extrapolado os limites do poder regulamentar ínsito aos decretos presidenciais.

Para permitir que a administração utilize dos conhecimentos técnicos adquiridos pelos autores do projeto acerca do objeto licitado, é permitido que eles atuem como consultores ou técnicos, nas funções de fiscalização, supervisão ou gerenciamento, *exclusivamente a serviço do órgão ou entidade pública interessados* (§3º do art. 36 da Lei nº 12.462/2011 e §3º do art. 3º do Decreto nº 7.581/2011).

Outras vedações

De acordo com os princípios da moralidade e da impessoalidade, também são vedados:

- a *participação direta ou indireta* nas licitações:
  - - do servidor, empregado ou ocupante de cargo em comissão do órgão ou entidade contratante ou responsável pela licitação (inciso IV do art. 36 da Lei nº 12.462/2011 e inciso IV do art. 3º do Decreto nº 7.581/2011);
  - - do membro da comissao de licitaçao (§§4º e 5º do art. 36 da Lei nº 12.462/2011 e parágrafos 4º e 5º do art. 3º do Decreto nº 7.581/2011);
- a *contratação direta*, sem licitação, de pessoa jurídica na qual haja administrador ou sócio com poder de direção que mantenha relação de parentesco, inclusive por afinidade, até o terceiro grau civil com:
  - - detentor de cargo em comissão ou função de confiança que atue na área responsável pela demanda ou contratação (art. 37, inciso I, da Lei nº 12.462/2011);

- - autoridade hierarquicamente superior no âmbito de cada órgão ou entidade da administração pública (art. 37, inciso II, da Lei nº 12.462/2011).

Nessas hipóteses, busca-se evitar, além da utilização de informações privilegiadas, que a licitação ou a contratação direta seja direcionada para determinado contratado em razão de *interesses particulares, conflitantes com o interesse público*, de algum agente da administração pública.

Consoante entendimento do TCU,[414] a vedação à participação de servidores do órgão/entidade contratante continua a ter incidência ainda que na fase externa da licitação seja desfeito o vínculo entre o servidor e o contratante, pois, embora tenha se perdido a capacidade de influir no resultado da licitação, remanesceu a vantagem do maior conhecimento acerca do objeto licitado em relação aos potenciais concorrentes.

As restrições à contratação de empresas cujos sócios com poder de direção mantenham relação de parentesco com funcionários do contratante foram uma importante inovação do Regime Diferenciado em relação à Lei nº 8.666/1993, a qual nada dispunha a respeito. Essas disposições do novo regime vão ao encontro da jurisprudência do TCU que, considerando os princípios que regem a administração pública, entende ser *ilícita a contratação de empresas dirigidas por parentes de servidores públicos responsáveis pela contratação*. Veja-se, a respeito, o seguinte trecho do voto condutor do Acórdão nº 607/2011 - Plenário:[415]

> [...] mesmo que a Lei nº 8.666, de 1993, não possua dispositivo vedando expressamente a participação de parentes em licitações em que o servidor público atue na condição de autoridade responsável pela homologação do certame, vê-se que *foi essa a intenção axiológica do legislador* ao estabelecer o art. 9º dessa Lei, em especial nos §§3º e 4º, *vedando a prática de conflito de interesse nas licitações públicas.* (grifos nossos)

A vedação da Lei nº 12.462/2011, entretanto, está restrita às contratações diretas, ou seja, aquelas não precedidas de licitação, enquanto a jurisprudência do TCU abrange todas as contratações, precedidas ou não de licitações. Isto posto, como o entendimento do TCU foi efetuado com base nos princípios que regem a administração pública, é de se esperar a aplicabilidade desse entendimento jurisprudencial a

---

[414] Acórdão nº 1.448/2011 - Plenário, Rel. Min. Augusto Nardes, Sessão 1º.06.2011.
[415] Rel. Min. Substituto André Luís Carvalho, Sessão 16.03.2011.

todas as contratações efetuadas com base na Lei nº 12.462/2011. Ou seja, a vedação de que trata o art. 37 da Lei nº 12.462/2011 deve se estender a todas as contratações, em que pese a expressa menção à "contratação direta" no *caput* desse artigo.

De registro, que o Supremo Tribunal Federal[416] declarou a constitucionalidade de Lei Orgânica municipal que proíbe contratos entre o Município e parentes, afins ou consanguíneos, do prefeito, vice-prefeito, de vereadores e dos ocupantes de cargo em comissão ou função de confiança, bem como dos servidores e empregados públicos municipais, até seis meses após o fim do exercício das respectivas funções.

Há ainda vedações de contratar com a administração pública que derivam da própria Constituição Federal, em seu art. 54, a qual veda aos deputados e senadores que:

- desde a expedição do diploma:
  - - firmem contrato com pessoa jurídica de direito público, autarquia, empresa pública, sociedade de economia mista ou empresa concessionária de serviço público, salvo quando o contrato obedecer a cláusulas uniformes;
- desde a posse:
  - - sejam proprietários, controladores ou diretores de empresa que goze de favor decorrente de contrato com pessoa jurídica de direito público, ou nela exerçam função remunerada.

---

[416] STF. RE nº 423.560, 2ª Turma. Rel. Min. Joaquim Barbosa. Julg. 29.05.2012.

CONCLUSÃO

O atual regramento para as licitações e contratos da administração pública carece, já faz algum tempo, de aprimoramentos para compatibilizar a norma com a realidade fática vivenciada pelos gestores públicos e também com o atual desenvolvimento da tecnologia da informação.

A Lei nº 10.520/2002, a qual instituiu a modalidade licitatória denominada pregão, foi um importante passo no sentido de modernizar os procedimentos de contratação por parte da administração. Entretanto, a sua aplicabilidade restou limitada à aquisição de bens e serviços comuns, não abrangendo, pois, um amplo espectro das contratações públicas, em especial as referentes às obras públicas.

Nesse contexto, a elaboração de um regime licitatório diferenciado para determinadas obras públicas, incorporando diversos instrumentos introduzidos pela modalidade pregão, atende parcialmente aos anseios de simplificação e modernização das normas de licitações.

Em artigo publicado anteriormente,[417] afirmamos que o Regime Diferenciado seria um "balão de ensaio" para uma revisão ampla da metodologia de contratações públicas. Essa constatação vem sendo confirmada com as sucessivas ampliações do escopo do novo regime.

Das contratações realizadas utilizando-se o RDC, a grande vantagem verificada foi a redução da duração dos procedimentos de licitação.

Nessas contratações, não se verificou, em relação ao orçamento de referência, deságios significativamente diferentes do verificado com as contratações efetuadas com fulcro na Lei nº 8.666/1993 ou na Lei nº 10.520/2002. Ou seja, confirma-se a vocação do Regime Diferenciado de Contratação em simplificar os procedimentos de contratação pública.

---

[417] ZYMLER; DIOS. O Regime Diferenciado de Contratação (RDC) aplicável às contratações necessárias à realização da Copa do Mundo de 2014 e das Olimpíadas de 2016. *Fórum de Contratação e Gestão Pública – FCGP*, p. 9-18.

REFERÊNCIAS

BALEEIRO, Aliomar. *Uma introdução à ciência das finanças*. 15. ed. rev. Atualizado por Dejalma de Campos. Rio de Janeiro: Forense, 2001.

BANDEIRA DE MELLO, Celso Antônio. *Curso de direito administrativo*. 26. ed. rev. atual. até a Emenda Constitucional 57, de 18.12.2008. São Paulo: Malheiros, 2009.

CANOTILHO, José Joaquim Gomes. *Direito constitucional e teoria da Constituição*. 7. ed. Coimbra: Almedina, 2003.

COELHO, Inocêncio Mártires. *Interpretação constitucional*. Porto Alegre: S.A. Fabris, 1997.

DEPARTAMENTO NACIONAL DE INFRAESTRUTURA DE TRANSPORTES – DNIT. *Guia de gerenciamento de riscos de obras rodoviárias*. Brasília, 2013.

DI PIETRO, Maria Sylvia Zanella. *Direito administrativo*. 22. ed. São Paulo: Atlas, 2009.

DINIZ, Maria Helena. *Lei de Introdução ao Código Civil brasileiro interpretada*. 15. ed. rev. atual. de acordo com a Lei nº 12.036/2009. São Paulo: Saraiva, 2010.

ESPÍNDOLA, Ruy Samuel. *Conceito de princípios constitucionais*: elementos teóricos para uma formulação dogmática constitucionalmente adequada. São Paulo: Revista dos Tribunais, 1999.

JUSTEN FILHO, Marçal. *Comentários à Lei de Licitações e Contratos Administrativos*. 14. ed. São Paulo: Dialética, 2010.

MEDAUAR, Odete. *Direito administrativo moderno*. 13. ed. rev. atual. São Paulo: Revista dos Tribunais, 2009.

MORAES, Alexandre de (Coord.). *Os 10 anos da Constituição Federal*: temas diversos. São Paulo: Atlas, 1999.

ROSA JUNIOR, Luiz Emygdio Franco da. *Manual de direito financeiro & direito tributário*. 16. ed. atual. com as alterações no CTN e as emendas constitucionais 32 e 33 de 2001, ampl. Rio de Janeiro: Renovar, 2002.

SEABRA FAGUNDES, Miguel. *O controle dos atos administrativos pelo Poder Judiciário* 7. ed. Atualizada por Gustavo Binenbojm. Rio de Janeiro: Forense, 2005.

TRIBUNAL DE CONTAS DA UNIÃO – TCU. *Informativo de Licitações e Contratos*. Brasília, 2013.

TRIBUNAL DE CONTAS DA UNIÃO – TCU. *Relatório Anual de Atividades – exercício de 2013*. Brasília, 2014.

TRIBUNAL DE CONTAS DA UNIÃO – TCU. Roteiro de auditoria de obras públicas. *BTCU Especial*, Brasília, v. 45, n. 26, 11 dez. 2012. Disponível em: <http://portal2.tcu.gov.br/portal/pls/portal/docs/2513389.PDF>. Acesso em: 18 jan. 2013.

ZYMLER, Benjamin; DIOS, Laureano Canabarro. O Regime Diferenciado de Contratação (RDC) aplicável às contratações necessárias à realização da Copa do Mundo de 2014 e das Olimpíadas de 2016. *Fórum de Contratação e Gestão Pública – FCGP*, ano 11, n. 125, p. 9-18, maio 2012.

ANEXOS

ANEXO A

Lei nº 12.462, de 04 de agosto de 2011
(DOU, 05.08.2011 - ed. extra; retif. 10.08.2011)

Institui o Regime Diferenciado de Contratações Públicas – RDC; altera a Lei nº 10.683, de 28 de maio de 2003, que dispõe sobre a organização da Presidência da República e dos Ministérios, a legislação da Agência Nacional de Aviação Civil (Anac) e a legislação da Empresa Brasileira de Infraestrutura Aeroportuária (Infraero); cria a Secretaria de Aviação Civil, cargos de Ministro de Estado, cargos em comissão e cargos de Controlador de Tráfego Aéreo; autoriza a contratação de controladores de tráfego aéreo temporários; altera as Leis nºs 11.182, de 27 de setembro de 2005, 5.862, de 12 de dezembro de 1972, 8.399, de 7 de janeiro de 1992, 11.526, de 4 de outubro de 2007, 11.458, de 19 de março de 2007, e 12.350, de 20 de dezembro de 2010, e a Medida Provisória nº 2.185-35, de 24 de agosto de 2001; e revoga dispositivos da Lei nº 9.649, de 27 de maio de 1998.

A PRESIDENTA DA REPÚBLICA Faço saber que o Congresso Nacional decreta e eu sanciono a seguinte Lei:

CAPÍTULO I
Do Regime Diferenciado de Contratações Públicas – RDC

Seção I
Aspectos Gerais

Art. 1º É instituído o Regime Diferenciado de Contratações Públicas (RDC), aplicável exclusivamente às licitações e contratos necessários à realização:

I - dos Jogos Olímpicos e Paraolímpicos de 2016, constantes da Carteira de Projetos Olímpicos a ser definida pela Autoridade Pública Olímpica (APO),

II - da Copa das Confederações da Federação Internacional de Futebol Associação – Fifa 2013 e da Copa do Mundo Fifa 2014, definidos pelo Grupo Executivo – Gecopa 2014 do Comitê Gestor instituído para definir, aprovar e supervisionar as ações previstas no Plano Estratégico das Ações do Governo Brasileiro para a realização da Copa do Mundo Fifa 2014 – CGCOPA 2014, restringindo-se, no caso de obras públicas, às constantes da matriz de responsabilidades celebrada entre a União, Estados, Distrito Federal e Municípios;

III - de obras de infraestrutura e de contratação de serviços para os aeroportos das capitais dos Estados da Federação distantes até 350 km (trezentos e cinquenta quilômetros) das cidades sedes dos mundiais referidos nos incisos I e II;

IV - das ações integrantes do Programa de Aceleração do Crescimento – PAC; (*Incluído pela Lei nº 12.688, de 2012*)

V - das obras e serviços de engenharia no âmbito do Sistema Único de Saúde – SUS; (*Incluído pela Lei nº 12.745, de 2012*)

VI - das obras e serviços de engenharia para construção, ampliação e reforma de estabelecimentos penais e unidades de atendimento socioeducativo. (*Incluído pela Lei nº 12.980, de 2014*)

§1º O RDC tem por objetivos:

I - ampliar a eficiência nas contratações públicas e a competitividade entre os licitantes;

II - promover a troca de experiências e tecnologias em busca da melhor relação entre custos e benefícios para o setor público;

III - incentivar a inovação tecnológica; e

IV - assegurar tratamento isonômico entre os licitantes e a seleção da proposta mais vantajosa para a administração pública.

§2º A opção pelo RDC deverá constar de forma expressa do instrumento convocatório e resultará no afastamento das normas contidas na Lei nº 8.666, de 21 de junho de 1993, exceto nos casos expressamente previstos nesta Lei.

§3º Além das hipóteses previstas no *caput*, o RDC também é aplicável às licitações e contratos necessários à realização de obras e serviços de engenharia no âmbito dos sistemas públicos de ensino. (*Incluído pela Lei nº 12.722, de 2012*)

Art. 2º Na aplicação do RDC, deverão ser observadas as seguintes definições:

I - empreitada integral: quando se contrata um empreendimento em sua integralidade, compreendendo a totalidade das etapas de obras, serviços e instalações necessárias, sob inteira responsabilidade da contratada até a sua entrega ao contratante em condições de entrada em operação, atendidos os requisitos técnicos e legais para sua utilização em condições de segurança estrutural e operacional e com as características adequadas às finalidades para a qual foi contratada;

II - empreitada por preço global: quando se contrata a execução da obra ou do serviço por preço certo e total;

III - empreitada por preço unitário: quando se contrata a execução da obra ou do serviço por preço certo de unidades determinadas;

IV - projeto básico: conjunto de elementos necessários e suficientes, com nível de precisão adequado, para, observado o disposto no parágrafo único deste artigo:

a) caracterizar a obra ou serviço de engenharia, ou complexo de obras ou serviços objeto da licitação, com base nas indicações dos estudos técnicos preliminares;

b) assegurar a viabilidade técnica e o adequado tratamento do impacto ambiental do empreendimento; e

c) possibilitar a avaliação do custo da obra ou serviço e a definição dos métodos e do prazo de execução;

V - projeto executivo: conjunto dos elementos necessários e suficientes à execução completa da obra, de acordo com as normas técnicas pertinentes; e

VI - tarefa: quando se ajusta mão de obra para pequenos trabalhos por preço certo, com ou sem fornecimento de materiais.

Parágrafo único. O projeto básico referido no inciso IV do *caput* deste artigo deverá conter, no mínimo, sem frustrar o caráter competitivo do procedimento licitatório, os seguintes elementos:

I - desenvolvimento da solução escolhida de forma a fornecer visão global da obra e identificar seus elementos constitutivos com clareza;

II - soluções técnicas globais e localizadas, suficientemente detalhadas, de forma a restringir a necessidade de reformulação ou de variantes durante as fases de elaboração do projeto executivo e de realização das obras e montagem a situações devidamente comprovadas em ato motivado da administração pública;

III - identificação dos tipos de serviços a executar e de materiais e equipamentos a incorporar à obra, bem como especificações que assegurem os melhores resultados para o empreendimento;

IV - informações que possibilitem o estudo e a dedução de métodos construtivos, instalações provisórias e condições organizacionais para a obra;

V - subsídios para montagem do plano de licitação e gestão da obra, compreendendo a sua programação, a estratégia de suprimentos, as normas de fiscalização e outros dados necessários em cada caso, exceto, em relação à respectiva licitação, na hipótese de contratação integrada;

VI - orçamento detalhado do custo global da obra, fundamentado em quantitativos de serviços e fornecimentos propriamente avaliados.

Art. 3º As licitações e contratações realizadas em conformidade com o RDC deverão observar os princípios da legalidade, da impessoalidade, da moralidade, da igualdade, da publicidade, da eficiência, da probidade administrativa, da economicidade, do desenvolvimento nacional sustentável, da vinculação ao instrumento convocatório e do julgamento objetivo.

Art. 4º Nas licitações e contratos de que trata esta Lei serão observadas as seguintes diretrizes:

I - padronização do objeto da contratação relativamente às especificações técnicas e de desempenho e, quando for o caso, às condições de manutenção, assistência técnica e de garantia oferecidas;

II - padronização de instrumentos convocatórios e minutas de contratos, previamente aprovados pelo órgão jurídico competente;

III - busca da maior vantagem para a administração pública, considerando custos e benefícios, diretos e indiretos, de natureza econômica, social ou ambiental, inclusive os relativos à manutenção, ao desfazimento de bens e resíduos, ao índice de depreciação econômica e a outros fatores de igual relevância;

IV - condições de aquisição, de seguros, de garantias e de pagamento compatíveis com as condições do setor privado, inclusive mediante pagamento de remuneração variável conforme desempenho, na forma do art. 10; (*Redação dada pela Lei n° 12.980, de 2014*)

V - utilização, sempre que possível, nas planilhas de custos constantes das propostas oferecidas pelos licitantes, de mão de obra, materiais, tecnologias e matérias-primas existentes no local da execução, conservação e operação do bem, serviço ou obra, desde que não se produzam prejuízos à eficiência na execução do respectivo objeto e que seja respeitado o limite do orçamento estimado para a contratação; e

VI - parcelamento do objeto, visando à ampla participação de licitantes, sem perda de economia de escala.

§1º As contratações realizadas com base no RDC devem respeitar, especialmente, as normas relativas à:

I - disposição final ambientalmente adequada dos resíduos sólidos gerados pelas obras contratadas;

II - mitigação por condicionantes e compensaçao ambiental, que serão definidas no procedimento de licenciamento ambiental;

III - utilização de produtos, equipamentos e serviços que, comprovadamente, reduzam o consumo de energia e recursos naturais;

IV - avaliação de impactos de vizinhança, na forma da legislação urbanística;

V - proteção do patrimônio cultural, histórico, arqueológico e imaterial, inclusive por meio da avaliação do impacto direto ou indireto causado pelas obras contratadas; e

VI - acessibilidade para o uso por pessoas com deficiência ou com mobilidade reduzida.

§2º O impacto negativo sobre os bens do patrimônio cultural, histórico, arqueológico e imaterial tombados deverá ser compensado por meio de medidas determinadas pela autoridade responsável, na forma da legislação aplicável.

Seção II
Das Regras Aplicáveis às Licitações no Âmbito do RDC

Subseção I
Do Objeto da Licitação

Art. 5º O objeto da licitação deverá ser definido de forma clara e precisa no instrumento convocatório, vedadas especificações excessivas, irrelevantes ou desnecessárias.

Art. 6º Observado o disposto no §3º, o orçamento previamente estimado para a contratação será tornado público apenas e imediatamente após o encerramento da licitação, sem prejuízo da divulgação do detalhamento dos quantitativos e das demais informações necessárias para a elaboração das propostas.

§1º Nas hipóteses em que for adotado o critério de julgamento por maior desconto, a informação de que trata o *caput* deste artigo constará do instrumento convocatório.

§2º No caso de julgamento por melhor técnica, o valor do prêmio ou da remuneração será incluído no instrumento convocatório.

§3º Se não constar do instrumento convocatório, a informação referida no *caput* deste artigo possuirá caráter sigiloso e será disponibilizada estrita e permanentemente aos órgãos de controle externo e interno.

Art. 7º No caso de licitaçao para aquisiçao de bens, a administração pública poderá:

I - indicar marca ou modelo, desde que formalmente justificado, nas seguintes hipóteses:

a) em decorrência da necessidade de padronização do objeto;

b) quando determinada marca ou modelo comercializado por mais de um fornecedor for a única capaz de atender às necessidades da entidade contratante; ou

c) quando a descrição do objeto a ser licitado puder ser melhor compreendida pela identificação de determinada marca ou modelo aptos a servir como referência, situação em que será obrigatório o acréscimo da expressão "ou similar ou de melhor qualidade";

II - exigir amostra do bem no procedimento de pré-qualificação, na fase de julgamento das propostas ou de lances, desde que justificada a necessidade da sua apresentação;

III - solicitar a certificação da qualidade do produto ou do processo de fabricação, inclusive sob o aspecto ambiental, por qualquer instituição oficial competente ou por entidade credenciada; e

IV - solicitar, motivadamente, carta de solidariedade emitida pelo fabricante, que assegure a execução do contrato, no caso de licitante revendedor ou distribuidor.

Art. 8º Na execução indireta de obras e serviços de engenharia, são admitidos os seguintes regimes:

I - empreitada por preço unitário;

II - empreitada por preço global;

III - contratação por tarefa;

IV - empreitada integral; ou

V - contratação integrada.

§1º Nas licitações e contratações de obras e serviços de engenharia serão adotados, preferencialmente, os regimes discriminados nos incisos II, IV e V do *caput* deste artigo.

§2º No caso de inviabilidade da aplicação do disposto no §1º deste artigo, poderá ser adotado outro regime previsto no *caput* deste artigo, hipótese em que serão inseridos nos autos do procedimento os motivos que justificaram a exceção.

§3º O custo global de obras e serviços de engenharia deverá ser obtido a partir de custos unitários de insumos ou serviços menores ou iguais à mediana de seus correspondentes ao Sistema Nacional de Pesquisa de Custos e Índices da Construção Civil (Sinapi), no caso de construção civil em geral, ou na tabela do Sistema de Custos de Obras Rodoviárias (Sicro), no caso de obras e serviços rodoviários.

§4º No caso de inviabilidade da definição dos custos consoante o disposto no §3º deste artigo, a estimativa de custo global

poderá ser apurada por meio da utilização de dados contidos em tabela de referência formalmente aprovada por órgãos ou entidades da administração pública federal, em publicações técnicas especializadas, em sistema específico instituído para o setor ou em pesquisa de mercado.

§5º Nas licitações para a contratação de obras e serviços, com exceção daquelas onde for adotado o regime previsto no inciso V do *caput* deste artigo, deverá haver projeto básico aprovado pela autoridade competente, disponível para exame dos interessados em participar do processo licitatório.

§6º No caso de contratações realizadas pelos governos municipais, estaduais e do Distrito Federal, desde que não envolvam recursos da União, o custo global de obras e serviços de engenharia a que se refere o §3º deste artigo poderá também ser obtido a partir de outros sistemas de custos já adotados pelos respectivos entes e aceitos pelos respectivos tribunais de contas.

§7º É vedada a realização, sem projeto executivo, de obras e serviços de engenharia para cuja concretização tenha sido utilizado o RDC, qualquer que seja o regime adotado.

Art. 9º Nas licitações de obras e serviços de engenharia, no âmbito do RDC, poderá ser utilizada a contratação integrada, desde que técnica e economicamente justificada e cujo objeto envolva, pelo menos, uma das seguintes condições: (*Redação dada pela Lei nº 12.980, de 2014*)

I - inovação tecnológica ou técnica; (*Incluído pela Lei nº 12.980, de 2014*)

II - possibilidade de execução com diferentes metodologias; ou (*Incluído pela Lei nº 12.980, de 2014*)

III - possibilidade de execução com tecnologias de domínio restrito no mercado. (*Incluído pela Lei nº 12.980, de 2014*)

§1º A contratação integrada compreende a elaboração e o desenvolvimento dos projetos básico e executivo, a execução de obras e serviços de engenharia, a montagem, a realização de testes, a pré-operação e todas as demais operações necessárias e suficientes para a entrega final do objeto.

§2º No caso de contratação integrada:

I - o instrumento convocatório deverá conter anteprojeto de engenharia que contemple os documentos técnicos destinados a possibilitar a caracterização da obra ou serviço, incluindo:

a) a demonstração e a justificativa do programa de necessidades, a visão global dos investimentos e as definições quanto ao nível de serviço desejado;

b) as condições de solidez, segurança, durabilidade e prazo de entrega, observado o disposto no *caput* e no §1º do art. 6º desta Lei;

c) a estética do projeto arquitetônico; e

d) os parâmetros de adequação ao interesse público, à economia na utilização, à facilidade na execução, aos impactos ambientais e à acessibilidade;

II - o valor estimado da contratação será calculado com base nos valores praticados pelo mercado, nos valores pagos pela administração pública em serviços e obras similares ou na avaliação do custo global da obra, aferida mediante orçamento sintético ou metodologia expedita ou paramétrica. (*Redação dada pela Lei nº 12.980, de 2014*)

III - (Revogado). (*Redação dada pela Lei nº 12.980, de 2014*)

§3º Caso seja permitida no anteprojeto de engenharia a apresentação de projetos com metodologias diferenciadas de execução, o instrumento convocatório estabelecerá critérios objetivos para avaliação e julgamento das propostas.

§4º Nas hipóteses em que for adotada a contratação integrada, é vedada a celebração de termos aditivos aos contratos firmados, exceto nos seguintes casos:

I - para recomposição do equilíbrio economico-financeiro decorrente de caso fortuito ou força maior; e

II - por necessidade de alteração do projeto ou das especificações para melhor adequação técnica aos objetivos da contratação, a pedido da administração pública, desde que não decorrentes de erros ou omissões por parte do contratado, observados os limites previstos no §1º do art. 65 da Lei nº 8.666, de 21 de junho de 1993.

Art. 10. Na contratação das obras e serviços, inclusive de engenharia, poderá ser estabelecida remuneração variável vinculada ao desempenho da contratada, com base em metas, padrões de qualidade, critérios de sustentabilidade ambiental e prazo de entrega definidos no instrumento convocatório e no contrato.

Parágrafo único. A utilização da remuneração variável será motivada e respeitará o limite orçamentário fixado pela administração pública para a contratação.

Art. 11. A administração pública poderá, mediante justificativa expressa, contratar mais de uma empresa ou instituição para executar o mesmo serviço, desde que não implique perda de economia de escala, quando:

I - o objeto da contratação puder ser executado de forma concorrente e simultânea por mais de um contratado; ou

II - a múltipla execução for conveniente para atender à administração pública.

§1º Nas hipóteses previstas no *caput* deste artigo, a administração pública deverá manter o controle individualizado da execução do objeto contratual relativamente a cada uma das contratadas.

§2º O disposto no *caput* deste artigo não se aplica aos serviços de engenharia.

Subseção II
Do Procedimento Licitatório

Art. 12. O procedimento de licitação de que trata esta Lei observará as seguintes fases, nesta ordem:

I - preparatória;

II - publicação do instrumento convocatório;

III - apresentação de propostas ou lances;

IV - Julgamento;

V - habilitação;

VI - recursal; e

VII - encerramento.

Parágrafo único. A fase de que trata o inciso V do *caput* deste artigo poderá, mediante ato motivado, anteceder as referidas nos incisos III e IV do *caput* deste artigo, desde que expressamente previsto no instrumento convocatório.

Art. 13. As licitações deverão ser realizadas preferencialmente sob a forma eletrônica, admitida a presencial.

Parágrafo único. Nos procedimentos realizados por meio eletrônico, a administração pública poderá determinar, como condição de validade e eficácia, que os licitantes pratiquem seus atos em formato eletrônico.

Art. 14. Na fase de habilitação das licitações realizadas em conformidade com esta Lei, aplicar-se-á, no que couber, o disposto nos arts. 27 a 33 da Lei nº 8.666, de 21 de junho de 1993, observado o seguinte:
I - poderá ser exigida dos licitantes a declaração de que atendem aos requisitos de habilitação;
II - será exigida a apresentação dos documentos de habilitação apenas pelo licitante vencedor, exceto no caso de inversão de fases;
III - no caso de inversão de fases, só serão recebidas as propostas dos licitantes previamente habilitados; e
IV - em qualquer caso, os documentos relativos à regularidade fiscal poderão ser exigidos em momento posterior ao julgamento das propostas, apenas em relação ao licitante mais bem classificado.
Parágrafo único. Nas licitações disciplinadas pelo RDC:
I - será admitida a participação de licitantes sob a forma de consórcio, conforme estabelecido em regulamento; e
II - poderão ser exigidos requisitos de sustentabilidade ambiental, na forma da legislação aplicável.

Art. 15. Será dada ampla publicidade aos procedimentos licitatórios e de préqualificação disciplinados por esta Lei, ressalvadas as hipóteses de informações cujo sigilo seja imprescindível à segurança da sociedade e do Estado, devendo ser adotados os seguintes prazos mínimos para apresentação de propostas, contados a partir da data de publicação do instrumento convocatório:
I - para aquisição de bens:
a) 5 (cinco) dias úteis, quando adotados os critérios de julgamento pelo menor preço ou pelo maior desconto; e
b) 10 (dez) dias úteis, nas hipóteses não abrangidas pela alínea "a" deste inciso;
II - para a contratação de serviços e obras:
a) 15 (quinze) dias úteis, quando adotados

os critérios de julgamento pelo menor preço ou pelo maior desconto; e
b) 30 (trinta) dias úteis, nas hipóteses não abrangidas pela alínea "a" deste inciso;
III - para licitações em que se adote o critério de julgamento pela maior oferta: 10 (dez) dias úteis; e
IV - para licitações em que se adote o critério de julgamento pela melhor combinação de técnica e preço, pela melhor técnica ou em razão do conteúdo artístico: 30 (trinta) dias úteis.
§1º A publicidade a que se refere o *caput* deste artigo, sem prejuízo da faculdade de divulgação direta aos fornecedores, cadastrados ou não, será realizada mediante:
I - publicação de extrato do edital no Diário Oficial da União, do Estado, do Distrito Federal ou do Município, ou, no caso de consórcio público, do ente de maior nível entre eles, sem prejuízo da possibilidade de publicação de extrato em jornal diário de grande circulação; e
II - divulgação em sítio eletrônico oficial centralizado de divulgação de licitações ou mantido pelo ente encarregado do procedimento licitatório na rede mundial de computadores.
§2º No caso de licitações cujo valor não ultrapasse R$150.000,00 (cento e cinquenta mil reais) para obras ou R$80.000,00 (oitenta mil reais) para bens e serviços, inclusive de engenharia, é dispensada a publicação prevista no inciso I do §1º deste artigo.
§3º No caso de parcelamento do objeto, deverá ser considerado, para fins da aplicação do disposto no §2º deste artigo, o valor total da contratação.
§4º As eventuais modificações no instrumento convocatório serão divulgadas nos mesmos prazos dos atos e procedimentos originais, exceto quando a alteração não comprometer a formulação das propostas.

Art. 16. Nas licitações, poderão ser adotados os modos de disputa aberto e fechado, que poderão ser combinados na forma do regulamento.

Art. 17. O regulamento disporá sobre as regras e procedimentos de apresentação de propostas ou lances, observado o seguinte:
I - no modo de disputa aberto, os licitantes

apresentarão suas ofertas por meio de lances públicos e sucessivos, crescentes ou decrescentes, conforme o critério de julgamento adotado;

II - no modo de disputa fechado, as propostas apresentadas pelos licitantes serão sigilosas até a data e hora designadas para que sejam divulgadas; e

III - nas licitações de obras ou serviços de engenharia, após o julgamento das propostas, o licitante vencedor deverá reelaborar e apresentar à administração pública, por meio eletrônico, as planilhas com indicação dos quantitativos e dos custos unitários, bem como do detalhamento das Bonificações e Despesas Indiretas (BDI) e dos Encargos Sociais (ES), com os respectivos valores adequados ao lance vencedor.

§1º Poderão ser admitidos, nas condições estabelecidas em regulamento:

I - a apresentação de lances intermediários, durante a disputa aberta; e

II - o reinício da disputa aberta, após a definição da melhor proposta e para a definição das demais colocações, sempre que existir uma diferença de pelo menos 10% (dez por cento) entre o melhor lance e o do licitante subsequente.

§2º Consideram-se intermediários os lances:

I - iguais ou inferiores ao maior já ofertado, quando adotado o julgamento pelo critério da maior oferta; ou

II - iguais ou superiores ao menor já ofertado, quando adotados os demais critérios de julgamento.

Art. 18. Poderão ser utilizados os seguintes critérios de julgamento:

I - menor preço ou maior desconto;

II - técnica e preço;

III - melhor técnica ou conteúdo artístico;

IV - maior oferta de preço; ou

V - maior retorno econômico.

§1º O critério de julgamento será identificado no instrumento convocatório, observado o disposto nesta Lei.

§2º O julgamento das propostas será efetivado pelo emprego de parâmetros objetivos definidos no instrumento convocatório.

§3º Não serão consideradas vantagens não previstas no instrumento convocatório,

inclusive financiamentos subsidiados ou a fundo perdido.

Art. 19. O julgamento pelo menor preço ou maior desconto considerará o menor dispêndio para a administração pública, atendidos os parâmetros mínimos de qualidade definidos no instrumento convocatório.

§1º Os custos indiretos, relacionados com as despesas de manutenção, utilização, reposição, depreciação e impacto ambiental, entre outros fatores, poderão ser considerados para a definição do menor dispêndio, sempre que objetivamente mensuráveis, conforme dispuser o regulamento.

§2º O julgamento por maior desconto terá como referência o preço global fixado no instrumento convocatório, sendo o desconto estendido aos eventuais termos aditivos.

§3º No caso de obras ou serviços de engenharia, o percentual de desconto apresentado pelos licitantes deverá incidir linearmente sobre os preços de todos os itens do orçamento estimado constante do instrumento convocatório.

Art. 20. No julgamento pela melhor combinação de técnica e preço, deverão ser avaliadas e ponderadas as propostas técnicas e de preço apresentadas pelos licitantes, mediante a utilização de parâmetros objetivos obrigatoriamente inseridos no instrumento convocatório.

§1º O critério de julgamento a que se refere o *caput* deste artigo será utilizado quando a avaliação e a ponderação da qualidade técnica das propostas que superarem os requisitos mínimos estabelecidos no instrumento convocatório forem relevantes aos fins pretendidos pela administração pública, e destinar-se-á exclusivamente a objetos:

I - de natureza predominantemente intelectual e de inovação tecnológica ou técnica; ou

II - que possam ser executados com diferentes metodologias ou tecnologias de domínio restrito no mercado, pontuando-se as vantagens e qualidades que eventualmente forem oferecidas para cada produto ou solução.

§2º É permitida a atribuição de fatores de ponderação distintos para valorar as propostas técnicas e de preço, sendo o percentual de ponderação mais relevante limitado a 70% (setenta por cento).

Art. 21. O julgamento pela melhor técnica ou pelo melhor conteúdo artístico considerará exclusivamente as propostas técnicas ou artísticas apresentadas pelos licitantes com base em critérios objetivos previamente estabelecidos no instrumento convocatório, no qual será definido o prêmio ou a remuneração que será atribuída aos vencedores.

Parágrafo único. O critério de julgamento referido no *caput* deste artigo poderá ser utilizado para a contratação de projetos, inclusive arquitetônicos, e trabalhos de natureza técnica, científica ou artística, excluindo-se os projetos de engenharia.

Art. 22. O julgamento pela maior oferta de preço será utilizado no caso de contratos que resultem em receita para a administração pública.

§1º Quando utilizado o critério de julgamento pela maior oferta de preço, os requisitos de qualificação técnica e econômico-financeira poderão ser dispensados, conforme dispuser o regulamento.

§2º No julgamento pela maior oferta de preço, poderá ser exigida a comprovação do recolhimento de quantia a título de garantia, como requisito de habilitação, limitada a 5% (cinco por cento) do valor ofertado.

§3º Na hipótese do §2º deste artigo, o licitante vencedor perderá o valor da entrada em favor da administração pública caso não efetive o pagamento devido no prazo estipulado.

Art. 23. No julgamento pelo maior retorno econômico, utilizado exclusivamente para a celebração de contratos de eficiência, as propostas serão consideradas de forma a selecionar a que proporcionará a maior economia para a administração pública decorrente da execução do contrato.

§1º O contrato de eficiência terá por objeto a prestação de serviços, que pode incluir a realização de obras e o fornecimento de bens, com o objetivo de proporcionar economia ao contratante, na forma de redução de despesas correntes, sendo o contratado remunerado com base em percentual da economia gerada.

§2º Na hipótese prevista no *caput* deste artigo, os licitantes apresentarão propostas de trabalho e de preço, conforme dispuser o regulamento.

§3º Nos casos em que não for gerada a economia prevista no contrato de eficiência:

I - a diferença entre a economia contratada e a efetivamente obtida será descontada da remuneração da contratada;

II - se a diferença entre a economia contratada e a efetivamente obtida for superior à remuneração da contratada, será aplicada multa por inexecução contratual no valor da diferença; e

III - a contratada sujeitar-se-á, ainda, a outras sanções cabíveis caso a diferença entre a economia contratada e a efetivamente obtida seja superior ao limite máximo estabelecido no contrato.

Art. 24. Serão desclassificadas as propostas que:

I - contenham vícios insanáveis;

II - não obedeçam às especificações técnicas pormenorizadas no instrumento convocatório;

III - apresentem preços manifestamente inexequíveis ou permaneçam acima do orçamento estimado para a contratação, inclusive nas hipóteses previstas no art. 6º desta Lei;

IV - não tenham sua exequibilidade demonstrada, quando exigido pela administração pública; ou

V - apresentem desconformidade com quaisquer outras exigências do instrumento convocatório, desde que insanáveis.

§1º A verificação da conformidade das propostas poderá ser feita exclusivamente em relação à proposta mais bem classificada.

§2º A administração pública poderá realizar diligências para aferir a exequibilidade das propostas ou exigir dos licitantes que ela seja demonstrada, na forma do inciso IV do *caput* deste artigo.

§3º No caso de obras e serviços de engenharia, para efeito de avaliação da

ANEXO A – LEI Nº 12.462, DE 04 DE AGOSTO DE 2011 | 313

exequibilidade e de sobrepreço, serão considerados o preço global, os quantitativos e os preços unitários considerados relevantes, conforme dispuser o regulamento.

Art. 25. Em caso de empate entre 2 (duas) ou mais propostas, serão utilizados os seguintes critérios de desempate, nesta ordem:
I - disputa final, em que os licitantes empatados poderão apresentar nova proposta fechada em ato contínuo à classificação;
II - a avaliação do desempenho contratual prévio dos licitantes, desde que exista sistema objetivo de avaliação instituído;
III - os critérios estabelecidos no art. 3º da Lei nº 8.248, de 23 de outubro de 1991, e no §2º do art. 3º da Lei nº 8.666, de 21 de junho de 1993; e
IV - sorteio.
Parágrafo único. As regras previstas no *caput* deste artigo não prejudicam a aplicação do disposto no art. 44 da Lei Complementar nº 123, de 14 de dezembro de 2006.

Art. 26. Definido o resultado do julgamento, a administração pública poderá negociar condições mais vantajosas com o primeiro colocado.
Parágrafo único. A negociação poderá ser feita com os demais licitantes, segundo a ordem de classificação inicialmente estabelecida, quando o preço do primeiro colocado, mesmo após a negociação, for desclassificado por sua proposta permanecer acima do orçamento estimado.

Art. 27. Salvo no caso de inversão de fases, o procedimento licitatório terá uma fase recursal única, que se seguirá à habilitação do vencedor.
Parágrafo único. Na fase recursal, serão analisados os recursos referentes ao julgamento das propostas ou lances e à habilitação do vencedor.

Art. 28. Exauridos os recursos administrativos, o procedimento licitatório será encerrado e encaminhado à autoridade superior, que poderá:
I - determinar o retorno dos autos para saneamento de irregularidades que forem supríveis;

II - anular o procedimento, no todo ou em parte, por vício insanável;
III - revogar o procedimento por motivo de conveniência e oportunidade; ou
IV - adjudicar o objeto e homologar a licitação.

Subseção III
Dos Procedimentos Auxiliares das Licitações no Âmbito do RDC

Art. 29. São procedimentos auxiliares das licitações regidas pelo disposto nesta Lei:
I - pré-qualificação permanente;
II - cadastramento;
III - sistema de registro de preços; e
IV - catálogo eletrônico de padronização.
Parágrafo único. Os procedimentos de que trata o *caput* deste artigo obedecerão a critérios claros e objetivos definidos em regulamento.

Art. 30. Considera-se pré-qualificação permanente o procedimento anterior à licitação destinado a identificar:
I - fornecedores que reúnam condições de habilitação exigidas para o fornecimento de bem ou a execução de serviço ou obra nos prazos, locais e condições previamente estabelecidos; e
II - bens que atendam às exigências técnicas e de qualidade da administração pública.
§1º O procedimento de pré-qualificação ficará permanentemente aberto para a inscrição dos eventuais interessados.
§2º A administração pública poderá realizar licitação restrita aos pré-qualificados, nas condições estabelecidas em regulamento.
§3º A pré-qualificação poderá ser efetuada nos grupos ou segmentos, segundo as especialidades dos fornecedores.
§4º A pré-qualificação poderá ser parcial ou total, contendo alguns ou todos os requisitos de habilitação ou técnicos necessários à contratação, assegurada, em qualquer hipótese, a igualdade de condições entre os concorrentes.
§5º A pré-qualificação terá validade de 1 (um) ano, no máximo, podendo ser atualizada a qualquer tempo.

Art. 31. Os registros cadastrais poderão ser mantidos para efeito de habilitação dos inscritos em procedimentos licitatórios e serão válidos por 1 (um) ano, no máximo, podendo ser atualizados a qualquer tempo.

§1º Os registros cadastrais serão amplamente divulgados e ficarão permanentemente abertos para a inscrição de interessados.

§2º Os inscritos serão admitidos segundo requisitos previstos em regulamento.

§3º A atuação do licitante no cumprimento de obrigações assumidas será anotada no respectivo registro cadastral.

§4º A qualquer tempo poderá ser alterado, suspenso ou cancelado o registro do inscrito que deixar de satisfazer as exigências de habilitação ou as estabelecidas para admissão cadastral.

Art. 32. O Sistema de Registro de Preços, especificamente destinado às licitações de que trata esta Lei, reger-se-á pelo disposto em regulamento.

§1º Poderá aderir ao sistema referido no *caput* deste artigo qualquer órgão ou entidade responsável pela execução das atividades contempladas no art. 1º desta Lei.

§2º O registro de preços observará, entre outras, as seguintes condições:

I - efetivação prévia de ampla pesquisa de mercado;

II - seleção de acordo com os procedimentos previstos em regulamento;

III - desenvolvimento obrigatório de rotina de controle e atualização periódicos dos preços registrados;

IV - definição da validade do registro; e

V - inclusão, na respectiva ata, do registro dos licitantes que aceitarem cotar os bens ou serviços com preços iguais ao do licitante vencedor na sequência da classificação do certame, assim como dos licitantes que mantiverem suas propostas originais.

§3º A existência de preços registrados não obriga a administração pública a firmar os contratos que deles poderão advir, sendo facultada a realização de licitação específica, assegurada ao licitante registrado preferência em igualdade de condições.

Art. 33. O catálogo eletrônico de padronização de compras, serviços e obras consiste em sistema informatizado, de gerenciamento centralizado, destinado a permitir a padronização dos itens a serem adquiridos pela administração pública que estarão disponíveis para a realização de licitação.

Parágrafo único. O catálogo referido no *caput* deste artigo poderá ser utilizado em licitações cujo critério de julgamento seja a oferta de menor preço ou de maior desconto e conterá toda a documentação e procedimentos da fase interna da licitação, assim como as especificações dos respectivos objetos, conforme disposto em regulamento.

Subseção IV
Da Comissão de Licitação

Art. 34. As licitações promovidas consoante o RDC serão processadas e julgadas por comissão permanente ou especial de licitações, composta majoritariamente por servidores ou empregados públicos pertencentes aos quadros permanentes dos órgãos ou entidades da administração pública responsáveis pela licitação.

§1º As regras relativas ao funcionamento das comissões de licitação e da comissão de cadastramento de que trata esta Lei serão estabelecidas em regulamento.

§2º Os membros da comissão de licitação responderão solidariamente por todos os atos praticados pela comissão, salvo se posição individual divergente estiver registrada na ata da reunião em que houver sido adotada a respectiva decisão.

Subseção V
Da Dispensa e Inexigibilidade de Licitação

Art. 35. As hipóteses de dispensa e inexigibilidade de licitação estabelecidas nos arts. 24 e 25 da Lei nº 8.666, de 21 de junho de 1993, aplicam-se, no que couber, às contratações realizadas com base no RDC.

Parágrafo único. O processo de contratação por dispensa ou inexigibilidade de licitação deverá seguir o procedimento previsto no art. 26 da Lei nº 8.666, de 21 de junho de 1993.

Subseção VI
Das Condições Específicas para a Participação nas Licitações e para a Contratação no RDC

Art. 36. É vedada a participação direta ou indireta nas licitações de que trata esta Lei:
I - da pessoa física ou jurídica que elaborar o projeto básico ou executivo correspondente;
II - da pessoa jurídica que participar de consórcio responsável pela elaboração do projeto básico ou executivo correspondente;
III - da pessoa jurídica da qual o autor do projeto básico ou executivo seja administrador, sócio com mais de 5% (cinco por cento) do capital votante, controlador, gerente, responsável técnico ou subcontratado; ou
IV - do servidor, empregado ou ocupante de cargo em comissão do órgão ou entidade contratante ou responsável pela licitação.
§1º Não se aplica o disposto nos incisos I, II e III do *caput* deste artigo no caso das contratações integradas.
§2º O disposto no *caput* deste artigo não impede, nas licitações para a contratação de obras ou serviços, a previsão de que a elaboração de projeto executivo constitua encargo do contratado, consoante preço previamente fixado pela administração pública.
§3º É permitida a participação das pessoas físicas ou jurídicas de que tratam os incisos II e III do *caput* deste artigo em licitação ou na execução do contrato, como consultor ou técnico, nas funções de fiscalização, supervisão ou gerenciamento, exclusivamente a serviço do órgão ou entidade pública interessados.
§4º Para fins do disposto neste artigo, considera-se participação indireta a existência de qualquer vínculo de natureza técnica, comercial, econômica, financeira ou trabalhista entre o autor do projeto, pessoa física ou jurídica, e o licitante ou responsável pelos serviços, fornecimentos e obras, incluindo-se os fornecimentos de bens e serviços a estes necessários.
§5º O disposto no §4º deste artigo aplica-se aos membros da comissão de licitação.

Art. 37. É vedada a contratação direta, sem licitação, de pessoa jurídica na qual haja administrador ou sócio com poder de direção que mantenha relação de parentesco, inclusive por afinidade, até o terceiro grau civil com:
I - detentor de cargo em comissão ou função de confiança que atue na área responsável pela demanda ou contratação; e
II - autoridade hierarquicamente superior no âmbito de cada órgão ou entidade da administração pública.

Art. 38. Nos processos de contratação abrangidos por esta Lei, aplicam-se as preferências para fornecedores ou tipos de bens, serviços e obras previstos na legislação, em especial as referidas:
I - no art. 3º da Lei nº 8.248, de 23 de outubro de 1991;
II - no art. 3º da Lei nº 8.666, de 21 de junho de 1993; e
III - nos arts. 42 a 49 da Lei Complementar nº 123, de 14 de dezembro de 2006.

Seção III
Das Regras Específicas Aplicáveis aos Contratos Celebrados no Âmbito do RDC

Art. 39. Os contratos administrativos celebrados com base no RDC reger-se-ão pelas normas da Lei nº 8.666, de 21 de junho de 1993, com exceção das regras específicas previstas nesta Lei.

Art. 40. É facultado à administração pública, quando o convocado não assinar o termo de contrato ou não aceitar ou retirar o instrumento equivalente no prazo e condições estabelecidos:
I - revogar a licitação, sem prejuízo da aplicação das cominações previstas na Lei nº 8.666, de 21 de junho de 1993, e nesta Lei; ou
II - convocar os licitantes remanescentes, na ordem de classificação, para a celebração do contrato nas condições ofertadas pelo licitante vencedor.
Parágrafo único. Na hipótese de nenhum dos licitantes aceitar a contratação nos termos do inciso II do *caput* deste artigo,

a administração pública poderá convocar os licitantes remanescentes, na ordem de classificação, para a celebração do contrato nas condições ofertadas por estes, desde que o respectivo valor seja igual ou inferior ao orçamento estimado para a contratação, inclusive quanto aos preços atualizados nos termos do instrumento convocatório.

Art. 41. Na hipótese do inciso XI do art. 24 da Lei nº 8.666, de 21 de junho de 1993, a contratação de remanescente de obra, serviço ou fornecimento de bens em consequência de rescisão contratual observará a ordem de classificação dos licitantes remanescentes e as condições por estes ofertadas, desde que não seja ultrapassado o orçamento estimado para a contratação.

Art. 42. Os contratos para a execução das obras previstas no plano plurianual poderão ser firmados pelo período nele compreendido, observado o disposto no *caput* do art. 57 da Lei nº 8.666, de 21 de junho de 1993.

Art. 43. Na hipótese do inciso II do art. 57 da Lei nº 8.666, de 21 de junho de 1993, os contratos celebrados pelos entes públicos responsáveis pelas atividades descritas nos incisos I a III do art. 1º desta Lei poderão ter sua vigência estabelecida até a data da extinção da APO. (*Redação dada pela Lei nº 12.688, de 2012*)

Art. 44. As normas referentes à anulação e revogação das licitações previstas no art. 49 da Lei nº 8.666, de 21 de junho de 1993, aplicar-se-ão às contratações realizadas com base no disposto nesta Lei.

Seção IV
Dos Pedidos de Esclarecimento, Impugnações e Recursos

Art. 45. Dos atos da administração pública decorrentes da aplicação do RDC caberão:
I - pedidos de esclarecimento e impugnações ao instrumento convocatório no prazo mínimo de:

a) até 2 (dois) dias úteis antes da data de abertura das propostas, no caso de licitação para aquisição ou alienação de bens; ou
b) até 5 (cinco) dias úteis antes da data de abertura das propostas, no caso de licitação para contratação de obras ou serviços;
II - recursos, no prazo de 5 (cinco) dias úteis contados a partir da data da intimação ou da lavratura da ata, em face:
a) do ato que defira ou indefira pedido de pré-qualificação de interessados;
b) do ato de habilitação ou inabilitação de licitante;
c) do julgamento das propostas;
d) da anulação ou revogação da licitação;
e) do indeferimento do pedido de inscrição em registro cadastral, sua alteração ou cancelamento;
f) da rescisão do contrato, nas hipóteses previstas no inciso I do art. 79 da Lei nº 8.666, de 21 de junho de 1993;
g) da aplicação das penas de advertência, multa, declaração de inidoneidade, suspensão temporária de participação em licitação e impedimento de contratar com a administração pública; e
III - representações, no prazo de 5 (cinco) dias úteis contados a partir da data da intimação, relativamente a atos de que não caiba recurso hierárquico.
§1º Os licitantes que desejarem apresentar os recursos de que tratam as alíneas "a", "b" e "c" do inciso II do *caput* deste artigo deverão manifestar imediatamente a sua intenção de recorrer, sob pena de preclusão.
§2º O prazo para apresentação de contrarrazões será o mesmo do recurso e começará imediatamente após o encerramento do prazo recursal.
§3º É assegurado aos licitantes vista dos elementos indispensáveis à defesa de seus interesses.
§4º Na contagem dos prazos estabelecidos nesta Lei, excluir-se-á o dia do início e incluir-se-á o do vencimento.
§5º Os prazos previstos nesta Lei iniciam e expiram exclusivamente em dia de expediente no âmbito do órgão ou entidade.
§6º O recurso será dirigido à autoridade superior, por intermédio da autoridade

que praticou o ato recorrido, cabendo a esta reconsiderar sua decisão no prazo de 5 (cinco) dias úteis ou, nesse mesmo prazo, fazê-lo subir, devidamente informado, devendo, neste caso, a decisão do recurso ser proferida dentro do prazo de 5 (cinco) dias úteis, contados do seu recebimento, sob pena de apuração de responsabilidade.

Art. 46. Aplica-se ao RDC o disposto no art. 113 da Lei nº 8.666, de 21 de junho de 1993.

Seção V
Das Sanções Administrativas

Art. 47. Ficará impedido de licitar e contratar com a União, Estados, Distrito Federal ou Municípios, pelo prazo de até 5 (cinco) anos, sem prejuízo das multas previstas no instrumento convocatório e no contrato, bem como das demais cominações legais, o licitante que:

I - convocado dentro do prazo de validade da sua proposta não celebrar o contrato, inclusive nas hipóteses previstas no parágrafo único do art. 40 e no art. 41 desta Lei;
II - deixar de entregar a documentação exigida para o certame ou apresentar documento falso;
III - ensejar o retardamento da execução ou da entrega do objeto da licitação sem motivo justificado;
IV - não mantiver a proposta, salvo se em decorrência de fato superveniente, devidamente justificado;
V - fraudar a licitação ou praticar atos fraudulentos na execução do contrato;
VI - comportar-se de modo inidôneo ou cometer fraude fiscal; ou
VII - der causa à inexecução total ou parcial do contrato.
§1º A aplicação da sanção de que trata o *caput* deste artigo implicará ainda o descredenciamento do licitante, pelo prazo estabelecido no *caput* deste artigo, dos sistemas de cadastramento dos entes federativos que compõem a Autoridade Pública Olímpica.
§2º As sanções administrativas, criminais e demais regras previstas no Capítulo IV da Lei nº 8.666, de 21 de junho de 1993, aplicam-se às licitações e aos contratos regidos por esta Lei.

CAPÍTULO II
Outras Disposições

Seção I
Alterações da Organização da Presidência da República e dos Ministérios

Art. 48. A Lei nº 10.683, de 28 de maio de 2003, passa a vigorar com as seguintes alterações:
"Art. 1º A Presidência da República é constituída, essencialmente:
I - pela Casa Civil;
II - pela Secretaria-Geral;
III - pela Secretaria de Relações Institucionais;
IV - pela Secretaria de Comunicação Social;
V - pelo Gabinete Pessoal;
VI - pelo Gabinete de Segurança Institucional;
VII - pela Secretaria de Assuntos Estratégicos;
VIII - pela Secretaria de Políticas para as Mulheres;
IX - pela Secretaria de Direitos Humanos;
X - pela Secretaria de Políticas de Promoção da Igualdade Racial;
XI - pela Secretaria de Portos; e
XII - pela Secretaria de Aviação Civil.
§1º [...]
X - o Conselho de Aviação Civil." [...] (NR)
"Art. 2º À Casa Civil da Presidência da República compete:
I - assistir direta e imediatamente ao Presidente da República no desempenho de suas atribuições, especialmente:
a) na coordenação e na integração das ações do Governo;
b) na verificação prévia da constitucionalidade e legalidade dos atos presidenciais;
c) na análise do mérito, da oportunidade e da compatibilidade das propostas, inclusive das matérias em tramitação no Congresso Nacional, com as diretrizes governamentais;
d) na avaliação e monitoramento da ação governamental e da gestão dos órgãos e entidades da administração pública federal;
II - promover a publicação e a preservação dos atos oficiais.

Parágrafo único. A Casa Civil tem como estrutura básica:

I - o Conselho Deliberativo do Sistema de Proteção da Amazônia;

II - a Imprensa Nacional;

III - o Gabinete;

IV - a Secretaria-Executiva; e

V - até 3 (três) Subchefias." (NR)

"Art. 3º [...]

§1º À Secretaria-Geral da Presidência da República compete ainda:

I - supervisão e execução das atividades administrativas da Presidência da República e, supletivamente, da Vice-Presidência da República; e

II - avaliação da ação governamental e do resultado da gestão dos administradores, no âmbito dos órgãos integrantes da Presidência da República e Vice-Presidência da República, além de outros determinados em legislação específica, por intermédio da fiscalização contábil, financeira, orçamentária, operacional e patrimonial.

§2º A Secretaria-Geral da Presidência da República tem como estrutura básica:

I - o Conselho Nacional de Juventude;

II - o Gabinete;

III - a Secretaria-Executiva;

IV - a Secretaria Nacional de Juventude;

V - até 5 (cinco) Secretarias; e

VI - 1 (um) órgão de Controle Interno.

§3º Caberá ao Secretário-Executivo da Secretaria-Geral da Presidência da República exercer, além da supervisão e da coordenação das Secretarias integrantes da estrutura da Secretaria-Geral da Presidência da República subordinadas ao Ministro de Estado, as funções que lhe forem por este atribuídas." (NR)

"Art. 6º Ao Gabinete de Segurança Institucional da Presidência da República compete:

I - assistir direta e imediatamente ao Presidente da República no desempenho de suas atribuições;

II - prevenir a ocorrência e articular o gerenciamento de crises, em caso de grave e iminente ameaça à estabilidade institucional;

III - realizar o assessoramento pessoal em assuntos militares e de segurança;

IV - coordenar as atividades de inteligência federal e de segurança da informação;

V - zelar, assegurado o exercício do poder de polícia, pela segurança pessoal do Chefe de Estado, do Vice-Presidente da República e respectivos familiares, dos titulares dos órgãos essenciais da Presidência da República e de outras autoridades ou personalidades quando determinado pelo Presidente da República, bem como pela segurança dos palácios presidenciais e das residências do Presidente e do Vice-Presidente da República.

§1º (Revogado).

§2º (Revogado). [...]

§4º O Gabinete de Segurança Institucional da Presidência da República tem como estrutura básica:

I - a Agência Brasileira de Inteligência (Abin);

II - o Gabinete;

III - a Secretaria-Executiva; e

IV - até 3 (três) Secretarias." (NR)

"Art. 11-A. Ao Conselho de Aviação Civil, presidido pelo Ministro de Estado Chefe da Secretaria de Aviação Civil da Presidência da República, com composição e funcionamento estabelecidos pelo Poder Executivo, compete estabelecer as diretrizes da política relativa ao setor de aviação civil."

"Art. 24-D. À Secretaria de Aviação Civil compete:

I - formular, coordenar e supervisionar as políticas para o desenvolvimento do setor de aviação civil e das infraestruturas aeroportuária e aeronáutica civil, em articulação, no que couber, com o Ministério da Defesa;

II - elaborar estudos e projeções relativos aos assuntos de aviação civil e de infraestruturas aeroportuária e aeronáutica civil e sobre a logística do transporte aéreo e do transporte intermodal e multimodal, ao longo de eixos e fluxos de produção em articulação com os demais órgãos governamentais competentes, com atenção às exigências de mobilidade urbana e acessibilidade;

III - formular e implementar o planejamento estratégico do setor, definindo prioridades dos programas de investimentos;

IV - elaborar e aprovar os planos de outorgas para exploração da infraestrutura aeroportuária, ouvida a Agência Nacional de Aviação Civil (Anac);

V - propor ao Presidente da República a declaração de utilidade pública, para fins de desapropriação ou instituição de servidão administrativa, dos bens necessários à construção, manutenção e expansão da infraestrutura aeronáutica e aeroportuária;
VI - administrar recursos e programas de desenvolvimento da infraestrutura de aviação civil;
VII - coordenar os órgãos e entidades do sistema de aviação civil, em articulação com o Ministério da Defesa, no que couber; e
VIII - transferir para Estados, Distrito Federal e Municípios a implantação, administração, operação, manutenção e exploração de aeródromos públicos, direta ou indiretamente.
Parágrafo único. A Secretaria de Aviação Civil tem como estrutura básica o Gabinete, a Secretaria-Executiva e até 3 (três) Secretarias."
"Art. 25. [...]
Parágrafo único. São Ministros de Estado:
I - os titulares dos Ministérios;
II - os titulares das Secretarias da Presidência da República;
III - o Advogado-Geral da União;
IV - o Chefe da Casa Civil da Presidência da República;
V - o Chefe do Gabinete de Segurança Institucional da Presidência da República;
VI - o Chefe da Controladoria-Geral da União;
VII - o Presidente do Banco Central do Brasil." (NR)
"Art. 27. [...]
VII - Ministério da Defesa: [...]
y) infraestrutura aeroespacial e aeronáutica;
z) operacionalização do Sistema de Proteção da Amazônia (Sipam), [...]
XII - [...]
i) [...]
6. (revogado); [...]
XIV – [...]
m) articulação, coordenação, supervisão, integração e proposição das ações do Governo e do Sistema Nacional de Políticas sobre Drogas nos aspectos relacionados com as atividades de prevenção, repressão ao tráfico ilícito e à produção não autorizada de drogas, bem como aquelas relacionadas com o tratamento, a recuperação e a reinserção social de usuários e dependentes e ao Plano Integrado de Enfrentamento ao Crack e outras Drogas;
n) política nacional de arquivos; e
o) assistência ao Presidente da República em matérias não afetas a outro Ministério; [...]" (NR)
"Art. 29. [...]
VI - do Ministério da Cultura: o Conselho Superior do Cinema, o Conselho Nacional de Política Cultural, a Comissão Nacional de Incentivo à Cultura e até 6 (seis) Secretarias;
VII - do Ministério da Defesa: o Conselho Militar de Defesa, o Comando da Marinha, o Comando do Exército, o Comando da Aeronáutica, o Estado-Maior Conjunto das Forças Armadas, a Escola Superior de Guerra, o Centro Gestor e Operacional do Sistema de Proteção da Amazônia (Censipam), o Hospital das Forças Armadas, a Representação Brasileira na Junta Interamericana de Defesa, até 3 (três) Secretarias e um órgão de Controle Interno; [...]
XIV - do Ministério da Justiça: o Conselho Nacional de Política Criminal e Penitenciária, o Conselho Nacional de Segurança Pública, o Conselho Federal Gestor do Fundo de Defesa dos Direitos Difusos, o Conselho Nacional de Combate à Pirataria e Delitos contra a Propriedade Intelectual, o Conselho Nacional de Arquivos, o Conselho Nacional de Políticas sobre Drogas, o Departamento de Polícia Federal, o Departamento de Polícia Rodoviária Federal, o Departamento de Polícia Ferroviária Federal, a Defensoria Pública da União, o Arquivo Nacional e até 6 (seis) Secretarias; [...]
§3º (Revogado). [...]
§8º Os profissionais da Segurança Pública Ferroviária oriundos do grupo Rede, Rede Ferroviária Federal (RFFSA), da Companhia Brasileira de Trens Urbanos (CBTU) e da Empresa de Trens Urbanos de Porto Alegre (Trensurb) que estavam em exercício em 11 de dezembro de 1990, passam a integrar o Departamento de Polícia Ferroviária Federal do Ministério da Justiça." (NR)

Art. 49. São transferidas as competências referentes à aviação civil do Ministério da Defesa para a Secretaria de Aviação Civil.

Art. 50. O acervo patrimonial dos órgãos transferidos, incorporados ou desmembrados por esta Lei será transferido para os Ministérios, órgãos e entidades que tiverem absorvido as correspondentes competências.
Parágrafo único. O quadro de servidores efetivos dos órgãos de que trata este artigo será transferido para os Ministérios e órgãos que tiverem absorvido as correspondentes competências.

Art. 51. O Ministério da Defesa e o Ministério do Planejamento, Orçamento e Gestão adotarão, até 1º de junho de 2011, as providências necessárias para a efetivação das transferências de que trata esta Lei, inclusive quanto à movimentação das dotações orçamentárias destinadas aos órgãos transferidos.
Parágrafo único. No prazo de que trata o *caput*, o Ministério da Defesa prestará o apoio administrativo e jurídico necessário para garantir a continuidade das atividades da Secretaria de Aviação Civil.

Art. 52. Os servidores e militares requisitados pela Presidência da República em exercício, em 31 de dezembro de 2010, no Centro Gestor e Operacional do Sistema de Proteção da Amazônia, no Arquivo Nacional e na Secretaria Nacional de Políticas sobre Drogas, poderão permanecer à disposição, respectivamente, do Ministério da Defesa e do Ministério da Justiça, para exercício naquelas unidades, bem como ser novamente requisitados caso tenham retornado aos órgãos ou entidades de origem antes de 18 de março de 2011.
§1º Os servidores e militares de que trata o *caput* poderão ser designados para o exercício de Gratificações de Representação da Presidência da República ou de Gratificação de Exercício em Cargo de Confiança nos órgãos da Presidência da República devida aos militares enquanto permanecerem nos órgãos para os quais foram requisitados.

§2º (*Revogado pela Lei nº 12.702, de 2012*)
§3º Aplica-se o disposto no parágrafo único do art. 2º da Lei nº 9.007, de 17 de março de 1995, aos servidores referidos neste artigo.

Seção II
Das Adaptações da Legislação da Anac

Art. 53. A Lei nº 11.182, de 27 de setembro de 2005, passa a vigorar com as seguintes alterações:
"Art. 3º A Anac, no exercício de suas competências, deverá observar e implementar as orientações, diretrizes e políticas estabelecidas pelo governo federal, especialmente no que se refere a: [...]" (NR)
"Art. 8º [...]
XXII - aprovar os planos diretores dos aeroportos;
XXIII - (revogado); [...]
XXVII - (revogado);
XXVIII - fiscalizar a observância dos requisitos técnicos na construção, reforma e ampliação de aeródromos e aprovar sua abertura ao tráfego; [...]
XXXIX - apresentar ao Ministro de Estado Chefe da Secretaria de Aviação Civil da Presidência da República proposta de orçamento;
XL - elaborar e enviar o relatório anual de suas atividades à Secretaria de Aviação Civil da Presidência da República e, por intermédio da Presidência da República, ao Congresso Nacional; [...]
XLVII - (revogado); [...]" (NR)
"Art. 11 [...]
I - propor, por intermédio do Ministro de Estado Chefe da Secretaria de Aviação Civil da Presidência da República, ao Presidente da República, alterações do regulamento da Anac; [...]" (NR)
"Art. 14. [...]
§2º Cabe ao Ministro de Estado Chefe da Secretaria de Aviação Civil da Presidência da República instaurar o processo administrativo disciplinar, que será conduzido por comissão especial constituída por servidores públicos federais estáveis, competindo ao Presidente da República determinar o afastamento preventivo, quando for o caso, e proferir julgamento." (NR)

Seção III
Da Adaptação da Legislação da Infraero

Art. 54. O art. 2º da Lei nº 5.862, de 12 de dezembro de 1972, passa a vigorar com a seguinte redação:
"Art. 2º A Infraero terá por finalidade implantar, administrar, operar e explorar industrial e comercialmente a infraestrutura aeroportuária que lhe for atribuída pela Secretaria de Aviação Civil da Presidência da República. [...]" (NR)

Seção IV
Da Adaptação do Programa Federal de Auxílio a Aeroportos

Art. 55. O art. 1º da Lei nº 8.399, de 7 de janeiro de 1992, passa a vigorar com as seguintes alterações:
"Art. 1º [...]
§2º A parcela de 20% (vinte por cento) especificada neste artigo constituirá o suporte financeiro do Programa Federal de Auxílio a Aeroportos a ser proposto e instituído de acordo com os Planos Aeroviários Estaduais e estabelecido por meio de convênios celebrados entre os Governos Estaduais e a Secretaria de Aviação Civil da Presidência da República.
§3º Serão contemplados com os recursos dispostos no §2º os aeroportos estaduais constantes dos Planos Aeroviários e que sejam objeto de convênio específico firmado entre o Governo Estadual interessado e a Secretaria de Aviação Civil da Presidência da República. [...]" (NR)

Seção V
Dos Cargos Decorrentes da Reestruturação da Secretaria de Aviação Civil

Art. 56. É criado o cargo de Ministro de Estado Chefe da Secretaria de Aviação Civil da Presidência da República.

Art. 57. É criado o cargo em comissão, de Natureza Especial, de Secretário-Executivo da Secretaria de Aviação Civil da Presidência da República.

Art. 58. São criados, no âmbito da administração pública federal, os seguintes cargos em comissão do Grupo-Direção e Assessoramento Superiores destinados à Secretaria de Aviação Civil:
I - 2 (dois) DAS-6;
II - 9 (nove) DAS-5;
III - 23 (vinte e três) DAS-4;
IV - 39 (trinta e nove) DAS-3;
V - 35 (trinta e cinco) DAS-2;
VI - 19 (dezenove) DAS-1.

Art. 59. É transformado o cargo, de Natureza Especial, de Secretário Nacional de Políticas sobre Drogas no cargo, de Natureza Especial, de Assessor Chefe da Assessoria Especial do Presidente da República.

Art. 60. A Tabela a do Anexo I da Lei nº 11.526, de 4 de outubro de 2007, passa a vigorar acrescida da seguinte linha:

Assessor Chefe da Assessoria Especial do Presidente da República	11.179,36

Seção VI
Do Pessoal Destinado ao Controle de Tráfego Aéreo

Art. 61. O art. 2º da Lei nº 11.458, de 19 de março de 2007, passa a vigorar com a seguinte redação:
"Art. 2º A contratação de que trata esta Lei será de, no máximo, 160 (cento e sessenta) pessoas, com validade de até 2 (dois) anos, podendo ser prorrogada por sucessivos períodos até 18 de março de 2013.
§1º Prorrogações para períodos posteriores à data prevista no *caput* deste artigo poderão ser autorizadas, por ato conjunto dos Ministros de Estado da Defesa e do Planejamento, Orçamento e Gestão, mediante justificativa dos motivos que impossibilitaram a total substituição dos servidores temporários por servidores efetivos admitidos nos termos do inciso II do art. 37 da Constituição Federal.
§2º Na hipótese do §1º deste artigo, regulamento estabelecerá critérios de substituição gradativa dos servidores temporários.

§3º Nenhum contrato de que trata esta Lei poderá superar a data limite de 1º de dezembro de 2016." (NR)

Art. 62. São criados, no Quadro de Pessoal do Comando da Aeronáutica, 100 (cem) cargos efetivos de Controlador de Tráfego Aéreo, de nível intermediário, integrantes do Grupo-Defesa Aérea e Controle de Tráfego Aéreo, código Dacta-1303.

Seção VII
Da Criação do Fundo Nacional de Aviação Civil (FNAC)

Art. 63. É instituído o Fundo Nacional de Aviação Civil - FNAC, de natureza contábil e financeira, vinculado à Secretaria de Aviação Civil da Presidência da República, para destinação dos recursos do sistema de aviação civil. (*Redação dada pela Lei nº 12.833, de 2013*)
§1º São recursos do FNAC: (*Redação dada pela Lei nº 12.648, de 2012*)
I - os referentes ao adicional tarifário previsto no art. 1º da Lei nº 7.920, de 12 de dezembro de 1989; (*Incluído pela Lei nº 12.648, de 2012*)
II - os referidos no art. 1º da Lei nº 9.825, de 23 de agosto de 1999; (*Incluído pela Lei nº 12.648, de 2012*)
III - os valores devidos como contrapartida à União em razão das outorgas de infraestrutura aeroportuária; (*Incluído pela Lei nº 12.648, de 2012*)
IV - os rendimentos de suas aplicações financeiras; (*Incluído pela Lei nº 12.833, de 2013*)
V - os que lhe forem atribuídos para os fins de que trata o art. 63-A; e (*Redação dada pela Lei nº 12.833, de 2*013)
VI - outros que lhe forem atribuídos. (*Incluído pela Lei nº 12.833, de 2013*)
§2º Os recursos do FNAC serão aplicados exclusivamente no desenvolvimento e fomento do setor de aviação civil e das infraestruturas aeroportuária e aeronáutica civil. (*Redação dada pela Lei nº 12.648, de 2012*)
§3º As despesas do FNAC correrão à conta de dotações orçamentárias específicas alocadas no orçamento geral da União,

observados os limites anuais de movimentação e empenho e de pagamento.
§4º Deverão ser disponibilizadas, anualmente, pela Secretaria de Aviação Civil da Presidência da República, em seu sítio eletrônico, informações contábeis e financeiras, além de descrição dos resultados econômicos e sociais obtidos pelo FNAC.
§5º Os recursos do FNAC também poderão ser aplicados no desenvolvimento, na ampliação e na reestruturação de aeroportos concedidos, desde que tais ações não constituam obrigação do concessionário, conforme estabelecido no contrato de concessão, nos termos das normas expedidas pela Agência Nacional de Aviação Civil – ANAC e pela Secretaria de Aviação Civil da Presidência da República – SAC, observadas as respectivas competências. (*Incluído pela Lei nº 12.648, de 2012*)
§6º Os recursos do FNAC, enquanto não destinados às finalidades previstas no art. 63-A, ficarão depositados na Conta Única do Tesouro Nacional. (*Incluído pela Lei nº 12.833, de 2013*)

Art. 63-A. Os recursos do FNAC serão geridos e administrados pela Secretaria de Aviação Civil da Presidência da República ou, a seu critério, por instituição financeira pública federal, quando destinados à modernização, construção, ampliação ou reforma de aeródromos públicos. (*Incluído pela Lei nº 12.833, de 2013*)
§1º Para a consecução dos objetivos previstos no *caput*, a Secretaria de Aviação Civil da Presidência da República, diretamente ou, a seu critério, por intermédio de instituição financeira pública federal, realizará procedimento licitatório, podendo, em nome próprio ou de terceiros, adquirir bens, contratar obras e serviços de engenharia e de técnicos especializados e utilizar-se do Regime Diferenciado de Contratações Públicas – RDC. (*Incluído pela Lei nº 12.833, de 2013*)
§2º Ato conjunto dos Ministros da Fazenda e da Secretaria de Aviação Civil da Presidência da República fixará a remuneração de instituição financeira que prestar serviços, na forma deste artigo. (*Incluído pela Lei nº 12.833, de 2013*)

CAPÍTULO III
Disposições Finais

Art. 64. O Poder Executivo federal regulamentará o disposto no Capítulo I desta Lei.

Art. 65. Até que a Autoridade Pública Olímpica defina a Carteira de Projetos Olímpicos, aplica-se, excepcionalmente, o disposto nesta Lei às contratações decorrentes do inciso I do art. 1º desta Lei, desde que sejam imprescindíveis para o cumprimento das obrigações assumidas perante o Comitê Olímpico Internacional e o Comitê Paraolímpico Internacional, e sua necessidade seja fundamentada pelo contratante da obra ou serviço.

Art. 66. Para os projetos de que tratam os incisos I a III do art. 1º desta Lei, o prazo estabelecido no inciso II do §1º do art. 8º da Medida Provisória nº 2.185-35, de 24 de agosto de 2001, passa a ser o de 31 de dezembro de 2013.

Art. 67. A Lei nº 12.350, de 20 de dezembro de 2010, passa a vigorar acrescida do seguinte art. 62-A:
"Art. 62-A. Para efeito da análise das operações de crédito destinadas ao financiamento dos projetos para os Jogos Olímpicos e Paraolímpicos, para a Copa das Confederações da Federação Internacional de Futebol Associação - Fifa 2013 e para a Copa do Mundo Fifa 2014, a verificação da adimplência será efetuada pelo número do registro no Cadastro Nacional da Pessoa Jurídica (CNPJ) principal que represente a pessoa jurídica do mutuário ou tomador da operação de crédito."

Art. 68. O inciso II do §1º do art. 8º da Medida Provisória nº 2.185-35, de 24 de agosto de 2001, passa a vigorar com a seguinte redação:
"Art. 8º [...]
§1º [...]
II - os empréstimos ou financiamentos tomados perante organismos financeiros multilaterais e instituições de fomento e cooperação ligadas a governos estrangeiros, o Banco Nacional de Desenvolvimento Econômico e Social (BNDES) e a Caixa Econômica Federal, que tenham avaliação positiva da agência financiadora, e desde que contratados no prazo de 2 (dois) anos, contados a partir da publicação da Lei de conversão da Medida Provisória nº 527, de 18 de março de 2011, e destinados exclusivamente à complementação de programas em andamento; [...]" (NR)

CAPÍTULO IV
Das Revogações

Art. 69. Revogam-se:
I - os §§1º e 2º do art. 6º, o item 6 da alínea i do inciso XII do art. 27 e o §3º do art. 29, todos da Lei nº 10.683, de 28 de maio de 2003;
II - os §§4º e 5º do art. 16 da Lei nº 9.649, de 27 de maio de 1998; e
III - os incisos XXIII, XXVII e XLVII do art. 8º e o §2º do art. 10 da Lei nº 11.182, de 27 de setembro de 2005.

Art. 70. Esta Lei entra em vigor na data de sua publicação, produzindo efeitos financeiros, no tocante ao art. 52 desta Lei, a contar da transferência dos órgãos ali referidos.

Brasília, 04 de agosto de 2011.

ANEXO B

Decreto nº 7.581, de 11 de outubro de 2011
(DOU, 13.10.2011)

Regulamenta o Regime Diferenciado de Contratações Públicas – RDC, de que trata a Lei nº 12.462, de 4 de agosto de 2011. (Redação dada pelo Decreto nº 8.251, de 2014)

A PRESIDENTA DA REPÚBLICA, no uso da atribuição que lhe confere o art. 84, inciso IV, e tendo em vista o disposto na Lei nº 12.462, de 5 de agosto de 2011, DECRETA:

Art. 1º O Regime Diferenciado de Contratações Públicas – RDC, de que trata a Lei nº 12.462, de 4 de agosto de 2011, fica regulamentado por este Decreto. (*Redação dada pelo Decreto nº 8.251, de 2014*)

TÍTULO I
DISPOSIÇÕES GERAIS

Art. 2º O RDC aplica-se exclusivamente às licitações e contratos necessários à realização:
I - dos Jogos Olímpicos e Paraolímpicos de 2016, constantes da Carteira de Projetos Olímpicos a ser definida pela Autoridade Pública Olímpica – APO;
II - da Copa das Confederações da Fedération Internationale de Football Association – FIFA 2013 e da Copa do Mundo FIFA 2014, definidos em instrumento próprio pelo Grupo Executivo da Copa do Mundo FIFA 2014 – GECOPA, vinculado ao Comitê Gestor da Copa do Mundo FIFA 2014 – CGCOPA; e
III - de obras de infraestrutura e à contratação de serviços para os aeroportos das capitais dos Estados distantes até trezentos e cinquenta quilômetros das cidades sedes das competições referidas nos incisos I e II do *caput*.
Parágrafo único. Nos casos de obras públicas necessárias à realização da Copa das Confederações da FIFA 2013 e da Copa do Mundo FIFA 2014, aplica-se o RDC às obras constantes da matriz de responsabilidade celebrada entre a União, Estados, Distrito Federal e Municípios.

TÍTULO II
DO PROCEDIMENTO DA LICITAÇÃO

CAPÍTULO I
DAS VEDAÇÕES

Art. 3º É vedada a participação direta ou indireta nas licitações:
I - da pessoa física ou jurídica que elaborar o projeto básico ou executivo correspondente;
II - da pessoa jurídica que participar de consórcio responsável pela elaboração do projeto básico ou executivo correspondente;
III - da pessoa jurídica na qual o autor do projeto básico ou executivo seja administrador, sócio com mais de cinco por cento do capital votante, controlador, gerente, responsável técnico ou subcontratado; ou
IV - do servidor, empregado ou ocupante de cargo em comissão do órgão ou entidade contratante ou responsável pela licitação.
§1º Caso adotado o regime de contratação integrada:
I - não se aplicam as vedações previstas nos incisos I, II e III do *caput*; e
II - é vedada a participação direta ou indireta nas licitações da pessoa física ou jurídica que elaborar o anteprojeto de engenharia.
§2º O disposto no *caput* não impede, nas licitações para a contratação de obras ou

serviços, a previsão de que a elaboração do projeto executivo constitua encargo do contratado, consoante preço previamente fixado pela administração pública.

§3º É permitida a participação das pessoas jurídicas de que tratam os incisos II e III do *caput* em licitação ou na execução do contrato como consultores ou técnicos, nas funções de fiscalização, supervisão ou gerenciamento, exclusivamente a serviço do órgão ou entidade pública interessados.

§4º Para fins do disposto neste artigo, considera-se participação indireta a existência de qualquer vínculo de natureza técnica, comercial, econômica, financeira ou trabalhista entre o autor do projeto, pessoa física ou jurídica, e o licitante ou responsável pelos serviços, fornecimentos e obras, incluindo-se o fornecimento de bens e serviços a estes necessários.

§5º O disposto no §4º aplica-se aos membros da comissão de licitação.

CAPÍTULO II
DA FASE INTERNA

Seção I
Dos atos preparatórios

Art. 4º Na fase interna a administração pública elaborará os atos e expedirá os documentos necessários para caracterização do objeto a ser licitado e para definição dos parâmetros do certame, tais como:

I - justificativa da contratação e da adoção do RDC;

II - definição:

a) do objeto da contratação;

b) do orçamento e preço de referência, remuneração ou prêmio, conforme critério de julgamento adotado;

c) dos requisitos de conformidade das propostas;

d) dos requisitos de habilitação;

e) das cláusulas que deverão constar do contrato, inclusive as referentes a sanções e, quando for o caso, a prazos de fornecimento; e

f) do procedimento da licitação, com a indicação da forma de execução, do modo de disputa e do critério de julgamento;

III - justificativa técnica, com a devida aprovação da autoridade competente, no caso de adoção da inversão de fases prevista no parágrafo único do art. 14;

IV - justificativa para:

a) a fixação dos fatores de ponderação na avaliação das propostas técnicas e de preço, quando escolhido o critério de julgamento por técnica e preço;

b) a indicação de marca ou modelo;

c) a exigência de amostra;

d) a exigência de certificação de qualidade do produto ou do processo de fabricação; e

e) a exigência de carta de solidariedade emitida pelo fabricante;

V - indicação da fonte de recursos suficiente para a contratação;

VI - declaração de compatibilidade com o plano plurianual, no caso de investimento cuja execução ultrapasse um exercício financeiro;

VII - termo de referência que contenha conjunto de elementos necessários e suficientes, com nível de precisão adequado, para caracterizar os serviços a serem contratados ou os bens a serem fornecidos;

VIII - projeto básico ou executivo para a contratação de obras e serviços de engenharia;

IX - justificativa da vantajosidade da divisão do objeto da licitação em lotes ou parcelas para aproveitar as peculiaridades do mercado e ampliar a competitividade, desde que a medida seja viável técnica e economicamente e não haja perda de economia de escala;

X - instrumento convocatório;

XI - minuta do contrato, quando houver; e

XII - ato de designação da comissão de licitação.

Art. 5º O termo de referência, projeto básico ou projeto executivo poderá prever requisitos de sustentabilidade ambiental, além dos previstos na legislação aplicável.

Seção II
Da Comissão de Licitação

Art. 6º As licitações serão processadas e julgadas por comissão permanente ou especial.

§1º As comissões de que trata o *caput* serão compostas por, no mínimo, três membros tecnicamente qualificados, sendo a maioria deles servidores ou empregados públicos pertencentes aos quadros permanentes dos órgãos ou entidades responsáveis pela licitação.

§2º Os membros da comissão de licitação responderão solidariamente por todos os atos praticados pela comissão, salvo se posição individual divergente estiver registrada na ata da reunião em que adotada a decisão.

Art. 7º São competências da comissão de licitação:

I - elaborar as minutas dos editais e contratos ou utilizar minuta padrão elaborada pela Comissão do Catálogo Eletrônico de Padronização, e submetê-las ao órgão jurídico;

II - processar licitações, receber e responder a pedidos de esclarecimentos, receber e decidir as impugnações contra o instrumento convocatório;

III - receber, examinar e julgar as propostas conforme requisitos e critérios estabelecidos no instrumento convocatório;

IV - desclassificar propostas nas hipóteses previstas no art. 40;

V - receber e examinar os documentos de habilitação, declarando habilitação ou inabilitação de acordo com os requisitos estabelecidos no instrumento convocatório;

VI - receber recursos, apreciar sua admissibilidade e, se não reconsiderar a decisão, encaminhá-los à autoridade competente;

VII - dar ciência aos interessados das decisões adotadas nos procedimentos;

VIII - encaminhar os autos da licitação à autoridade competente para adjudicar o objeto, homologar a licitação e convocar o vencedor para a assinatura do contrato;

IX - propor à autoridade competente a revogação ou a anulação da licitação; e

X - propor à autoridade competente a aplicação de sanções.

§1º É facultado à comissão de licitação, em qualquer fase da licitação, promover as diligências que entender necessárias.

§2º É facultado à comissão de licitação, em qualquer fase da licitação, desde que não seja alterada a substância da proposta, adotar medidas de saneamento destinadas a esclarecer informações, corrigir impropriedades na documentação de habilitação ou complementar a instrução do processo.

Seção III
Do instrumento convocatório

Art. 8º O instrumento convocatório definirá:

I - o objeto da licitação;

II - a forma de execução da licitação, eletrônica ou presencial;

III - o modo de disputa, aberto, fechado ou com combinação, os critérios de classificação para cada etapa da disputa e as regras para apresentação de propostas e de lances;

IV - os requisitos de conformidade das propostas;

V - o prazo de apresentação de proposta pelos licitantes, que não poderá ser inferior ao previsto no art. 15 da Lei nº 12.462, de 2011;

VI - os critérios de julgamento e os critérios de desempate;

VII - os requisitos de habilitação;

VIII - a exigência, quando for o caso:

a) de marca ou modelo;

b) de amostra;

c) de certificação de qualidade do produto ou do processo de fabricação; e

d) de carta de solidariedade emitida pelo fabricante;

IX - o prazo de validade da proposta;

X - os prazos e meios para apresentação de pedidos de esclarecimentos, impugnações e recursos;

XI - os prazos e condições para a entrega do objeto;

XII - as formas, condições e prazos de pagamento, bem como o critério de reajuste, quando for o caso;

XIII - a exigência de garantias e seguros, quando for o caso;

XIV - os critérios objetivos de avaliação do desempenho do contratado, bem como os requisitos da remuneração variável, quando for o caso;

XV - as sanções;

XVI - a opção pelo RDC; e

XVII - outras indicações específicas da licitação.

§1º Integram o instrumento convocatório, como anexos:

I - o termo de referência mencionado no inciso VII do *caput* do art. 4º, o projeto básico ou executivo, conforme o caso;

II - a minuta do contrato, quando houver;
III - o acordo de nível de serviço, quando for o caso; e
IV - as especificações complementares e as normas de execução.

§2º No caso de obras ou serviços de engenharia, o instrumento convocatório conterá ainda:

I - o cronograma de execução, com as etapas necessárias à medição, ao monitoramento e ao controle das obras;

II - a exigência de que os licitantes apresentem, em suas propostas, a composição analítica do percentual dos Benefícios e Despesas Indiretas – BDI e dos Encargos Sociais – ES, discriminando todas as parcelas que o compõem, exceto no caso da contratação integrada prevista no art. 9º da Lei nº 12.462, de 2011; e (*Redação dada pelo Decreto nº 8.080, de 2013*)

III - a exigência de que o contratado conceda livre acesso aos seus documentos e registros contábeis, referentes ao objeto da licitação, para os servidores ou empregados do órgão ou entidade contratante e dos órgãos de controle interno e externo.

Art. 9º O orçamento previamente estimado para a contratação será tornado público apenas e imediatamente após a adjudicação do objeto, sem prejuízo da divulgação no instrumento convocatório do detalhamento dos quantitativos e das demais informações necessárias para a elaboração das propostas.

§1º O orçamento previamente estimado estará disponível permanentemente aos órgãos de controle externo e interno.

§2º O instrumento convocatório deverá conter:

I - o orçamento previamente estimado, quando adotado o critério de julgamento por maior desconto;

II - o valor da remuneração ou do prêmio, quando adotado o critério de julgamento por melhor técnica ou conteúdo artístico; e

III - o preço mínimo de arrematação, quando adotado o critério de julgamento por maior oferta.

Art. 10. A possibilidade de subcontratação de parte da obra ou dos serviços de engenharia deverá estar prevista no instrumento convocatório.

§1º A subcontratação não exclui a responsabilidade do contratado perante a administração pública quanto à qualidade técnica da obra ou do serviço prestado.

§2º Quando permitida a subcontratação, o contratado deverá apresentar documentação do subcontratado que comprove sua habilitação jurídica, regularidade fiscal e a qualificação técnica necessária à execução da parcela da obra ou do serviço subcontratado.

Seção IV
Da publicação

Art. 11. A publicidade do instrumento convocatório, sem prejuízo da faculdade de divulgação direta aos fornecedores, cadastrados ou não, será realizada mediante:

I - publicação de extrato do instrumento convocatório no Diário Oficial da União, do Estado, do Distrito Federal ou do Município, conforme o caso, ou, no caso de consórcio público, do ente de maior nível entre eles, sem prejuízo da possibilidade de publicação em jornal diário de grande circulação; e

II - divulgação do instrumento convocatório em sítio eletrônico oficial centralizado de publicidade de licitações ou sítio mantido pelo órgão ou entidade responsável pelo procedimento licitatório.

§1º O extrato do instrumento convocatório conterá a definição precisa, suficiente e clara do objeto, a indicação dos locais, dias e horários em que poderá ser consultada ou obtida a íntegra do instrumento convocatório, bem como o endereço onde ocorrerá a sessão pública, a data e hora de sua realização e a indicação de que a licitação, na forma eletrônica, será realizada por meio da internet.

§2º A publicação referida no inciso I do *caput* também poderá ser feita em sítios eletrônicos oficiais da administração pública, desde que certificados digitalmente por autoridade certificadora credenciada no âmbito da Infraestrutura de Chaves Públicas Brasileira - ICP-Brasil.

§3º No caso de licitações cujo valor não ultrapasse R$150.000,00 (cento e cinquenta mil reais) para obras ou R$80.000,00 (oitenta mil reais) para bens e serviços, inclusive de engenharia, fica dispensada

ANEXO B – DECRETO Nº 7.581, DE 11 DE OUTUBRO DE 2011 | 329

a publicação prevista no inciso I do *caput*.
§4º No caso de parcelamento do objeto, deverá ser considerado, para fins da aplicação do disposto no §3º, o valor total da contratação.
§5º Eventuais modificações no instrumento convocatório serão divulgadas nos mesmos prazos dos atos e procedimentos originais, exceto quando a alteração não comprometer a formulação das propostas.

Art. 12. Caberão pedidos de esclarecimento e impugnações ao instrumento convocatório nos prazos e conforme descrito no art. 45, inciso I do *caput*, da Lei nº 12.462, de 2011.

CAPÍTULO III
DA FASE EXTERNA

Seção I
Disposições Gerais

Art. 13. As licitações deverão ser realizadas preferencialmente sob a forma eletrônica.
§1º Nos procedimentos sob a forma eletrônica, a administração pública poderá determinar, como condição de validade e eficácia, que os licitantes pratiquem seus atos em formato eletrônico.
§2º As licitações sob a forma eletrônica poderão ser processadas por meio do sistema eletrônico utilizado para a modalidade pregão, de que trata o Decreto nº 5.450, de 31 de maio de 2005.

Art. 14. Após a publicação do instrumento convocatório inicia-se a fase de apresentação de propostas ou lances.
Parágrafo único. A fase de habilitação poderá, desde que previsto no instrumento convocatório, anteceder à fase de apresentação de propostas ou lances.

Seção II
Da Apresentação das Propostas ou Lances

Subseção I
Disposições Gerais

Art. 15. As licitações poderão adotar os modos de disputa aberto, fechado ou combinado.

Art. 16. Os licitantes deverão apresentar na abertura da sessão pública declaração de que atendem aos requisitos de habilitação.
§1º Os licitantes que se enquadrem como microempresa ou empresa de pequeno porte deverão apresentar também declaração de seu enquadramento.
§2º Nas licitações sob a forma eletrônica, constará do sistema a opção para apresentação pelos licitantes das declarações de que trata este artigo.
§3º Os licitantes, nas sessões públicas, deverão ser previamente credenciados para oferta de lances nos termos do art. 19.

Art. 17. A comissão de licitação verificará a conformidade das propostas com os requisitos estabelecidos no instrumento convocatório quanto ao objeto e ao preço.
Parágrafo único. Serão imediatamente desclassificados, mediante decisão motivada, os licitantes cujas propostas não estejam em conformidade com os requisitos.

Subseção II
Do modo de disputa aberto

Art. 18. No modo de disputa aberto, os licitantes apresentarão suas propostas em sessão pública por meio de lances públicos e sucessivos, crescentes ou decrescentes, conforme o critério de julgamento adotado.
Parágrafo único. O instrumento convocatório poderá estabelecer intervalo mínimo de diferença de valores entre os lances, que incidirá tanto em relação aos lances intermediários quanto em relação à proposta que cobrir a melhor oferta. (*Redação dada pelo Decreto nº 8.080, de 2013*)

Art. 19. Caso a licitação de modo de disputa aberto seja realizada sob a forma presencial, serão adotados, adicionalmente, os seguintes procedimentos:
I - as propostas iniciais serão classificadas de acordo com a ordem de vantajosidade;
II - a comissão de licitação convidará individual e sucessivamente os licitantes, de forma sequencial, a apresentar lances verbais, a partir do autor da proposta menos vantajosa, seguido dos demais; e

III - a desistência do licitante em apresentar lance verbal, quando convocado, implicará sua exclusão da etapa de lances verbais e a manutenção do último preço por ele apresentado, para efeito de ordenação das propostas, exceto no caso de ser o detentor da melhor proposta, hipótese em que poderá apresentar novos lances sempre que esta for coberta, observado o disposto no parágrafo único do art. 18. (*Redação dada pelo Decreto nº 8.080, de 2013*)

Art. 20. O instrumento convocatório poderá estabelecer a possibilidade de apresentação de lances intermediários pelos licitantes durante a disputa aberta.
Parágrafo único. São considerados intermediários os lances:
I - iguais ou inferiores ao maior já ofertado, mas superiores ao último lance dado pelo próprio licitante, quando adotado o julgamento pelo critério da maior oferta de preço; ou
II - iguais ou superiores ao menor já ofertado, mas inferiores ao último lance dado pelo próprio licitante, quando adotados os demais critérios de julgamento.

Art. 21. Após a definição da melhor proposta, se a diferença em relação à proposta classificada em segundo lugar for de pelo menos dez por cento, a comissão de licitação poderá admitir o reinício da disputa aberta, nos termos estabelecidos no instrumento convocatório, para a definição das demais colocações.
§1º Após o reinício previsto no *caput*, os licitantes serão convocados a apresentar lances.
§2º Os licitantes poderão apresentar lances nos termos do parágrafo único do art. 20.
§3º Os lances iguais serão classificados conforme a ordem de apresentação.

Subseção III
Do modo de disputa fechado

Art. 22. No modo de disputa fechado, as propostas apresentadas pelos licitantes serão sigilosas até a data e hora designadas para sua divulgação.
Parágrafo único. No caso de licitação presencial, as propostas deverão ser apresentadas em envelopes lacrados, abertos

em sessão pública e ordenadas conforme critério de vantajosidade.

Subseção IV
Da combinação dos modos de disputa

Art. 23. O instrumento convocatório poderá estabelecer que a disputa seja realizada em duas etapas, sendo a primeira eliminatória.

Art. 24. Os modos de disputa poderão ser combinados da seguinte forma:
I - caso o procedimento se inicie pelo modo de disputa fechado, serão classificados para a etapa subsequente os licitantes que apresentarem as três melhores propostas, iniciando-se então a disputa aberta com a apresentação de lances sucessivos, nos termos dos arts. 18 e 19; e
II - caso o procedimento se inicie pelo modo de disputa aberto, os licitantes que apresentarem as três melhores propostas oferecerão propostas finais, fechadas.

Seção III
Do julgamento das propostas

Subseção I
Disposições gerais

Art. 25. Poderão ser utilizados como critérios de julgamento:
I - menor preço ou maior desconto;
II - técnica e preço;
III - melhor técnica ou conteúdo artístico;
IV - maior oferta de preço; ou
V - maior retorno econômico.
§1º O julgamento das propostas observará os parâmetros definidos no instrumento convocatório, sendo vedado computar vantagens não previstas, inclusive financiamentos subsidiados ou a fundo perdido.
§2º O julgamento das propostas deverá observar a margem de preferência prevista no art. 3º da Lei nº 8.666, de 21 de junho de 1993, observado o disposto no Decreto nº 7.546, de 2 de agosto de 2011.

Subseção II
Menor Preço ou Maior Desconto

Art. 26. O critério de julgamento pelo menor preço ou maior desconto considerará o menor dispêndio para a administração pública, atendidos os parâmetros mínimos de qualidade definidos no instrumento convocatório.

§1º Os custos indiretos, relacionados às despesas de manutenção, utilização, reposição, depreciação e impacto ambiental, entre outros fatores, poderão ser considerados para a definição do menor dispêndio, sempre que objetivamente mensuráveis, conforme parâmetros definidos no instrumento convocatório.

§2º Parâmetros adicionais de mensuração de custos indiretos poderão ser estabelecidos em ato do Secretário de Logística e Tecnologia da Informação do Ministério do Planejamento, Orçamento e Gestão.

Art. 27. O critério de julgamento por maior desconto utilizará como referência o preço total estimado, fixado pelo instrumento convocatório.

Parágrafo único. No caso de obras ou serviços de engenharia, o percentual de desconto apresentado pelos licitantes incidirá linearmente sobre os preços de todos os itens do orçamento estimado constante do instrumento convocatório.

Subseção III
Técnica e Preço

Art. 28. O critério de julgamento pela melhor combinação de técnica e preço será utilizado exclusivamente nas licitações destinadas a contratar objeto:

I - de natureza predominantemente intelectual e de inovação tecnológica ou técnica; ou

II - que possa ser executado com diferentes metodologias ou tecnologias de domínio restrito no mercado, pontuando-se as vantagens e qualidades oferecidas para cada produto ou solução.

Parágrafo único. Será escolhido o critério de julgamento a que se refere o *caput* quando a avaliação e a ponderação da qualidade técnica das propostas que superarem os requisitos mínimos estabelecidos no instrumento convocatório forem relevantes aos fins pretendidos.

Art. 29. No julgamento pelo critério de melhor combinação de técnica e preço,

deverão ser avaliadas e ponderadas as propostas técnicas e de preço apresentadas pelos licitantes, segundo fatores de ponderação objetivos previstos no instrumento convocatório.

§1º O fator de ponderação mais relevante será limitado a setenta por cento.

§2º Poderão ser utilizados parâmetros de sustentabilidade ambiental para a pontuação das propostas técnicas.

§3º O instrumento convocatório estabelecerá pontuação mínima para as propostas técnicas, cujo não atingimento implicará desclassificação.

Subseção IV
Melhor Técnica ou Conteúdo Artístico

Art. 30. O critério de julgamento pela melhor técnica ou pelo melhor conteúdo artístico poderá ser utilizado para a contratação de projetos e trabalhos de natureza técnica, científica ou artística, incluídos os projetos arquitetônicos e excluídos os projetos de engenharia.

Art. 31. O critério de julgamento pela melhor técnica ou pelo melhor conteúdo artístico considerará exclusivamente as propostas técnicas ou artísticas apresentadas pelos licitantes, segundo parâmetros objetivos inseridos no instrumento convocatório.

§1º O instrumento convocatório definirá o prêmio ou a remuneração que será atribuída ao vencedor.

§2º Poderão ser utilizados parâmetros de sustentabilidade ambiental para a pontuação das propostas nas licitações para contratação de projetos.

§3º O instrumento convocatório poderá estabelecer pontuação mínima para as propostas, cujo não atingimento implicará desclassificação.

Art. 32. Nas licitações que adotem o critério de julgamento pelo melhor conteúdo artístico a comissão de licitação será auxiliada por comissão especial integrada por, no mínimo, três pessoas de reputação ilibada e notório conhecimento da matéria em exame, que podem ser servidores públicos.

Parágrafo único. Os membros da comissão

especial a que se refere o *caput* responderão por todos os atos praticados, salvo se posição individual divergente estiver registrada na ata da reunião em que adotada a decisão.

Subseção V
Maior oferta de preço

Art. 33. O critério de julgamento pela maior oferta de preço será utilizado no caso de contratos que resultem em receita para a administração pública.

§1º Poderá ser dispensado o cumprimento dos requisitos de qualificação técnica e econômico-financeira.

§2º Poderá ser requisito de habilitação a comprovação do recolhimento de quantia como garantia, limitada a cinco por cento do valor mínimo de arrematação.

§3º Na hipótese do §2º, o licitante vencedor perderá a quantia em favor da administração pública caso não efetue o pagamento devido no prazo estipulado.

Art. 34. Os bens e direitos a serem licitados pelo critério previsto no art. 33 serão previamente avaliados para fixação do valor mínimo de arrematação.

Art. 35. Os bens e direitos arrematados serão pagos à vista, em até um dia útil contado da data da assinatura da ata lavrada no local do julgamento ou da data de notificação.

§1º O instrumento convocatório poderá prever que o pagamento seja realizado mediante entrada em percentual não inferior a cinco por cento, no prazo referido no *caput*, com pagamento do restante no prazo estipulado no mesmo instrumento, sob pena de perda em favor da administração pública do valor já recolhido.

§2º O instrumento convocatório estabelecerá as condições para a entrega do bem ao arrematante.

Subseção VI
Maior retorno econômico

Art. 36. No critério de julgamento pelo maior retorno econômico as propostas serão consideradas de forma a selecionar a que proporcionar a maior economia para a administração pública decorrente da execução do contrato.

§1º O critério de julgamento pelo maior retorno econômico será utilizado exclusivamente para a celebração de contrato de eficiência.

§2º O contrato de eficiência terá por objeto a prestação de serviços, que poderá incluir a realização de obras e o fornecimento de bens, com o objetivo de proporcionar economia ao órgão ou entidade contratante, na forma de redução de despesas correntes.

§3º O instrumento convocatório deverá prever parâmetros objetivos de mensuração da economia gerada com a execução do contrato, que servirá de base de cálculo da remuneração devida ao contratado.

§4º Para efeito de julgamento da proposta, o retorno econômico é o resultado da economia que se estima gerar com a execução da proposta de trabalho, deduzida a proposta de preço.

Art. 37. Nas licitações que adotem o critério de julgamento pelo maior retorno econômico, os licitantes apresentarão:

I - proposta de trabalho, que deverá contemplar:

a) as obras, serviços ou bens, com respectivos prazos de realização ou fornecimento; e

b) a economia que se estima gerar, expressa em unidade de medida associada à obra, bem ou serviço e expressa em unidade monetária; e

II - proposta de preço, que corresponderá a um percentual sobre a economia que se estima gerar durante determinado período, expressa em unidade monetária.

Subseção VII
Preferência e desempate

Art. 38. Nos termos da Lei Complementar nº 123, de 14 de dezembro de 2006, considera-se empate aquelas situações em que a proposta apresentada pela microempresa ou empresa de pequeno porte seja igual ou até dez por cento superior à proposta mais bem classificada.

§1º Nas situações descritas no *caput*, a microempresa ou empresa de pequeno porte que apresentou proposta mais vantajosa poderá apresentar nova proposta de preço inferior à proposta mais bem classificada.

§2º Caso não seja apresentada a nova proposta de que trata o §1º, as demais microempresas ou empresas de pequeno porte licitantes com propostas até dez por cento superiores à proposta mais bem classificada serão convidadas a exercer o mesmo direito, conforme a ordem de vantajosidade de suas propostas.

Art. 39. Nas licitações em que após o exercício de preferência de que trata o art. 38 esteja configurado empate em primeiro lugar, será realizada disputa final entre os licitantes empatados, que poderão apresentar nova proposta fechada, conforme estabelecido no instrumento convocatório.

§1º Mantido o empate após a disputa final de que trata o *caput*, as propostas serão ordenadas segundo o desempenho contratual prévio dos respectivos licitantes, desde que haja sistema objetivo de avaliação instituído.

§2º Caso a regra prevista no §1º não solucione o empate, será dada preferência:

I - em se tratando de bem ou serviço de informática e automação, nesta ordem:

a) aos bens e serviços com tecnologia desenvolvida no País;

b) aos bens e serviços produzidos de acordo com o processo produtivo básico definido pelo Decreto nº 5.906, de 26 de setembro de 2006;

c) produzidos no País;

d) produzidos ou prestados por empresas brasileiras; e

e) produzidos ou prestados por empresas que invistam em pesquisa e no desenvolvimento de tecnologia no País; ou

II - em se tratando de bem ou serviço não abrangido pelo inciso I do §2º, nesta ordem:

a) produzidos no País;

b) produzidos ou prestados por empresas brasileiras; e

c) produzidos ou prestados por empresas que invistam em pesquisa e no desenvolvimento de tecnologia no País.

§3º Caso a regra prevista no §2º não solucione o empate, será realizado sorteio.

Subseção VIII
Análise e classificação de proposta

Art. 40. Na verificação da conformidade da melhor proposta apresentada com os requisitos do instrumento convocatório, será desclassificada aquela que:

I - contenha vícios insanáveis;

II - não obedeça às especificações técnicas previstas no instrumento convocatório;

III - apresente preço manifestamente inexequível ou permaneça acima do orçamento estimado para a contratação, inclusive nas hipóteses previstas no *caput* do art. 9º;

IV - não tenha sua exequibilidade demonstrada, quando exigido pela administração pública; ou

V - apresente desconformidade com quaisquer outras exigências do instrumento convocatório, desde que insanável.

§1º A comissão de licitação poderá realizar diligências para aferir a exequibilidade da proposta ou exigir do licitante que ela seja demonstrada.

§2º Com exceção da contratação integrada prevista no art. 9º da Lei nº 12.462, de 2011, nas licitações de obras ou serviços de engenharia, o licitante da melhor proposta apresentada deverá reelaborar e apresentar à comissão de licitação, por meio eletrônico, conforme prazo estabelecido no instrumento convocatório, planilha com os valores adequados ao lance vencedor, em que deverá constar: (*Redação dada pelo Decreto nº 8.080, de 2013*)

a) indicação dos quantitativos e dos custos unitários, vedada a utilização de unidades genéricas ou indicadas como verba;

b) composição dos custos unitários quando diferirem daqueles constantes dos sistemas de referências adotados nas licitações; e

c) detalhamento das Bonificações e Despesas Indiretas – BDI e dos Encargos Sociais – ES.

§3º No caso da contratação integrada prevista no art. 9º da Lei nº 12.462, de 2011, o licitante que ofertou a melhor proposta deverá apresentar o valor do lance vencedor distribuído pelas etapas do cronograma físico, definido no ato de convocação e compatível com o critério de aceitabilidade por etapas previsto no §5º do art. 42. (*Incluído pelo Decreto nº 8.080, de 2013*)

§4º Salvo quando aprovado relatório técnico conforme previsto no §2º, II, e §4º, II, do art. 42, o licitante da melhor proposta deverá adequar os custos unitários ou das etapas propostos aos limites previstos nos §2º, §4º ou §5º do art. 42, sem alteração do valor global da proposta, sob pena de aplicação do art. 62. (*Incluído pelo Decreto nº 8.080, de 2013*)

Art. 41. Nas licitações de obras e serviços de engenharia, consideram-se inexequíveis as propostas com valores globais inferiores a setenta por cento do menor dos seguintes valores:
I - média aritmética dos valores das propostas superiores a cinquenta por cento do valor do orçamento estimado pela administração pública, ou
II - valor do orçamento estimado pela administração pública.
§1º A administração deverá conferir ao licitante a oportunidade de demonstrar a exequibilidade da sua proposta.
§2º Na hipótese de que trata o §1º, o licitante deverá demonstrar que o valor da proposta é compatível com a execução do objeto licitado no que se refere aos custos dos insumos e aos coeficientes de produtividade adotados nas composições de custos unitários.
§3º A análise de exequibilidade da proposta não considerará materiais e instalações a serem fornecidos pelo licitante em relação aos quais ele renuncie a parcela ou à totalidade da remuneração, desde que a renúncia esteja expressa na proposta.

Art. 42. Nas licitações de obras e serviços de engenharia, a economicidade da proposta será aferida com base nos custos globais e unitários.
§1º O valor global da proposta não poderá superar o orçamento estimado pela administração pública, com base nos parâmetros previstos nos §§3º, 4º ou 6º do art. 8º da Lei nº 12.462, de 2011, e, no caso da contratação integrada, na forma estabelecida no art. 9º, §2º, inciso II, da Lei nº 12.462, de 2011. (*Redação dada pelo Decreto nº 8.080, de 2013*)
§2º No caso de adoção do regime de empreitada por preço unitário ou de contratação por tarefa, os custos unitários dos itens

materialmente relevantes das propostas não podem exceder os custos unitários estabelecidos no orçamento estimado pela administração pública, observadas as seguintes condições:
I - serão considerados itens materialmente relevantes aqueles de maior impacto no valor total da proposta e que, somados, representem pelo menos oitenta por cento do valor total do orçamento estimado ou que sejam considerados essenciais à funcionalidade da obra ou do serviço de engenharia; e (*Redação dada pelo Decreto nº 8.080, de 2013*)
II - em situações especiais, devidamente comprovadas pelo licitante em relatório técnico circunstanciado aprovado pela administração pública, poderão ser aceitos custos unitários superiores àqueles constantes do orçamento estimado em relação aos itens materialmente relevantes, sem prejuízo da avaliação dos órgãos de controle, dispensada a compensação em qualquer outro serviço do orçamento de referência; (*Redação dada pelo Decreto nº 8.080, de 2013*)
§3º Se o relatório técnico de que trata o inciso II do §2º não for aprovado pela administração pública, aplica-se o disposto no art. 62, salvo se o licitante apresentar nova proposta, com adequação dos custos unitários propostos aos limites previstos no §2º, sem alteração do valor global da proposta.
§4º No caso de adoção do regime de empreitada por preço global ou de empreitada integral, serão observadas as seguintes condições:
I - no cálculo do valor da proposta, poderão ser utilizados custos unitários diferentes daqueles previstos nos §§3º, 4º ou 6º do art. 8º da Lei nº 12.462, de 2011, desde que o valor global da proposta e o valor de cada etapa prevista no cronograma físico-financeiro seja igual ou inferior ao valor calculado a partir do sistema de referência utilizado;
II - em situações especiais, devidamente comprovadas pelo licitante em relatório técnico circunstanciado, aprovado pela administração pública, os valores das etapas do cronograma físico-financeiro poderão exceder o limite fixado no inciso I; e

III - as alterações contratuais sob alegação de falhas ou omissões em qualquer das peças, orçamentos, plantas, especificações, memoriais ou estudos técnicos preliminares do projeto básico não poderão ultrapassar, no seu conjunto, dez por cento do valor total do contrato.

§5º No caso de adoção do regime de contratação integrada, deverão ser previstos no instrumento convocatório critérios de aceitabilidade por etapa, estabelecidos de acordo com o orçamento estimado na forma prevista no art. 9º da Lei nº 12.462, de 2011, e compatíveis com o cronograma físico do objeto licitado. (*Redação dada pelo Decreto nº 8.080, de 2013*)

§6º O orçamento estimado das obras e serviços de engenharia será aquele resultante da composição dos custos unitários diretos do sistema de referência utilizado, acrescida do percentual de BDI de referência, ressalvado o disposto no art. 9º da Lei nº 12.462, de 2011, para o regime de contratação integrada. (*Redação dada pelo Decreto nº 8.080, de 2013*)

§7º A diferença percentual entre o valor global do contrato e o valor obtido a partir dos custos unitários do orçamento estimado pela administração pública não poderá ser reduzida, em favor do contratado, em decorrência de aditamentos contratuais que modifiquem a composição orçamentária. (*Incluído pelo Decreto nº 8.080, de 2013*)

Art. 43. Após o encerramento da fase de apresentação de propostas, a comissão de licitação classificará as propostas por ordem decrescente de vantajosidade.

§1º Quando a proposta do primeiro classificado estiver acima do orçamento estimado, a comissão de licitação poderá negociar com o licitante condições mais vantajosas.

§2º A negociação de que trata o §1º poderá ser feita com os demais licitantes, segundo a ordem de classificação, quando o primeiro colocado, após a negociação, for desclassificado por sua proposta permanecer superior ao orçamento estimado.

§3º Encerrada a etapa competitiva do processo, poderão ser divulgados os custos dos itens ou das etapas do orçamento estimado que estiverem abaixo dos custos ou das etapas ofertados pelo licitante da melhor proposta, para fins de reelaboração da planilha com os valores adequados ao lance vencedor, na forma prevista no art. 40, §2º. (*Incluído pelo Decreto nº 8.080, de 2013*)

Art. 44. Encerrado o julgamento, será disponibilizada a respectiva ata, com a ordem de classificação das propostas.

Seção IV
Da Habilitação

Art. 45. Nas licitações regidas pelo RDC será aplicado, no que couber, o disposto nos arts. 27 a 33 da Lei nº 8.666, de 1993.

Art. 46. Será exigida a apresentação dos documentos de habilitação apenas pelo licitante classificado em primeiro lugar.

§1º Poderá haver substituição parcial ou total dos documentos por certificado de registro cadastral e certificado de pré-qualificação, nos termos do instrumento convocatório.

§2º Em caso de inabilitação, serão requeridos e avaliados os documentos de habilitação dos licitantes subsequentes, por ordem de classificação.

Art. 47. O instrumento convocatório definirá o prazo para a apresentação dos documentos de habilitação.

Art. 48. Quando utilizado o critério de julgamento pela maior oferta de preço, nas licitações destinadas à alienação, a qualquer título, dos bens e direitos da administração pública, os requisitos de qualificação técnica e econômico-financeira poderão ser dispensados, se substituídos pela comprovação do recolhimento de quantia como garantia, limitada a cinco por cento do valor mínimo de arrematação. Parágrafo único. O disposto no *caput* não dispensa os licitantes da apresentação dos demais documentos exigidos para a habilitação.

Art. 49. Em qualquer caso, os documentos relativos à regularidade fiscal poderão ser exigidos em momento posterior ao julgamento das propostas, apenas em relação ao licitante mais bem classificado.

Art. 50. Caso ocorra a inversão de fases prevista no parágrafo único do art. 14:

I - os licitantes apresentarão simultaneamente os documentos de habilitação e as propostas;

II - serão verificados os documentos de habilitação de todos os licitantes; e

III - serão julgadas apenas as propostas dos licitantes habilitados.

Seção V
Da Participação em Consórcio

Art. 51. Quando permitida a participação na licitação de pessoas jurídicas organizadas em consórcio, serão observadas as seguintes condições:

I - comprovação do compromisso público ou particular de constituição de consórcio, subscrito pelos consorciados;

II - indicação da pessoa jurídica responsável pelo consórcio, que deverá atender às condições de liderança fixadas no instrumento convocatório;

III - apresentação dos documentos exigidos no instrumento convocatório quanto a cada consorciado, admitindo-se, para efeito de qualificação técnica, o somatório dos quantitativos de cada consorciado;

IV - comprovação de qualificação econômico-financeira, mediante:

a) apresentação do somatório dos valores de cada consorciado, na proporção de sua respectiva participação, podendo a administração pública estabelecer, para o consórcio, um acréscimo de até trinta por cento dos valores exigidos para licitante individual; e

b) demonstração, por cada consorciado, do atendimento aos requisitos contábeis definidos no instrumento convocatório; e

V - impedimento de participação de consorciado, na mesma licitação, em mais de um consórcio ou isoladamente.

§1º O instrumento convocatório deverá exigir que conste cláusula de responsabilidade solidária:

I - no compromisso de constituição de consórcio a ser firmado pelos licitantes; e

II - no contrato a ser celebrado pelo consórcio vencedor.

§2º No consórcio de empresas brasileiras e estrangeiras, a liderança caberá, obrigatoriamente, à empresa brasileira, observado o disposto no inciso II do *caput*.

§3º O licitante vencedor fica obrigado a promover, antes da celebração do contrato, a constituição e o registro do consórcio, nos termos do compromisso referido no inciso I do *caput*.

§4º A substituição de consorciado deverá ser expressamente autorizada pelo órgão ou entidade contratante.

§5º O instrumento convocatório poderá, no interesse da administração pública, fixar a quantidade máxima de pessoas jurídicas organizadas por consórcio.

§6º O acréscimo previsto na alínea "a" do inciso IV do *caput* não será aplicável aos consórcios compostos, em sua totalidade, por microempresas e empresas de pequeno porte.

Seção VI
Dos Recursos

Art. 52. Haverá fase recursal única, após o término da fase de habilitação.

Art. 53. Os licitantes que desejarem recorrer em face dos atos do julgamento da proposta ou da habilitação deverão manifestar imediatamente, após o término de cada sessão, a sua intenção de recorrer, sob pena de preclusão.

Parágrafo único. Nas licitações sob a forma eletrônica, a manifestação de que trata o *caput* deve ser efetivada em campo próprio do sistema.

Art. 54. As razões dos recursos deverão ser apresentadas no prazo de cinco dias úteis contado a partir da data da intimação ou da lavratura da ata, conforme o caso.

§1º O prazo para apresentação de contrarrazões será de cinco dias úteis e começará imediatamente após o encerramento do prazo a que se refere o *caput*.

§2º É assegurado aos licitantes obter vista dos elementos dos autos indispensáveis à defesa de seus interesses.

Art. 55. Na contagem dos prazos estabelecidos no art. 54, exclui-se o dia do início e inclui-se o do vencimento.

Parágrafo único. Os prazos se iniciam e expiram exclusivamente em dia útil no âmbito do órgão ou entidade responsável pela licitação.

Art. 56. O recurso será dirigido à autoridade superior, por intermédio da autoridade que praticou o ato recorrido, que apreciará sua admissibilidade, cabendo a esta reconsiderar sua decisão no prazo de cinco dias úteis ou, nesse mesmo prazo, fazê-lo subir, devidamente informado, devendo, neste caso, a decisão do recurso ser proferida dentro do prazo de cinco dias úteis, contado do seu recebimento, sob pena de apuração de responsabilidade.

Art. 57. O acolhimento de recurso implicará invalidação apenas dos atos insuscetíveis de aproveitamento.

Art. 58. No caso da inversão de fases prevista no parágrafo único do art. 14, os licitantes poderão apresentar recursos após a fase de habilitação e após a fase de julgamento das propostas.

Seção VII
Do Encerramento

Art. 59. Finalizada a fase recursal, a administração pública poderá negociar condições mais vantajosas com o primeiro colocado.

Art. 60. Exaurida a negociação prevista no art. 59, o procedimento licitatório será encerrado e os autos encaminhados à autoridade superior, que poderá:
I - determinar o retorno dos autos para saneamento de irregularidades que forem supríveis;
II - anular o procedimento, no todo ou em parte, por vício insanável;
III - revogar o procedimento por motivo de conveniência e oportunidade; ou
IV - adjudicar o objeto, homologar a licitação e convocar o licitante vencedor para a assinatura do contrato, preferencialmente em ato único.
§1º As normas referentes a anulação e revogação de licitações previstas no art. 49 da Lei nº 8.666, de 1993, aplicam-se às contratações regidas pelo RDC.

§2º Caberá recurso no prazo de cinco dias úteis contado a partir da data da anulação ou revogação da licitação, observado o disposto nos arts. 53 a 57, no que couber.

Art. 61. Convocado para assinar o termo de contrato, aceitar ou retirar o instrumento equivalente, o interessado deverá observar os prazos e condições estabelecidos, sob pena de decair o direito à contratação, sem prejuízo das sanções previstas em lei.

Art. 62. É facultado à administração pública, quando o convocado não assinar o termo de contrato, ou não aceitar ou retirar o instrumento equivalente, no prazo e condições estabelecidos:
I - revogar a licitação, sem prejuízo da aplicação das cominações previstas na Lei nº 8.666, de 1993, e neste Decreto; ou
II - convocar os licitantes remanescentes, na ordem de classificação, para a celebração do contrato nas condições ofertadas pelo licitante vencedor.
Parágrafo único. Na hipótese de nenhum dos licitantes aceitar a contratação nos termos do inciso II do *caput*, a administração pública poderá convocar os licitantes remanescentes, na ordem de classificação, para a celebração do contrato nas condições ofertadas por estes, desde que o valor seja igual ou inferior ao orçamento estimado para a contratação, inclusive quanto aos preços atualizados, nos termos do instrumento convocatório.

TÍTULO III
DOS CONTRATOS E DE SUA EXECUÇÃO

Art. 63. Os contratos administrativos celebrados serão regidos pela Lei nº 8.666, de 1993, com exceção das regras específicas previstas na Lei nº 12.462, de 2011, e neste Decreto.

Art. 64. Os contratos para a execução das obras previstas no plano plurianual poderão ser firmados pelo período nele compreendido, observado o disposto no *caput* do art. 57 da Lei nº 8.666, de 1993.

Art. 65. Na hipótese do inciso II do *caput* do art. 57 da Lei nº 8.666, de 1993, os contratos regidos por este Decreto poderão ter sua vigência estabelecida até a data da extinção da APO.

Art. 66. Nos contratos de obras e serviços de engenharia, a execução de cada etapa será precedida de projeto executivo para a etapa e da conclusão e aprovação, pelo órgão ou entidade contratante, dos trabalhos relativos às etapas anteriores.

§1º O projeto executivo de etapa posterior poderá ser desenvolvido concomitantemente com a execução das obras e serviços de etapa anterior, desde que autorizado pelo órgão ou entidade contratante. (*Incluído pelo Decreto nº 8.080, de 2013*)

§2º No caso da contratação integrada prevista no art. 9º da Lei nº 12.462, de 2011, a análise e a aceitação do projeto deverá limitar-se a sua adequação técnica em relação aos parâmetros definidos no instrumento convocatório, em conformidade com o art. 74, devendo ser assegurado que as parcelas desembolsadas observem ao cronograma financeiro apresentado na forma do art. 40, §3º. (*Incluído pelo Decreto nº 8.080, de 2013*)

§3º A aceitação a que se refere o §2º não enseja a assunção de qualquer responsabilidade técnica sobre o projeto pelo órgão ou entidade contratante. (*Incluído pelo Decreto nº 8.080, de 2013*)

§4º O disposto no §3º do art. 8º da Lei nº 12.462 não se aplica à determinação do custo global para execução das obras e serviços de engenharia contratados mediante o regime de contratação integrada. (*Incluído pelo Decreto nº 8.080, de 2013*)

Art. 67. A inexecução total ou parcial do contrato enseja a sua rescisão, com as consequências contratuais, legais e regulamentares.

§1º Não haverá rescisão contratual em razão de fusão, cisão ou incorporação do contratado, ou de substituição de consorciado, desde que mantidas as condições de habilitação previamente atestadas.

§2º Os contratos de eficiência referidos no art. 36 deverão prever que nos casos em que não for gerada a economia estimada:

I - a diferença entre a economia contratada e a efetivamente obtida será descontada da remuneração do contratado;

II - será aplicada multa por inexecução contratual se a diferença entre a economia contratada e a efetivamente obtida for superior à remuneração do contratado, no valor da referida diferença; e

III - aplicação de outras sanções cabíveis, caso a diferença entre a economia contratada e a efetivamente obtida seja superior ao limite máximo estabelecido no contrato.

Art. 68. Caberá recurso no prazo de cinco dias úteis a partir da data da intimação ou da lavratura da ata da rescisão do contrato, nas hipóteses previstas no inciso I do *caput* do art. 79 da Lei nº 8.666, de 1993, observado o disposto nos arts. 53 a 57, no que couber.

Art. 69. Na hipótese do inciso XI do *caput* do art. 24 da Lei nº 8.666, de 1993, a contratação de remanescente de obra, serviço ou fornecimento de bens em consequência de rescisão contratual observará a ordem de classificação dos licitantes e as condições por estes ofertadas, desde que não seja ultrapassado o orçamento estimado para a contratação.

TÍTULO IV
DISPOSIÇÕES ESPECÍFICAS

CAPÍTULO I
DA REMUNERAÇÃO VARIÁVEL

Art. 70. Nas licitações de obras e serviços, inclusive de engenharia, poderá ser estabelecida remuneração variável, vinculada ao desempenho do contratado, com base em metas, padrões de qualidade, parâmetros de sustentabilidade ambiental e prazo de entrega definidos pela administração pública no instrumento convocatório, observado o conteúdo do projeto básico, do projeto executivo ou do termo de referência.

§1º A utilização da remuneração variável respeitará o limite orçamentário fixado pela administração pública para a contratação e será motivada quanto:

I - aos parâmetros escolhidos para aferir o desempenho do contratado;

II - ao valor a ser pago; e

III - ao benefício a ser gerado para a administração pública.

§2º Eventuais ganhos provenientes de ações da administração pública não serão considerados no cômputo do desempenho do contratado.

§3º O valor da remuneração variável deverá ser proporcional ao benefício a ser gerado para a administração pública.

§4º Nos casos de contratação integrada, deverá ser observado o conteúdo do anteprojeto de engenharia na definição dos parâmetros para aferir o desempenho do contratado.

CAPÍTULO II
DA CONTRATAÇÃO SIMULTÂNEA

Art. 71. A administração pública poderá, mediante justificativa, contratar mais de uma empresa ou instituição para executar o mesmo serviço, desde que não implique perda de economia de escala, quando:

I - o objeto da contratação puder ser executado de forma concorrente e simultânea por mais de um contratado; e

II - a múltipla execução for conveniente para atender à administração pública.

Parágrafo único. A contratação simultânea não se aplica às obras ou serviços de engenharia.

Art. 72. A administração pública deverá manter o controle individualizado dos serviços prestados por contratado.

Parágrafo único. O instrumento convocatório deverá disciplinar os parâmetros objetivos para a alocação das atividades a serem executadas por contratado.

CAPÍTULO III
DA CONTRATAÇÃO INTEGRADA

Art. 73. Nas licitações de obras e serviços de engenharia, poderá ser utilizada a contratação integrada, desde que técnica e economicamente justificada.

§1º O objeto da contratação integrada compreende a elaboração e o desenvolvimento dos projetos básico e executivo, a execução de obras e serviços de engenharia, a montagem, a realização de testes, a pré-operação e todas as demais operações necessárias e suficientes para entrega final do objeto.

§2º Será adotado o critério de julgamento técnica e preço.

Art. 74. O instrumento convocatório das licitações para contratação de obras e serviços de engenharia sob o regime de contratação integrada deverá conter anteprojeto de engenharia com informações e requisitos técnicos destinados a possibilitar a caracterização do objeto contratual, incluindo:

I - a demonstração e a justificativa do programa de necessidades, a visão global dos investimentos e as definições quanto ao nível de serviço desejado;

II - as condições de solidez, segurança, durabilidade e prazo de entrega;

III - a estética do projeto arquitetônico; e

IV - os parâmetros de adequação ao interesse público, à economia na utilização, à facilidade na execução, aos impactos ambientais e à acessibilidade.

§1º Deverão constar do anteprojeto, quando couber, os seguintes documentos técnicos:

I - concepção da obra ou serviço de engenharia;

II - projetos anteriores ou estudos preliminares que embasaram a concepção adotada;

III - levantamento topográfico e cadastral;

IV - pareceres de sondagem; e

V - memorial descritivo dos elementos da edificação, dos componentes construtivos e dos materiais de construção, de forma a estabelecer padrões mínimos para a contratação.

§2º Caso seja permitida no anteprojeto de engenharia a apresentação de projetos com metodologia diferenciadas de execução, o instrumento convocatório estabelecerá critérios objetivos para avaliação e julgamento das propostas.

§3º O anteprojeto deverá possuir nível de definição suficiente para proporcionar a comparação entre as propostas recebidas das licitantes.

§4º Os Ministérios supervisores dos órgãos e entidades da administração pública poderão definir o detalhamento dos elementos mínimos necessários para a caracterização do anteprojeto de engenharia. (*Incluído pelo Decreto nº 8.080, de 2013*)

Art. 75. O orçamento e o preço total para a contratação serão estimados com base nos valores praticados pelo mercado, nos valores pagos pela administração pública em contratações similares ou na avaliação do custo global da obra, aferida mediante orçamento sintético ou metodologia expedita ou paramétrica.

§1º Na elaboração do orçamento estimado na forma prevista no *caput*, poderá ser considerada taxa de risco compatível com o objeto da licitação e as contingências atribuídas ao contratado, devendo a referida taxa ser motivada de acordo com metodologia definida em ato do Ministério supervisor ou da entidade contratante. (*Incluído pelo Decreto nº 8.080, de 2013*)

§2º A taxa de risco a que se refere o §1º não integrará a parcela de benefícios e despesas indiretas – BDI do orçamento estimado, devendo ser considerada apenas para efeito de análise de aceitabilidade das propostas ofertadas no processo licitatório. (*Incluído pelo Decreto nº 8.080, de 2013*)

Art. 76. Nas hipóteses em que for adotada a contratação integrada, fica vedada a celebração de termos aditivos aos contratos firmados, exceto se verificada uma das seguintes hipóteses:

I - recomposição do equilíbrio econômico-financeiro, devido a caso fortuito ou força maior;

II - necessidade de alteração do projeto ou das especificações para melhor adequação técnica aos objetivos da contratação, a pedido da administração pública, desde que não decorrentes de erros ou omissões por parte do contratado, observados os limites previstos no §1º do art. 65 da Lei nº 8.666, de 1993.

TÍTULO V
DOS PROCEDIMENTOS AUXILIARES

CAPÍTULO I
DISPOSIÇÕES GERAIS

Art. 77. São procedimentos auxiliares das licitações regidas por este Decreto:

I - cadastramento;

II - pré-qualificação;

III - sistema de registro de preços; e

IV - catálogo eletrônico de padronização.

CAPÍTULO II
DO CADASTRAMENTO

Art. 78. Os registros cadastrais serão feitos por meio do Sistema de Cadastramento Unificado de Fornecedores – SICAF, conforme disposto Decreto nº 3.722, de 9 de janeiro de 2001.

Art. 79. Caberá recurso no prazo de cinco dias úteis contado a partir da data da intimação ou do indeferimento do pedido de inscrição em registro cadastral, de sua alteração ou de seu cancelamento, observado o disposto nos arts. 53 a 57, no que couber.

CAPÍTULO III
DA PRÉ-QUALIFICAÇÃO

Art. 80. A administração pública poderá promover a pré-qualificação destinada a identificar:

I - fornecedores que reúnam condições de qualificação técnica exigidas para o fornecimento de bem ou a execução de serviço ou obra nos prazos, locais e condições previamente estabelecidos; e

II - bens que atendam às exigências técnicas e de qualidade estabelecida pela administração pública.

§1º A pré-qualificação poderá ser parcial ou total, contendo alguns ou todos os requisitos de habilitação técnica necessários à contratação, assegurada, em qualquer hipótese, a igualdade de condições entre os concorrentes.

§2º A pré-qualificação de que trata o inciso I do *caput* poderá ser efetuada por grupos ou segmentos de objetos a serem contratados, segundo as especialidades dos fornecedores.

Art. 81. O procedimento de pré-qualificação ficará permanentemente aberto para a inscrição dos eventuais interessados.

Art. 82. A pré-qualificação terá validade máxima de um ano, podendo ser atualizada a qualquer tempo.
Parágrafo único. A validade da pré-qualificação de fornecedores não será superior ao prazo de validade dos documentos apresentados pelos interessados.

Art. 83. Sempre que a administração pública entender conveniente iniciar procedimento de pré-qualificação de fornecedores ou bens, deverá convocar os interessados para que demonstrem o cumprimento das exigências de qualificação técnica ou de aceitação de bens, conforme o caso.
§1º A convocação de que trata o *caput* será realizada mediante:
I - publicação de extrato do instrumento convocatório no Diário Oficial da União, do Estado, do Distrito Federal ou do Município, conforme o caso, sem prejuízo da possibilidade de publicação de extrato em jornal diário de grande circulação; e
II - divulgação em sítio eletrônico oficial centralizado de publicidade de licitações ou sítio mantido pelo órgão ou entidade.
§2º A convocação explicitará as exigências de qualificação técnica ou de aceitação de bens, conforme o caso.

Art. 84. Será fornecido certificado aos pré-qualificados, renovável sempre que o registro for atualizado.

Art. 85. Caberá recurso no prazo de cinco dias úteis contado a partir da data da intimação ou da lavratura da ata do ato que defira ou indefira pedido de pré-qualificação de interessados, observado o disposto nos arts. 53 a 57, no que couber.

Art. 86. A administração pública poderá realizar licitação restrita aos pré-qualificados, justificadamente, desde que:
I - a convocação para a pré-qualificação discrimine que as futuras licitações serão restritas aos pré-qualificados;

II - na convocação a que se refere o inciso I do *caput* conste estimativa de quantitativos mínimos que a administração pública pretende adquirir ou contratar nos próximos doze meses e de prazos para publicação do edital; e
III - a pré-qualificação seja total, contendo todos os requisitos de habilitação técnica necessários à contratação.
§1º O registro cadastral de pré-qualificados deverá ser amplamente divulgado e deverá estar permanentemente aberto aos interessados, obrigando-se a unidade por ele responsável a proceder, no mínimo anualmente, a chamamento público para a atualização dos registros existentes e para o ingresso de novos interessados.
§2º Só poderão participar da licitação restrita aos pré-qualificados os licitantes que, na data da publicação do respectivo instrumento convocatório:
I - já tenham apresentado a documentação exigida para a pré-qualificação, ainda que o pedido de pré-qualificação seja deferido posteriormente; e
II - estejam regularmente cadastrados.
§3º No caso de realização de licitação restrita, a administração pública enviará convite por meio eletrônico a todos os pré-qualificados no respectivo segmento.
§4º O convite de que trata o §3º não exclui a obrigação de atendimento aos requisitos de publicidade do instrumento convocatório.

CAPÍTULO IV
DO SISTEMA DE REGISTRO DE PREÇOS

Art. 87. O Sistema de Registro de Preços destinado especificamente ao RDC – SRP/RDC será regido pelo disposto neste Decreto.

Art. 88. Para os efeitos deste Decreto, considera-se:
I - Sistema de Registro de Preços - SRP – conjunto de procedimentos para registro formal de preços para contratações futuras, relativos à prestação de serviços, inclusive de engenharia, de aquisição de bens e de execução de obras com características padronizadas; (*Redação dada pelo Decreto nº 8.080, de 2013*)

II - ata de registro de preços – documento vinculativo, obrigacional, com característica de compromisso para futura contratação, em que se registram os preços, fornecedores, órgãos participantes e condições a serem praticadas, conforme as disposições contidas no instrumento convocatório e propostas apresentadas;

III - órgão gerenciador – órgão ou entidade pública responsável pela condução do conjunto de procedimentos do certame para registro de preços e gerenciamento da ata de registro de preços dele decorrente;

IV - órgão participante – órgão ou entidade da administração pública que participe dos procedimentos iniciais do SRP e integre a ata de registro de preços;

V - órgão aderente – órgão ou entidade da administração pública que, não tendo participado dos procedimentos iniciais da licitação, adere a uma ata de registro de preços;

VI - órgão participante de compra nacional – órgão ou entidade da administração pública que, em razão de participação em programa ou projeto federal, é contemplado no registro de preços independentemente de manifestação formal; e (*Incluído pelo Decreto nº 8.251, de 2014*)

VII - compra nacional – compra ou contratação de bens, serviços e obras com características padronizadas, inclusive de engenharia, em que o órgão gerenciador conduz os procedimentos para registro de preços destinado à execução descentralizada de programa ou projeto federal, mediante prévia indicação da demanda pelos entes federados beneficiados. (*Incluído pelo Decreto nº 8.251, de 2014*)

Art. 89. O SRP/RDC poderá ser adotado para a contratação de bens, de obras com características padronizadas e de serviços, inclusive de engenharia, quando: (*Redação dada pelo Decreto nº 8.080, de 2013*)

I - pelas características do bem ou serviço, houver necessidade de contratações frequentes; (*Redação dada pelo Decreto nº 8.080, de 2013*)

II - for mais conveniente a aquisição de bens com previsão de entregas parceladas ou contratação de serviços remunerados por unidade de medida ou em regime de tarefa; (*Redação dada pelo Decreto nº 8.080, de 2013*)

III - for conveniente para atendimento a mais de um órgão ou entidade, ou a programas de governo; ou (*Redação dada pelo Decreto nº 8.080, de 2013*)

IV - pela natureza do objeto, não for possível definir previamente o quantitativo a ser demandado pela administração pública. (*Redação dada pelo Decreto nº 8.080, de 2013*)

Parágrafo único. O SRP/RDC, no caso de obra, somente poderá ser utilizado: (*Incluído pelo Decreto nº 8.080, de 2013*)

I - nas hipóteses dos incisos III ou IV do caput; e (*Incluído pelo Decreto nº 8.080, de 2013*)

II - desde que atendidos, cumulativamente, os seguintes requisitos: (*Incluído pelo Decreto nº 8.080, de 2013*)

a) as licitações sejam realizadas pelo Governo federal; (*Incluído pelo Decreto nº 8.080, de 2013*)

b) as obras tenham projeto de referência padronizado, básico ou executivo, consideradas as regionalizações necessárias; e (*Incluído pelo Decreto nº 8.080, de 2013*)

c) haja compromisso do órgão aderente de suportar as despesas das ações necessárias à adequação do projeto padrão às peculiaridades da execução. (*Incluído pelo Decreto nº 8.080, de 2013*)

Art. 90. A licitação para o registro de preços:

I - poderá ser realizada por qualquer dos modos de disputa previstos neste Decreto, combinados ou não;

II - poderá utilizar os critérios de julgamento menor preço, maior desconto ou técnica e preço; e (*Redação dada pelo Decreto nº 8.251, de 2014*)

III - será precedida de ampla pesquisa de mercado.

Art. 91. Na licitação para registro de preços, a indicação da dotação orçamentária só será necessária para a formalização do contrato ou instrumento equivalente.

Art. 92. A licitação para registro de preços será precedida de divulgação de intenção de registro de preços com a finalidade de permitir a participação de outros órgãos ou entidades públicas.

§1º Observado o prazo estabelecido pelo órgão gerenciador, os órgãos ou entidades públicas interessados em participar do registro de preços deverão:

I - manifestar sua concordância com o objeto do registro de preços; e

II - indicar a sua estimativa de demanda e o cronograma de contratações.

§2º Esgotado o prazo para a manifestação de interesse em participar do registro de preços, o órgão gerenciador:

I - consolidará todas as informações relativas às estimativas individuais de demanda;

II - promoverá a adequação de termos de referência ou projetos básicos encaminhados, para atender aos requisitos de padronização e racionalização;

III - realizará ampla pesquisa de mercado para a definição dos preços estimados; e

IV - apresentará as especificações, termos de referência, projetos básicos, quantitativos e preços estimados aos órgãos ou entidades públicas interessados, para confirmação da intenção de participar do registro de preço.

V - estabelecerá, quando for o caso, o número máximo de participantes, em conformidade com sua capacidade de gerenciamento; (*Incluído pelo Decreto nº 8.251, de 2014*)

VI - aceitará ou recusará, justificadamente, os quantitativos considerados ínfimos ou a inclusão de novos itens; e (*Incluído pelo Decreto nº 8.251, de 2014*)

VII - deliberará quanto à inclusão posterior de participantes que não manifestaram interesse durante o período de divulgação da intenção de registro de preços. (*Incluído pelo Decreto nº 8.251, de 2014*)

§3º No caso de compra nacional, o órgão gerenciador promoverá a divulgação da ação, a pesquisa de mercado e a consolidação da demanda dos órgãos e entidades da administração direta e indireta da União, dos Estados, do Distrito Federal e dos Municípios. (*Incluído pelo Decreto nº 8.251, de 2014*)

Art. 93. O órgão gerenciador poderá subdividir a quantidade total de cada item em lotes, sempre que comprovada a viabilidade técnica e econômica, de forma a possibilitar maior competitividade, observada a quantidade mínima, o prazo e o local de entrega ou de prestação dos serviços.

§1º No caso de serviços, a subdivisão se dará em função da unidade de medida adotada para aferição dos produtos e resultados esperados, e será observada a demanda específica de cada órgão ou entidade participante.

§2º Na situação prevista no §1º, será evitada a contratação de mais de uma empresa para a execução do mesmo serviço em uma mesma localidade no âmbito do mesmo órgão ou entidade, com vistas a assegurar a responsabilidade contratual e o princípio da padronização.

Art. 94. Constará do instrumento convocatório para registro de preços, além das exigências previstas no art. 8º:

I - a especificação ou descrição do objeto, explicitando o conjunto de elementos necessários e suficientes, com nível de precisão adequado, para a caracterização do bem ou serviço, inclusive definindo as respectivas unidades de medida usualmente adotadas;

II - a estimativa de quantidades a serem adquiridas no prazo de validade do registro;

III - a quantidade mínima de unidades a ser cotada, por item ou lote, no caso de bens;

IV - as condições quanto aos locais, prazos de entrega, forma de pagamento e, complementarmente, nos casos de serviços, quando cabíveis, a frequência, periodicidade, características do pessoal, materiais e equipamentos a serem fornecidos e utilizados, procedimentos a serem seguidos, cuidados, deveres, disciplina e controles a serem adotados;

V - o prazo de validade do registro de preço;

VI - os órgãos e entidades participantes;

VII - os modelos de planilhas de custo, quando couber;

VIII - as minutas de contratos decorrentes do SRP/RDC, quando for o caso; e

IX - as penalidades a serem aplicadas por descumprimento das condições estabelecidas.

§1º Quando o instrumento convocatório previr o fornecimento de bens ou prestação de serviços em locais diferentes, é facultada a exigência de apresentação de proposta diferenciada por região, de modo que os custos variáveis por região sejam acrescidos aos respectivos preços. (*Incluído pelo Decreto nº 8.251, de 2014*)

§2º O exame e a aprovação das minutas do instrumento convocatório e do contrato serão efetuados exclusivamente pela assessoria jurídica do órgão gerenciador. (*Incluído pelo Decreto nº 8.251, de 2014*)

Art. 95. Caberá ao órgão gerenciador:

I - promover os atos preparatórios à licitação para registro de preços, conforme o art. 92;

II - definir os itens a serem registrados, os respectivos quantitativos e os órgãos ou entidades participantes;

III - realizar todo o procedimento licitatório;

IV - providenciar a assinatura da ata de registro de preços;

V - encaminhar cópia da ata de registro de preços aos órgãos ou entidades participantes;

VI - gerenciar a ata de registro de preços, indicando os fornecedores que poderão ser contratados e os respectivos quantitativos e preços, conforme as regras do art. 103;

VII - manter controle do saldo da quantidade global de bens e serviços que poderão ser contratados pelos órgãos aderentes, observado o disposto nos §§3º e 4º do art. 102;

VIII - aplicar eventuais sanções que decorrerem:

a) do procedimento licitatório;

b) de descumprimento da ata de registro de preços, ressalvado o disposto no art. 96, inciso III do *caput*, alínea "a"; e

c) do descumprimento dos contratos que celebrarem, ainda que não haja o correspondente instrumento;

IX - conduzir eventuais negociações dos preços registrados, conforme as regras do art. 105; e

X - anular ou revogar o registro de preços.

XI - autorizar, excepcional e justificadamente, a prorrogação do prazo previsto no §4º do art. 103 deste Decreto, respeitado o prazo de vigência da ata, quando solicitada pelo órgão aderente; e (*Incluído pelo Decreto nº 8.251, de 2014*)

XII - realizar pesquisa de mercado para identificação do valor estimado da licitação e consolidar os dados das pesquisas de mercado realizadas pelos órgãos e entidades participantes, inclusive nas hipóteses previstas no §3º do art. 92 e no §2º do art. 96 deste Decreto. (*Incluído pelo Decreto nº 8.251, de 2014*)

§1º O órgão gerenciador realizará todos os atos de controle e administração do SRP/RDC.

§2º O órgão gerenciador somente considerará os itens e quantitativos referentes aos órgãos ou entidades que confirmarem a intenção de participar do registro de preços, na forma do inciso IV do §2º do art. 92.

Art. 96. Caberá aos órgãos ou entidades participantes:

I - consultar o órgão gerenciador para obter a indicação do fornecedor e respectivos quantitativos e preços que poderão ser contratados;

II - fiscalizar o cumprimento dos contratos que celebrarem; e

III - aplicar eventuais sanções que decorrerem:

a) do descumprimento da ata de registro de preços, no que se refere às suas demandas; e

b) do descumprimento dos contratos que celebrarem, ainda que não haja o correspondente instrumento.

§1º Os órgãos participantes deverão informar ao órgão gerenciador: (*Incluído pelo Decreto nº 8.251, de 2014*)

I - as sanções que aplicarem; e (*Incluído pelo Decreto nº 8.251, de 2014*)

II - o nome do responsável pelo acompanhamento e fiscalização dos contratos que celebrarem. (*Incluído pelo Decreto nº 8.251, de 2014*)

§2º Na hipótese prevista no §3º do art. 92, comprovada a vantajosidade, fica facultada aos órgãos ou entidades participantes de compra nacional a execução da ata de registro de preços vinculada ao programa ou projeto federal. (*Incluído pelo Decreto nº 8.251, de 2014*)

§3º Os entes federados participantes de compra nacional poderão utilizar recursos de transferências legais ou voluntárias da União, vinculados aos processos ou projetos objeto de descentralização e de recursos próprios para suas demandas de aquisição no âmbito da ata de registro de preços de compra nacional. (*Incluído pelo Decreto nº 8.251, de 2014*)

§4º Caso o órgão gerenciador aceite a inclusão de novos itens, o órgão participante demandante elaborará sua especificação ou termo de referência ou projeto básico, conforme o caso, e a pesquisa de mercado, observado o disposto no art. 96. (*Incluído pelo Decreto nº 8.251, de 2014*)

§5º Caso o órgão gerenciador aceite a inclusão de novas localidades para entrega do bem ou execução do serviço, o órgão participante responsável pela demanda elaborará, ressalvada a hipótese do §3º do art. 92, pesquisa de mercado que contemple a variação de custos locais ou regionais. (*Incluído pelo Decreto nº 8.251, de 2014*)

Art. 97. Após o encerramento da etapa competitiva, os licitantes poderão reduzir seus preços ao valor igual ao da proposta do licitante mais bem classificado.

§1º Havendo apresentação de novas propostas na forma do *caput*, o órgão gerenciador estabelecerá nova ordem de classificação, observadas as regras do art. 98.

§2º A apresentação de novas propostas na forma do *caput* não prejudicará o resultado do certame em relação ao licitante mais bem classificado.

Art. 98. Serão registrados na ata de registro de preços os preços e os quantitativos do licitante mais bem classificado durante a etapa competitiva. (*Redação dada pelo Decreto nº 8.251, de 2014*)

§1º Será incluído na ata de registro de preços, na forma de anexo, o registro dos licitantes que aceitarem cotar os bens ou serviços com preços iguais aos do licitante vencedor na sequência da classificação do certame, excluído o percentual referente à margem de preferência, quando o objeto não atender aos requisitos previstos no art. 3º da Lei nº 8.666, de 1993. (*Incluído pelo Decreto nº 8.251, de 2014*)

§2º Se houver mais de um licitante na situação de que trata o §1º, os licitantes serão classificados segundo a ordem da última proposta apresentada durante a fase competitiva. (*Incluído pelo Decreto nº 8.251, de 2014*)

§3º A habilitação dos fornecedores que comporão o cadastro de reserva,nos termos do §1º, será efetuada nas hipóteses previstas no art. 62 e quando da necessidade de contratação de fornecedor remanescente, nas hipóteses previstas no art. 107. (*Incluído pelo Decreto nº 8.251, de 2014*)

§4º O anexo de que trata o §1º consiste na ata de realização da sessão pública, que conterá a informação dos licitantes que aceitarem cotar os bens ou serviços com preços iguais ao do licitante vencedor do certame. (*Incluído pelo Decreto nº 8.251, de 2014*)

Art. 99. A ata de registro de preços obriga os licitantes ao fornecimento de bens ou à prestação de serviço, conforme o caso, observados os preços, quantidades e demais condições previstas no instrumento convocatório.

Parágrafo único. O prazo de validade da ata de registro de preços será definido pelo instrumento convocatório, limitado ao mínimo de três meses e ao máximo de doze meses.

Art. 100. Os contratos decorrentes do SRP/RDC terão sua vigência conforme as disposições do instrumento convocatório, observadas, no que couber, as normas da Lei nº 8.666, de 1993.

§1º Os contratos decorrentes do SRP/RDC não poderão sofrer acréscimo de quantitativos.

§2º Os contratos decorrentes do SRP/RDC poderão ser alterados conforme as normas da Lei nº 8.666, de 1993, ressalvado o disposto no §1º.

Art. 101. A existência de preços registrados não obriga a administração pública a firmar os contratos que deles poderão advir.

Parágrafo único. Será facultada a realização de licitação específica para contratação de objetos cujos preços constam do sistema, desde que assegurada aos fornecedores registrados a preferência em igualdade de condições.

Art. 102. O órgão ou entidade pública responsável pela execução das obras ou serviços contemplados no art. 2º que não tenha participado do certame licitatório, poderá aderir à ata de registro de preços, respeitado o seu prazo de vigência.

§1º Os órgãos aderentes deverão observar o disposto no art. 96.

§2º Os órgãos aderentes não poderão contratar quantidade superior à soma das estimativas de demanda dos órgãos gerenciador e participantes.

§3º A quantidade global de bens ou de serviços que poderão ser contratados pelos órgãos aderentes e gerenciador, somados, não poderá ser superior a cinco vezes a quantidade prevista para cada item e, no caso de obras, não poderá ser superior a três vezes. (*Redação dada pelo Decreto nº 8.080, de 2013*)

§4º Os fornecedores registrados não serão obrigados a contratar com órgãos aderentes.

§5º O fornecimento de bens ou a prestação de serviços a órgãos aderentes não prejudicará a obrigação de cumprimento da ata de registro de preços em relação aos órgãos gerenciador e participantes.

Art. 103. Quando solicitado, o órgão gerenciador indicará os fornecedores que poderão ser contratados pelos órgãos ou entidades participantes ou aderentes, e os respectivos quantitativos e preços, conforme a ordem de classificação.

§1º O órgão gerenciador observará a seguinte ordem quando da indicação de fornecedor aos órgãos participantes:

I - o fornecedor registrado mais bem classificado, até o esgotamento dos respectivos quantitativos oferecidos;

II - os fornecedores registrados que registraram seus preços em valor igual ao do licitante mais bem classificado, conforme a ordem de classificação; e

III - os demais fornecedores registrados, conforme a ordem de classificação, pelos seus preços registrados.

§2º No caso de solicitação de indicação de fornecedor por órgão aderente, o órgão gerenciador indicará o fornecedor registrado mais bem classificado e os demais licitantes que registraram seus preços em valor igual ao do licitante mais bem classificado.

§3º Os órgãos aderentes deverão propor a celebração de contrato aos fornecedores indicados pelo órgão gerenciador seguindo a ordem de classificação.

§4º Os órgãos aderentes deverão concretizar a contratação no prazo de até trinta dias após a indicação do fornecedor pelo órgão gerenciador, respeitado o prazo de vigência da ata.

Art. 104. O órgão gerenciador avaliará trimestralmente a compatibilidade entre o preço registrado e o valor de mercado.

Parágrafo único. Constatado que o preço registrado é superior ao valor de mercado, ficarão vedadas novas contratações até a adoção das providências cabíveis, conforme o art. 105.

Art. 105. Quando o preço registrado tornar-se superior ao preço praticado no mercado por motivo superveniente, o órgão gerenciador convocará os fornecedores para negociarem a redução dos preços aos valores praticados pelo mercado.

§1º Os fornecedores que não aceitarem reduzir seus preços aos valores praticados pelo mercado serão liberados do compromisso assumido, sem aplicação de penalidade.

§2º A ordem de classificação dos fornecedores que aceitarem reduzir seus preços aos valores de mercado observará a classificação original.

Art. 106. Os órgãos ou entidades da administração pública federal não poderão participar ou aderir a ata de registro de preços cujo órgão gerenciador integre a administração pública de Estado, do Distrito Federal ou de Município, ressalvada a faculdade de a APO aderir às atas gerenciadas pelos respectivos consorciados.

Parágrafo único. Os órgãos ou entidades públicas estaduais, municipais ou do Distrito Federal poderão participar ou aderir a ata de registro de preços gerenciada pela administração pública federal, observado o disposto no §1º do art. 92 e no *caput* do art. 102.

Art. 107. O registro de preços será revogado quando o fornecedor:

I - descumprir as condições da ata de registro de preços;
II - não retirar a respectiva nota de empenho ou instrumento equivalente, no prazo estabelecido pela administração pública, sem justificativa aceitável;
III - não aceitar reduzir o seu preço registrado, na hipótese de este se tornar superior àqueles praticados no mercado; e
IV - sofrer as sanções previstas nos incisos III e IV do *caput* do art. 87 da Lei nº 8.666, de 1993, e no art. 7º da Lei nº 10.520, de 17 de julho de 2002.
§1º A revogação do registro poderá ocorrer:
I - por iniciativa da administração pública, conforme conveniência e oportunidade; ou
II - por solicitação do fornecedor, com base em fato superveniente devidamente comprovado que justifique a impossibilidade de cumprimento da proposta.
§2º A revogação do registro nas hipóteses previstas nos incisos I, II e IV do *caput* será formalizado por decisão da autoridade competente do órgão gerenciador, assegurados o contraditório e a ampla defesa.
§3º A revogação do registro em relação a um fornecedor não prejudicará o registro dos preços dos demais licitantes.

Art. 108. No âmbito da administração pública federal competirá ao Ministro de Estado do Planejamento, Orçamento e Gestão estabelecer normas complementares necessárias para a operação do SRP/RDC.

CAPÍTULO V
DO CATÁLOGO ELETRÔNICO DE PADRONIZAÇÃO

Art. 109. O Catálogo Eletrônico de Padronização é o sistema informatizado destinado à padronização de bens, serviços e obras a serem adquiridos ou contratados pela administração pública.
Parágrafo único. O Catálogo Eletrônico de Padronização será gerenciado de forma centralizada pela Secretaria de Logística e Tecnologia da Informação do Ministério do Planejamento, Orçamento e Gestão.

Art. 110. O Catálogo Eletrônico de Padronização conterá:

I - a especificação de bens, serviços ou obras;
II - descrição de requisitos de habilitação de licitantes, conforme o objeto da licitação; e
III - modelos de:
a) instrumentos convocatórios;
b) minutas de contratos;
c) termos de referência e projetos referência; e
d) outros documentos necessários ao procedimento de licitação que possam ser padronizados.
§1º O Catálogo Eletrônico de Padronização será destinado especificamente a bens, serviços e obras que possam ser adquiridos ou contratados pela administração pública pelo critério de julgamento menor preço ou maior desconto.
§2º O projeto básico da licitação será obtido a partir da adaptação do "projeto de referência" às peculiaridades do local onde a obra será realizada, considerando aspectos relativos ao solo e à topografia do terreno, bem como aos preços dos insumos da região que será implantado o empreendimento.

TÍTULO VI
DAS SANÇÕES

Art. 111. Serão aplicadas sanções nos termos do art. 47 da Lei nº 12.462, de 2011, sem prejuízo das multas previstas no instrumento convocatório.
§1º Caberá recurso no prazo de cinco dias úteis contado a partir da data da intimação ou da lavratura da ata da aplicação das penas de advertência, multa, suspensão temporária de participação em licitação, impedimento de contratar com a administração pública e declaração de inidoneidade, observado o disposto nos arts. 53 a 57, no que couber.
§2º As penalidades serão obrigatoriamente registradas no SICAF.

TÍTULO VII
DISPOSIÇÕES FINAIS

Art. 112. Na contagem dos prazos estabelecidos neste Decreto, exclui-se o dia do início e inclui-se o do vencimento.

Parágrafo único. Os prazos estabelecidos neste Decreto se iniciam e expiram exclusivamente em dia útil no âmbito do órgão ou entidade responsável pela licitação ou contratante.

Art. 113. Competirá ao Ministro de Estado do Planejamento, Orçamento e Gestão expedir normas e procedimentos complementares para a execução deste Decreto no âmbito da administração pública federal.

Art. 114. Este Decreto entra em vigor na data de sua publicação.

Brasília, 11 de outubro de 2011.

Esta obra foi composta em fonte Palatino Linotype, corpo 10
e impressa em papel Offset 75g (miolo) e Supremo 250g (capa)
pela Edelbra Gráfica, em Erechim/RS.